짧고 굵게 배우는

JSP 웹 프로그래밍과 스프링 프레임워크

지은이 황희정 dinfree@dinfree.com

현재 가천대학교 IT대학 컴퓨터공학과 교수로 재직 중이다. 변화하는 시대에 핵심 역량을 갖춘 IT 인재 양성에 힘쓰고 있으며, 누구나 쉽고 즐겁게 프로그래밍의 핵심을 배울 수 있도록 '짧고 굵게 배우기(짧굵배)'라는 무료 온라인 강좌 사이트 및 유튜브 채널을 운영하고 있다. 저서로는 『IT CookBook, JUST JAVA』(한빛아카데미, 2015)를 비롯해 다수의 자바, 리눅스, 자바 웹 관련 서적이 있다.

- 짧굵배 온라인 무료 강좌 사이트: https://dinfree.com
- 짧굵배 유튜브 채널: https://youtube.dinfree.com

짧고 굵게 배우는 JSP 웹 프로그래밍과 스프링 프레임워크

초판발행 2021년 8월 9일
5쇄발행 2025년 1월 31일

지은이 황희정 / **펴낸이** 전태호
펴낸곳 한빛아카데미(주) / **주소** 서울시 서대문구 연희로2길 62 한빛아카데미(주) 2층
전화 02-336-7112 / **팩스** 02-336-7199
등록 2013년 1월 14일 제2017-000063호 / **ISBN** 979-11-5664-557-3 93000

총괄 박현진 / **책임편집** 김성무 / **편집** 김성남 / **진행** 정지윤
디자인 표지 윤혜원 내지 이아란 / **전산편집** 박종희 / **제작** 박성우, 김정우
영업 김태진, 김성삼, 이정훈, 임현기, 이성훈, 김주성 / **마케팅** 김호철, 심지연

이 책에 대한 의견이나 오탈자 및 잘못된 내용에 대한 수정 정보는 아래 이메일로 알려주십시오.
잘못된 책은 구입하신 서점에서 교환해 드립니다. 책값은 뒤표지에 표시되어 있습니다.
홈페이지 www.hanbit.co.kr / 이메일 question@hanbit.co.kr

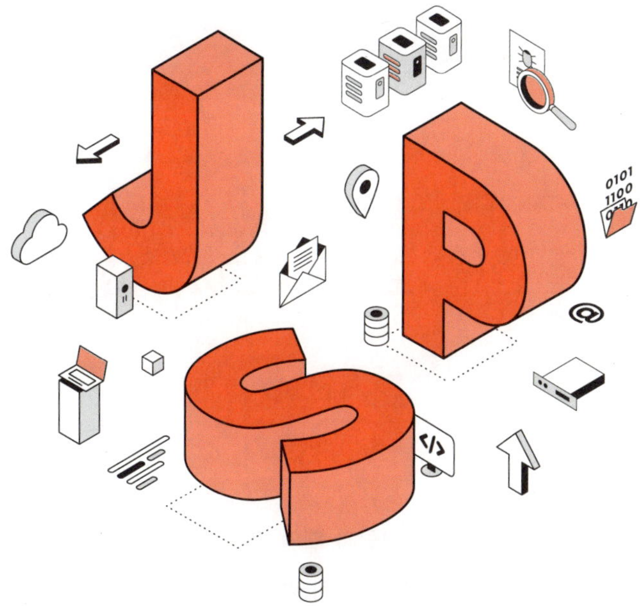

짧고 굵게 배우는

JSP 웹 프로그래밍과 스프링 프레임워크

황희정 지음

한빛아카데미
Hanbit Academy, Inc.

JSP 웹 프로그래밍부터 스프링 프레임워크까지 짧고 굵게 배우기!

인터넷의 빠른 보급과 웹의 전성기를 지나 지난 10년 간은 그야말로 스마트폰의 시대라 할 수 있을 정도로 모든 IT 기술이 스마트폰을 중심으로 성장했습니다. 특히 4~5년 전부터는 머신러닝, 딥러닝과 같은 인공지능 기술이 급속도로 발전해 왔으며 클라우드 및 마이크로 서비스와 같은 새로운 서비스 운영 환경이 보편화되고 있습니다.

프로그래밍 언어의 흐름을 보면 자바는 지난 10여 년간 전세계적으로 가장 많은 소프트웨어 프로젝트에 사용된 언어로 자리를 잡았습니다. 하지만 최근 1~2년 사이 레거시 영역이던 C 언어가 다시 1위로 올라섰으며, 코틀린과 같은 새로운 언어들이 자바 영역을 하나둘 대체해가는 등 새로운 변화의 바람이 불고 있습니다. 또한 인공지능 기술의 유행으로 파이썬은 인공지능 분야뿐만 아니라 두터워진 사용자층을 기반으로 웹 프로그래밍에까지 영역을 넓혔습니다. 그리고 단순히 웹에 동적인 요소를 부여하던 자바스크립트는 웹 개발에 있어 필수 기술로 자리잡았고, Node.js를 통해 백엔드 영역까지 급속도로 확대되고 있습니다.

이제 자바와 자바 웹 기술은 더 이상 시대를 주도하는 새로운 기술이 아닌 C 언어와 유사한 기초 프로그래밍 위치에 이르게 되었습니다. 따라서 이 책에서는 다음 두 가지에 중점을 두었습니다.

- 자바 웹 프로그래밍의 핵심 내용을 이해한다.
- 최신 개발 경향과 셀 수 없이 빠르게 등장하는 새로운 기술을 적극적으로 수용할 수 있는 기반 역량을 기른다.

전작 ≪프로젝트로 배우는 자바 웹 프로그래밍≫을 개정한 이번 책에서는 다음 세 가지 부분을 새롭게 추가했습니다.

❶ 시대적 흐름을 반영하면서도 핵심 개념에 충실하도록 구성하였습니다.

❷ 프런트엔드의 기초(HTML, CSS, 자바스크립트, 부트스트랩)를 추가하였습니다.

❸ 대표적인 자바 웹 개발 프레임워크인 스프링 프레임워크의 핵심 활용을 포함하였습니다.

'짧고 굵게 배우기'라는 말 속에는 핵심 개념의 이해를 통해 보다 쉽게 프로그래밍 언어에 깊이를 더해갈 수 있도록 프로그래밍 학습 가이드를 제공한다는 의미가 담겨 있습니다. 이 책으로 자바 웹 개발에 입문하는 모든 분들이 즐겁게 학습할 수 있기를 응원합니다.

마지막으로 이 책이 나오기까지 항상 곁에서 힘이 되어준 아내와 아들 채운이에게 사랑의 마음을 전합니다.

저자 황희정

• 선수 연계 과목

기본적으로 웹의 기본 개념과 기술, 자바에 대한 선수 지식이 요구됩니다. 대부분의 내용은 지금 언급한 과목으로도 충분하지만, HTML, CSS, 자바스크립트, 데이터베이스 등에 대한 배경지식이 있으면 좀 더 수월하게 이해할 수 있습니다.

• 실습 자료

실습에 필요한 자료는 아래 주소에서 내려받을 수 있습니다.

http://www.hanbit.co.kr/src/4557

❶ 장별 예제소스와 프로젝트의 소스를 포함합니다.
- 각 예제소스는 이클립스의 다이나믹 웹 프로젝트 구조로 되어 있습니다.

❷ 디렉터리 구조는 다음과 같습니다.
- [jwbook] : 2~13장 예제소스 프로젝트 폴더
- [spring_study] : 14장 예제소스 프로젝트 폴더

• 실습 환경

이 책의 실습 환경은 다음과 같습니다.

- 운영체제 : Windows 10(Windows 7 이후라면 모두 사용 가능)

항목	프로그램	이 책의 버전
자바 개발도구	JDK	AdoptOpenJDK 11(LTS)
통합개발환경	이클립스	Eclipse IDE for Java Enterprise Developer
서블릿 컨테이너	아파치 톰캣	Apache Tomcat 9
데이터베이스	H2	H2 Database v1.4

• 강의 보조 자료

한빛아카데미 홈페이지에서 '교수회원'으로 가입한 분은 인증 후 교수용 강의 보조 자료를 제공받을 수 있습니다. 한빛아카데미 홈페이지 상단의 〈교수전용공간〉 메뉴를 클릭해주세요.

http://www.hanbit.co.kr/academy

• 동영상 강의

저자가 직접 강의한 내용을 짧굵배 유튜브(Youtube) 채널에서 들을 수 있습니다.

- 짧굵배 유튜브 채널 : https://youtube.dinfree.com

• 학습 로드맵

01 준비학습: Beginning JSP(1~4장)

인터넷과 웹 프로그래밍에 대한 기본 개념, 개발환경 구축, 기본 개발 과정을 배웁니다. 또한 최신 경향에 따른 자바 웹 프로그래밍의 배경 지식을 익힙니다.

- 웹 프로그래밍의 이해
- 자바 웹 개발을 위한 환경 구축
- 웹 프로그래밍의 기초
- 자바 웹 개발 개요

02 기본학습: 서블릿, JSP, JDBC(5~10장)

서블릿의 구조와 프로그래밍 방법을 배우고, JSP와의 연관 관계를 이해합니다. JSP의 기본 문법과 MVC 패턴 구조를 배우고, 데이터베이스 연동을 위한 JDBC 프로그래밍 기술을 익힙니다.

- 서블릿의 이해
- JSP의 기초 다지기
- JSP 응용
- MVC 패턴의 이해
- 데이터베이스와 JDBC
- [프로젝트] 뉴스 기사 관리 웹 서비스

03 심화학습: Advanced JSP(11~14장)

리스너 및 필터의 개념과 구현 방법을 익히고, 실제 개발에서 많이 사용하는 Rest API와 스프링 프레임워크도 실습해봅니다.

- 리스너와 필터
- REST API 개발
- 스프링 프레임워크 개요
- [프로젝트] 스프링 기반 뉴스 기사 관리 웹 서비스

• 연습문제 해답 안내

이 책은 대학 강의용 교재로 개발되었으므로 연습문제 해답을 제공하지 않습니다.

| 예제 코드 |

본문에서 설명하는 개념을 코드로 다시 한번 학습합니다. 개념 설명 이후에 바로 이어지기 때문에 이해력을 높일 수 있습니다.

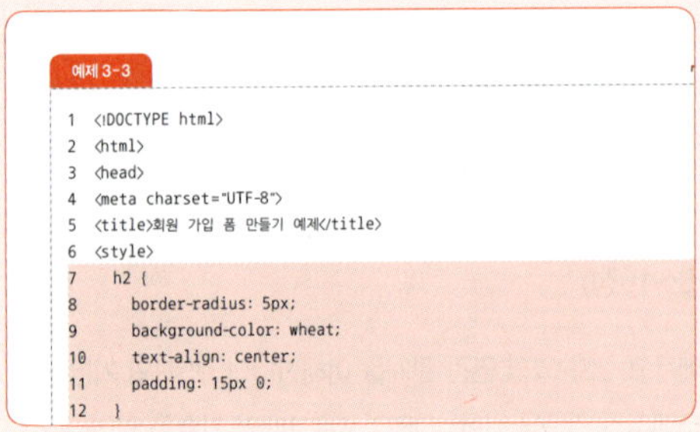

예제 3-3

```
<!DOCTYPE html>
<html>
<head>
<meta charset="UTF-8">
<title>회원 가입 폼 만들기 예제</title>
<style>
  h2 {
    border-radius: 5px;
    background-color: wheat;
    text-align: center;
    padding: 15px 0;
  }
```

| 실습 |

본문에서 배운 내용을 단계별로 따라가며 실습합니다. 이 과정을 통해 프로그래밍 기본 개념과 문법을 익힐 수 있습니다.

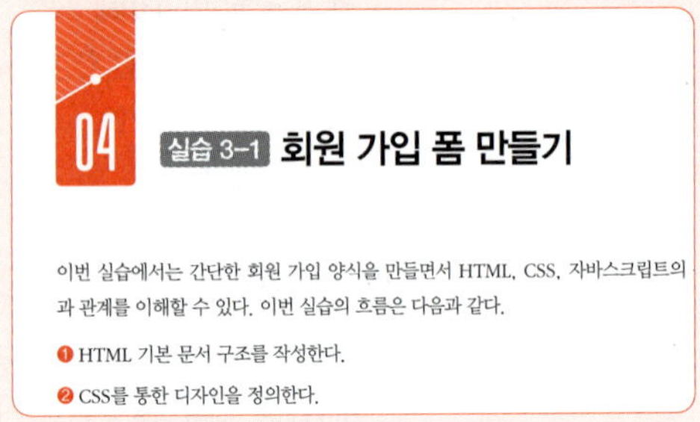

04 실습 3-1 회원 가입 폼 만들기

이번 실습에서는 간단한 회원 가입 양식을 만들면서 HTML, CSS, 자바스크립트의 과 관계를 이해할 수 있다. 이번 실습의 흐름은 다음과 같다.

❶ HTML 기본 문서 구조를 작성한다.

❷ CSS를 통한 디자인을 정의한다.

| 프로젝트 |

기본 예제에서 배운 내용을 응용하여 심화 학습이 가능한 단계로 나아갈 수 있습니다.

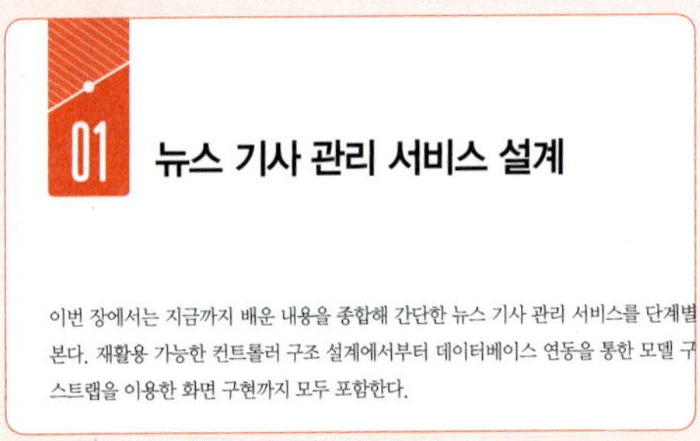

01 뉴스 기사 관리 서비스 설계

이번 장에서는 지금까지 배운 내용을 종합해 간단한 뉴스 기사 관리 서비스를 단계별 본다. 재활용 가능한 컨트롤러 구조 설계에서부터 데이터베이스 연동을 통한 모델 구 스트랩을 이용한 화면 구현까지 모두 포함한다.

| TIP/여기서 잠깐 |

지나치기 쉬운 내용이나 알아두면 좋은 내용을 짚어줍니다.

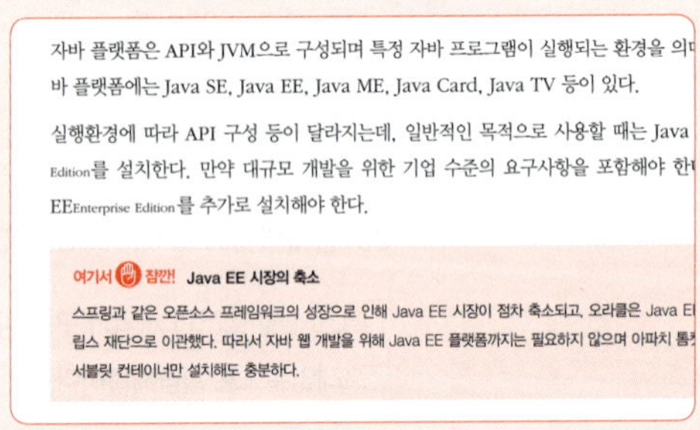

자바 플랫폼은 API와 JVM으로 구성되며 특정 자바 프로그램이 실행되는 환경을 의미 바 플랫폼에는 Java SE, Java EE, Java ME, Java Card, Java TV 등이 있다.

실행환경에 따라 API 구성 등이 달라지는데, 일반적인 목적으로 사용할 때는 Java Edition를 설치한다. 만약 대규모 개발을 위한 기업 수준의 요구사항을 포함해야 한다 EEEnterprise Edition를 추가로 설치해야 한다.

여기서 잠깐! Java EE 시장의 축소

스프링과 같은 오픈소스 프레임워크의 성장으로 인해 Java EE 시장이 점차 축소되고, 오라클은 Java EE 립스 재단으로 이관했다. 따라서 자바 웹 개발을 위해 Java EE 플랫폼까지는 필요하지 않으며 아파치 톰캣 서블릿 컨테이너만 설치해도 충분하다.

| 요약 |

장이 끝날 때마다 요약된 핵심 내용을 다시 읽으며 복습할 수 있습니다.

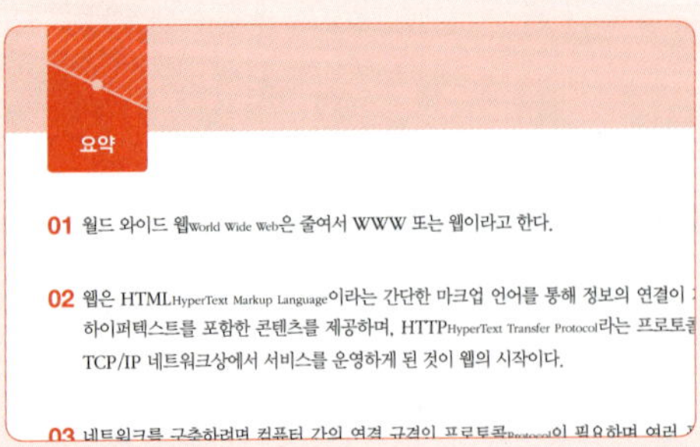

요약

01 월드 와이드 웹World Wide Web은 줄여서 WWW 또는 웹이라고 한다.

02 웹은 HTMLHyperText Markup Language이라는 간단한 마크업 언어를 통해 정보의 연결이 하이퍼텍스트를 포함한 콘텐츠를 제공하며, HTTPHyperText Transfer Protocol라는 프로토콜 TCP/IP 네트워크상에서 서비스를 운영하게 된 것이 웹의 시작이다.

| 연습문제 |

장이 끝날 때마다 문제를 해결하면서 핵심 개념과 문법을 확인하고, 자신의 실력을 테스트할 수 있습니다.

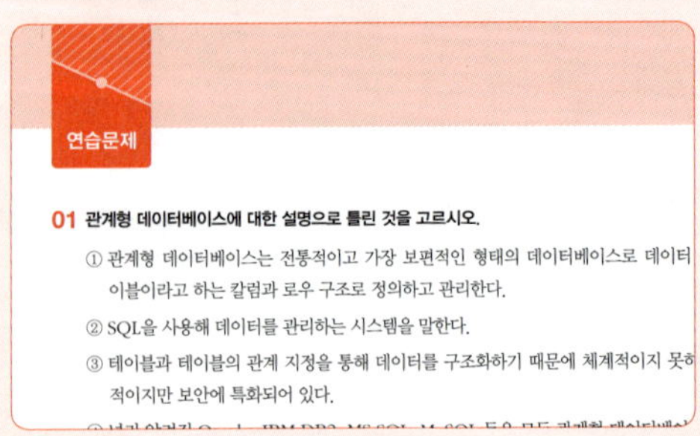

연습문제

01 관계형 데이터베이스에 대한 설명으로 틀린 것을 고르시오.

① 관계형 데이터베이스는 전통적이고 가장 보편적인 형태의 데이터베이스로 데이터 이블이라고 하는 칼럼과 로우 구조로 정의하고 관리한다.

② SQL을 사용해 데이터를 관리하는 시스템을 말한다.

③ 테이블과 테이블의 관계 지정을 통해 데이터를 구조화하기 때문에 체계적이지 못하 적이지만 보안에 특화되어 있다.

목차

PART 02 기본학습: 서블릿, JSP, JDBC

PART 03 심화학습: Advanced JSP

PART 01

준비학습: Beginning JSP

PART 01 준비학습: Beginning JSP

CHAPTER 01

웹 프로그래밍의 이해

학습목표

- 인터넷과 웹의 차이점을 이해한다.
- 웹 프로그래밍의 구조와 대표적인 언어를 살펴본다.
- 백엔드와 프런트엔드의 개념을 살펴본다.
- 새로운 웹 개발 트렌드를 살펴본다.

01 웹의 개요

1 웹이란?

월드 와이드 웹World Wide Web은 줄여서 WWW 또는 웹이라고 한다. 웹은 인터넷에서 운영되는 서비스 중 하나로, 웹 자체가 인터넷을 의미하는 것은 아니다. 하지만 대다수가 '웹 = 인터넷'이라고 생각한다. 그만큼 웹이 인터넷의 대표적인 서비스라고 생각할 수도 있지만 기술적 관점에서는 잘못된 것이므로 개발자라면 좀 더 정확한 내용을 알고 있어야 한다.

웹을 처음 개발한 사람은 1989년 스위스에 있는 유럽입자물리연구소CERN의 팀 버너스 리Timothy John Berners Lee이다. 처음 개발 목적은 연구자들이 흩어져 있는 정보를 손쉽게 정리하고 공유하기 위한 차원이었다. 즉 HTMLHyperText Markup Language이라는 간단한 마크업 언어를 통해 정보의 연결이 가능하도록 하이퍼텍스트를 포함한 콘텐츠를 제공하며, HTTPHyperText Transfer Protocol라는 프로토콜을 사용해 TCP/IP 네트워크상에서 서비스를 운영하게 된 것이 웹의 시작이다.

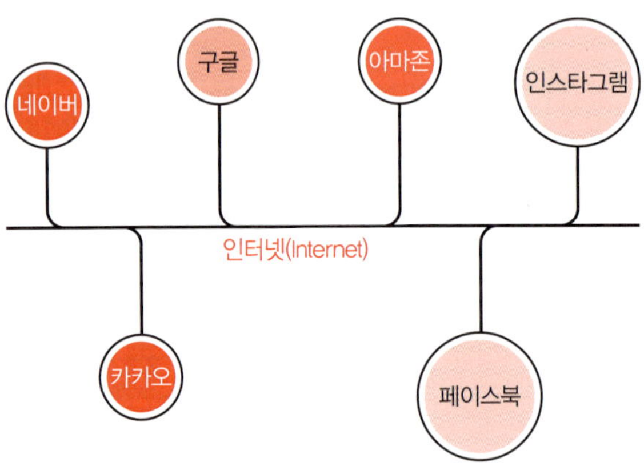

그림 1-1 인터넷과 월드 와이드 웹

웹은 다음과 같은 특징을 가지고 있다.

- 인터넷은 컴퓨터 네트워크망을 의미하고, 웹은 인터넷 서비스 중 하나를 의미한다.
- 웹은 인터넷상의 정보를 하이퍼텍스트 방식과 멀티미디어 환경에서 검색할 수 있게 해주는 정보 검색 시스템을 의미한다.

- 웹은 HTTP 프로토콜을 사용하며 HTML로 작성된 문서를 연결하여 다양한 콘텐츠를 제공한다.
- 웹 서비스는 많은 사람들이 정보를 쉽게 공유하고 접근할 수 있도록 하는 것을 목적으로 한다.

2 웹의 동작 구조

이처럼 HTML로 만들어진 콘텐츠는 '웹 서버Web Server'라고 하는 별도의 서버 소프트웨어를 통해 서비스로 제공되며 웹 서버 소프트웨어로는 아파치Apache가 대표적이다. 또한 웹 서비스를 요청한 클라이언트에서 서비스를 이용하려면 '웹 브라우저Web Browser'라고 하는 클라이언트 소프트웨어가 필요하며 마이크로소프트 엣지Edge, 크롬Chrome, 사파리Safari 등이 여기에 해당한다.

[그림 1-2]는 일반적인 HTML을 중심으로 한 웹의 동작 과정을 보여준다. JSP와 같은 서버 기반의 프로그램이 본격적으로 사용되는 경우는 4장에서 살펴본다.

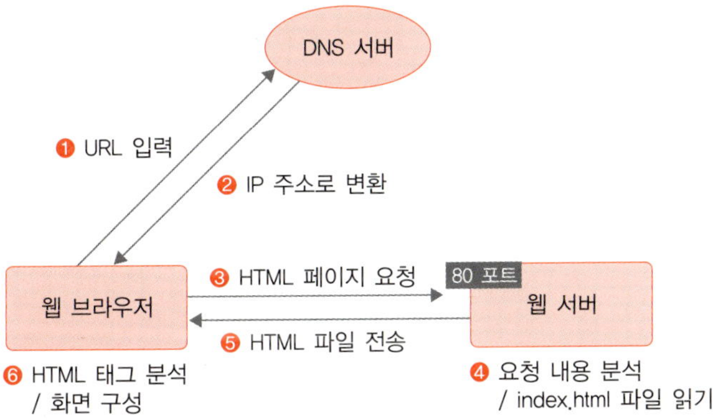

그림 1-2 웹의 동작 구조

❶ 웹 브라우저에서 https://www.hanbit.co.kr/index.html을 입력한다.

❷ DNS 서버는 www.hanbit.co.kr이라는 도메인을 가진 IP 주소를 웹 브라우저에 제공한다.

❸ 웹 브라우저는 IP 주소의 해당 서버 80번 포트로 접속을 시도한다. www.hanbit.co.kr의 웹 서버는 80번 포트로 접속을 기다리다 접속 요청이 들어오면 받는다.

❹ 웹 서버는 요청 내용을 분석하고 요청된 index.html 파일을 디스크에서 읽는다.

❺ 웹 서버는 파일 내용을 텍스트 그대로 요청한 클라이언트에 전송한다.

❻ 웹 브라우저는 웹 서버로부터 받은 텍스트 내용 중 HTML 태그를 분석하고 적절히 변환하여 화면을 구성한다.

02 네트워크와 인터넷의 개념

웹은 인터넷 기반 서비스 중 하나이고, 인터넷은 전세계를 연결한 컴퓨터 네트워크이므로 네트워크와 인터넷에 대해서는 좀 더 자세한 내용을 알아둘 필요가 있다.

1 네트워크

네트워크Network의 사전적 의미는 '전선이나 혈관, 통로 등으로 이루어진 망형 조직'이다. '네트워크'라는 용어는 방송사 네트워크, 인맥을 의미하는 휴먼 네트워크Human Network 등 다양한 의미로 사용하는데, 그중 가장 많이 쓰이는 의미는 '컴퓨터와 컴퓨터를 연결해주는 망'이다.

컴퓨터와 컴퓨터를 연결한 네트워크는 이전보다 더 편리한 세상을 만들었다. 만일 네트워크가 없다면 보고서를 제출하기 위해 USB 메모리나 출력물을 이용해야 하지만, 네트워크에 연결되어 있다면 이메일Email이나 웹하드Web Hard 또는 드롭박스, 구글 드라이브와 같은 클라우드Cloud 기반의 스토리지Storage를 통해 제출하는 것이 가능하다. 이처럼 네트워크는 이전과는 비교할 수 없는 편리함을 가져다주었다.

네트워크를 구축하려면 컴퓨터 간의 연결 규격, 즉 프로토콜Protocol이라는 것이 필요하다. 여러 프로토콜 중 가장 널리 쓰이며 인터넷에서도 사용되고 있는 TCP/IP에 대해 자세히 살펴보자.

TCP/IP

TCP/IPTransmission Control Protocol/Internet Protocol는 컴퓨터 간에 통신할 수 있도록 만든 프로토콜의 종류 중 하나다. 이 프로토콜에 기반하고 있는 것이 인터넷인데, TCP/IP가 인터넷의 기반 프로토콜로 자리 잡은 이유는 하드웨어, 운영체제, 접속 매체와 관계없이 동작할 수 있는 개방형 구조이기 때문이다. TCP/IP는 OSIOpen Systems Interconnection 7계층에서 유래한 것으로, TCP/IP는 [그림 1-3]과 같이 4개의 계층으로 이루어져 있다.

응용 계층 — WWW, FTP, Telnet, SMTP와 같은 네트워크 프로그램으로 구성된다.

전송 계층 — 각 시스템을 연결하고 TCP 프로토콜을 이용하여 데이터를 전송한다.

인터넷 계층 — IP 프로토콜을 이용하여 데이터를 정의하고 경로를 배정한다.

물리 계층 — 실제 네트워크에 접근할 수 있도록 하는 물리적인 부분이다.

그림 1-3 TCP/IP의 4계층 구조

원래 OSI 7계층은 네트워킹을 위한 물리적 장비에서부터 실제 서비스를 제공하기 위한 애플리케이션에 이르는 단계까지를 계층화한 것을 말한다. 이러한 계층화를 통해 상위 레벨에서는 하위 레벨에서 구현한 내용을 모르더라도 표준화된 인터페이스를 통해 네트워크 시스템을 개발·운영할 수 있다. TCP/IP는 이러한 OSI 7계층을 좀 더 단순화하여 4계층으로 정의한 것이다. TCP는 데이터 흐름 관리, 데이터 정확성 확인 등의 역할을 수행하고 IP는 데이터(패킷)를 목적지까지 전송하는 역할을 담당한다. TCP/IP는 개방형 구조로, 특정 운영체제나 하드웨어에 영향을 받지 않고 근거리와 원거리 모두 데이터를 전송할 수 있다.

IP 주소

IP 주소IP Address는 TCP/IP로 연결된 네트워크에서 각각의 컴퓨터를 구분하기 위해 사용하는 주소다. IP 주소는 숫자로 구성되어 있고 '123.123.123.123'과 같이 4개로 구분되며, 10진수를 사용한다. 사용할 수 있는 IP 주소 범위는 [표 1-1]과 같다.

표 1-1 IP 주소의 구분과 범위

구분	범위	네트워크 수	사용 목적 / 네트워크당 주소
클래스 A	1.0.0.0 ~ 127.0.0.0	128	대형 통신망 / 16,777,214개(2^{24}−2개)
클래스 B	128.0.0.0 ~ 191.255.0.0	16,384	중형 통신망 / 65,534개(2^{16}−2개)
클래스 C	192.0.0.0 ~ 223.255.255.0	2,097,152	소형 통신망 / 256개(2^{8}−2개)
클래스 D	224.0.0.0 ~ 239.255.255.255	–	멀티 캐스트용
클래스 E	240.0.0.0 ~ 255.255.255.255	–	실험 목적 / 배포 중지

이론적으로 컴퓨터가 TCP/IP 네트워크에 연결되려면 IP 주소가 있어야 하고, 인터넷에 연결되면 전세계 모든 컴퓨터에 원격으로 접속할 수 있어야 한다. 하지만 수많은 컴퓨터에 각기 다른 고유한 IP 주소를 할당하기에는 한계가 있고, 모바일 인터넷의 급속한 확산과 함께 IP 주소 고갈 문제가 심각하게 대두되었다. 그러나 현재는 초기에 걱정했던 것보다 문제가 다소 완화되

었다. 네트워크와 라우터 기술의 발달로 사설 IP를 통해 대부분의 인터넷 서비스를 이용할 수 있게 되었기 때문이다.

사설 IP는 일반적으로 10.×.×.×, 192.×.×.× 등의 몇 가지 IP 블록을 사용하지만, 실제로는 모든 인터넷 IP를 사용할 수 있다. 다만 네트워크 구성상 직접 인터넷에 연결하지 않고 라우터 장비 등에서 제공하는 NATNetwork Access Translator 기능을 이용해서 접속해야 한다. NAT를 이용해서 공인 IP로 대응하면 인터넷에 접속할 수 있다. 쉬운 예로 집에서 사용하는 유무선 인터넷 공유기를 생각하면 된다. 공유기에 연결된 컴퓨터나 스마트폰은 DHCPDynamic Host Configuration Protocol라고 하는 동적 IP 할당 프로토콜에 의해서 사설 IP를 배정받게 되고 공유기를 통해 인터넷에 접속한다.

2 인터넷

인터넷Internet은 하나의 고유명사로 internet이 아닌 Internet으로 써야 한다. internet은 내부 네트워크를 의미하고, Internet은 전세계가 하나로 연결된 네트워크를 의미하기 때문이다. 즉 인터넷 자체는 네트워크 인프라이고 우리가 알고 있는 웹, 이메일 등은 인터넷 기반의 서비스인 셈이다. 우리가 이 책에서 배울 내용은 웹 프로그래밍 기술이지만, 웹은 인터넷에 기반한 서비스 중 하나이기 때문에 인터넷과 관련된 기술과 용어, 동작 원리 등을 살펴볼 필요가 있다.

인터넷 기반 서비스

인터넷 기반의 대표적인 서비스는 웹 이외에도 이메일, FTP, Telnet, DNS 등이 있지만 일반적으로 사용하는 서비스로는 웹이 절대적이다. 이메일은 대부분 네이버, 다음, 구글과 같은 웹 기반의 메일 서비스를 이용하는 경우가 많다. 또한 트위터, 페이스북, 인스타그램 등의 SNSSocial Networking Service는 주로 스마트폰에서 많이 사용하는 인터넷 기반 서비스이며, 웹과 앱 모두 제공되는 경우가 일반적이다.

스마트폰은 보통 웹이 아닌 폰에 설치된 앱을 통해 서비스를 이용하는 형태가 일반적이다. 예를 들어 네이버나 트위터, 페이스북 등은 PC의 웹 브라우저를 통해서도 접속이 가능하지만, 스마트폰에서 사용할 수 있는 전용 앱을 제공한다. 이러한 앱 서비스는 웹 콘텐츠를 스마트폰 화면에 맞게 보여주는 형태로 구현되는 하이브리드형과 데이터만 서버를 통해 받아와 앱에서 화면을 직접 생성해 보여주는 네이티브형이 있다. [표 1-2]는 대표적인 인터넷 기반 서비스와 각각의 서비스에 해당하는 프로토콜과 포트를 정리한 것이다.

표 1-2 대표적인 인터넷 기반 서비스

서비스 이름	기능	프로토콜	포트
웹WWW	웹 서비스	HTTP/HTTPS	80/443
이메일Email	이메일 서비스	SMTP/POP3/IMAP	25/110/143
FTP	파일 전송 서비스	FTP	21
Telnet/SSH	원격 로그인 서비스	TELNET/SSH	23/22
DNS	도메인 이름 변환 서비스	DNS	53

프로토콜

프로토콜Protocol은 앞서 설명한 것과 같이 네트워크에 연결된 컴퓨터들 간의 통신 규약을 말한다. [표 1-2]의 서비스는 모두 TCP/IP를 사용하고 있으며, TCP/IP 4계층 중에서도 응용 계층에 해당하는 프로토콜이다. 즉 물리적인 네트워크 연결은 TCP/IP를 사용하지만, 응용 계층에서는 서비스마다 별도의 규격이 필요하다.

포트

포트Port는 네트워크 서비스를 제공하기 위한 일종의 출입문으로 하나의 컴퓨터에서 여러 개의 네트워크 서비스를 제공하는 경우 이들을 구분하기 위한 목적으로 사용한다. 은행에서 입출금, 대출, 신용카드, 보험 등 업무에 따라 창구를 구분해놓은 것과 같은 개념이다. 해당 업무를 처리하지 않는 창구에서는 내가 원하는 서비스를 받을 수 없듯이 포트와 프로토콜이 일치하지 않는 경우에는 정상적인 네트워크 서비스를 이용할 수 없다. 포트는 네트워크를 통해 내 컴퓨터에 접속할 수 있도록(들어올 수 있게) 개방해둔 문과 같으므로 보안과 밀접한 관계가 있기 때문에 불필요한 네트워크 서비스를 컴퓨터에 실행해두지 않도록 주의한다.

도메인 네임 시스템

대한민국 국민이라면 외국인과 구별되는 고유 번호인 주민번호를 가진다. 이처럼 컴퓨터의 IP 주소는 네트워크에서 컴퓨터를 구분해주는 주민번호와 같은 개념이다. 그러나 우리가 사람을 부를 때 주민번호로 부르는 경우는 없다. 주민번호는 단지 관리를 위한 번호일 뿐, 평소에 사용하려면 불편하기 때문이다. 인터넷에도 이와 유사한 개념으로 도메인 이름Domain Name이 있다. 대부분이 웹 사이트 이름으로 알고 있는 'www.naver.com'이나 'www.daum.net', 'www.hanbit.co.kr' 등의 인터넷 주소는 호스트(컴퓨터) 이름(www) + 도메인 이름(hanbit.co.kr) 형태로 되어 있다. 여기서 도메인 이름은 전세계적인 관리 체계가 있기 때문에 마음대로 붙일 수 있는 것은 아니며, 도메인을 관리하는 기관에 일정 비용을 지불하고 구매해야 한다.

우리가 일상적으로 사용하는 도메인 이름을 통한 웹 사이트 접속도 겉으로는 보이지 않지만 내부적으로 도메인 이름을 IP 주소로 변환하는 서비스를 이용하는 것이다. 이러한 서비스를 도메인 네임 시스템Domain Name System, DNS이라고 한다.

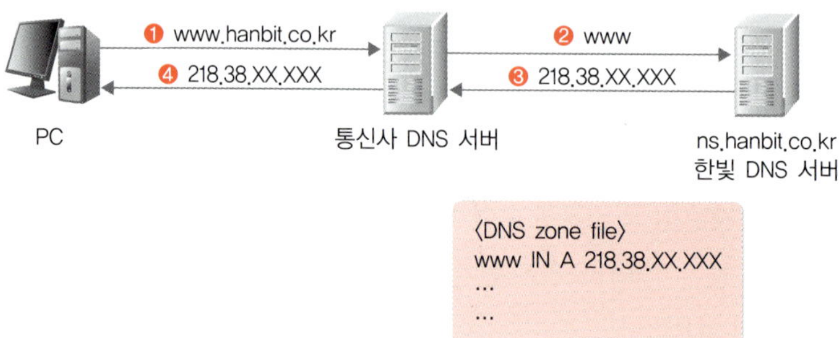

그림 1-4 DNS 동작 구조

❶ 네트워크 서비스 제공 회사(예 KT, SK브로드밴드, LGU+ 등)의 DNS 서버에 도메인 이름을 요청한다.

❷ DNS 서버는 한빛아카데미 DNS 서버인 ns.hanbit.co.kr에 www라는 컴퓨터의 IP 주소를 요청한다.

❸ 한빛아카데미 DNS 서버는 DNS zone file에서 www 컴퓨터의 IP 주소를 찾아서 알려준다.

❹ DNS 서버는 다시 요청한 클라이언트에 IP 주소를 알려준다.

03 웹 프로그래밍의 구조

1 클라이언트-서버 구조

앞에서 설명한 것처럼 웹 서비스를 제공하기 위해서는 서버Server 컴퓨터와 서버에서 동작하는 여러 프로그램이 필요하다. 이때 서버에서 동작하는 프로그램 영역을 백엔드Back-end라고 하며 이 책에서 주로 다룰 영역이다.

서비스를 이용하는 쪽은 클라이언트Client라고 한다. 클라이언트는 스마트폰, 데스크톱이 될 수 있으며 최근 자동차, TV, 냉장고 등에서도 인터넷과 웹 사용이 가능하기 때문에 이러한 기기까지도 클라이언트로 볼 수 있다. 클라이언트에서 웹 서비스를 이용하려면 웹 브라우저라고 하는 소프트웨어가 필요하며 클라이언트에서 동작하는 프로그램 영역을 프런트엔드Front-end라고 한다.

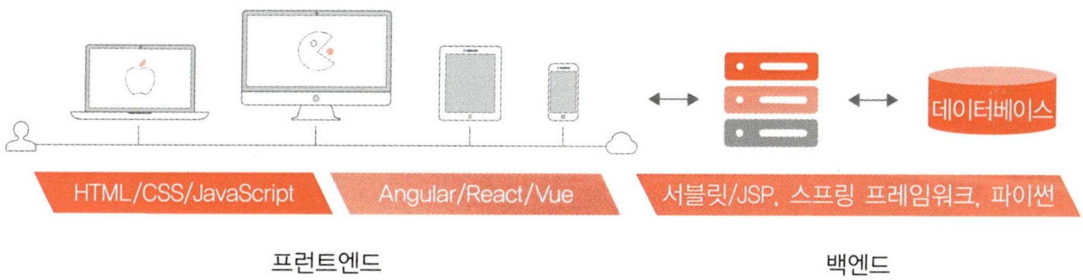

그림 1-5 웹 프로그래밍의 구조

- **클라이언트**: 웹 서비스를 이용하는 사용자이다.
- **서버**: 웹 서비스를 제공하기 위한 서비스 공급자이다.
- **프런트엔드**: 클라이언트 중심의 프로그래밍(예 HTML, CSS, 자바스크립트) 영역이다.
- **백엔드**: 서버를 구성하며 서비스를 제공하기 위한 서버 쪽 프로그래밍(예 웹 서버 소프트웨어, 웹 프레임워크, 데이터베이스) 영역이다.

2 HTML/CSS/자바스크립트

HTML, CSS, 자바스크립트는 프런트엔드(클라이언트) 영역을 구성하는 핵심 프로그램 기술이라는 것을 살펴봤다. 이러한 언어는 개별적으로 사용하지 않고, HTML을 중심으로 각각의 역할에 맞게 기능을 구현하고 서로 상호작용한다.

HTML

HTML HyperText Markup Language은 웹 문서의 구조를 정의하고 콘텐츠를 표현하는 기본 마크업 언어로 웹을 통해 콘텐츠를 제공하려면 HTML을 사용해야 한다. HTML은 태그라고 하는 간단한 표기법으로 표현하고자 하는 정보에 의미를 부여한다. 예를 들어 화면에 제목으로 사용할 텍스트는 <h1>~<h6> 태그를 사용하고, 이미지를 보여주기 위해서는 <img> 태그를 사용한다. 자세한 내용은 3장에서 살펴본다.

```
<h2>안녕하세요?</h2>
<img src="img/hello.png">
```

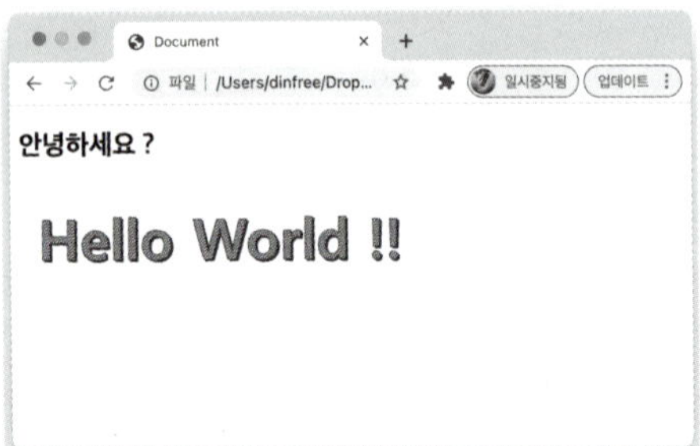

그림 1-6 HTML 태그를 사용한 실행 결과

CSS

HTML 문서에 레이아웃과 디자인을 포함한 시각적 요소를 정의하기 위한 규격이다. HTML은 콘텐츠의 내용과 구조(레이아웃)를 정의하고 CSS Cascading Style Sheet에서 콘텐츠의 위치, 정렬, 글자 크기, 여백, 배경 색상 등을 정의한다. 따라서 디자인을 적용할 HTML 요소를 셀렉터 Selector로 지정하고 원하는 디자인 속성을 부여하는 형식이다.

자바스크립트

HTML 문서에서 동적으로 변하는 콘텐츠를 표현하기 위해 이벤트 처리를 하거나 서버와 연결하여 데이터를 가지고 오는 등의 역할을 하는 프로그램 언어다. HTML은 단순한 텍스트 파일이기 때문에 한번 작성된 내용은 수정하기 전까지는 항상 내용이 동일하다. 따라서 웹에서 새로운 뉴스, 날씨, 실시간 검색 순위, 상품 정보 등이 접속할 때마다 변하는 것은 일반적으로 서버에서 데이터베이스 연동, 처리 등의 백엔드 프로그램을 통해 구현된다.

그런데 자바스크립트JavaScript는 HTML 문서에서 이벤트(버튼 클릭 등)를 서버 연결 없이 동적으로 처리할 수 있는 기술이다. 즉 서버에 새로 접속하지 않고도 화면 정보가 변하는 기능을 한다. 앵귤러Angular, 뷰Vue, 리액트React 등은 프런트엔드 개발을 위한 대표적인 자바스크립트 라이브러리(프레임워크)다.

TIP 자바스크립트(JavaScript)는 자바(Java)와 이름만 비슷할 뿐 전혀 다른 언어다.

[그림 1-7]의 (a)는 HTML만으로 이루어진 화면이고, (b)는 (a) 화면에 CSS, 자바스크립트를 적용한 화면이다. 즉 CSS와 자바스크립트의 적용 유무에 따라 화면이 완전히 새롭게 구성되는 것을 확인할 수 있다.

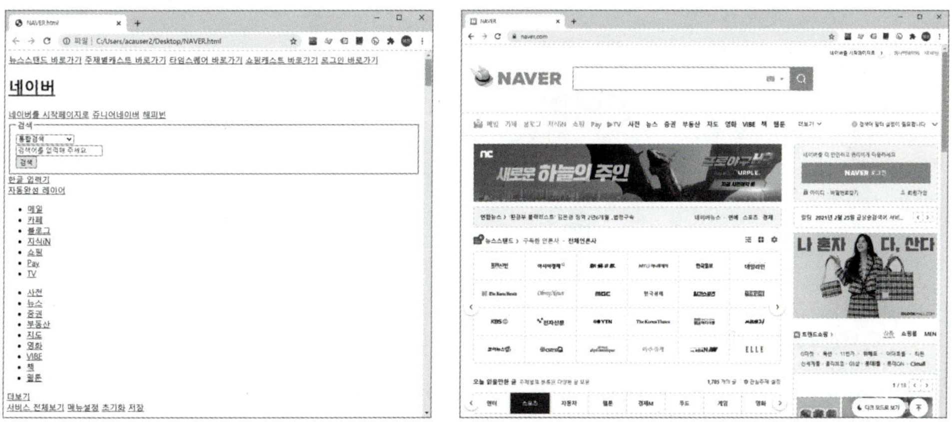

(a) HTML로만 이루어진 화면 (b) CSS, 자바스크립트가 적용된 화면

그림 1-7 HTML, CSS, 자바스크립트가 적용된 실제 화면 예시

3 백엔드 중심 개발과 프런트엔드 중심 개발

예전에는 웹 개발이 서버에서 이루어지는 백엔드 프로그래밍이 대부분이었으나, 점차 클라이

언트 유형 중에서 스마트폰의 비중이 높아지고 REST API와 MSAMicro Service Architecture 등의 새로운 서버 구현 기법이 확산되면서 소위 프런트엔드 중심의 개발이 인기를 끌고 있다.

백엔드 중심 개발

백엔드 중심 개발은 전통적인 웹 개발 모델이며, 서버에서 모든 것을 담당하는 방식이다. 특히 이 책에서 다룰 자바 서블릿/JSP는 가장 인기 있는 백엔드 개발 기술이다.

백엔드 중심 개발의 가장 큰 문제점은 모바일 네트워크의 속도가 느리며 이용에 많은 비용을 지불해야 한다는 것이다. [그림 1-2]에서 살펴본 것처럼 서버로부터 가져와야 하는 HTML은 데이터 이외에도 화면 구성에 필요한 각종 태그와 속성, CSS, 자바스크립트 코드, 이미지 등이 모두 포함된 것이다. 더불어 서버에 화면 갱신을 요청할 경우 모든 데이터가 다시 전송되어야 하므로 모바일 환경에는 부적합한 요인이다.

또한 REST API와 클라우드 인프라가 보편화되면서 기존의 대규모로 서버를 구축하는 모놀리식 아키텍처Monolithic Architecture 방식보다는 소규모 서버를 연동하는 MSA 방식이 확산되었고 전통적인 백엔드 개발 모델에도 많은 변화가 진행되고 있다.

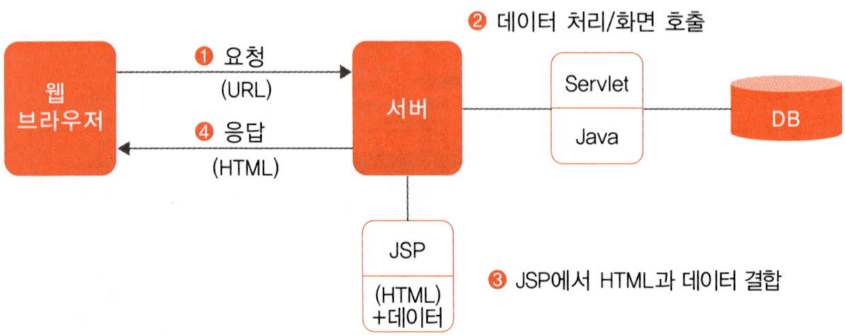

그림 1-8 백엔드 동작의 개요

❶ 클라이언트 요청은 URL 형태다.

❷ 서블릿과 자바 또는 Node.js 등을 통해 데이터베이스와 연동한다.

❸ JSP에서 HTML과 데이터를 조합하여 페이지를 구성한다.

❹ 클라이언트에 전달되는 응답은 HTML 형태다.

백엔드 중심 개발의 장점은 다음과 같다.

- 서비스 연동에 필요한 다양한 서버 환경에 대응할 수 있다.
- 검색 엔진 최적화에 유리하다.
- 기술이 안정적이고 검증되었다.
- 기존에 개발된 시스템이 많고 레거시 시스템은 오랫동안 유지된다.

프런트엔드 중심 개발

프런트엔드 중심 개발은 클라이언트에서 HTML을 가지고 있거나 서버에서 HTML만 받아오고 서버로부터 화면 구성에 필요한 데이터만 자바스크립트로 받아와 데이터와 화면을 조합해 보여준다. 이러한 방식을 CSRClient Side Rendering이라고도 한다.

물론 프런트엔드 중심의 개발이라 하더라도 데이터 제공을 위한 서버는 필요하다. 데이터 제공 서버는 주로 REST API로 개발되기 때문에 백엔드 작업은 당연히 존재해야 한다. 또한 프런트엔드 중심 개발을 하더라도 콘텐츠가 검색 엔진에 노출될 수 있도록 검색 엔진 최적화를 위해 SSRServer Side Rendering을 접목하기도 한다.

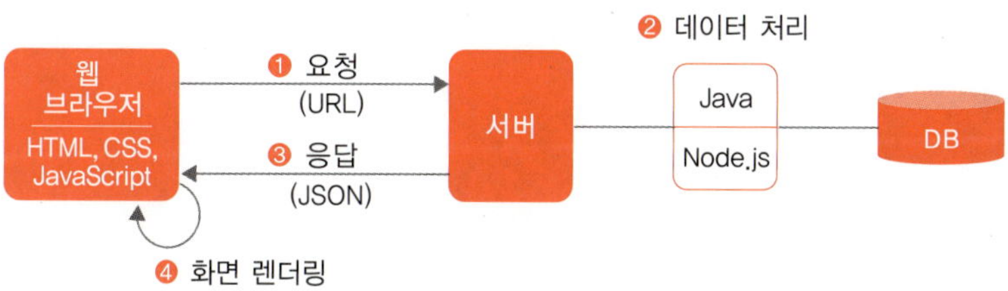

그림 1-9 프런트엔드 동작의 개요

❶ 클라이언트 요청은 URI 형태다.

❷ 자바 서블릿, JAX-RS, Node.js 등을 통해 데이터베이스와 연동한다.

❸ 클라이언트에 전달되는 응답은 JSON 형태다.

❹ 클라이언트는 전달받은 JSON 데이터를 화면(HTML)과 조합(렌더링)한다.

TIP 엄밀히 말하면 URL과 URI는 다른 개념으로, URI가 URL보다 큰 개념이다. URL은 특정 파일 등의 위치를 의미하고, URI는 특정 화면이나 데이터를 가져오기 위한 서버 프로그램과 파라미터를 포함하는 개념이다.

프런트엔드 중심 개발의 장점은 다음과 같다.

- 필요한 부분의 데이터만 갱신이 가능하기 때문에 서버로부터 매번 갱신된 전체 화면을 받아올 필요가 없다.
- 실시간 데이터 갱신이 자유롭다.
- SPASingle Page App, PWAProgressive Web App 등의 구현에 적용할 수 있다.
- React.js, Vue.js 등 다양한 라이브러리/프레임워크를 사용할 수 있다.

여기서 잠깐! SPA와 PWA란?

SPA란 하나의 페이지에 여러 화면 구성요소를 모두 넣는 앱 개발 방식을 의미한다. 웹의 특성상 페이지 간 상태 유지 및 정보 교환이 어렵기 때문에 하나의 페이지로 만들어 문제를 해결하고자 하는 접근방법이다. 하지만 페이지 로딩에 시간이 많이 걸리고 모듈화가 어려우며 소스 관리가 힘든 문제점도 있다.

PWA는 네이티브앱과 같은 수준의 사용자 경험UX을 제공하는 웹앱을 말하는 것으로, 웹으로 구현되었으나 일반 윈도나 스마트폰 앱처럼 사용할 수 있는 앱의 표준 기술을 말한다. 최근 주목받고 있는 웹앱의 개발 경향 중 하나다.

04 새로운 웹 개발 트렌드

1 자바 언어의 대안 등장

한때는 최신 언어였던 자바가 이제 탄생한 지 25년이나 된 구식 언어가 되어버렸다. 자바로 만든 프로그램을 실행하기 위한 가상머신 기술은 날로 발전해 안정화되고 성능 또한 인정을 받게 되었으나, 문법이나 코드 구조는 급속하게 변하는 시대의 흐름 속에서 트렌드에 뒤처지게 되었다.

또한 오라클의 자바 인수로 인해 가속화된 구글과의 자바 라이선스 문제가 오라클의 승리로 끝나자 구글은 새로운 안드로이드 개발 언어로 젯브레인스JetBrains에서 개발한 코틀린Kotlin 언어를 추가하면서 안드로이드 개발 트렌드는 점점 코틀린 쪽으로 이전하고 있다.

코틀린은 최신 프로그래밍 언어의 특징을 모두 가지는 모던 프로그래밍 언어Modern Programming Language이다. 또한 코틀린은 오픈소스 프로젝트로 자바의 가상머신인 JVM에서 돌아가기 때문에 자바와 완벽히 호환된다. 그 외의 대표적인 자바 오픈소스 프레임워크인 스프링에서도 코틀린 사용을 확대하고 있다.

2 백엔드 개발 및 운영 환경의 변화

대규모 상용 서비스 개발에 필수로 인식되던 자바 엔터프라이즈 에디션Java EE의 방대한 스펙과 구현의 복잡함으로 인해 스프링 프레임워크가 등장하게 되었다. 또한 클라우드 기반의 서버 운영이 보편화되면서 전통적인 모놀리식 아키텍처 중심의 서버 운영 전략이 소규모 분산 서비스 운영 방식인 MSA로 전환되기 시작했다.

프런트엔드 중심의 개발이 가속화되면서 서버 프로그램이 보다 간결한 형태로 전환되고 Node.js, 파이썬을 이용한 서버 프로그램 개발이 늘어나고 있다. 특히 REST API 형태의 개발이 주를 이루게 되면서 백엔드에서 화면을 다루어야 하는 경우는 점점 줄어들고 있다. 이와 함께 구글의 파이어베이스Firebase를 비롯한 클라우드 기반의 서비스 인프라가 보편화되어 모바일 앱, 웹에서 자체적으로 서버를 두지 않고 필요한 데이터를 REST API 형태로 손쉽게 제공받을 수 있는 서버리스Serverless 환경도 보편화되고 있다. 따라서 백엔드 개발을 반드시 하지 않아도 되기 때문에 상대적으로 백엔드 비중이 축소된다고 느낄 수도 있다.

3 프런트엔드 중심 개발로의 이동

데이터를 서버에서 조합(바인딩Binding)한 다음 화면을 구성(렌더링Rendering)하는 서버 사이드 렌더링은 과거 데스크톱이 중심이 되던 시절에는 문제가 없었지만 스마트폰 앱이나 모바일 웹을 통한 서비스가 확대되면서 여러 문제가 부각되기 시작했다. 대표적으로 모바일에서 인터넷을 사용하려면 데이터 요금을 부담해야 하고 유선에 비해 상대적으로 속도도 느리다. 더불어 인터넷 접속이 항상 보장되지 않는데, 실시간으로 데이터 갱신은 필요하다.

이러한 새로운 요구는 서버로부터 데이터만 수신하고 클라이언트(웹 브라우저)에서 데이터를 조합한 다음 화면을 구성하는 클라이언트 사이드 렌더링CSR 방식으로 개발을 전환하게 되는 계기가 되었다. 이러한 개발 방식을 프런트엔드 중심 개발이라고 하고, 대표적인 자바스크립트 기반 기술로는 Angular.js, React.js, Vue.js 등이 있다.

4 스프링 프레임워크와 JSP

스프링 프레임워크Spring Framework, 이하 스프링는 상용화할 수 있는 수준의 대규모 서비스를 누구라도 쉽게 개발할 수 있도록 해준다. 자바 기반의 대표적인 백엔드 개발 프레임워크이고 전세계적으로도 널리 사용되고 있으며 특히 국내에서는 절대적인 위치에 있다.

전자정부 프레임워크 역시 스프링 기반이며 국내에서는 JSP를 주로 스프링과 함께 사용하지만 아이러니하게도 스프링에서 기본적으로 권장하는 뷰 템플릿 엔진은 타임리프Thymeleaf다. 물론 JSP, 프리마커FreeMarker 역시 사용 가능하지만 스프링을 쉽게 사용할 수 있게 하는 스프링 부트Spring Boot의 경우 JSP 사용에 제약이 있어 권장되지 않는다. 또한 JSP를 비롯해 핵심 구성요소인 JSTL, EL 등의 업데이트가 없는 것도 참고할 만한 사항이다.

5 JSP는 앞으로도 필요한가?

현재의 개발 트렌드로 보면 새로운 프로젝트에 꼭 JSP를 사용해야 할 만큼의 이점은 없다고 느낄 수 있지만, 지난 20여 년 가까이 JSP를 사용했기 때문에 기존 시스템과의 호환성이나 유지보수를 위해 JSP는 필요하다. 또한 JSP 기반의 개발이 필요한 곳은 국내뿐만이 아니다. 그러므로 전반적인 웹 프로그래밍 개발의 큰 그림을 이해하면서 JSP에 대한 최소한의 이해를 겸비하는 학습을 하길 바란다.

이 책에서는 JSP 자체보다는 자바 웹 개발의 전반적인 기술 요소 이해에 중점을 둔다. 특히 서블릿, JSP, JAX-RS, 스프링 프레임워크 등을 포함하여 향후 다양한 백엔드 기반 개발 기술에도 적응할 수 있는 기초를 다질 수 있도록 내용을 구성했다.

요약

01 월드 와이드 웹World Wide Web은 줄여서 WWW 또는 웹이라고 한다.

02 웹은 HTMLHyperText Markup Language이라는 간단한 마크업 언어를 통해 정보의 연결이 가능하도록 하이퍼텍스트를 포함한 콘텐츠를 제공하며, HTTPHyperText Transfer Protocol라는 프로토콜을 사용해 TCP/IP 네트워크상에서 서비스를 운영하게 된 것이 웹의 시작이다.

03 네트워크를 구축하려면 컴퓨터 간의 연결 규격인 프로토콜Protocol이 필요하며 여러 프로토콜 중 가장 널리 쓰이는 프로토콜이 TCP/IP다.

04 인터넷 기반의 대표적인 서비스는 웹 이외에도 이메일, FTP, Telnet, DNS 등이 있지만 일반적으로 사용하는 서비스로는 웹이 절대적이다.

05 HTML, CSS, 자바스크립트JavaScript는 프런트엔드(클라이언트) 영역을 구성하는 핵심 프로그램 기술이다.

06 백엔드 중심의 개발은 전통적인 웹 개발 모델이며, 서버에서 모든 것을 담당하는 방식이다.

07 프런트엔드 중심 개발은 클라이언트에서 HTML을 가지고 있거나 서버에서 HTML만 받아오고 서버로부터 화면 구성에 필요한 데이터만 자바스크립트로 받아와 데이터와 화면을 조합해 보여주는 방식이다.

연습문제

01 **월드 와이드 웹에서 클라이언트와 서버 간의 통신을 위해 사용하는 프로토콜과 콘텐츠 제작을 위해 사용하는 마크업 언어는 각각 무엇인가?**

① HTTP, HTML

② HTML, HTTP

③ HTTP, FTP

④ FTP, HTML

02 **TCP/IP 4계층 구조에 해당하지 않는 계층은 무엇인가?**

① 응용 계층

② 변환 계층

③ 인터넷 계층

④ 물리 계층

03 **네트워크 시스템이 계층 구조로 이루어져 있는 이유로 틀린 것은 무엇인가?**

① 네트워크 사용을 위해 전체 구조에 대한 이해 없이 각각의 계층은 하위 계층에 대해서만 이해하면 된다.

② 구현이 쉽고 표준화된 계층 구조로 인해 설계의 변경이 용이하다.

③ 구현은 어렵지만 보안에 강력하다.

④ 상위 레벨에서는 하위 레벨에서 구현한 내용을 모르더라도 표준화된 인터페이스를 통해 네트워크 시스템을 개발하고 운영할 수 있다.

04 **백엔드 중심 개발의 장점과 거리가 먼 것은 무엇인가?**

① 서비스 연동에 필요한 다양한 서버 환경에 대응할 수 있다.

② 검색 엔진 최적화에 유리하다.

③ 기술이 안정적이고 검증되었다.

④ 실시간 데이터 갱신이 자유롭다.

05 백엔드 중심 개발과 프런트엔드 중심 개발의 대표적인 차이점은 무엇인가?

06 대표적인 프런트엔드 기술인 HTML, CSS, 자바스크립트에 대해 역할을 중심으로 간단히 설명하시오.

07 웹 서비스 개발에서 JSP 사용이 줄어든 이유를 간단히 설명하시오.

CHAPTER 02

자바 웹 개발을 위한 환경 구축

학습목표

- 자바 웹 개발을 위한 개발환경을 이해하고 설치한다.
- 클라우드 개발환경과 배포 프로세스의 개념을 익힌다.
- 이클립스를 설치하고 기본 사용법을 익힌다.

01 자바 웹 개발환경의 개요

자바 웹 프로그래밍의 환경을 살펴보기에 앞서 기본이 되는 자바 언어에 대해 간단하게 살펴본다.

1 자바란?

자바는 가장 대표적인 프로그래밍 언어로, 조사 목적이나 관점에 따라 다르겠지만 매년 프로그래밍 언어 인기도를 조사하는 TIOBE의 결과에 따르면 지난 5년 동안 자바가 계속 1위였으며, 2021년 7월 기준으로 C언어에 이어 2위를 차지하고 있다.

Jul 2021	Jul 2020	Change	Programming Language	Ratings	Change
1	1		C	11.62%	-4.83%
2	2		Java	11.17%	-3.93%
3	3		Python	10.95%	+1.86%
4	4		C++	8.01%	+1.80%
5	5		C#	4.83%	-0.42%

그림 2-1 프로그래밍 언어의 인기도 순위(출처: TIOBE)

자바의 대표적인 특징은 다음과 같다.

- 간결하면서도 강력한 객체지향 프로그래밍 언어다.
- 플랫폼에 독립적이어서 여러 운영체제나 하드웨어에서도 동일하게 실행할 수 있다.
- 많은 오픈소스 라이브러리를 통해 생산성이 향상되고 유지보수 비용이 절감된다.
- GUI 기반의 응용 프로그램 개발에는 적합하지 않다.
- 하드웨어를 정밀하게 제어해야 하는 프로그램 개발에는 비교적 적합하지 않다.
- 최신 모던 프로그래밍 언어에 비해 간결함이 떨어지고 코드가 복잡하며 불필요한 코드가 많다.

TIP Java 8~11의 버전 변화를 거치며 많이 보완되었다.

여기서 잠깐! 자바의 버전

자바의 최신 버전은 2020년 말 기준으로 Java SE 14다. 매년 버전업되어 최신 버전이 나오지만 개발의 안정성과 호환을 위해 LTSLong Term Support 버전을 사용하는 것이 좋다. 현재 LTS 버전은 11이며, 최대 2026년까지 기술 및 보안 업데이트 등이 보장되어 있기 때문에 대부분의 프로젝트나 학습에서는 11을 권장한다.

자바 가상머신(JVM)

자바의 가장 큰 특징은 가상머신Virtual Machine이라는 개념이다. 가상머신은 말 그대로 물리적인 기계 장치가 아닌 가상의 기계를 의미한다. 즉 소프트웨어로 구현된 하드웨어를 말하는데, 자바의 전신인 OAK 프로젝트에서 TV, 냉장고 등의 가전제품에서 구동할 수 있는 소프트웨어 개발을 위해 고안된 아이디어다. 가상머신이라는 개념을 자바에서 처음 만든 것은 아니지만 당시에 실제로 성공한 프로젝트로는 자바가 대표적이다. 이러한 가상머신의 특징으로 인해 특정 하드웨어나 운영체제의 영향을 받지 않고 동일한 프로그램의 개발이 가능해진 것이다.

자바 가상머신(이하 JVM)의 특징은 다음과 같다.

- JVM은 자바의 가장 큰 특징으로 특정 하드웨어나 운영체제에 종속되지 않고 동일한 프로그램 개발과 실행이 가능한 기술이다.
- 자바 소스는 컴파일 후 바이트코드가 생성되며, JVM은 바이트코드를 해석하여 운영체제에서 실행할 수 있도록 번역하는 역할을 담당한다.
- 가상머신의 개념은 윈도우 .NET 플랫폼에도 영향을 미쳤으며 최근에는 코틀린, 스칼라Scala, 그루비Groovy 등의 JVM 기반 언어도 유행하고 있다.

TIP 언어의 문법 구조는 다르지만 모두 자바와 같은 바이트코드를 생성해 JVM에서 실행이 가능하기 때문이다.

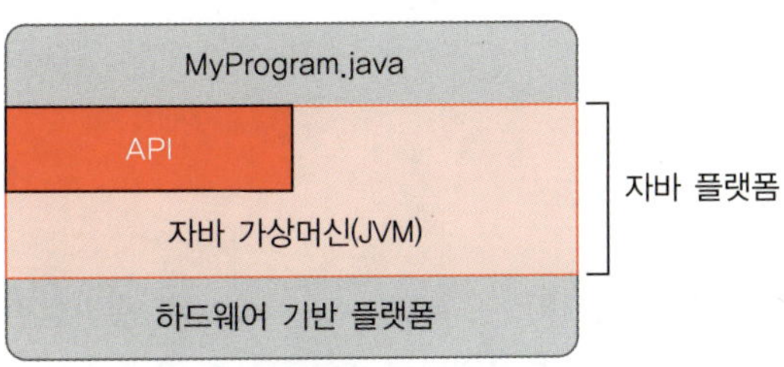

그림 2-2 JVM과 자바 플랫폼

자바 플랫폼

자바 플랫폼은 API와 JVM으로 구성되며 특정 자바 프로그램이 실행되는 환경을 의미한다. 자바 플랫폼에는 Java SE, Java EE, Java ME, Java Card, Java TV 등이 있다.

실행환경에 따라 API 구성 등이 달라지는데, 일반적인 목적으로 사용할 때는 Java SEStandard Edition를 설치한다. 만약 대규모 개발을 위한 기업 수준의 요구사항을 포함해야 한다면 Java EEEnterprise Edition를 추가로 설치해야 한다.

여기서 잠깐! Java EE 시장의 축소

스프링과 같은 오픈소스 프레임워크의 성장으로 인해 Java EE 시장이 점차 축소되고, 오라클은 Java EE를 이클립스 재단으로 이관했다. 따라서 자바 웹 개발을 위해 Java EE 플랫폼까지는 필요하지 않으며 아파치 톰캣과 같은 서블릿 컨테이너만 설치해도 충분하다.

2 자바 웹 개발환경

자바 웹 개발을 위해서는 기본적으로 자바 개발도구JDK, 통합개발환경IDE, 서블릿 컨테이너가 필요하다. 이와 더불어 데이터베이스와 연동을 한다면 데이터베이스도 필요하다.

이 책에서 구축하는 개발환경의 버전은 다음과 같다.

표 2-1 JSP 개발환경

항목	프로그램명	이 책의 버전
자바 개발도구	JDK	AdoptOpenJDK 11(LTS)
통합개발환경	이클립스	Eclipse IDE for Java Enterprise Developer
서블릿 컨테이너	아파치 톰캣	Apache Tomcat 9
데이터베이스	H2	H2 Database v1.4

자바 개발도구(JDK)

자바 개발도구Java Development Kit, JDK는 자바 실행을 위한 JREJava Runtime Environment와 컴파일러 등을 포함하며, 보통 JDK로 불린다. 이클립스, IntelliJ 등 통합개발환경을 비롯해 아파치 톰캣Apache Tomcat과 같이 자바로 만들어진 서버 실행을 위해서도 JDK는 필요하다.

오라클의 자바 라이선스 상용화 정책에 따라 기본적인 자바 소스코드는 오픈소스 정책에 따라 배포된다. 하지만 JDK 패키지는 상용 제품인 Oracle JDK와 공개 버전인 Open JDK로 나뉘어 배포되는데, 몇몇 구성요소와 설치 방법 등의 차이를 제외하면 기본적인 기능과 성능은 동일하다. 그렇지만 라이선스 문제가 발생할 수 있으므로 자바를 이용한 제품이나 서비스를 개발할 때 중요하게 고려해야 한다.

특별히 오라클에 종속되거나 반드시 라이선스를 지불해야만 하는 환경이 아니라면 Open JDK의 사용이 권장된다. 다만 오라클에서 공식적으로 배포하는 Open JDK는 설치 방법 등이 불편하기 때문에 몇몇 회사(혹은 단체)나 개인이 깃허브GitHub 등을 통해 배포하는 패키지를 사용한다.

통합개발환경(IDE)

본격적인 개발을 위해서는 통합개발환경Integrated Development Environment, IDE이 필요하다. 마이크로소프트의 Visual Studio, VS Code를 비롯해 NetBeans, IntelliJ 등 다양한 개발도구가 있으며 회사의 정책이나 개인의 취향에 따라 적절한 개발도구를 사용할 수 있다. 대표적인 도구로서 가장 많은 사용자를 확보하고 있는 IDE를 살펴보면 다음과 같다.

■ 이클립스

이클립스Eclipse는 대표적인 자바 통합개발도구로 IBM에서 1999년에 개발해 오픈소스로 기증한 개발도구다. 이클립스는 자바 이외의 개발도구로도 사용할 수 있으며 플러그인 구조로 인해 이클립스 기반의 여러 개발도구를 만들 수 있는 형태다. 안드로이드 스튜디오가 나오기 전까지는 안드로이드의 공식 개발도구였으며 무료로 사용할 수 있다는 장점과 다양한 플러그인 등으로 오랜 기간 대표적인 자바 개발도구로 자리 잡아왔다. 하지만 획기적인 변화 없이 유지되는 UI 및 고급기능의 부재 등으로 점차 상용 개발도구인 IntelliJ에 자리를 내어주고 있는 상황이다.

이클립스는 개발 목적에 따라 여러 버전이 있으며, 웹 개발을 위해서는 Eclipse IDE for Java Enterprise Developer를 설치해야 한다.

■ IntelliJ IDEA

젯브레인스Jetbrains라는 회사에서 개발한 자바 개발도구로, 코틀린 역시 이 회사에서 개발했다.

IntelliJ는 저사양의 컴퓨터에서 사용하기 어렵다는 단점이 있음에도 불구하고 많은 기능과 편리함으로 인해 가장 대표적인 자바 개발도구가 되었다. 다만 본격적인 개발을 위해서는 상용버전을 사용해야 하고, 특히 자바 웹 개발은 상용버전인 Ultimate 버전을 사용해야 한다는 문제가 있다.

TIP 학생이라면 학교 이메일 인증을 통해 1년간 Ultimate 버전을 무료로 사용해볼 수 있다. 참고로, 매년 갱신이 필요하다.

■ VS Code

Visual Studio Code는 프런트엔드 개발이 본격화되면서 가장 빠르게 성장하고 있는 개발도구다. 마이크로소프트에서 제공하는 오픈소스 개발도구로서 가벼운 기본 구조로 저사양의 컴퓨터에서도 비교적 쉽게 사용할 수 있으며, 필요한 기능을 익스텐션 형태로 설치해 자신만의 환경을 구축하는 것이 가능하다.

스프링을 비롯해 모든 자바 기반의 개발이 가능하기는 하지만 관련된 익스텐션을 직접 설치해야 하고 개별적인 환경 설정을 해야 하기 때문에 다소 불편할 수 있다.

서블릿 컨테이너

WAS Web Application Server는 이름과 같이 웹 애플리케이션을 구동하는 서버를 의미한다. 물리적인 서버의 역할 관점에서 붙여진 이름이며, 서버 컴퓨터가 WAS로 동작하려면 Java EE 또는 아파치 톰캣과 같은 서블릿 컨테이너 Servlet Container가 필요하다.

그렇다고 WAS가 단순히 Java EE 또는 서블릿 컨테이너 구동을 위해 사용되는 것은 아니며, 운영 및 관리, 장애 대응 등을 포함한 여러 역할을 하는 시스템이다. 실제 서비스 시스템을 구축할 때는 정적 콘텐츠 서비스를 위한 웹 서버와 WAS를 병행해 운영하며 설정을 통해 상호 연동되는 구조를 가진다. 서블릿 컨테이너로는 아파치 톰캣, Jetty, Undertow 등이 널리 사용된다.

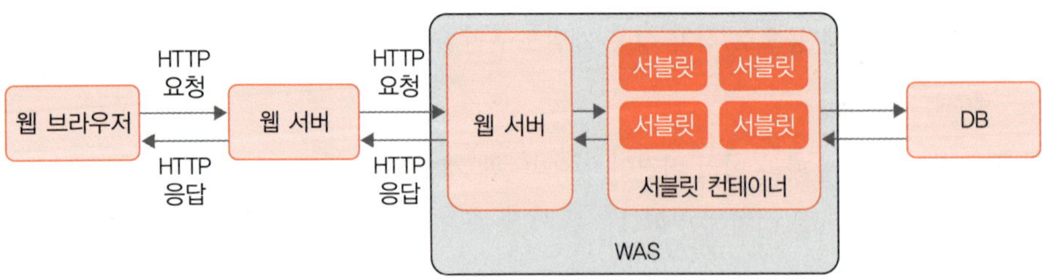

그림 2-3 서블릿 컨테이너 구조

02 클라우드 개발환경과 배포 프로세스

1 클라우드 개발환경

최근 전통적인 개발환경 설정을 넘어 클라우드 인프라와 협업을 위한 기본적인 배경지식과 경험이 요구되고 있다. 개발환경이 점점 복잡해짐과 더불어 개발 결과물을 실제 서버로 배포하는 과정과 절차도 점점 복잡해지고 있다. 따라서 세부적인 클라우드 개발환경에 대한 어느 정도 이해는 필요하다.

여기서 잠깐! 나는 클라우드 개발환경에 얼마나 익숙한가?

다음의 질문 리스트를 가볍게 체크하며 클라우드 개발환경에 관해 어느 정도 배경지식이 있는지 점검해보자.

- 깃Git에 대해 전반적으로 이해하며 이를 개발 소스 관리에 활용할 수 있는가?
- 깃허브GitHub, 깃랩GitLab 등의 소스 공유 및 관리 도구를 사용할 수 있는가?
- 데브옵스DevOps 개념을 이해하고 적용할 수 있는가?
- 아마존 웹 서비스AWS, 구글 클라우드 플랫폼GCP 등의 클라우드 인프라를 활용할 수 있는가?
- 도커Docker 등의 컨테이너를 기반으로 한 개발 경험이 있는가?

2 배포 프로세스

개발 결과물을 실제 사용자에게 전달하는 프로세스에 관하여 살펴본다.

배포란?

배포Deployment는 배치라고도 하며, 개발된 결과물을 실제 사용자에게 전달하는 작업을 말한다. 웹의 경우 운영 서버로 소스코드를 복사하고 WAS에 등록하는 과정을 의미하며, 모바일 앱의 경우 앱 스토어에 앱을 업로드하는 절차 등이 해당한다. 그 외에도 FTPFile Transfer Protocol 서버, 홈페이지 또는 깃허브 등을 통해 버전을 릴리즈Release하는 작업이 될 수 있다.

웹 애플리케이션 배포

이클립스에서 JSP 또는 서블릿을 실행하면 현재 프로젝트 구조를 WAR 형태로 패키징한 후 아파치 톰캣에 전달해 실행하는 구조다. 물론 로컬 서버에서는 효율성을 위해 매번 실제 WAR를 생성하지 않고 이클립스에서 내부적으로 톰캣과 연동하는 과정을 거치게 된다.

반대로 완성된 프로젝트를 운영 서버에 설치하는 경우라면 이클립스에서 프로젝트를 .war 파일로 패키징한 다음 서버에 옮기는 과정이 필요하다. 운영 서버가 리눅스라고 가정하면 개발자의 윈도우 컴퓨터에서 운영 서버에 원격으로 접속해야 하고, .war 파일을 FTP와 같은 파일 전송 프로그램을 사용해 전송한다. 만일 서버가 보안의 이유로 외부 접속이 완전히 차단되어 있는 경우라면 서버가 설치된 데이터 센터나 접속이 인가된 컴퓨터로 직접 이동해 작업해야 한다.

서버에 .war 파일을 복사한 다음에는 톰캣이 설치된 디렉터리의 [webapps] 폴더로 .war 파일을 위치시키면 톰캣이 자동으로 압축을 풀어 사용하게 된다.

톰캣의 경우 .war 파일을 원격으로 설치하고 관리하기 위한 웹 기반의 관리자 콘솔 기능을 제공하고 있으며, 대부분의 WAS가 이와 같은 도구를 포함한다. 톰캣 관리자 콘솔은 웹 기반의 UI도 제공하지만 빌드 도구에서 원격으로 직접 배포하는 방법도 제공하고 있다.

이클립스에서 톰캣을 실행하는 경우 톰캣의 웹 관리 도구에 접근할 수 없으며, 윈도우상에서 톰캣을 독립적으로 실행하는 경우에는 localhost:8080/manager로 접속해 이용할 수 있다. zip 버전의 톰캣은 별도의 사용자 등록 과정이 필요하며, 윈도우 설치 버전은 설치 과정에서 관리자 아이디와 비밀번호를 등록한다.

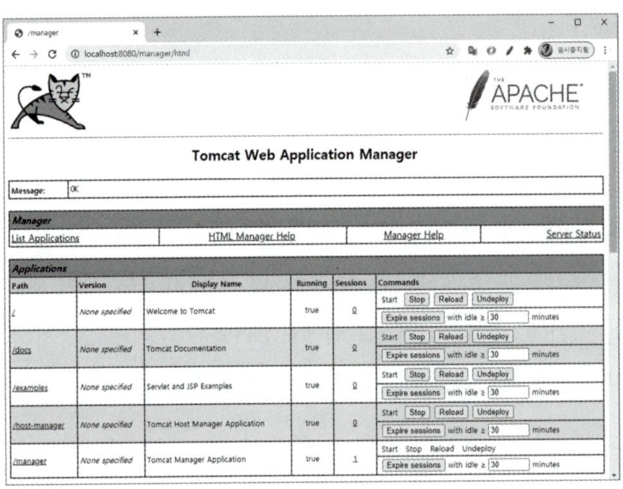

그림 2-4 톰캣 매니저 화면

그러나 이와 같은 방법은 다소 비효율적이며 여러 개발자가 동시에 작업하기에는 불편한 점이 많다. 또한 자동화가 이루어지지 않아 단계별로 개발자의 확인이나 테스트 등의 작업이 필요할 수도 있다. 이러한 문제점을 해결하기 위해서 최근에는 데브옵스DevOps라 불리는 개발과 운영의 통합 인프라스트럭처가 주목받고 있다.

3 데브옵스

데브옵스DevOps란 개발Development과 운영Operation의 합성어로, 소프트웨어 개발 규모가 커지고 협업이 보편화되면서 신속한 개발과 지속적 유지보수, 배포 등의 운영을 병행하기 위한 노력을 통칭한다.

예를 들어 서비스의 개선을 위해 몇 달간의 작업 후 배포하던 전통적인 방식과 달리, 지금은 수시로 서비스를 배포하는 형태가 되었다. 또한 설치 기반이던 대부분의 서비스가 웹 기반으로 변화하였고, MSA와 클라우드 인프라를 활용하면서 서비스의 빈번한 배포가 필수요소로 자리 잡았다. 이러한 새로운 전략을 위해 개발 팀과 운영 팀이 병합되어 개발, 테스트, 배포, 운영에 이르는 애플리케이션 생명주기를 개발하게 되었는데 이를 데브옵스라 한다.

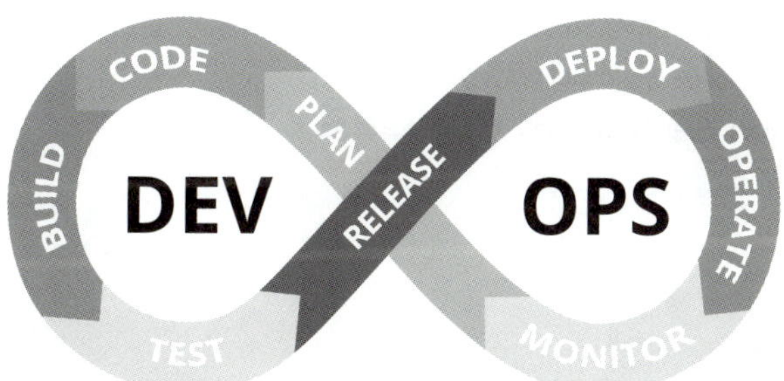

그림 2-5 데브옵스의 개념과 프로세스

데브옵스의 장점

- **빠른 속도:** 계획부터 배포까지 작업 속도를 빠르고 효율적으로 제공하기 때문에 시장 변화에 빠르게 대처하고 비즈니스 성과를 창출할 수 있다.
- **빠른 배포:** 새로운 기능의 릴리즈와 오류 수정 속도가 빨라진다. 따라서 고객의 요구에 빠르게 대응할 수 있다.
- **안정성:** 지속적 통합, 지속적 전달, 모니터링, 로깅을 통해 안정적인 서비스 품질을 고객에게 제

공할 수 있다.

- **확장 가능성**: 복잡하거나 변화하는 시스템을 효율적으로 관리할 수 있다.
- **협업 강화**: 개발 팀과 운영 팀이 긴밀하게 협력할 수 있기 때문에 책임을 공유할 수 있다. 이로써 비효율을 줄이고 시간을 절약할 수 있다.

데브옵스의 구현

데브옵스를 구현하기 위해서는 기업 구성원들의 협력과 조직 문화가 뒷받침되어야 한다.

데브옵스에는 다음과 같은 구성요소가 있다.

- SCMSource Code Management: 팀 단위의 소스코드 버전 관리, 깃, SVN 등의 도구를 사용한다.
- CIContinuous Integration: 빌드와 테스트의 통합, Jenkins, Travis CI 등의 도구를 사용한다.
- CDContinuous Deploy: 지속적인 배포, 원하는 시점에 바로 배포가 가능한 설정이 필요하다.
- CMConfiguration Management: 서비스 설정의 통합 관리, 운영 서버 OS, 라이브러리 버전, 컴파일 등을 포함한다.

TIP 데브옵스 참고 자료

- https://cloud.google.com/devops/?hl=ko: 구글 클라우드 플랫폼
- https://aws.amazon.com/ko/devops/what-is-devops/: 아마존 AWS
- https://azure.microsoft.com/ko-kr/overview/what-is-devops/: 마이크로소프트 Azure

03 자바 웹 개발환경 구축

이번 절에서는 자바 웹 개발환경 구축을 위해 자바 JDK 및 아파치 톰캣, 이클립스를 설치한다. 컴퓨터의 운영체제는 윈도우Windows, 리눅스Linux, 맥MacOS 모두 사용이 가능하며 이 책에서는 Windows 10 운영체제를 기준으로 한다.

1 JDK 설치하기

우선 JDK부터 설치한다. 이번 실습에서는 Open JDK의 하나인 AdoptOpenJDK를 설치한다. AdoptOpenJDK 사이트에 접속하면 사용자 컴퓨터의 운영체제를 파악하여 자동으로 최신 버전을 다운로드할 수 있다.

❶ 웹 브라우저에서 https://adoptopenjdk.net에 접속하여 'OpenJDK 11 (LTS)' 버전을 선택하고 JVM은 'HotSpot'을 선택한 후, 〈Latest release〉를 클릭하여 다운로드한다.

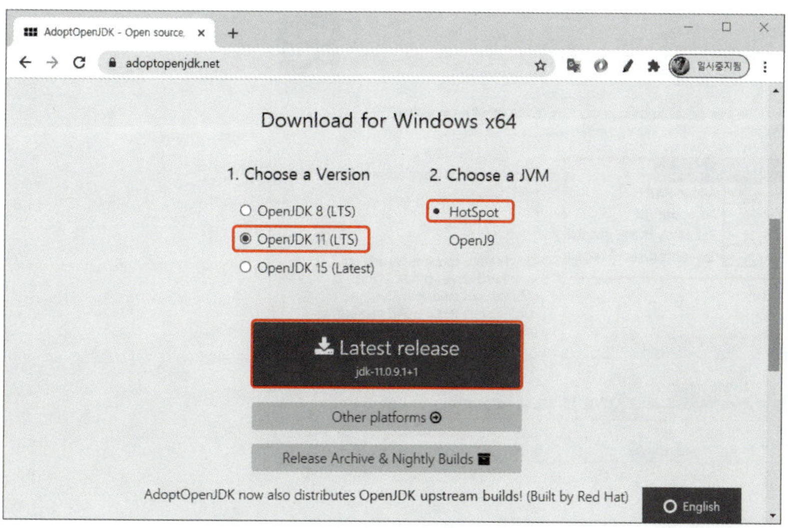

❷ 다운로드한 파일을 실행하고, 〈Next〉를 클릭하여 설치를 진행한다.

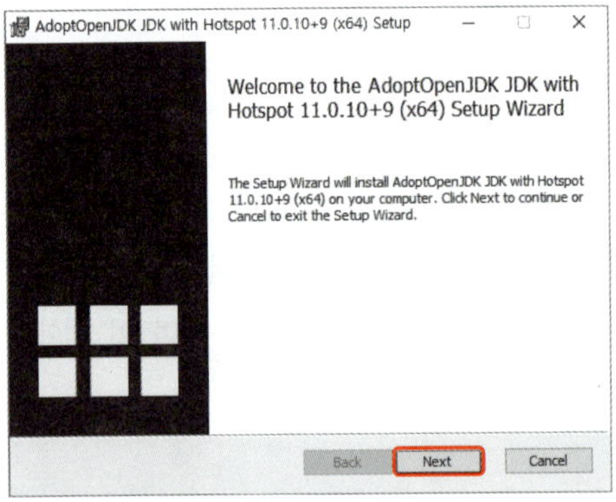

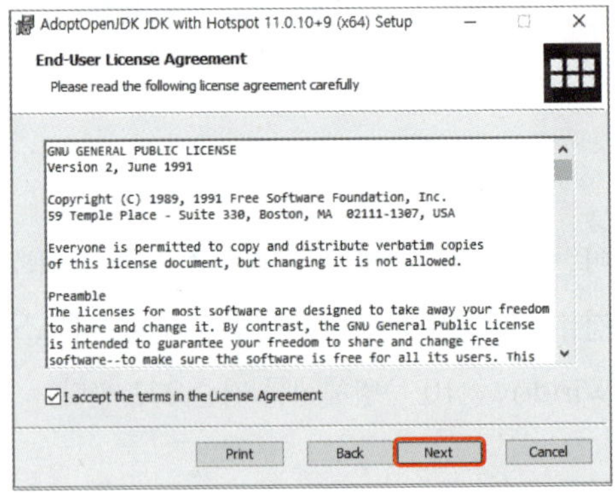

❸ [Custom Setup] 창에서 설치 옵션을 기본값으로 두고 〈Next〉를 클릭한다.

'Add to PATH'는 별도의 작업 없이 윈도우 PATH에 JDK 설치 경로를 추가하는 옵션이며, 'Associate .jar'은 jar 파일 실행을 연동하는 옵션이다. 'Set JAVA_HOME variable'에는 체크하지 않는다.

TIP 설치 화면의 옵션이 아래 그림과 다를 경우 그림과 같게 설정한다.

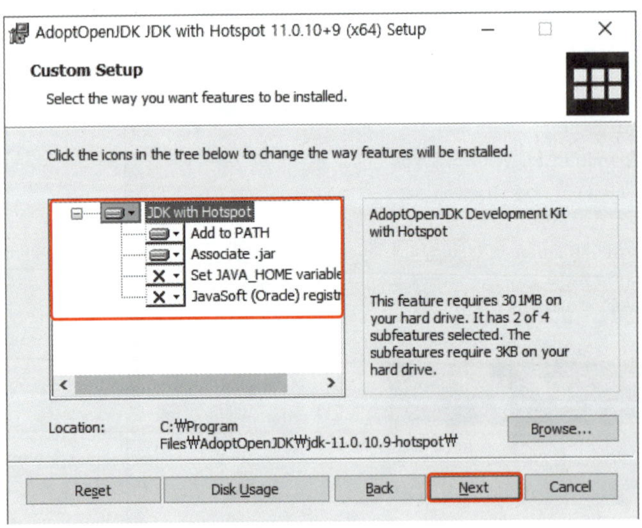

❹ 〈Install〉을 클릭하여 설치를 진행하고, 설치가 끝나면 〈Finish〉를 클릭한다.

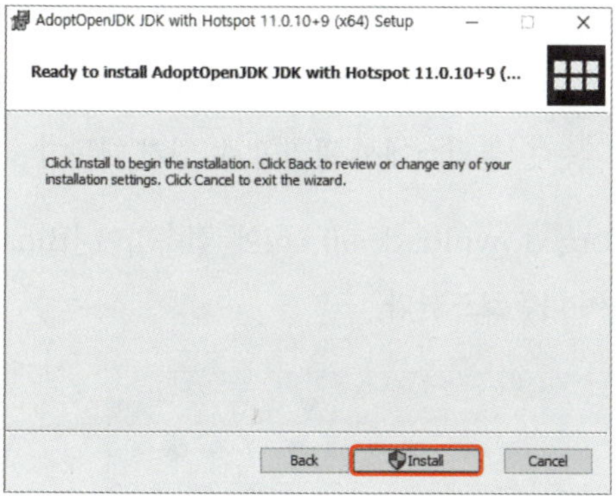

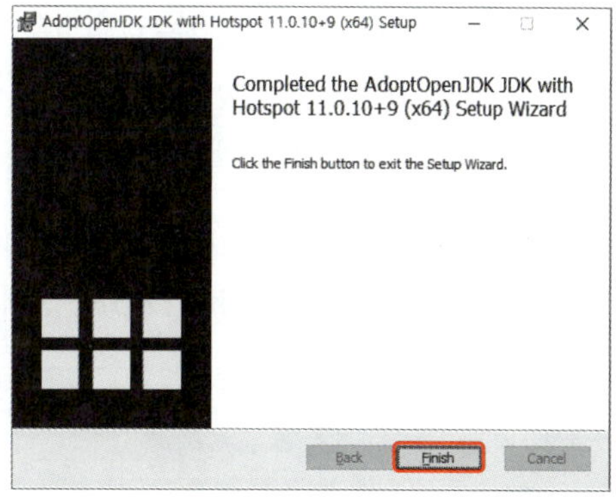

❺ 설치가 완료되면 윈도우의 시작 버튼에서 'cmd'를 입력하여 명령 프롬프트 창을 띄우고 'java -version'을 입력한다. 설치된 OpenJDK의 버전이 나오면 정상적으로 설치된 것이다.

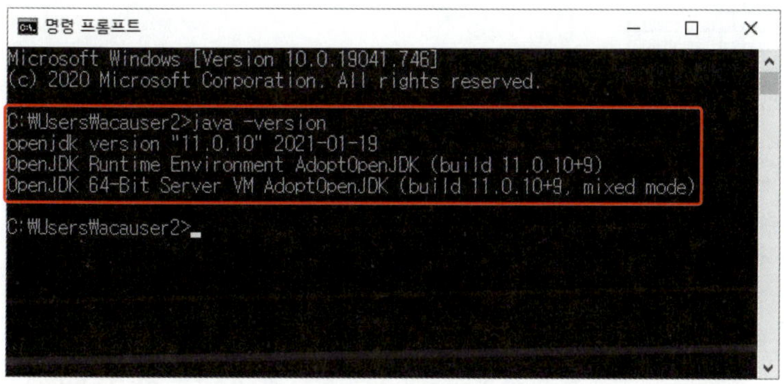

여기서 잠깐! JDK 설치 유의사항

대부분의 경우 문제없이 설치되지만, 만일 사용자의 컴퓨터에 이미 설치된 JDK가 있다면 다음 사항에 유의한다.

- 기존 설치 버전이 JDK 11이라면 설치된 버전을 그대로 사용해도 된다.
- 설치된 JDK가 Oracle JDK 또는 JDK 11 이외의 버전이라면 가능한 삭제하길 권장한다.
- OpenJDK 설치 전 시스템 환경변수의 PATH에 JDK 관련 경로 및 JAVA_HOME 환경변수 관련 설정이 되어 있다면 삭제 후 설치를 권장한다.

TIP 리눅스 또는 맥을 사용하는 경우에도 동일하며, 추가적인 설치 옵션은 https://adoptopenjdk.net/installation.html#macos-pkg를 참고한다.

2 아파치 톰캣 설치하기

아파치 톰캣은 '압축 버전'과 '윈도우 서비스 인스톨러 버전' 그리고 '임베디드 버전'이 있다. 이번 실습에서는 압축 버전(zip)을 다운로드한다. 이클립스를 사용할 경우, 톰캣은 윈도우에 설치만 되고 실행을 비롯한 모든 웹 애플리케이션 관리는 이클립스에서 관리할 수 있기 때문이다.

❶ 웹 브라우저에서 https://tomcat.apache.org/download-90.cgi에 접속하여 [Binary Distributions] → [Core] → [zip]을 선택하여 다운로드한다.

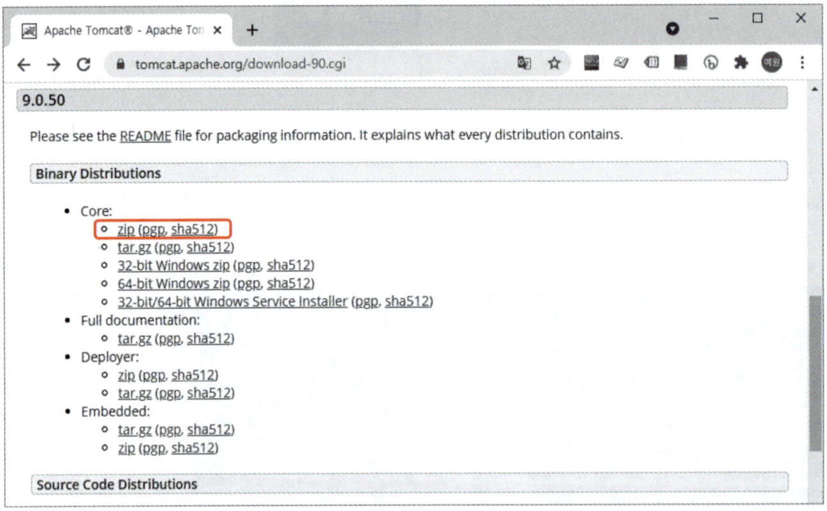

❷ 다운로드한 'apache-tomcat-9.0.zip' 파일의 압축을 풀고 C드라이브에 옮긴다. 이때 주의할 것은, [apache-tomcat-9] 폴더 밑에 바로 [bin], [conf], [lib] 등의 폴더가 보이도록 복사해야 한다는 점이다.

TIP 이 책에서는 톰캣을 C드라이브의 [Dev] → [apache-tomcat-9.0.43]에 복사하였다.

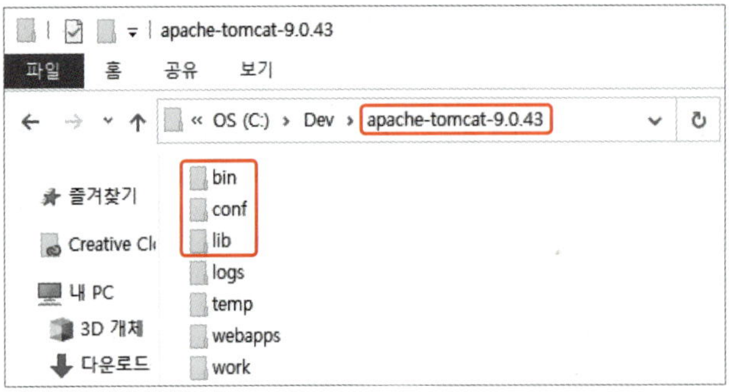

3 이클립스 설치하기

이클립스는 설치 파일을 다운로드하고 본인이 원하는 이클립스 버전을 추가로 선택해주어야 한다. 이번 실습에서는 웹 개발을 위한 Eclipse IDE for Java Enterprise Developer를 설치한다. 앞으로 별도의 언급이 없다면 '이클립스'로 부르기로 한다.

❶ 웹 브라우저에서 https://www.eclipse.org/downloads/에 접속하여 〈Download x86_64〉를 클릭한다. 이어지는 화면에서 〈Download〉를 클릭하고 설치를 진행한다.

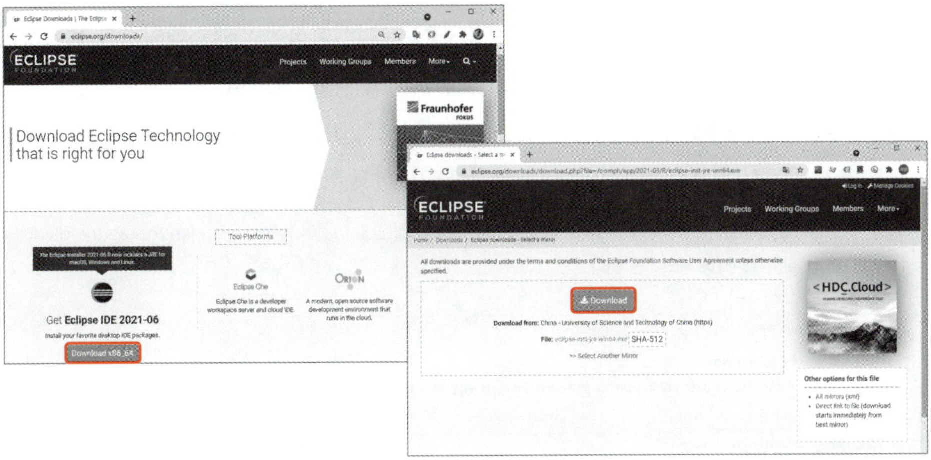

❷ [eclipseinstaller] 창에서 'Eclipse IDE for Enterprise Java Developers'를 선택한다. 이후 나오는 라이선스 및 권한 설정은 모두 동의에 체크한다.

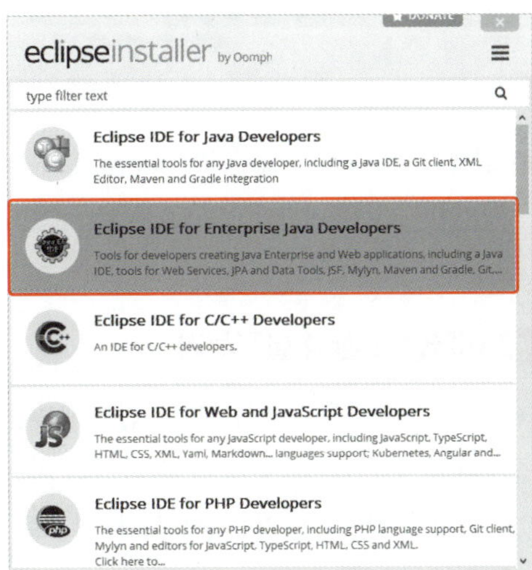

TIP 만일 이클립스 설치 파일을 실행했을 때 자바를 찾을 수 없다는 메시지가 나오면서 이클립스 JDK 설치 화면으로 이동하는 경우 컴퓨터에 설치된 JDK를 다시 점검해야 한다.
55쪽의 〈여기서 잠깐〉에서 언급한 기존 설치 버전과의 충돌 문제를 참고하고 그래도 문제가 계속 발생한다면 이클립스 통합 설치 파일이 아닌 개별 패키지 다운로드 사이트(https://www.eclipse.org/downloads/packages/)에서 'Eclipse IDE for Enterprise Java Developers'를 내려받아 사용한다.

워크스페이스 지정

작업 공간을 의미하는 워크스페이스Workspace는 이클립스에서 프로젝트 및 소스코드를 관리하기 위한 저장 공간을 의미한다. 즉 하나의 개발 프로젝트에 여러 이클립스 프로젝트가 있을 수 있으며, 개발 단위에 따라 워크스페이스를 달리 둘 수도 있다.

TIP 학습을 위해 자바 워크스페이스, 자바 웹 워크스페이스 등을 분리해 관리할 수도 있다. 또한 소스코드 백업을 위해 워크스페이스 폴더를 통째로 복사해둘 수도 있다.

❸ 이클립스를 실행하면 다음과 같이 [Select a directory as workspace]라는 워크스페이스를 선택하는 창이 나온다. 기본적으로 사용자의 홈 디렉터리에 워크스페이스를 생성하도록 되어 있다. 기본적으로 설정된 폴더 경로를 유지해도 되고, 〈Browse〉 버튼을 눌러 별도의 폴더 경로를 지정해도 된다. 이 책에서는 C드라이브의 [Dev] → [Workspace]를 기본 경로로 한다. 반드시 워크스페이스의 폴더 위치를 기억하고 확인해야 한다.

TIP 이클립스를 실행할 때마다 워크스페이스 확인 화면이 나오는데, 만일 이것이 불편하다면 'Use this as the default and do not ask again'에 체크하면 된다.

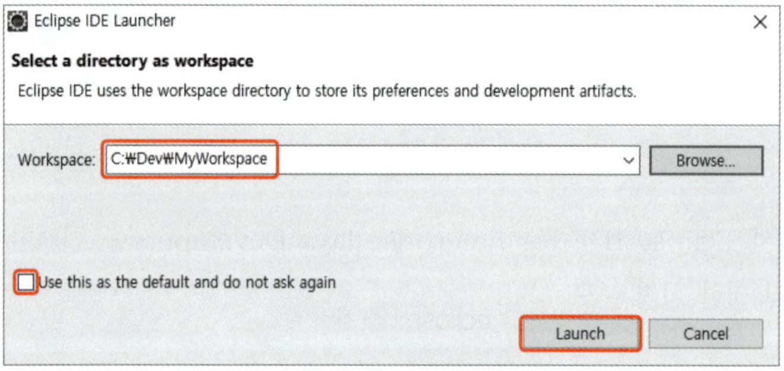

❹ 실행이 완료되면 나오는 [Welcome] 화면에서 오른쪽 상단의 〈Hide〉 버튼을 눌러 메인 작업 화면으로 들어간다.

4 이클립스 환경 설정하기

최적의 개발환경을 구축하려면 본인에게 맞는 설정을 직접 할 수 있어야 한다. 간단하게는 편집기의 배경화면과 글자 크기, 컴파일러 버전 설정에서부터 단축키까지 개발 효율을 높일 수 있는 설정을 찾아가는 것이 중요하다. 앞으로 실습에 필요한 몇 가지 설정을 해보자.

텍스트 인코딩 설정하기

프로그램을 개발할 때 한글은 여러 문제를 발생시키는 원인이 된다. 이러한 문제를 사전에 예방하기 위해 전체 개발에 사용할 텍스트의 캐릭터 인코딩Encoding을 통일하는 것이 좋다. 캐릭터 인코딩은 유니코드 인코드 방식 중 UTF-8을 기본으로 사용한다.

❶ [Window] → [Preferences]를 클릭하여 설정 화면을 연다. [General] → [Content Types] → [Text]를 선택하고, [Default encoding]에 'utf-8'을 입력하고 〈Update〉 버튼을 누른다.

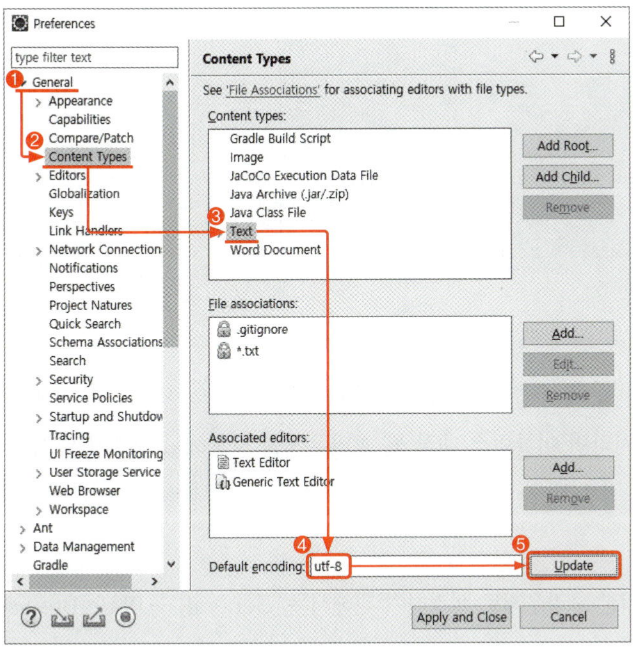

❷ HTML, CSS, JSP의 캐릭터 인코딩 설정도 변경한다. [Web] → [HTML Files]를 선택하고 다음 그림과 같이 인코딩 항목을 'ISO 10646/Unicode(UTF-8)'로 변경한다. 같은 방식으로 [CSS Files]와 [JSP Files]도 변경한다.

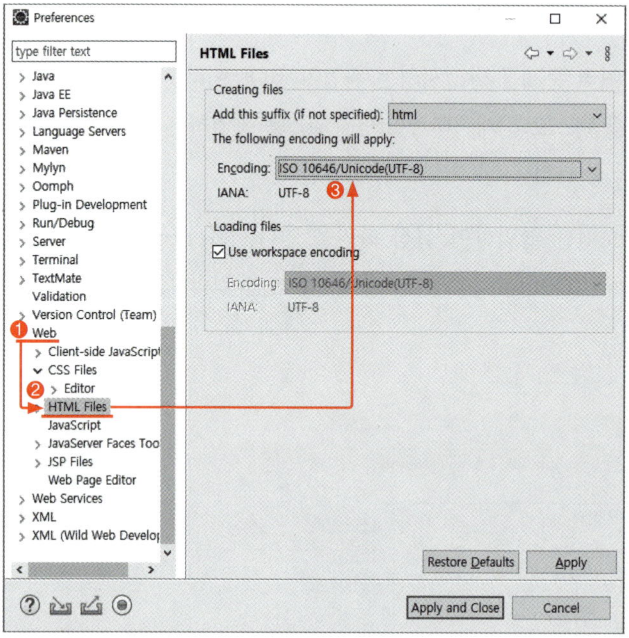

웹 브라우저 설정

이클립스에서 화면 결과를 확인할 때 이클립스 '내장 웹 브라우저' 또는 '외부 웹 브라우저'를 선택할 수 있다. 간단한 웹 페이지라면 이클립스 내장 웹 브라우저를 사용해도 문제가 없지만 보다 정확한 화면 점검과 브라우저 디버깅 기능 등을 사용하려면 구글 크롬을 기본 브라우저로 설정하는 것이 좋다.

❸ 이클립스에서 구글 크롬을 기본 브라우저로 설정하기 위해서는 [General] → [Web Browser]에서 'Chrome'에 체크한다.

TIP 크롬이 설치되어 있지 않은 경우 목록에 보이지 않을 수 있다. 따라서 이클립스 설치 이후에 크롬을 설치한 경우라면 〈New〉 버튼을 이용해 크롬을 등록한다. 크롬의 설치 경로는 'C:\Program Files\Google\Chrome\Application\chrome.exe'다.

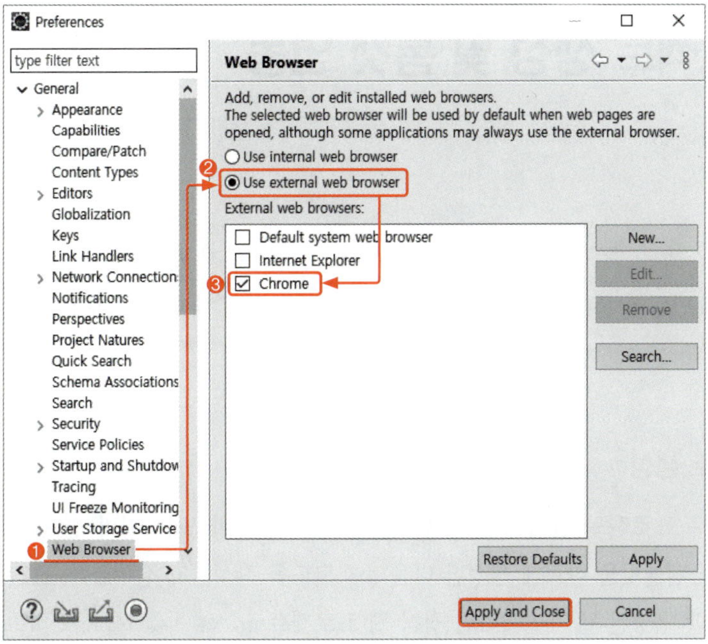
Preferences
type filter text
General
Appearance
Capabilities
Compare/Patch
Content Types
Editors
Globalization
Keys
Link Handlers
Network Connection
Notifications
Perspectives
Project Natures
Quick Search
Schema Associations
Search
Security
Service Policies
Startup and Shutdow
Tracing
UI Freeze Monitoring
User Storage Service
Web Browser
Web Browser
Add, remove, or edit installed web browsers.
The selected web browser will be used by default when web pages are opened, although some applications may always use the external browser.
Use internal web browser
Use external web browser
External web browsers:
Default system web browser
Internet Explorer
Chrome
New...
Edit...
Remove
Search...
Restore Defaults
Apply
Apply and Close
Cancel

04 프로젝트 생성 및 톰캣 연동

이번 절에서는 이클립스에서 자바 웹 개발을 위한 프로젝트 유형인 동적 웹 프로젝트를 생성하고, 간단한 JSP 파일을 만들어 톰캣과 연동하고 실행해보면서 자바 웹 개발의 기본적인 절차를 이해해본다.

1 동적 웹 프로젝트 생성

이클립스는 기본적으로 프로젝트 단위로 소스코드를 관리한다. 자바 또는 자바 웹 등 목적에 따라 프로젝트 생성 템플릿을 다르게 생성한 다음 소스코드를 작성하고 실행한다. HTML, CSS, 자바스크립트로만 구성된 웹 개발이라면 정적 웹 프로젝트Static Web Project를 생성하고 서블릿, JSP 등을 개발하려면 동적 웹 프로젝트Dynamic Web Project를 생성한다.

❶ [File] → [New] → [Dynamic Web Project]를 선택한다.

TIP 만일 [Dynamic Web Project]가 목록에 나오지 않을 경우 [File] → [New] → [Other] → [Web]에서 찾아본다.

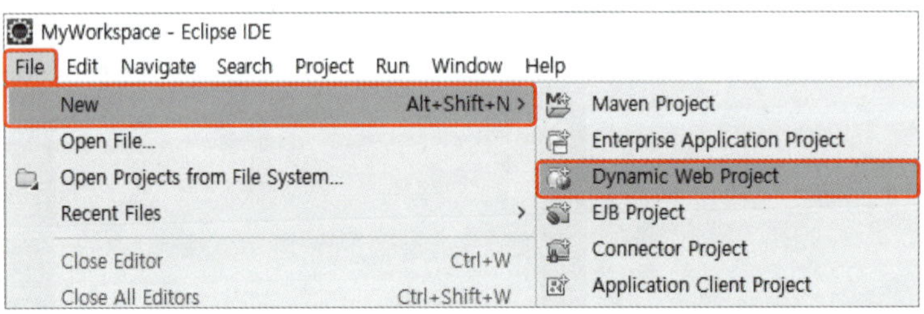

❷ [Dynamic Web Project] 창에서 프로젝트 이름에 'jwbook'을 입력하고 〈Target runtime〉 설정을 위해 〈New Runtime...〉 버튼을 클릭한다. 〈Target runtime〉이란 서블릿과 JSP 실행을 위한 런타임을 의미한다. 즉 서블릿 컨테이너를 지정하는 항목으로 톰캣 또는 다른 서블릿 컨테이너를 선택할 수 있다.

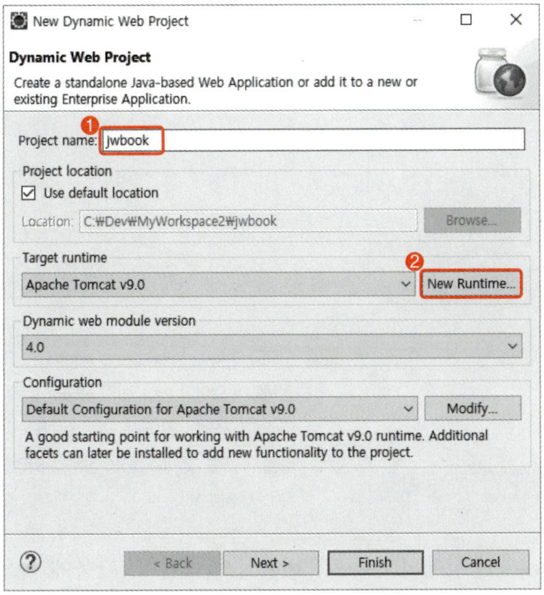

❸ 다음으로 56쪽에서 설치한 톰캣의 버전과 경로를 등록해보자. 먼저, [New Server Runtime Environment] 창에서 'Apache Tomcat v9.0'을 선택하고 〈Next〉를 클릭한다. [Tomcat Server] 화면에서 〈Browse...〉 버튼을 클릭하여 톰캣이 위치한 폴더를 찾아 선택한다.

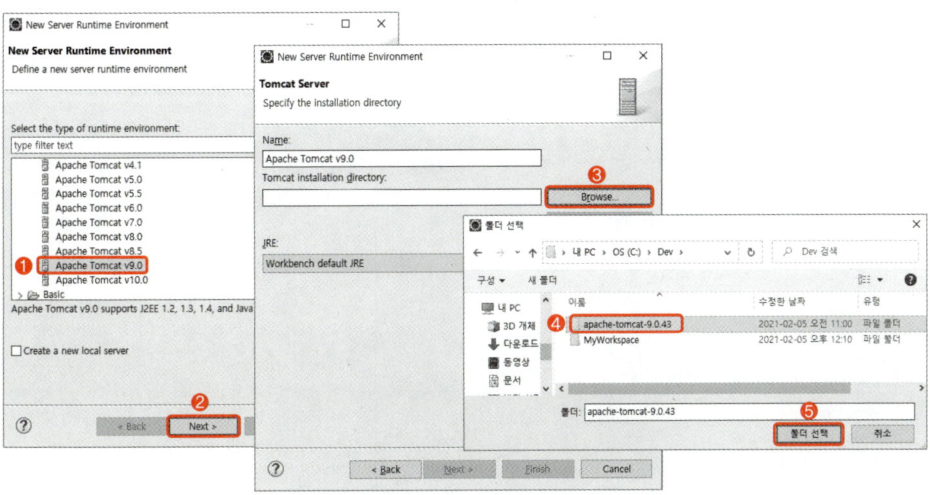

❹ 톰캣의 경로 설정을 완료했다면 〈Finish〉 버튼을 클릭한다.

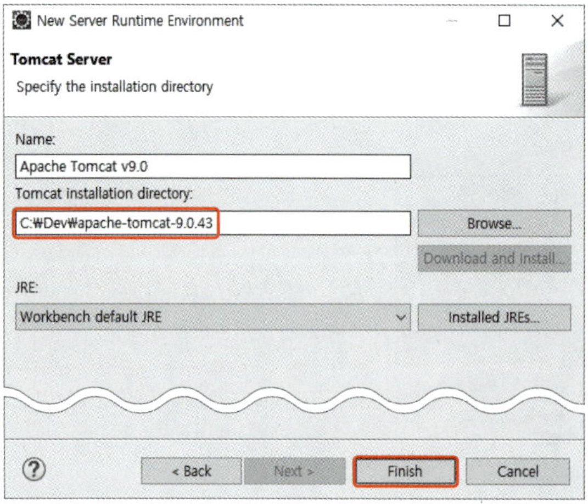

TIP 〈JRE〉 항목에 'Workbench default JRE'가 선택되어 있어야 한다. 만약 〈JRE〉 항목이 비어 있어 저장이 안 되는 경우 설치되어 있는 다른 JRE를 찾거나 JDK 설치를 확인한 다음 다시 시도한다.

❺ 설정이 완료된 [Dynamic Web Project] 창에서 〈Next〉 버튼을 클릭한다. 다음에 나오는 [Java] 창은 소스 폴더를 지정하는 화면으로 기본적으로 [src] 폴더를 사용하므로 〈Next〉를 클릭한다.

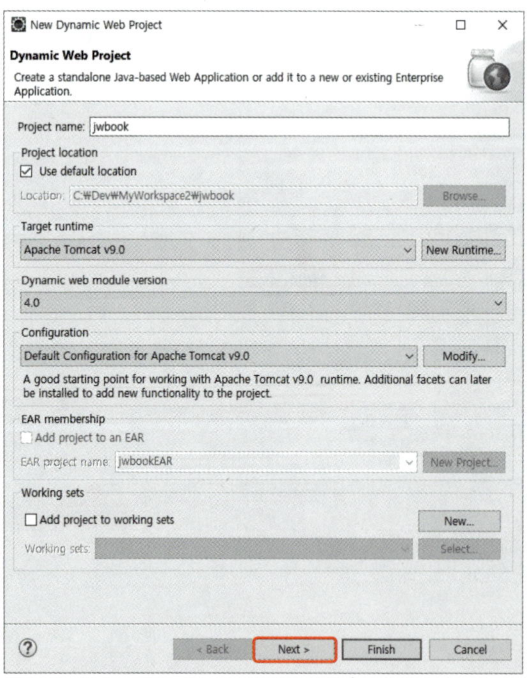

❻ [Web Module] 창에서는 기본값을 사용하고 'Generate web.xml deployment descriptor'를 체크하고 〈Finish〉를 클릭하여 프로젝트를 생성한다.

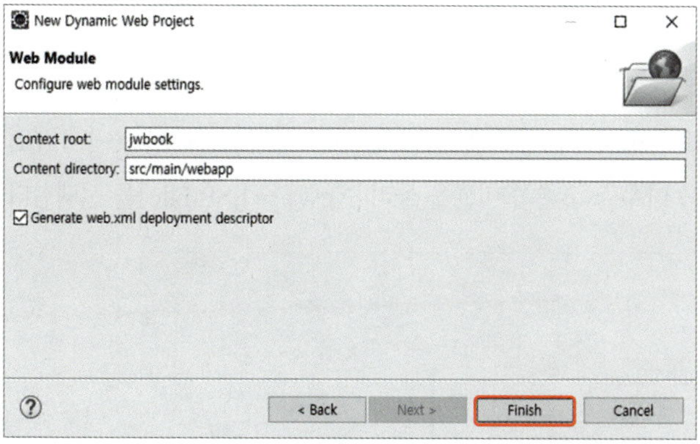

- **Context root**: 톰캣을 통해 실행할 때 사용되는 진입점이다. 프로젝트 이름이 기본으로 사용된다.
- **Content directory**: 프로젝트에서 웹 콘텐츠(예 html, css, jsp, 이미지)가 위치하는 경로를 지정한다.
- **web.xml**: 웹 애플리케이션과 관련된 정보를 서블릿 컨테이너에 제공하기 위한 설정 파일로 옵션 사항이다.

❼ 생성된 프로젝트 화면은 다음과 같다.

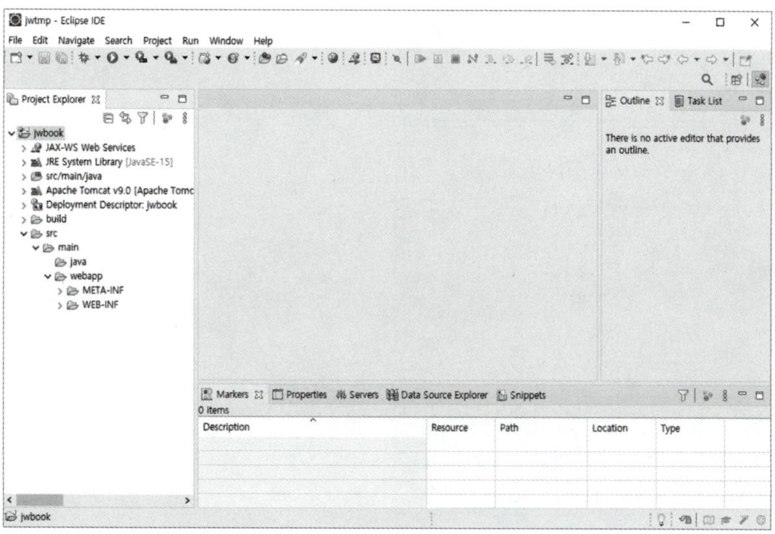

2 아파치 톰캣 연동과 JSP 실행

이제 간단한 JSP 파일을 하나 만들어 아파치 톰캣을 이용해 실행해보도록 한다.

JSP 파일 만들기

❶ [Project Explorer]의 프로젝트 폴더 구조에서 'jwbook' 하단의 [src] → [main] → [webapp] 폴더를 선택한 다음 마우스 오른쪽 버튼을 눌러 [New] → [JSP File]을 선택한다.

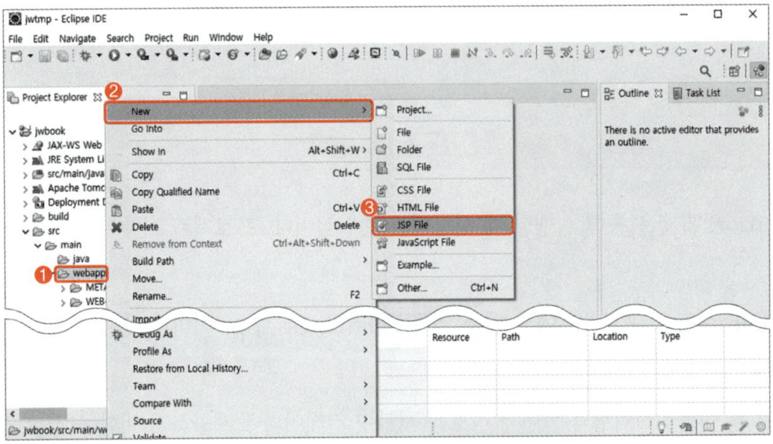

❷ 파일 이름에 'hello.jsp'를 입력하고 〈Finish〉를 클릭한다.

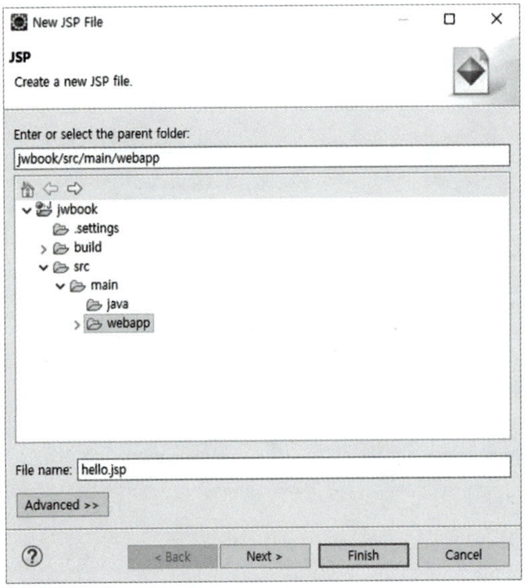

❸ 생성된 'hello.jsp' 파일의 화면은 다음과 같다.

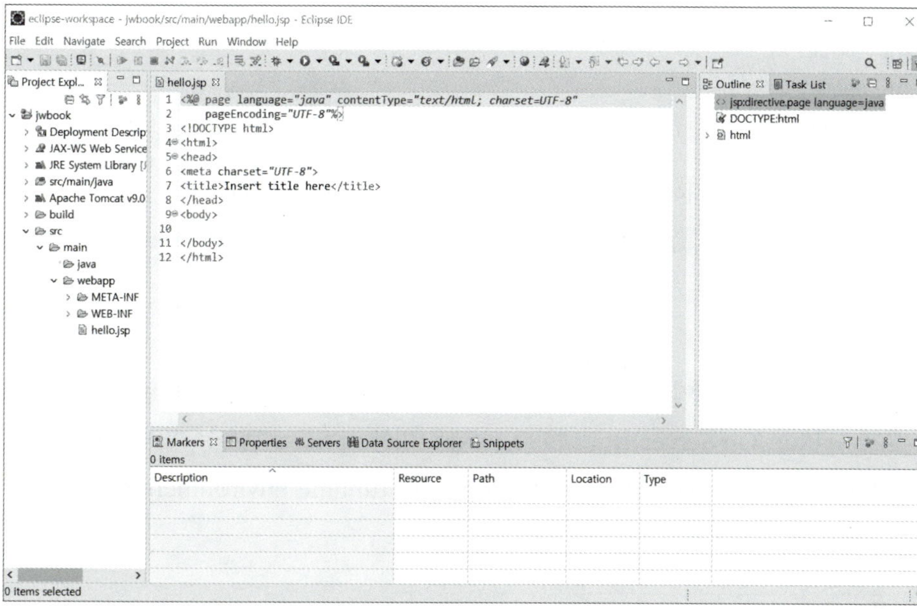

'hello.jsp' 화면에 기본 생성된 코드를 다음과 같이 완성한다. 세부적인 코드 내용은 6장에서 자세히 배운다.

TIP 반드시 Ctrl+S 키를 이용해 파일을 저장한다. 저장되지 않은 파일은 편집기 탭의 파일 이름 옆에 * 표시가 뜬다.

예제 2-1 hello.jsp

```
<%@ page language="java" contentType="text/html; charset=UTF-8"
        pageEncoding="UTF-8"%>
<!DOCTYPE html>
<html>
<head>
<meta charset="UTF-8">
<title>Hello World</title>
</head>
<body>
  <h2>Hello World</h2>
  <hr>
```

```
12     현재 날짜와 시간은
13     <%=java.time.LocalDateTime.now()%>
14     입니다.
15 </body>
16 </html>
```

1, 2 〈%@ .. %〉란 지시어라고 하며, 현재 파일이 JSP임을 서버에 알린다.

13 〈%= .. %〉란 Expression이라고 하며, JSP에서 간단한 출력을 위해 사용한다.

JSP 실행

❹ [Project Explorer]에서 'hello.jsp' 파일을 선택한 다음 마우스 오른쪽 버튼을 눌러 [Run As] → [Run On Server]를 선택한다. 실행을 위한 서버를 선택하는 화면에서 프로젝트를 생성할 때 설정한 'Tomcat v9.0' 서버와 'Server runtime environment'가 보일 것이다. 〈Next〉를 클릭한다.

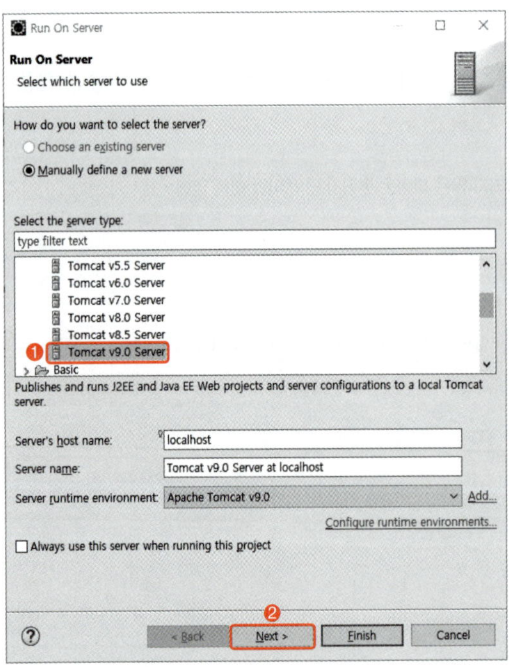

❺ 〈Configured〉에 'jwbook' 프로젝트가 보일 것이다. 〈Finish〉를 클릭하여 프로젝트를 실행한다.

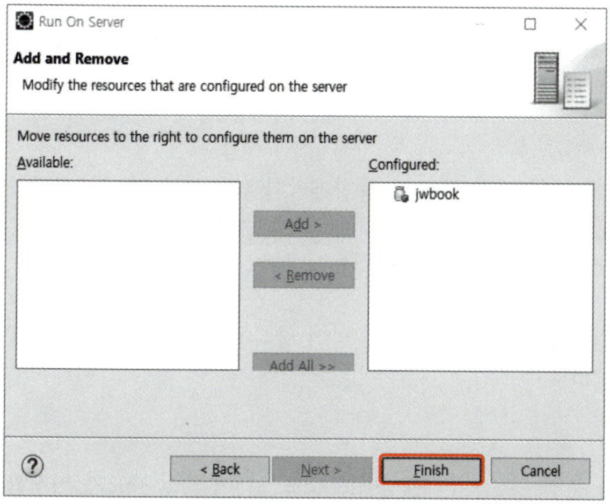

TIP 하나의 워크스페이스에 여러 웹 프로젝트를 생성할 수 있으며, 톰캣 실행 시 실행해야 하는 프로젝트만 오른쪽에 두어 실행할 수 있다. 불필요한 프로젝트를 함께 실행하게 되면 속도 저하와 함께 다른 프로젝트에서 발생하는 에러 메시지도 볼 수 있어 반드시 필요한 프로젝트만 선택해 실행하도록 한다.

❻ 톰캣 서버가 실행되고 크롬 브라우저를 통해 다음과 같이 실행 결과를 볼 수 있다.

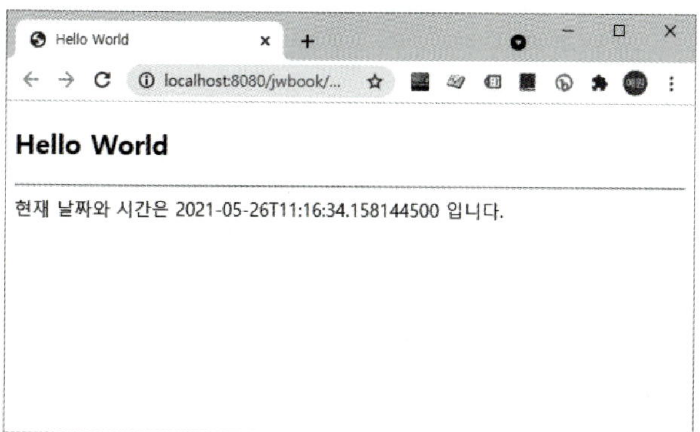

요약

01 JSP는 서블릿이라고 하는 자바 웹 프로그래밍 기술에 기반한다. 따라서 JSP로 프로그램을 개발하려면 자바 웹 개발환경을 먼저 구축해야 한다.

02 자바 웹 개발을 위해서는 기본적으로 자바 개발도구JDK, 통합개발환경IDE, 서블릿 컨테이너가 필요하다. 이와 더불어 데이터베이스와 연동을 한다면 데이터베이스도 필요하다.

03 클라우드 인프라가 발전하면서 전통적인 개발환경 설정을 넘어 클라우드 인프라와 협업을 위한 기본적인 배경지식과 경험이 요구된다.

04 데브옵스DevOps란 개발Development과 운영Operations의 합성어로 소프트웨어 개발 규모가 커지고 협업이 보편화되면서 신속한 개발과 지속적 유지보수, 배포 등의 운영을 병행하기 위한 노력을 통칭한다.

05 데브옵스의 장점은 다음과 같다.

- 빠른 속도
- 빠른 배포
- 안정성
- 확장 가능성
- 협업 강화

연습문제

01 자바의 가장 큰 특징이라고 할 수 있는 JVM의 주요 특징으로 틀린 것을 고르시오.

① JVM은 특정 하드웨어나 운영체제에 종속되지 않고 동일한 프로그램 개발과 실행이 가능한 기술이다.

② 자바 소스는 컴파일 후 바이트코드가 생성되며, JVM은 바이트코드를 해석하여 운영체제에서 실행할 수 있도록 번역하는 역할을 담당한다.

③ 가상머신의 개념은 윈도우 .NET 플랫폼에도 영향을 미쳤으며 최근 코틀린, 그루비 등의 JVM 기반 언어도 유행하고 있다.

④ 이클립스, IntelliJ 등의 통합개발환경이나 아파치 톰캣 등은 JVM 없이도 실행할 수 있다.

02 웹 애플리케이션 배포에 대한 설명으로 틀린 것을 고르시오.

① 배포란 배치라고도 하며 개발된 결과물을 실제 사용자에게 전달하는 작업을 말한다.

② 모바일 앱을 앱 스토어에 업로드하는 것은 배포와 관련 없는 절차다.

③ 웹의 경우 운영 서버로 소스코드를 복사하고 WAS에 등록하는 과정을 의미한다.

④ 프로젝트를 .war 파일로 패키징한 다음 서버에 옮기는 과정이 필요하다.

03 데브옵스의 장점과 거리가 먼 것을 고르시오.

① 빠른 속도 ② 빠른 배포

③ 독립성 ④ 안정성

04 자바 웹 개발을 위해 이클립스에서 생성하는 프로젝트 유형은 무엇인가?

① Dynamic Web Project ② Static Web Project

③ JPA Project ④ Maven Project

05 자바 JDK 설치 시 LTS 버전을 사용해야 하는 이유를 간략하게 서술하시오.

CHAPTER 03

웹 프로그래밍의 기초

학습목표

- HTML, CSS, 자바스크립트의 기초 개념을 익힌다.
- HTML, CSS, 자바스크립트의 상호작용 원리를 익힌다.
- 실습을 통해 웹 페이지를 직접 구성하면서 실전 감각을 익힌다.

01 HTML 기초

이번 절에서는 월드 와이드 웹 콘텐츠 제작을 위해 필수적인 HTML의 핵심 개념과 구조 등을 배운다. 특히 HTML 문서의 기본 구조와 이해를 기반으로 앞으로 CSS, 자바스크립트를 배우는 데 도움이 되는 내용을 중점적으로 살펴본다.

1 HTML이란?

HTML은 HyperText Markup Language의 약어로, 모든 웹 콘텐츠는 HTML로 이루어져 있다. 크롬과 같은 웹 브라우저는 서버로부터 전달받은 HTML 문서의 구조를 해석해 화면을 구성한다. 1장에서 웹 프로그램의 동작 구조에서 HTML은 단순한 파일 형태로 서버에 존재할 수도 있고 서버 프로그램을 통해 생성된 형태일 수도 있음을 살펴보았다. 어떤 형태이든 클라이언트인 웹 브라우저가 서버로부터 수신하는 데이터의 구조는 HTML이다.

하이퍼텍스트

하이퍼텍스트HyperText란 다른 정보와 연결된 텍스트를 의미하며 사용자가 관련 문서를 링크를 통해 이동하며 정보를 얻을 수 있다. 예를 들어 구글에 '고양이'를 검색하면 검색 결과 페이지에서 위키백과에 들어갈 수 있다. 위키백과 화면에서 특정 단어를 클릭하면 다시 해당 단어에 대한 설명 페이지로 이동이 가능한데, 이것이 하이퍼텍스트다.

이와 같이 하이퍼텍스트는 월드 와이드 웹www이 처음 만들어지던 시기에 정보가 서로 연결되어 있다는 점에서 매우 혁신적인 개념이었으며, 초기 월드 와이드 웹은 바로 이러한 정보의 연결에 중점을 두고 설계되었다.

TIP 정보를 따라 계속 이동하다 보면 처음 시작한 페이지에서 전혀 다른 사이트로 이동할 수 있기 때문에 정보가 거미줄처럼 연결되어 있다고 해서 월드 와이드 웹(WWW)이라는 용어가 탄생하게 되었다.

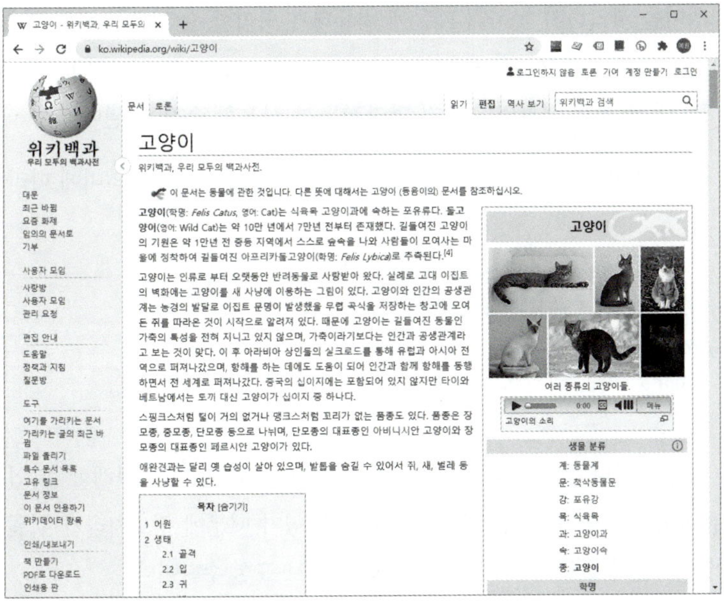

그림 3-1 하이퍼텍스트의 예시

마크업 언어

마크업 언어Markup Language란 텍스트에 의미를 부여하기 위해 문서에 주석을 다는 표현 시스템을 말하며, 그 자체로는 매우 오래된 개념으로 표현하고자 하는 정보가 있을 때 정보의 앞뒤에 태그Tag라는 표기를 달아 정보에 의미를 부여하는 형식이다. 예를 들어 HTML에서 "안녕하세요?"라는 텍스트를 커다란 제목으로 표현하고자 한다면 `<h1>안녕하세요?</h1>`과 같이 작성할 수 있다.

XMLeXtensible Markup Language은 HTML보다 범용적으로 사용할 수 있는 마크업 언어다. HTML은 사용할 수 있는 태그의 종류가 정해져 있는 반면 XML은 자신만의 규격을 정의할 수 있다.

예를 들어 다음과 같은 정보가 있다고 가정해보자.

```
홍길동, 010-1234-1234, 서울시 마포구
```

단순한 텍스트로 나열된 이와 같은 정보는 보는 사람마다 다르게 받아들일 수 있다. 하지만 대부분은 이름, 전화번호, 주소로 이루어진 개인 정보라고 연결 지어 생각할 수 있다.

하지만 컴퓨터는 스스로 의미를 파악하지 못하기 때문에 컴퓨터가 처리할 수 있도록 프로그래머가 규칙을 만들어 입력해야 한다. 만약 '처음 3자리는 이름이고, 다음 11자리는 전화번호다.'처럼 자릿수로 처리하는 규칙을 세우면 정보의 구조가 달라졌을 때 사용할 수 없게 된다.

XML을 사용한다면 정보를 각 의미에 따라 별도로 처리할 수 있다. 다음은 정보를 의미에 따라 XML로 표현한 것이다.

```
<name>홍길동</name>
<tel>010-1234-1234</tel>
<addr>서울시 마포구</addr>
```

간단한 구조이지만 읽는 사람 누구나 정보가 이름, 전화번호, 주소를 나타낸다고 이해할 수 있다. 사람뿐만 아니라 컴퓨터도 태그를 통해 정보를 분리해낼 수 있기 때문에 정보처리가 쉬워진다. 이처럼 마크업 언어는 사람과 프로그램 모두에게 편리한 정보 표현 수단이다.

TIP XML 태그는 정의가 가능하며 HTML 역시 XML로 정의할 수 있다. 이렇게 정의된 HTML을 XHTML이라 한다.

2 HTML의 기본 용어

HTML 문서를 이해하기 위한 기본적인 용어로 태그, 속성, 태그 보디, 시맨틱 태그를 살펴본다.

태그

HTML의 기본 구성요소인 태그Tag는 < >를 사용하여 나타낸다. 태그는 일반적으로 시작과 끝을 표시하는 2개의 쌍으로 이루어져 있으며, 종료 태그 앞에는 /를 붙여야 한다. 사용할 수 있는 태그는 표준으로 정해져 있으며 태그마다 역할이 다르다.

```
<시작 태그 속성="값" 속성="값"...> 내용 </종료 태그>
```

태그의 특징은 다음과 같다.

- 모든 태그가 종료 태그를 가지는 것은 아니다.
- 태그 이름은 대소문자를 구분하지 않는다.
- 태그에 추가적인 정보 부여는 속성을 사용한다.

속성

속성Attribute은 태그에 추가 정보를 제공하기 위해 사용한다. 사용할 수 있는 속성 역시 정해져 있으며 디자인과 관련된 속성은 거의 사용하지 않고 뒤에서 배울 CSS를 사용한다.

```
<img src="photo.jpg" alt="사진">
```

- 태그: img
- 속성: src — photo.jpg 이미지 파일을 찾아 화면에 표시
- 속성: alt — photo.jpg 파일을 찾을 수 없을 때 출력할 대체 텍스트

태그 보디

태그 보디Tag Body란 시작 태그와 종료 태그 사이에 위치하는 내용(콘텐츠)을 의미한다. 대체로 텍스트가 위치하며, 다른 태그를 태그 보디에 둘 수도 있다. 즉 태그 사이에 다른 태그를 위치시키는 것이 가능하다. 단, 태그 사이에 부모-자식 관계가 정해져 있는 경우 규칙을 따라야 원하는 결과물을 보여준다.

```
<h2>Hello World</h2>

<ul>
    <li>아이템 1</li>
</ul>
```

- Hello World: 태그 보디가 텍스트인 경우
- <li>아이템 1</li>: 태그 보디가 다른 태그인 경우

시맨틱 태그

시맨틱 태그Semantic Tag란 HTML5에서 도입된 개념으로, 특별한 의미를 가지는 태그를 말한다. 시맨틱 태그 그 자체로는 별다른 역할을 수행하지 않고 화면 디자인에도 영향을 미치지 않지만 코드의 가독성을 높이는 데 도움을 준다. 또한 부모-자식 관계 없이 다른 태그를 자유롭게 사용할 수 있다. 이러한 태그는 문서의 구조를 정의하는 데 주로 사용되며 다음과 같은 태그가 대표적이다.

```
<header>, <footer>, <article>, <section>, <aside>, <nav>
```

예를 들어 〈header〉 태그는 문서의 헤더 부분이라는 의미로 영역을 지정할 때 사용하지만 실제 디자인은 CSS를 통해 정의한다.

이처럼 문서의 구조를 정의하기 위하여 다른 태그를 묶는 용도로 사용하는 태그를 '컨테이너'라고도 한다. 따라서 시맨틱 태그는 컨테이너의 역할을 하며 태그 자체에 의미가 부여되어 있다. 공간을 구분하는 〈div〉 태그는 단순히 영역을 구분하는 태그일 뿐 별다른 의미를 포함하지 않기 때문에 시맨틱 태그와는 구분된다.

3 HTML 문서의 구조

HTML 문서는 다음과 같은 기본 구조를 가진다.

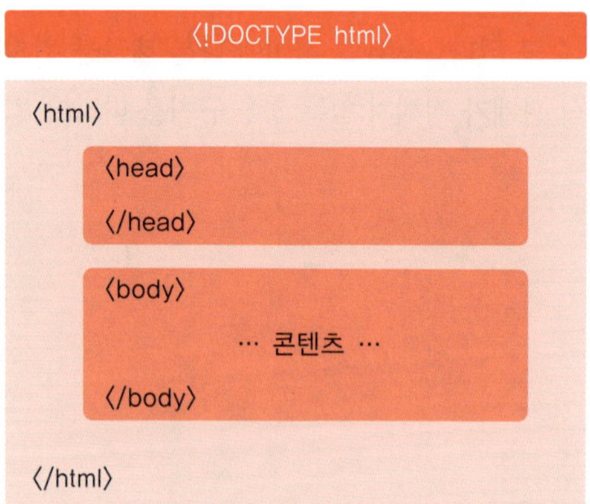

그림 3-2 HTML 문서의 기본 구조

- **〈!DOCTYPE html〉**: HTML5 문서를 선언하는 구문으로 웹 브라우저에 문서가 HTML5로 작성됨을 알린다.
- **〈html〉 ··· 〈/html〉**: HTML 문서의 시작과 끝을 의미한다.
- **〈head〉 ··· 〈/head〉**: CSS, 자바스크립트, 메타 태그 등이 위치한다. 문서의 상단 제목을 표시하는 〈title〉 태그, 문서의 정보를 설정하는 〈meta〉 태그 등도 포함된다.
- **〈body〉 ··· 〈/body〉**: 문서 본문에 해당하는 부분으로 실제 화면에 나타나는 메인 부분이다.

TIP 대부분의 에디터에서는 HTML 문서 생성 시 자동으로 템플릿을 이용해 기본 구조를 생성한다.

다음은 자동 생성된 HTML 기본 템플릿의 예다.

```
<!DOCTYPE html>
<html>
<head>
    <meta charset="UTF-8">
    <meta name="viewport" content="width=device-width, initial-scale=1.0">
    <meta http-equiv="X-UA-Compatible" content="ie=edge">
    <title>Page Title</title>
</head>
<body>
...
</body>
</html>
```

〈head〉 태그는 화면에 보이지는 않지만 여러 정보를 표현할 수 있는 〈meta〉 태그를 포함한다. 〈meta〉 태그란 문서의 기본적인 정보를 설정하는 태그로, 기본으로 생성되는 〈meta〉 태그는 다음과 같다.

- **〈charset〉**: 캐릭터 세트로 정상적인 한글 처리를 위해서는 반드시 'UTF-8'로 설정한다.
- **〈viewport〉**: PC, 모바일 등의 서로 다른 크기의 단말기에서 화면 최적화를 위한 설정이다.
- **〈http-equiv〉**: HTTP 헤더 정보를 설정하는 속성이다.
- **〈X-UA-Compatible〉**: 브라우저의 호환성 보기 설정이다. 그중 'ie=edge' 설정은 항상 최신 렌더링 엔진을 사용한다는 의미다.

TIP 이 외에도 검색 엔진에 문서에 대한 정보를 제공하는 description, SNS로 콘텐츠를 공유할 때 생성되는 요약 화면을 위한 og(open graph) 메타 태그 등이 있다.

4 HTML의 기본 태그

HTML 태그는 크게 제목, 문단, 형식, 목록, 하이퍼링크, 이미지, 테이블, 폼, 시맨틱 등으로 구분할 수 있다. 여기서는 주요 태그의 기능과 특징에 대해 간략히 살펴본다.

제목 태그

제목 태그는 〈h1〉~〈h6〉까지 있으며 숫자가 작을수록 큰 글자로 출력된다. 제목 태그는 단순히 텍스트의 크기를 지정하는 용도가 아니라 문서에서 제목으로 사용될 텍스트에 사용하는 태그를 의미한다. 예를 들어 대제목, 중제목, 소제목과 같이 전체적인 문서의 제목 레벨을 정의할 때 사용하므로 어떤 의미에서는 시맨틱 태그로도 볼 수 있다. 즉 <h1>~<h6>을 단순히 크기에 의한 구분으로 이해하기보다는 제목에서의 상-하위 개념으로 이해하는 것이 좋다.

```
<h1>제목 태그 1</h1>
<h2>제목 태그 2</h2>
<h3>제목 태그 3</h3>
<h4>제목 태그 4</h4>
<h5>제목 태그 5</h5>
<h6>제목 태그 6</h6>
```

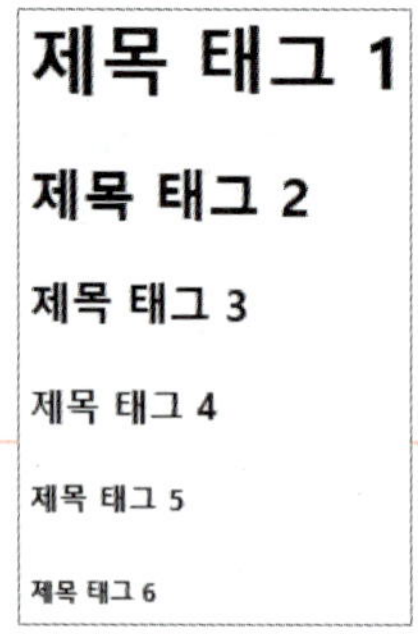

제목 태그가 중요한 이유는 특히 SEOSearch Engine Optimization 때문이다. SEO란 구글과 같은 검색 엔진에서 우리가 만든 HTML 문서의 내용이 잘 검색될 수 있도록 최적화하는 작업을 의미한다. 따라서 제목 태그를 잘 사용하면 구글 검색 엔진에 문서의 구조를 좀 더 정확하게 제공해 잘 검색될 수 있도록 한다.

문단 태그

<p> 태그는 문단Paragraph을 구분하기 위해 사용한다. HTML에서는 연속된 공백이나 줄 바꿈은 단순한 공백으로 처리하기 때문에 문단 구분을 할 때는 <p> 태그를, 줄을 바꿀 때는
 태그를 이용한다. 줄을 바꾸고 싶을 때 아무리 문서에서 엔터를 입력해도
 태그가 없으면 같은 줄에 출력되니 주의한다.

TIP <p> 태그와 유사한 태그로 <div>가 있는데 의미상으로 <p>는 문단 영역, <div>는 단순한 영역 지정으로 이해하면 된다.

HTML에서는 줄 바꿈뿐만 아니라 공백도 별도 처리가 필요하다. 아무리 글자 사이에 공백을 두어도 실제 출력은 한 칸만 떨어진 것으로 표현되기 때문이다. 여러 공백을 표현하려면 '&npsp;'를 필요한 만큼 입력하거나 CSS로 여백 설정을 해야 한다.

TIP <hr> 태그는 horizontal rule을 의미하며 가로 구분선을 만든다.

목록 태그

목록 태그는 최신 HTML 문서 작성법에서 매우 중요한 부분이다. 모든 디자인 요소가 CSS로 정의되기 때문에 HTML 문서는 주로 제목 태그와 하이퍼링크, 이미지, 목록 태그로만 구성한다. 또한 영역을 지정하기 위한 용도로 <div>와 같은 컨테이너 성격의 태그나 시맨틱 태그를 사용한다.

따라서 대다수의 콘텐츠가 목록 형태로 정의될 정도로 많이 사용된다. 예를 들어 신문기사 목록을 보면 하나의 신문기사는 <div>로 묶이고 이 안에 제목, 작성일, 신문사, 기자 이름 등이 목록으로 들어가는 구조가 될 수 있다. 쇼핑몰의 상품 목록도 이와 유사한 구조로 구현할 수 있다.

목록 태그 사용법은 다음과 같다.

```
<ul>
  <li>아이템 1</li>
  <li>아이템 2</li>
</ul>
```

- 아이템 1
- 아이템 2

- **<ul>**: 순서가 없는 목록이다.
- **<ol>**: 순서가 있는 목록을 나타낸다. <ol>보다는 <ul>을 주로 사용한다.
- **<li>**: 리스트의 아이템을 나타낸다.

<ul>과 <ol>은 화면에 점/원 형식의 불릿을 사용하는지, '1', '2'와 같은 숫자를 사용하는지에 따른 차이만 있다. 그런데 자동으로 출력되는 숫자의 경우 보기에 좋지 않고 구조가 복잡해지면 숫자가 연결되지 못하는 등의 문제가 있어 주로 <ul>을 사용한다.

다음은 네이버 홈 화면에서 목록이 사용된 예다.

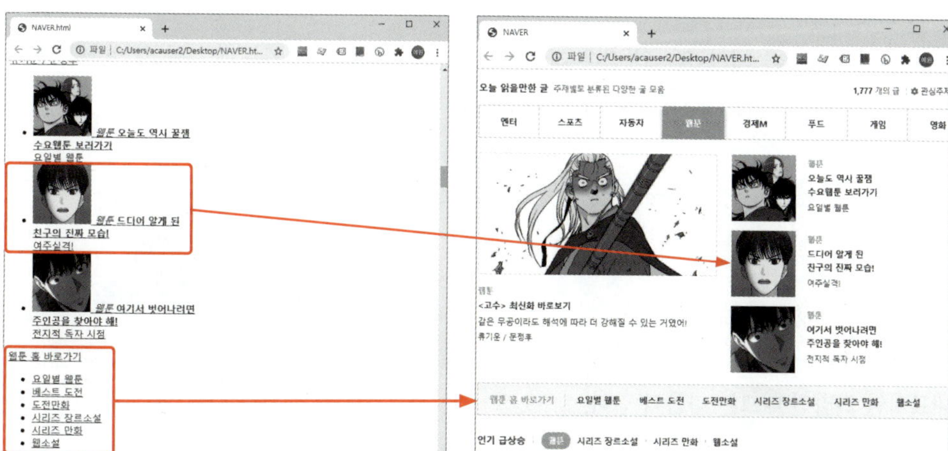

(a) CSS가 적용되기 전　　(b) CSS가 적용된 후

그림 3-3 HTML 문서의 기본 구조

[그림 3-3]에서 (a)는 CSS가 적용되기 전 원본 HTML의 출력 결과이고, (b)는 CSS를 통해 디자인이 적용된 결과다. 웹툰의 리스트뿐만 아니라 '웹툰 홈 바로가기' 부분도 목록 태그로 이루어져 있는데 CSS 적용 결과, 좌우로 나열된 메뉴 형태로 변경된 것을 알 수 있다.

5 블록 태그와 인라인 태그

HTML 태그는 배치 방식에 따라 블록 태그와 인라인 태그로 구분된다. 블록과 인라인 개념은 CSS에서도 중요한 개념이므로 꼭 기억해두어야 한다.

블록 태그는 라인 전체를 사용하는 태그를 의미한다. 즉 다른 태그 요소와 같은 라인에 배치할 수 없다는 의미다. 예를 들어 다음 코드는 한 줄에 적혀 있지만 출력 화면에서는 두 줄에 걸쳐 나타나는데, 〈h〉 태그는 블록 태그로 한 줄 전체를 차지하기 때문이다.

```
<h1>Hello</h1> <h2>World</h2>
```

제목 태그 1

제목 태그 2

대표적인 블록 태그는 다음과 같다.

```
<p>, <div>, <h>, <ul>, <ol>, <form>
```

인라인 태그는 다른 태그 요소와 같은 라인에서 나란히 배치될 수 있는 태그를 의미한다. 예를 들어 다음 〈img〉, 〈a〉 태그는 인라인 요소이기 때문에 나란히 출력된다.

```
<img src="cat.jpg"><a href="...">상세정보 보기</a>
```

대표적인 인라인 태그는 다음과 같다.

```
<span>, <img>, <a>
```

이처럼 태그의 배치 속성을 알고 있어야 원하는 대로 화면을 구성할 수 있다. 물론 CSS를 활용하면 태그가 원래 가지고 있는 속성을 변경하는 것도 가능하며, 경우에 따라서는 두 가지 형식을 혼합한 'inline-block' 속성을 사용하기도 한다.

이것으로 HTML에 대한 핵심 개념과 문서 작성 시 꼭 알아야 하는 개념에 대해 살펴보았다.

TIP HTML 참고 자료

- https://developer.mozilla.org/ko/docs/Web/HTML: 모질라 재단 HTML 공식 문서
- https://dinfree.com: [웹모바일]-[HTML기초]에 있는 짧고 굵게 배우기 HTML 온라인 강좌
- ≪HTML5 웹 프로그래밍 입문(3판)≫ (윤인성 지음)

02 CSS 기초

이번 절에서는 CSS의 기본 개념과 구조, 문법 등을 살펴본다. CSS는 HTML로 만들어진 콘텐츠에 레이아웃과 디자인 요소를 정의하는 기술을 의미한다. 잘 설계된 CSS 코드는 재활용이 가능하며 더 나아가 테마, 템플릿의 형태로 확장할 수도 있다. 또한 자바스크립트와 연계하면 콘텐츠의 내용이나 디자인을 동적으로 처리할 경우에도 유용하게 사용되므로 핵심 요소에 대해 정확하게 이해할 필요가 있다.

1 CSS란?

CSS는 HTML과 함께 웹을 구성하는 기본 프로그래밍 요소다. HTML이 텍스트나 이미지, 표와 같은 구성요소를 웹 문서에 넣어 뼈대를 만드는 것이라면, CSS는 글씨의 색상이나 크기, 이미지 크기나 배치 방법 등 웹 문서의 디자인 요소를 담당한다.

CSS 사용을 통해 얻을 수 있는 장점은 다음과 같다.

- 웹 문서의 내용과 별개로 디자인만 바꾸거나, 디자인은 그대로 두고 웹 문서의 내용 변경이 용이하다.
- 다양한 기기(PC, 스마트폰 등)에 맞게 탄력적으로 디자인이 바뀌도록 반응형 디자인Responsive Design을 구현할 수 있다.
- 동일한 문서 구조이더라도 서로 다른 CSS 테마 적용이 가능하다.

CSS의 동작 원리는 다음과 같다.

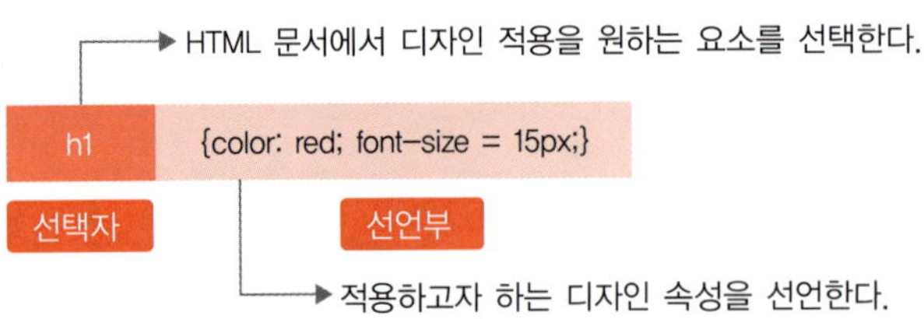

그림 3-4 CSS의 기본 구조

- CSS 구문은 선택자와 선언부로 구성된다.
- 선택자는 디자인을 적용하고자 하는 HTML 요소이므로 선택자 정의가 중요하다.
- 선언부는 {} 블록을 사용하며, 다수의 속성을 포함한다.
- 각 속성 정의는 '속성:값;' 형식이며 항상 세미콜론(;)으로 끝내야 한다.

디자인 정의를 재활용하고 유지보수를 편하게 하려면 우선 HTML 문서 자체가 잘 설계되어 있어야 한다. 또한 CSS에서 가장 중요한 부분은 선택자 선언이므로 HTML에서 적절한 태그로 문서의 상하 구조를 정리해두어야 CSS 적용이 편하다.

TIP 디자인 속성은 매우 다양하기 때문에 필수적인 속성이 아니라면 모두 외워서 사용하는 것이 아니라 필요할 때마다 검색하여 사용한다.

2 스타일 시트 작성과 실행

CSS를 HTML에 적용하기 위한 방법에는 다음의 세 가지가 있다.

1. **인라인 스타일 시트**: HTML 태그에 CSS 속성을 정의한다.
2. **내장 스타일 시트**: HTML 문서의 <head> 부분에 CSS 정의 부분을 포함한다. 현재 작성한 문서에만 적용된다.
3. **외장 스타일 시트**: 별도의 CSS 파일을 생성한 후 HTML 문서에 링크로 포함한다. 하나의 파일로 여러 문서에 적용 가능하다.

인라인 스타일 시트는 재활용이 불가능하며 관리가 어렵기 때문에 아주 특수한 경우가 아니면 권장하지 않는다. 가장 좋은 방법은 별도의 CSS 파일을 만들고 HTML에서 불러와 사용하는 방식이다.

CSS는 디자인 속성이 위에서 아래로 중첩Cascading 적용되는 방식인데, 예를 들어 외장 CSS에서 적용한 디자인 속성은 내장 스타일 시트에서 수정하거나 속성을 추가할 수 있다는 의미다. 이는 내 · 외장 스타일 시트 개념을 떠나 셀렉터의 중첩에 의해 발생하는 경우에도 동일하게 적용되는 중요한 개념이다. 다음은 내장 스타일 시트를 통해 CSS를 적용한 예제다.

예제 3-1 ex03-01.html

```
1  <!DOCTYPE html>
2  <html>
3  <head>
4  <meta charset="UTF-8">
5  <title>Hello World</title>
6
7  <style>
8    body {color: blue;}
9    h1 {color: red;}
10   div h1 {background-color: green;}
11 </style>
12 </head>
13 <body> <!-- 글씨의 색상이 'blue'로 적용된다. -->
14 <div>
15   <h1>Hello World</h1> <!-- 글씨의 색상이 'red'로 적용된다. -->
16 </div>
17 </body>
18 </html>
```

7 〈style〉 〈/style〉 태그 안에 디자인 속성을 작성한다.

8, 15 〈h1〉은 body 안에 있지만 'red' 색상이 적용된다.

9, 13 HTML 문서 구조에서 〈body〉가 가장 상위이므로 모든 텍스트는 기본적으로 'blue' 색상이 적용된다.

10 〈div〉 태그 안에 있는 〈h1〉은 'red' 색상에 배경 색상은 'green'으로 적용된다.

[예제 3-1]을 통해 동일 선택자에 스타일을 적용할 경우 나중에 적용한 스타일이 최종 적용된다는 것을 알 수 있다.

TIP 코드를 설명하기 위한 주석으로 HTML에서 〈!-- --〉 형식을 사용한다. CSS에서는 /*…*/ 형식을, 자바스크립트에서는 //와 /* */를 사용한다.

3 셀렉터의 개념

선택자의 다른 명칭인 셀렉터Selector는 HTML 문서에서 특정 부분을 선택하기 위한 구문을 말한다. 기본이 되는 선택자로는 태그, 아이디, 클래스가 있다.

태그 셀렉터

HTML의 기본 구성요소로, 가장 쉽게 사용할 수 있다. 하지만 태그는 중복 사용되기 때문에 특정 영역을 선택하기보다는 공통 디자인 속성을 정의하는 데 사용한다.

```
p {
  text-align: center;
  color: red;
}
h1, h2, h3, h4 { color: blue; }
```

- 태그 셀렉터는 태그 이름으로 요소를 선택한다.
- 같은 디자인 속성을 적용할 여러 태그는 콤마(,)로 나열해 일괄 적용할 수 있다.

아이디 셀렉터

HTML 태그의 아이디Id 속성을 사용하는 것이다. 문서에 존재하는 유일한 값으로 아이디를 지정하여 특정 요소를 가장 확실하게 선택할 수 있는 방법이다. 한 곳만 선택이 가능한 셀렉터로 당연히 같은 문서 내에서는 중복되면 안 되므로 남용하지 않아야 한다. 보통 문서의 전반적인 구조에 해당하는 부분에 사용하고 서로 다른 문서 간에도 동일 규격을 따르는 경우 재활용이 가능하도록 설계한다.

```
/* css */
#id_name { color: blue; }

<!-- html -->
<div id="id_name">
. . .
</div>
```

- HTML 요소의 아이디가 선택자로 올 때는 HTML에서 지정한 아이디 앞에 #을 붙여 정의한다.
- 아이디는 페이지 내에서 유일한 값이기 때문에 하나의 고유한 요소를 선택하는 데 사용한다.

클래스 셀렉터

가장 대표적인 CSS 셀렉터다. 클래스Class 이름으로 구분해 스타일을 만들어두고 HTML에서 클래스 속성을 적용해 원하는 디자인을 적용하는 방법이다. 즉 CSS 선언이 먼저이고 HTML에서 이를 사용하는 개념이라는 것을 주의한다. 재활용이 용이하고 누구나 사용할 수 있도록 라이브러리 등을 만드는 데도 기본이 되는 방법이다.

TIP 이어서 배울 부트스트랩(Bootstrap) 역시 이미 정의된 컴포넌트의 클래스를 HTML에서 원하는 부분에 사용하는 형태다.

```
/* css */
.title { color: blue; }        ── 모든 태그 중에서 클래스가 title인 경우에 적용
p.title { color: red; }        ── <p> 태그 중에서 클래스가 title인 경우에 적용

<!-- html -->
<div class="title">
...
</div>
<h2 class="title">
<p class="title">
```

- HTML 요소의 클래스가 선택자로 올 때는 클래스 앞에 온점(.)을 붙여 정의한다.
- <div>, <h2>, <p>의 클래스는 'title'로 동일하지만 다른 색상으로 출력된다.
- <div>, <h2> 태그는 글씨가 'blue' 색상으로 출력된다.
- <p> 태그는 글씨가 'red' 색상으로 출력된다.

TIP 이 외에도 셀렉터와 셀렉터를 다양하게 조합해서 사용하는 복합 셀렉터도 있으니 참고한다.

TIP CSS 참고 자료

- https://developer.mozilla.org/ko/docs/Web/CSS: 모질라 재단 CSS 공식 문서
- https://dinfree.com: [웹모바일]-[CSS기초]에 있는 짧고 굵게 배우기 CSS 온라인 강좌
- ≪HTML5 웹 프로그래밍 입문(3판)≫ (윤인성 지음)

4 부트스트랩이란?

부트스트랩Bootstrap은 가장 대표적인 오픈소스 CSS 라이브러리다. 일관된 디자인이 적용된 컴포넌트가 클래스 형태로 정의되어 있고, 원하는 디자인 적용을 위해서는 해당 클래스를 적절한 태그에서 사용하는 형식이다.

부트스트랩을 사용하기 위해서는 전체 소스코드를 내려받아 원하는 부분을 수정해 프로젝트에서 사용하는 방법과 단순히 CSS 링크만 이용하여 기본 설정 형태로 바로 사용하는 방법이 있다. 이 책에서는 두 번째 방법을 사용한다.

여기서 잠깐! 부트스트랩의 버전

부트스트랩은 5.0이 가장 최신 버전이지만, 그동안 사이트 구축에는 4.x 버전이 가장 많이 사용되었다. 5.0과 4.x의 가장 큰 차이점은 내부적으로 jQuery에 대한 의존성을 제거한 것으로 그 외 기능이나 사용성 측면에서는 차이가 없다. 다만 최근 vue.js, react.js 등을 많이 사용하고 jQuery는 점점 사용하지 않는 추세이기 때문에 가급적 5.0 버전을 사용하는 것을 추천한다.

부트스트랩을 활용하여 버튼을 만들려면 부트스트랩 홈페이지(https://getbootstrap.com)에서 버튼에 대한 설명을 보고 원하는 모양의 버튼 클래스 샘플을 사용하면 된다.

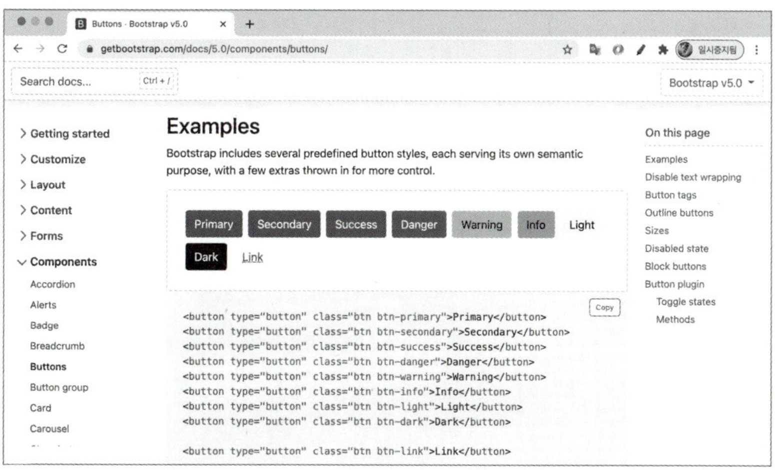

그림 3-5 부트스트랩 컴포넌트 설명

부트스트랩 속성은 중첩해서 사용할 수 있어 여러 속성을 다양한 형태로 바꿔서 사용할 수 있다. 예를 들어 btn 클래스는 기본 버튼을 정의하며, btn-primary는 파란 배경에 흰색 글자 속성을 나타낸다. 두 가지 클래스를 중첩하면 파란 배경에 흰색 글자를 나타내는 버튼이 된다.

다음 코드는 배경은 파란색, 폭은 브라우저 크기의 75%, div 박스와 상단 마진은 5(1~5 가능), 박스 테두리에 그림자 효과를 추가한 간단한 박스 영역을 생성하게 된다.

```
<div class="bg-primary w-75 mt-5 shadow">
```

TIP 기본적인 컴포넌트는 앞의 설명처럼 활용하면 손쉽게 사용할 수 있으나 레이아웃과 세부 조정을 위한 유틸리티에 대해서는 학습이 필요하다.

TIP 부트스트랩 참고 자료

- https://getbootstrap.com: 부트스트랩 메인 홈페이지
- https://themes.getbootstrap.com: 부트스트랩으로 만든 테마(유료/무료)
- https://dinfree.com: [웹모바일]-[Bootstrap기초]에 있는 짧고 굵게 배우기 부트스트랩 온라인 강좌

03 자바스크립트 기초

이번 절에서는 자바스크립트의 기본 개념과 적용 분야 그리고 최신 자바스크립트 기술 현황에 대해 알아본다. 자바 스크립트는 HTML, CSS와 달리 C 언어나 자바와 같은 프로그래밍 언어의 범주에 속하기 때문에 제대로 배우기 위해서는 많은 노력이 요구된다. 여기서는 자바스크립트 언어가 무엇인지, 어떤 특징을 가지고 있는지 살펴보고 주로 HTML, CSS와의 관계를 통해 동적인 요소를 구현하는 개념을 중점적으로 배운다.

1 자바스크립트란?

자바스크립트는 정적인 HTML 콘텐츠에서 사용자와 상호작용하며 동적으로 변경하는 부분을 담당한다. 따라서 프런트엔드 초보 개발자에게는 가장 어려운 부분일 수 있다.

자바스크립트는 객체Object 기반의 스크립트 언어로 기본적으로는 웹 브라우저에서 해석되는 인터프리터 언어이며, Node.js와 같은 프레임워크를 사용하면 서버 프로그래밍에도 사용할 수 있다.

자바스크립트의 특징

- 동적이며 타입을 명시할 필요가 없는 인터프리터 언어다.
- 객체지향 프로그래밍과 함수형 프로그래밍을 모두 표현할 수 있다.
- HTML의 내용, 속성, 스타일을 변경할 수 있다.
- 이벤트를 처리하고 사용자와의 상호작용을 가능하게 한다.
- 서버와 실시간 통신 기능을 제공한다.

자바스크립트 현황

현재는 자바스크립트 전성시대로 뷰Vue, 앵귤러Angular, 리액트React와 같은 프런트엔드 프레임워크에서부터 Node.js를 기반으로 하는 서버 프로그래밍 영역까지 자바스크립트가 널리 사용되고 있다.

여기서 잠깐! ECMAScript란?

ECMAScript는 자바스크립트의 표준규격으로 볼 수 있으며 ES5부터 기존과 다른 새로운 구조가 많이 추가되었으며 최신 버전은 ECMAScript 2020이며 웹 개발에 자바스크립트가 중요해진 지난 수년간 많은 변화와 새로운 라이브러리/프레임워크 등이 출현해 관련된 모든 기술을 설명하기에는 어려움이 있을 정도다.

또한 자바스크립트는 네이버, 구글과 같은 월드 와이드 웹 서비스에서부터 데스크톱 응용 프로그램까지 사용되지 않는 곳이 없다. 예를 들어 네이버에서는 다음 기능을 자바스크립트로 구현하고 있다.

- 최신 뉴스 제목, 뉴스, 환율 등이 자동으로 스크롤되는 화면
- 쇼핑, 뉴스 스탠드 등에서 현재 화면은 유지하면서 해당 콘텐츠의 페이지 섹션의 페이지만 좌우로 변경되는 화면

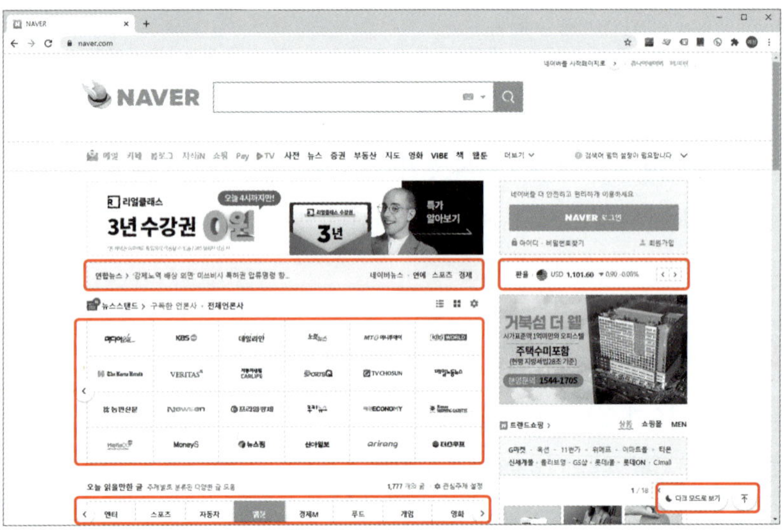

그림 3-6 네이버 화면에서 사용되는 자바스크립트의 예시

이 외에도 다음과 같은 기능은 대부분 자바스크립트를 사용한다.

- 웹 페이지에 날씨 정보 출력(날씨 정보 사이트에 실시간 데이터 요청 후 출력)
- 홈쇼핑 등에서 웹 브라우저를 통한 고객 상담 채팅
- 클릭하면 숨겨진 메뉴가 나오거나 탭 형태의 화면 구성
- 선택에 따라 일부 화면이 바뀌거나 움직이는 형태

2 자바스크립트의 기본 문법

자바스크립트는 전통적인 프로그램 언어와 유사한 구조로 대부분의 언어와 같이 다음과 같은 프로그램 구성요소를 지원한다.

- 변수, 함수, 객체, 클래스
- 반복문, 조건문
- 배열, 리스트, 맵Map 등의 자료 구조
- 비동기 처리 지원
- HTTP 요청 및 응답 처리

그런데 자바스크립트는 일반적인 프로그램 언어 요소 이외에 HTML 문서에 접근할 수 있는 내장 객체와 함수 등을 제공하고 있다. 이를 통해 DOMDocument Object Model을 다룰 수 있다. DOM이란 문서 객체 모델로 HTML이나 XML 문서 내의 모든 요소를 정의하고 각각의 요소에 접근할 수 있는 계층 구조로 표현된다. 또한 자바스크립트에서 객체를 정의하는 구문은 JSONJavaScript Object Notation이라고도 불리며 다양한 API 구현에 표준 데이터 교환 규격으로 사용되고 있다.

자바스크립트는 문법적으로 다음과 같은 특징을 갖는다.

- 변수 타입을 따로 지정하지 않으며, 선언은 var, let, const를 사용한다.
- 범위 지정 없이 변수를 선언하면 전역변수가 되고 위치에 상관없이 호이스팅(끌어올림)되므로 주의한다.
- 문자열을 표현할 때는 큰따옴표("")와 작은따옴표('')를 모두 사용할 수 있다.
- 함수형 언어를 지원하며 함수는 변수, 함수 인자, 객체 멤버 등 모든 곳에 사용될 수 있다.
- 〈script〉 태그는 HTML의 〈head〉와 〈body〉 영역 모두에서 사용 가능하다. 하지만 DOM 접근을 위해서는 HTML 문서가 모두 로딩된 다음에 접근 가능하다.
- JSON 구조를 광범위하게 사용한다.

여기서 잠깐! 같은 변수명으로 변수를 선언할 때 var, let, const의 차이점

- var(함수범위)는 이미 만들어진 변수 이름으로 재선언이 가능하다.
- let(블록범위 변수)은 이미 만들어진 변수 이름으로 재선언은 불가능하지만, 재할당은 가능하다.
- const(블록범위 상수)는 이미 만들어진 변수 이름으로 재선언이 불가능하며 재할당 또한 불가능하다.

TIP 자바스크립트 참고 자료

- https://developer.mozilla.org/ko/docs/Web/JavaScript: 모질라 재단 자바스크립트 공식 문서
- https://dinfree.com: [웹모바일]-[Javascript기초]의 짧고 굵게 배우기 자바스크립트 온라인 강좌

3 이벤트 처리와 DOM의 개념

웹 페이지에서 사용자와 상호작용하는 기능을 구현하기 위해서는 이벤트 처리와 DOM의 개념을 이해해야 한다. 우선 이벤트에 대하여 알아보자.

이벤트 발생과 처리

이벤트는 HTML 문서에서 발생하는 특정 상황으로 이벤트 발생은 보통 자바스크립트 코드와 연계된다. 예를 들어 버튼 클릭, 마우스 이동, 마우스 클릭, 키보드 입력 등 주로 UI에서 발생하는 이벤트가 있으며 이 외에 문서 로드, 창 크기 변경 등도 이벤트다. 자바스크립트에서 이벤트를 처리하는 방법은 다음의 세 가지가 있다. 정의하는 방법에 차이가 있지만 이벤트 발생 시 콜백 함수를 호출하는 형태로 동작하는 것은 동일하다.

❶ HTML 태그에 이벤트 처리 속성을 이용한다.

❷ 문서 객체 모델DOM 요소에 속성을 추가한다.

❸ DOM 요소에 addEventListener()로 콜백 함수를 등록한다.

다음은 첫 번째 방법인 태그에 이벤트 처리 속성을 이용한 이벤트 처리 예다.

마우스 버튼 클릭을 감지하고 login() 함수 호출

```
<button type="button" onClick="login()"> 로그인 </button>
<div onMouseOver="show()"> 마우스가 올라가면 텍스트가 보입니다. </div>
```

마우스가 태그 영역 위로 올라가는 것을 감지하고 show() 함수 호출

문서 객체 모델DOM

자바스크립트에서 HTML 요소에 접근할 수 있는 것은 DOM을 통해서이며 DOM은 텍스트로 된 HTML 문서를 프로그램적으로 처리할 수 있도록 문서 구조 전체를 객체화한 것이다.

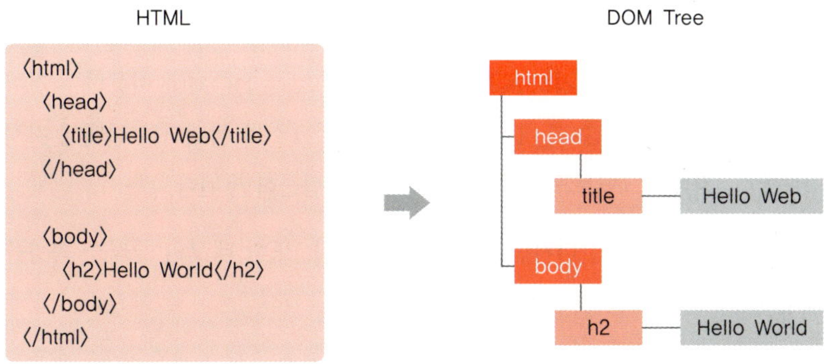

그림 3-7 DOM의 기본 구조

DOM에서 태그는 요소 노드Element node로 정의되고 태그의 속성은 속성 노드Attribute node가 된다. 태그 보디의 텍스트는 다시 텍스트 노드Text node가 될 수 있으며 경우에 따라서는 innerHTML 속성으로 표현하는 것도 가능하다. 이러한 DOM 체계에 따라 모든 HTML은 브라우저에 의해 로딩될 때 각각의 요소가 하나하나 부모-자식 관계를 가지며 [그림 3-7]과 같이 객체 트리 구조로 재구성된다고 볼 수 있다.

자바스크립트에서 DOM에 접근하는 방법은 CSS의 셀렉터와 유사하다고 볼 수 있다. 특정 태그, 아이디를 비롯해 CSS 셀렉터를 통한 요소 선택이 가능하다.

```
document.getElementsByTagName("tag_name");
document.getElementById("id_name");
document.getElementsByClassName("class_name");
document.getElementsByName("name_attribute");
document.querySelector("p.title");
document.querySelectorAll("p.title");
```

- **querySelector()**: 선택자와 일치하는 첫 번째 노드만 가지고 온다.
- **querySelectorAll()**: 선택자와 일치하는 모든 노드를 가지고 온다.

속성에 대한 접근은 가져온 요소 객체의 getAttribute(), setAttribute() 함수를 이용한다.

```
element.setAttribute(attribute, value)
element.getAttribute(attribute, value)
```

4 DOM을 활용한 동적 디자인 변경

자바스크립트에서 동적으로 디자인을 변경하는 것 역시 기본적으로는 DOM을 사용하는 것이다. 앞에서 디자인은 CSS로 정의되고 CSS는 HTML 문서의 구성요소를 셀렉터로 선택해 지정하는 형식임을 살펴보았다. 자바스크립트도 이와 같은 개념으로 접근하면 된다.

기본적으로 태그를 대상으로 하며 직접 디자인을 수정할 수 있다. 또한 태그의 클래스 속성을 동적으로 변경하여 디자인을 수정하는 것도 가능하다.

스타일 속성 변경

특정 태그 요소의 스타일 속성을 직접 변경하는 방식이다. 인라인 스타일 시트 지정과 개념적으로 동일하다.

```
document.getElementById("box1").setAttribute("style","background-color: yellow");
```

- 아이디가 'box1'인 태그를 찾아 해당 태그의 배경색 속성을 'yellow'로 지정한다.

스타일 객체 변경

스타일 속성 변경과 동일한 방식이지만 코드 구현에서 차이가 있다. 태그의 속성을 문자열 형태로 지정하는 것이 아닌 객체 참조 방식으로 스타일 속성을 지정한다. 따라서 스타일 속성 방식보다 프로그래밍 과정에서 오류 체크가 용이하다.

```
document.getElementById("box1").style.backgroundColor = "yellow";
```

- 'box1' 태그 노드의 style 객체에 포함된 backgroundColor 속성에 새로운 값을 부여한다.

클래스 변경

태그 노드의 스타일 속성이 아니라 클래스 변경을 통해 디자인을 변경하는 형식이다. 당연히 변경하고자 하는 클래스가 CSS에 정의되어 있어야 한다.

```
document.getElementById("box1").className = "bgyellow";
```

- 아이디가 'box1'인 태그 노드를 가져와 클래스 속성을 변경한다.

04 실습 3-1 회원 가입 폼 만들기

이번 실습에서는 간단한 회원 가입 양식을 만들면서 HTML, CSS, 자바스크립트의 주요 개념과 관계를 이해할 수 있다. 이번 실습의 흐름은 다음과 같다.

❶ HTML 기본 문서 구조를 작성한다.

❷ CSS를 통한 디자인을 정의한다.

❸ 자바스크립트를 통하여 DOM에 접근하고 디자인을 변경한다.

1 HTML 기본 문서 구조 작성

1 우선 이클립스를 실행한다. 화면 왼쪽의 프로젝트 탐색기를 보면 2장에서 생성한 'jwbook' 프로젝트가 있을 것이다. 'jwbook' 하단의 [src]→[main]→[webapp] 폴더에서 마우스 오른쪽 버튼을 클릭하고 [ch03] 폴더를 새로 생성한다.

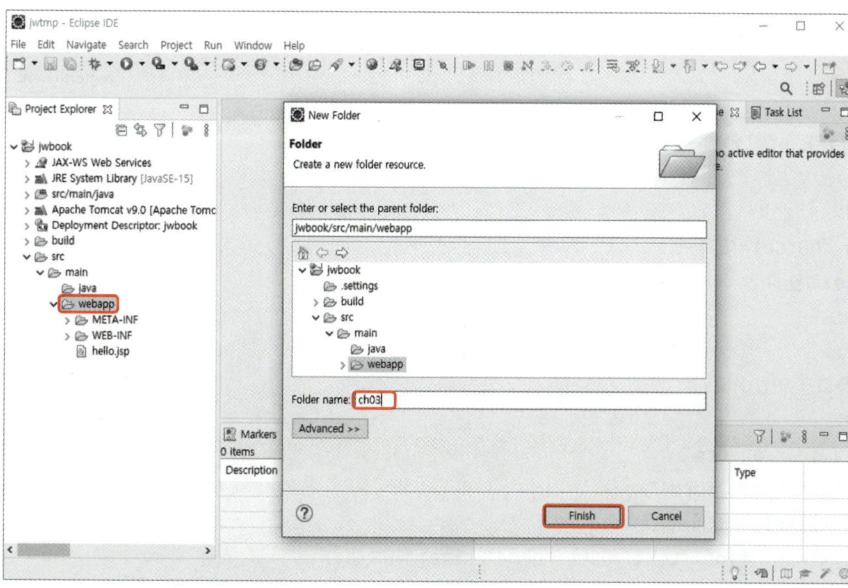

그림 3-8 프로젝트에 폴더 생성하기

2 [ch03] 폴더에 'regform.html' 파일을 생성한다.

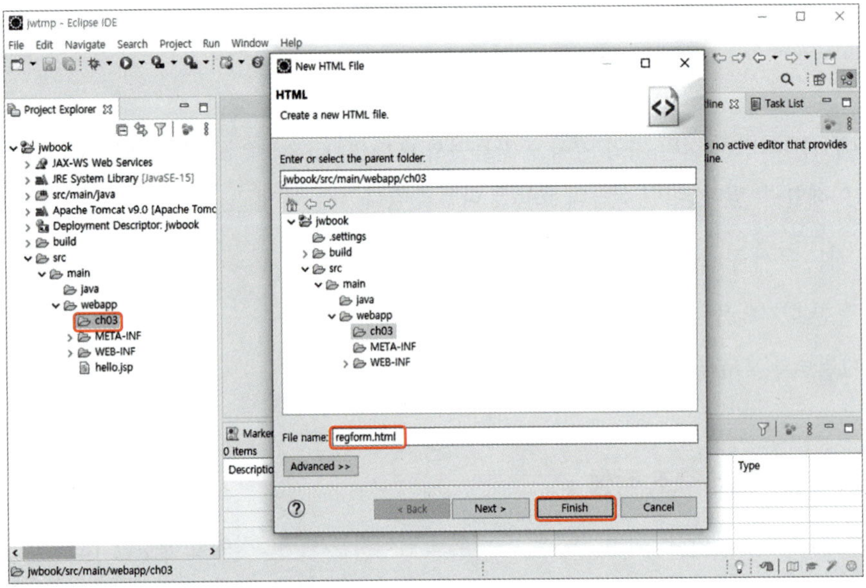

그림 3-9 폴더에 HTML 파일 생성하기

3 기본 생성된 템플릿의 8행에 〈h2〉 태그와 〈form〉 태그를 이용해 간단한 입력 양식을 만든다.

예제 3-2 regform.html

```
1  <!DOCTYPE html>
2  <html>
3  <head>
4  <meta charset="UTF-8">
5  <title>회원 가입 폼 만들기 예제</title>
6  </head>
7  <body>
8     <h2>회원 가입</h2>
9     <hr>
10    <div id="regform">
11       <form name="form1">
12          <label>이름</label><br>
13          <input type="text" name="name" size="40"><br>
14          <hr>
15          <label>이메일</label><br>
16          <input type="email" name="email" size="40"><br>
```

```
17        <button type="button" onClick="signUp()">가입</button>
18      </form>
19    </div>
20
21 </body>
22 </html>
```

10 입력 양식 부분은 'regform'이라는 이름으로 id를 지정한다.

13, 16 이름과 이메일에 각각 name 속성을 부여한다.

17 버튼이 클릭될 때 자바스크립트 함수 signUp()를 호출한다.

4 HTML 파일의 경우 테스트를 위해 톰캣 서버와 불필요하게 연동하지 않아도 된다. 따라서 'regform.html' 파일에서 마우스 오른쪽 버튼을 클릭하고 [Open With]→[Web Browser]를 선택한다.

TIP 파일을 꼭 저장하고 실행해야 한다.

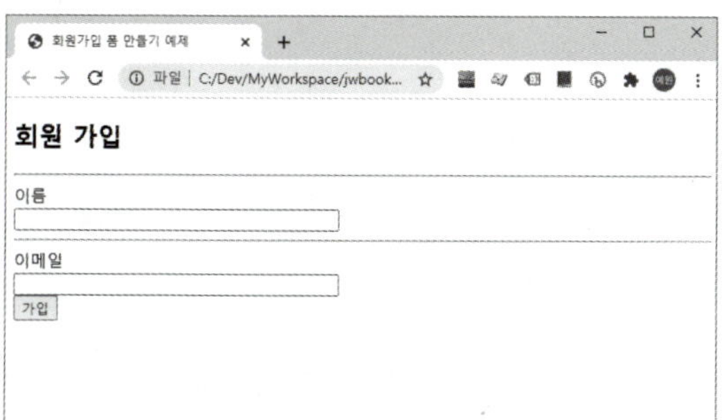

그림 3-10 기본 입력 양식 실행 결과

TIP 2장에서 웹 브라우저를 크롬으로 설정했다면 [그림 3-10]과 같이 크롬에서 실행된 결과를 볼 수 있다.

2 CSS를 통한 디자인 정의

5 다음은 기본 HTML에 CSS를 이용해 디자인을 정의해본다. 편의상 내부 스타일 시트만 사용하며, 스타일 정의는 태그와 아이디 등을 적절히 조합해 사용한다. <head> 내부에 다음과 같이 스타일을 작성한다.

TIP 'padding'은 콘텐츠 내부의 여백을 조정하며, 'margin'은 콘텐츠 외부의 여백을 조정하는 CSS 속성이다.

예제 3-3 regform.html

```
1  <!DOCTYPE html>
2  <html>
3  <head>
4  <meta charset="UTF-8">
5  <title>회원 가입 폼 만들기 예제</title>
6  <style>
7    h2 {
8      border-radius: 5px;
9      background-color: wheat;
10     text-align: center;
11     padding: 15px 0;
12   }
13
14   #regform {
15     padding: 15px 20px;
16     border-radius: 10px;
17     margin: auto;
18     width: 50%;
19     background-color: SandyBrown;
20   }
21 </style>
22
23 </head>
24 <body>
25 ~~생략([예제 3-2]의 내용)~~
26 </body>
27 </html>
```

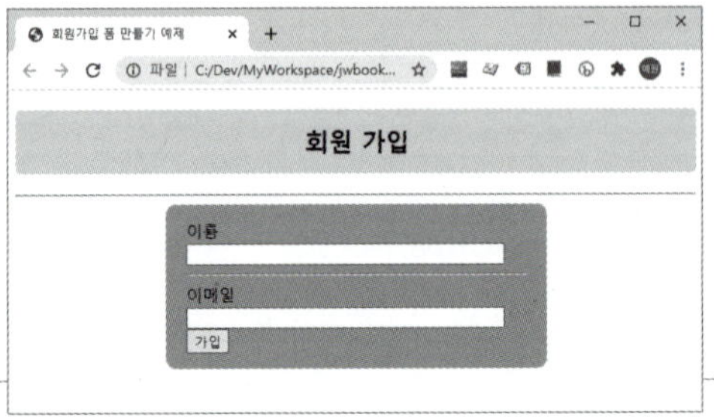

7~12 <h2> 태그에 제목 표현을 위해 박스를 정의한다.

8, 16 'border-radius' 속성을 이용해 박스의 모서리를 둥글게 설정한다.

10 'text-align' 속성을 이용해 텍스트를 가운데로 정렬한다.

11, 15 위와 아래쪽의 'padding'을 이용해 박스의 높이를 지정하고 동시에 수직 중앙부로 정렬한다.

14~20 입력 양식 부분의 아이디 '#regform'을 선택하여 'padding'과 'width'로 크기를 지정한다.

17 'margin' 속성으로 박스를 가운데 정렬되도록 한다.

3 결과 출력 화면 작성

가입 버튼을 클릭하면 자바스크립트 함수를 호출해 입력값을 받아와 현재 입력 양식 화면을 지우고 새로운 박스에 내용을 출력하도록 해보자. 실행 결과를 별도의 페이지로 구성할 수도 있지만 이번 실습에서는 자바스크립트 활용을 동일 페이지에서 구현한다.

먼저 입력 양식과 같은 위치에 대체할 수 있는 박스를 새로 만들고 화면에는 보이지 않도록 설정한다. 이후 가입 버튼을 누르면 입력 양식은 지우고 결과 박스가 보이도록 한다.

6 [예제 3-2]의 입력 양식 뒷부분인 20행에 다음 코드를 작성한다.

```
<div id="result" class="result">
  <h3>가입 정보</h3>
  <hr>
  이름: <span id="rname"></span><br>
  이메일: <span id="remail"></span><br>
</div>
```

- <div>는 가입 정보를 보여주기 위해 이름과 이메일 출력을 위한 자리를 만들어둔다.
- 입력값을 가져오기 위해 id 속성을 부여한 <span> 태그를 사용한다.

7 이 상태에서 실행하게 되면 입력 양식 아래에 박스가 출력되기 때문에 먼저 다음과 같이 자바스크립트를 추가해 화면에 보이지 않도록 설정한다. <head> 부분에 작성할 경우 HTML 파일이 모두 로딩되지 않은 상태라 속성 지정이 불가능하므로 결과 화면 코드 이후에 스크립트가 와야 한다. </body> 안쪽으로만 작성하면 된다.

```
<script>
  document.getElementById("result").style.display = "none";
</script>
```

- id가 result인 영역에 CSS 속성 display = "none"을 부여한다.

4 자바스크립트 구현

이제 화면 준비가 마무리되었으니 버튼을 클릭했을 때 호출될 signUp() 함수를 구현해본다.

8 이미 HTML에 이벤트 속성은 추가해두었고 〈head〉 부분에 다음과 같이 자바스크립트 함수를 추가한다. [예제 3-3]의 22행에 다음 코드를 추가한다.

```
<script>
  function signUp() {
    alert("정말로 가입하시겠습니까?");
    document.getElementById("regform").style.display = "none";
    document.getElementById("rname").innerHTML= document.form1.name.value;
    document.getElementById("remail").innerHTML= document.form1.email.value;
    document.getElementById("result").setAttribute("style", "display: block;
                                                background-color:KhaKi;");
  }
</script>
```

- alert()를 이용하여 가입 여부를 확인한다.
- 아이디가 'regform'인 요소를 찾아 화면에 어떻게 보여줄지 결정하는 속성인 'display'를 none으로 지정하여 화면에 보이지 않도록 한다.
- 입력값을 가져와 각각 아이디가 'rname', 'remail'인 태그 요소의 보디 부분에 출력한다.
- 결과 화면 요소를 가져와 'display' 속성을 block으로 지정해 화면에 보이도록 하고 배경색을 변경한다.

9 최종 코드는 다음과 같다. 파일을 실행하여 최종 실행 결과를 확인한다.

예제 3-4 regform.html

```
<!DOCTYPE html>
<html>
<head>
<meta charset="UTF-8">
<title>회원 가입 폼 만들기 예제</title>
<style> /* CSS 정의 */
  h2 {
    border-radius: 5px;
```

```
    background-color: wheat;
    text-align: center;
    padding: 15px 0;
  }

  #regform {
    padding: 15px 20px;
    border-radius: 10px;
    margin: auto;
    width: 50%;
    background-color: SandyBrown;
  }
</style>
<script> // 자바스크립트 정의
  function signUp() {
    alert("정말로 가입하시겠습니까?");
    document.getElementById("regform").style.display = "none";
    document.getElementById("rname").innerHTML = document.form1.name.value;
    document.getElementById("remail").innerHTML = document.form1.email.value;
    document.getElementById("result").setAttribute("style","display: block;
       background-color:KhaKi;");
  }
</script>
</head>
<body> <!-- HTML 정의 -->
  <h2>회원 가입</h2>
  <hr>
  <div id="regform">
    <form name="form1">
      <label>이름</label><br>
      <input type="text" name="name" size="40"><br>
      <hr>
      <label>이메일</label><br>
      <input type="email" name="email" size="40"><br>
      <button type="button" onClick="signUp()">가입</button>
    </form>
  </div>
  <div id="result" class="result">
    <h3>가입 정보</h3>
    <hr>
```

```
    이름: <span id="rname"></span><br>
    이메일: <span id="remail"></span><br>
  </div>
  <script> // 자바스크립트 정의
    document.getElementById("result").style.display = "none";
  </script>
</body>
</html>
```

⑩ 우선 가입 버튼을 누르면 '정말로 가입하시겠습니까?' 메시지가 'alert' 창을 통해 출력되고, 〈확인〉 버튼을 클릭하면 양식이 사라지고 결과 박스가 보인다.

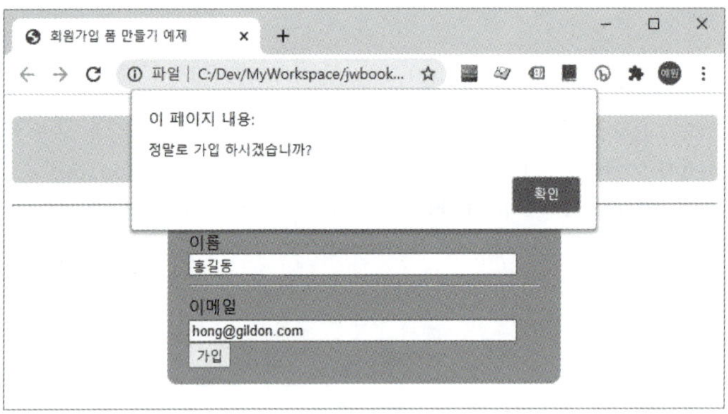

이번 실습을 통해 HTML, CSS, 자바스크립트의 상호작용 원리를 잘 기억해둔다.

05

실습 3-2 ToDo 리스트 앱 만들기

이번 실습에서는 해야 할 일을 리스트로 관리하는 앱인 ToDoApp을 만들면서 부트스트랩과 고급 자바스크립트를 활용해본다. 이번 실습의 흐름은 다음과 같다.

❶ 부트스트랩을 이용하여 디자인을 적용한다.

❷ 자바스크립트로 이벤트를 연동한다.

❸ DOM을 핸들링한다.

1 HTML 기본 문서 구조 작성

1 [실습 3-1]에서 생성한 폴더 [ch03]에 'todoapp.html'을 생성하고 기본적인 화면을 구성한다. 화면은 할 일을 입력받기 위한 입력 양식과 버튼으로 구성된다. 이때 입력 양식 요소를 <form>으로 묶어 서버로 전송하거나 동일 양식 그룹으로 처리하지 않고 개별적으로 핸들링한다면 <form>을 꼭 사용해야 하는 것은 아니다.

이번 실습에서는 각각의 요소를 자바스크립트로 모두 처리할 것이기 때문에 코드를 간소화하기 위해 <form> 태그를 사용하지 않았다.

예제 3-5 todoapp.html

```
<!DOCTYPE html>
<html>
<head>
<meta charset="UTF-8">
<title>실습 3-2</title>
</head>
<body>
  <div>
    <h2>My ToDo App</h2>
    <hr>
    <div>
```

```
12         <input id="item" type="text" placeholder="할일을 입력하세요..">
13         <button type="button" onclick="addItem()">할일 추가</button>
14       </div>
15       <hr>
16       <ul id="todolist"></ul>
17     </div>
18 </body>
19 </html>
```

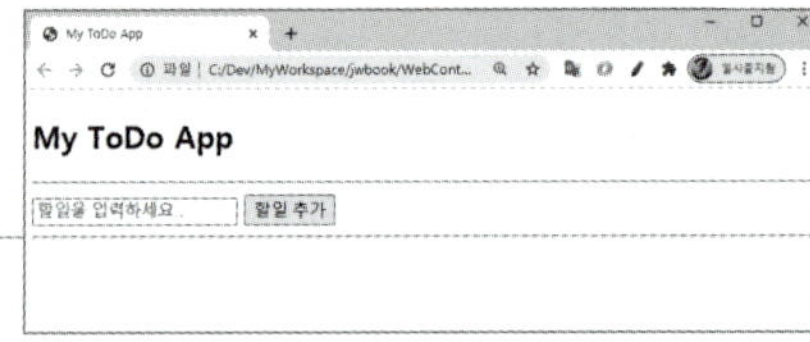

12 <form> 태그 없이 입력 양식을 구성했다.

12, 16 입력값을 가지고 오기 위한 <input>과 목록을 출력하기 위한 <ul> 부분에는 각각 'item'과 'todolist'라는 이름으로 아이디를 부여했다.

13 할 일 추가 버튼을 클릭했을 때 addItem()을 호출한다. addItem() 함수는 뒤에서 구현한다.

2 부트스트랩을 이용한 디자인 적용

2 부트스트랩 적용을 위해 부트스트랩 홈페이지(https://getbootstrap.com/docs/5.0/getting-started/introduction)에서 CSS 스타일 시트 링크를 복사해 <head> 부분에 추가한다. 이번 실습에서는 5.0 버전을 사용하며 링크 코드는 직접 입력하지 않고 최신 버전의 코드를 복사해 넣어야 한다.

TIP 교재에서 사용된 버전보다 최신 버전의 5.x를 사용하면 된다.

TIP 본 예제에서는 부트스트랩 컴포넌트의 별도 이벤트 처리는 필요 없기 때문에 자바스크립트는 추가하지 않아도 된다.

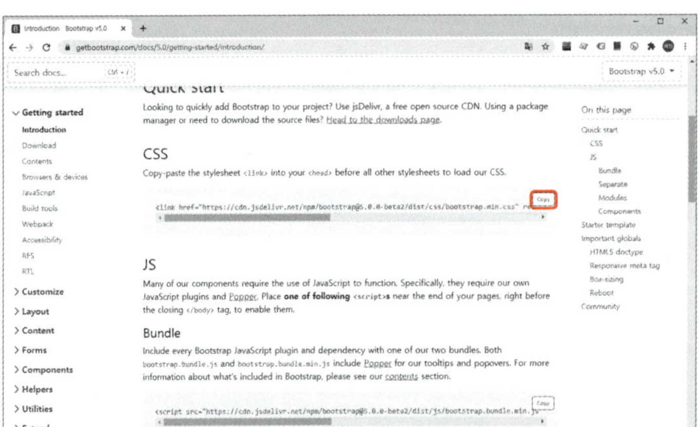

그림 3-11 부트스트랩 스타일 시트 링크

▶ **메인 박스 디자인**

❸ 전체 화면 구성요소를 하나의 박스로 묶어 브라우저 안에서 별도 실행된 화면과 같은 느낌을 주기 위해 [예제 3-5]의 8행 〈div〉 부분에 부트스트랩 클래스를 정의한다.

```
<div class="container bg-warning shadow mx-auto mt-5 p-5 w-75">
```

- container: 화면 전체를 차지하지 않는 고정 크기 컨테이너로 브라우저 크기 변동에 반응해서 변한다.
- bg-warning: 기본 노란색(warning) 컬러로 배경색을 지정한다.
- shadow: 박스 테두리에 그림자 효과를 추가한다.
- mt-5: 박스가 브라우저 상단에 붙어 있지 않도록 최대 상단 마진margin-top을 설정(0~5단계)한다.
- p-5: 박스 안쪽에 텍스트가 테두리에 붙어 있지 않도록 안쪽 패딩을 설정한다.
- w-75: 박스 크기를 브라우저 크기의 75%로 유지한다.

▶ **입력 양식 디자인**

❹ 입력 양식과 버튼에도 부트스트랩 클래스를 지정하기 위해 [예제 3-5]의 11~14행을 다음과 같이 수정한다.

```
<div class="input-group">
  <input id="item" class="form-control" type="text" placeholder="할일을 입력하세요..">
  <button type="button" class="btn btn-primary" onclick="addItem()">할일 추가
  </button>
</div>
```

- input-group: 입력 요소를 같은 라인에 보기 좋게 연결되도록 묶어준다.
- form-control: 입력 요소에 기본적인 디자인을 적용한다.
- btn btn-primary: 파란색 버튼을 생성한다.

❺ 마지막으로 화면에는 보이지 않지만 목록 출력을 위한 〈ul〉 부분에도 다음과 같이 클래스를 지정한다.

```
<ul id="todolist" class="list-group"></ul>
```

6 HTML과 CSS가 완성된 코드는 다음과 같다.

예제 3-6 todoapp.html

```
<!DOCTYPE html>
<html>
<head>
<meta charset="UTF-8">
<title>실습 3-2</title>
  <link href="https://cdn.jsdelivr.net/npm/bootstrap@5.0.0-beta2/dist/css/
bootstrap.min.css" rel="stylesheet" integrity="sha384-BmbxuPwQa2lc/FVzBcNJ7UAyJx
M6wuqIj61tLrc4wSX0szH/Ev+nYRRuWlolflfl" crossorigin="anonymous">
</head>
<body>
  <div class="container bg-warning shadow mx-auto mt-5 p-5 w-75">
    <h2>My ToDo App</h2>
    <hr>
    <div class="input-group">
      <input id="item" class="form-control" type="text" placeholder="할일을 입력하세요..">
      <button type="button" class="btn btn-primary" onclick="addItem()">할일 추가
      </button>
    </div>
    <hr>
   <ul id="todolist" class="list-group"></ul>
  </div>
</body>
</html>
```

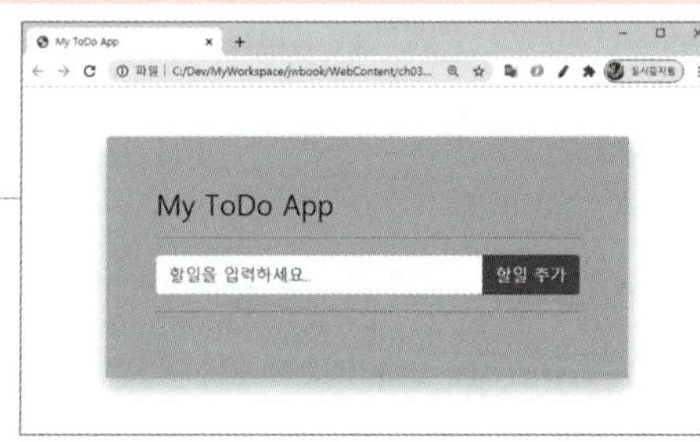

3 자바스크립트 구현

▶ **항목 추가 기능**

7 이제 할 일 추가 버튼을 클릭했을 때 호출될 addItem() 함수를 구현해보자. 먼저 함수를

〈head〉 부분에 정의하고 getElementById()를 이용해 프로그램에서 필요한 HTML 요소를 참조할 수 있도록 한다.

```
<script>
    function addItem() {
      // 입력값을 읽어와 todo 변수에 저장
      let todo = document.getElementById("item");
      // <ul> 요소를 참조하여 list 변수에 저장
      let list = document.getElementById("todolist");
      // 새로운 <li> 요소를 생성하여 listitem 변수에 저장
      let listitem = document.createElement("li");
    }
</script>
```

8 새로운 할 일 아이템에 디자인을 부여하기 위해 부트스트랩 클래스를 추가하고 〈li〉 요소의 보디 부분에 추가한다.

```
// 새로운 목록에 디자인 추가
listitem.className
       = "d-flex list-group-item list-group-item-action list-group-item-warning";
// 입력값을 <li> 태그 보디에 추가
listitem.innerText = todo.value;
```

- **list-xxx 클래스**: 목록을 만들어주는 부트스트랩 컴포넌트 클래스로 보통 〈li〉에 사용한다.

9 이제 〈li〉의 상위 요소인 〈ul〉, 즉 리스트에 새로운 〈li〉 노드를 추가해주면 화면에 추가된 목록이 보이게 된다.

```
// ul 요소에 li 요소 추가
list.appendChild(listitem);

// 입력칸 비우기 및 포커스 이동
todo.value = "";
todo.focus();
```

- 새로운 할 일을 추가한 다음 입력칸을 비우고 다시 입력할 수 있도록 포커스를 지정한다.

⑩ 항목 추가 기능이 완성된 코드는 다음과 같다.

예제 3-7 todoapp.html

```
1  <!DOCTYPE html>
2  <html>
3  <head>
4  ~~생략~~
5  <script>
6    function addItem() {
7      let todo = document.getElementById("item");
8      let list = document.getElementById("todolist");
9      let listitem = document.createElement("li");
10     listitem.className
11       = "d-flex list-group-item list-group-item-action list-group-item-warning";
12     listitem.innerText = todo.value;
13     list.appendChild(listitem); // ul 요소에 li 요소 추가
14     // 입력칸 비우기 및 포커스 이동
15     todo.value = "";
16     todo.focus();
17   }
18 </script>
19 </head>
20 <body>
21 ~~생략~~
22 </body>
23 </html>
```

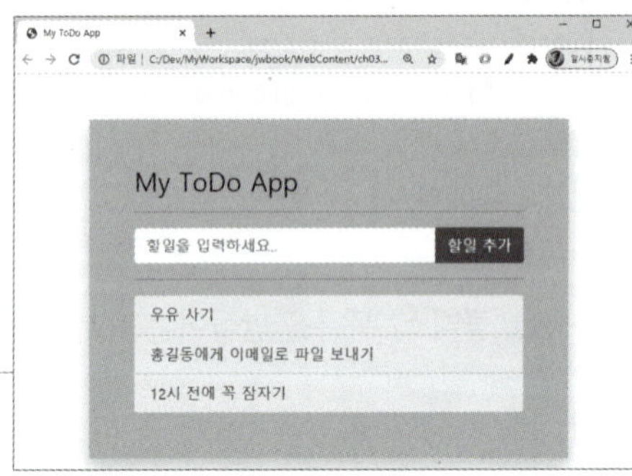

▶ 항목 삭제 기능

마지막으로 목록에서 처리된 항목을 삭제하는 기능을 추가해보자. 삭제는 추가와 유사하게 <ul>에서 선택된 <li> 노드를 삭제하는 형식으로 구현한다. 부트스트랩에는 자체적으로 삭제가 가능한 컴포넌트가 있지만 여기서는 자바스크립트에서 DOM을 다루는 방법을 좀 더 자세히 배우기 위해 직접 코드로 작성한다.

⑪ 먼저 각각의 아이템에 닫기 버튼을 추가한다. 먼저 버튼 노드를 만들고 부트스트랩 클래스를 지정한 다음 새로운 <li>를 생성할 때 <li>에 추가한다. [예제 3-7]의 11행 다음에 다음 코드를 추가한다.

```
// <li> 요소에 들어갈 닫기 버튼 생성
let xbtn = document.createElement("button");
// 버튼에 부트스트랩 클래스 적용
xbtn.className = "btn-close ms-auto";
// <li>에 버튼 추가
listitem.appendChild(xbtn);
```

⓬ 이어서 추가된 버튼이 눌렸을 때 이벤트 처리를 하도록 다음과 같이 버튼에 이벤트 핸들러를 추가한다. onclick 속성에 콜백 함수를 추가하는 형식으로 구현했으며 버튼의 부모 요소, 즉 <li>를 참조하여 리스트에서 삭제하는 형식이다.

```
// close 버튼에 이벤트 처리
xbtn.onclick = function(e) {
  // 이벤트가 발생한 <li> 요소를 구하여 <ul> 요소에서 제거
  let pnode = e.target.parentNode;
  list.removeChild(pnode);
}
```

⓭ 최종 코드는 다음과 같다. 'x' 버튼을 누르면 등록되었던 할 일이 목록에서 삭제되는 것을 알 수 있다.

예제 3-8 todoapp.html

```
<!DOCTYPE html>
<html lang="en">

<head>
<meta charset="UTF-8">
<meta name="viewport" content="width=device-width, initial-scale=1.0">
<meta http-equiv="X-UA-Compatible" content="ie=edge">
<link href="https://cdn.jsdelivr.net/npm/bootstrap@5.0.0-beta2/dist/css/
bootstrap.min.css" rel="stylesheet" integrity="sha384-BmbxuPwQa2lc/FVzBcNJ7UAy
JxM6wuqIj61tLrc4wSX0szH/Ev+nYRRuWlolflfl" crossorigin="anonymous">
<script>
  function addItem() {
    let todo = document.getElementById("item");
    let list = document.getElementById("todolist");
```

```
    let listitem = document.createElement("li");
    listitem.className
    = "d-flex list-group-item list-group-item-action list-group-item-warning";
    let xbtn = document.createElement("button");

    xbtn.className = "btn-close  ms-auto";

    xbtn.onclick = function(e) {
      let pnode = e.target.parentNode;
      list.removeChild(pnode);
    }
    listitem.innerText = todo.value;
    listitem.appendChild(xbtn);
    list.appendChild(listitem);

    todo.value = "";
    todo.focus();
  }
</script>
<title>My ToDo App</title>
</head>
<body>
  <div class="container bg-warning shadow mx-auto mt-5 p-5 w-75">
    <h2>My ToDo App</h2>
    <hr>
    <div class="input-group">
      <input id="item" class="form-control" type="text" placeholder="할일을
      입력하세요..">
      <button type="button" class="btn btn-primary" onclick="addItem()">할일 추가
      </button>
    </div>
    <hr>
    <ul id="todolist" class="list-group"></ul>
  </div>
</body>
</html>
```

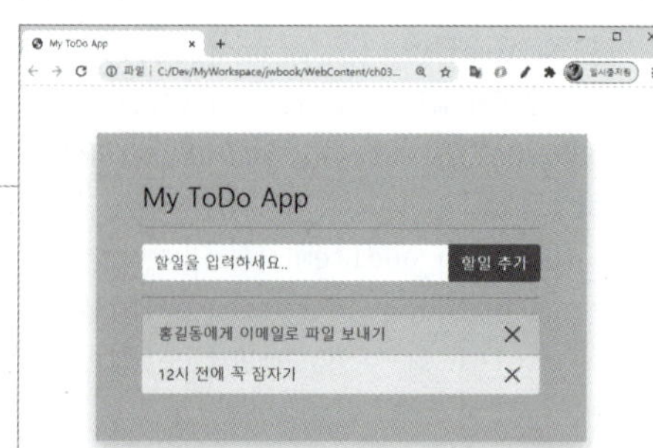

요약

01 HTML은 HyperText Markup Language의 약어로 모든 웹 콘텐츠는 HTML로 이루어져 있다.

02 HTML 문서는 다음과 같은 기본 구조를 가진다.

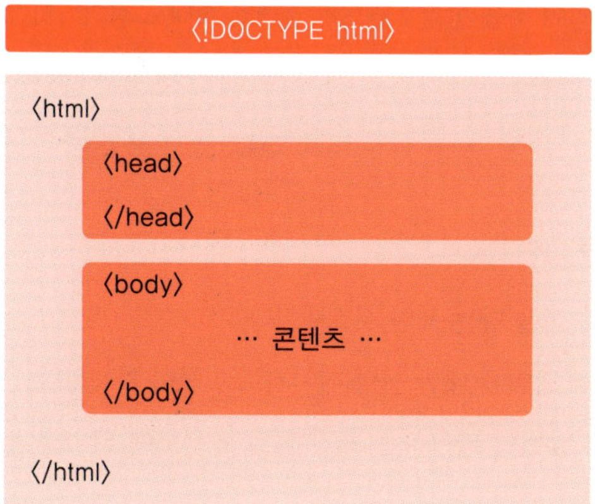

03 HTML이 텍스트나 이미지, 표와 같은 구성요소를 웹 문서에 넣어 뼈대를 만드는 것이라면, CSS는 글씨의 색상이나 크기, 이미지 크기나 배치 방법 등 웹 문서의 디자인 요소를 담당한다.

04 부트스트랩Bootstrap은 가장 대표적인 오픈소스 CSS 라이브러리로 일관된 디자인이 적용된 컴포넌트가 클래스 형태로 정의되어 있다.

05 자바스크립트는 정적인 HTML 콘텐츠에서 사용자와 상호작용하며 동적으로 변경하는 부분을 담당한다.

06 자바스크립트는 객체Object 기반의 스크립트 언어로 기본적으로는 웹 브라우저에서 해석되는 인터프리터 언어이며, Node.js와 같은 프레임워크를 사용하면 서버 프로그래밍에도 사용할 수 있다.

연습문제

01 HTML에서 하이퍼텍스트가 의미하는 것은 무엇인가?

① 다른 정보와 연결된 텍스트를 의미하며 사용자가 관련 문서를 링크를 통해 이동하며 정보를 얻을 수 있다.

② 오픈소스 CSS 라이브러리로 일관된 디자인이 적용된 컴포넌트가 클래스 형태로 정의되어 있다.

③ 프로그래밍 언어다.

④ 글씨의 색상이나 크기, 이미지 크기나 배치 방법 등 웹 문서의 디자인 요소를 담당한다.

02 마크업 언어에 대한 설명으로 틀린 것은 무엇인가?

① 텍스트에 의미를 부여하기 위해 문서에 주석을 다는 표현 시스템이다.

② 화면에서 특정 단어를 클릭하면 다시 해당 단어에 대한 설명 페이지로 이동이 가능하다.

③ 표현하고자 하는 정보가 있을 때 정보의 앞뒤에 태그라는 표기를 달아 정보에 의미를 부여하는 형식이다.

④ 대표적인 마크업 언어로 자바가 있다.

03 블록 태그와 인라인 태그에 대한 설명으로 틀린 것을 고르시오.

① 블록 형식 태그는 라인 전체를 사용하는 태그를 의미한다.

② 블록 태그는 다른 태그 요소와 같은 라인에 배치할 수 없다.

③ 인라인 형식 태그는 다른 태그 요소와 같은 라인에서 나란히 배치될 수 있는 태그를 의미한다.

④ 인라인 태그에는 대표적으로 p, div, h, ul, li 등이 있다.

04 자바 스크립트의 특징으로 틀린 것을 고르시오.

① 동적이며 타입을 명시할 필요가 없는 인터프리터 언어다.

② 이벤트를 처리하고 사용자와의 상호작용을 가능하게 한다.

③ 서버와 실시간으로 통신할 수 없다.

④ HTML의 내용, 속성, 스타일을 변경할 수 있다.

05 **자바스크립트 변수 선언 시 사용되는 var, let, const에 대한 설명으로 틀린 것을 고르시오.**

① var(함수범위): 이미 만들어진 변수 이름으로 재선언이 가능하다.

② let(블록범위 변수): 이미 만들어진 변수 이름으로 재선언은 불가능하지만, 재할당은 가능하다.

③ const(블록범위 상수): 이미 만들어진 변수 이름으로 재선언이 가능하며 재할당 또한 가능하다.

④ 범위 설정 없이 변수를 선언하는 경우 위치에 상관없이 전역변수가 된다.

06 **HTML 태그에서 속성의 역할은 무엇인가?**

07 **CSS에서 셀렉터(선택자)에 대해 설명하시오.**

CHAPTER 04

자바 웹 개발 개요

학습목표

- 서블릿과 JSP의 등장 배경을 이해한다.
- 스프링 프레임워크의 개념을 이해한다.
- REST API의 개념과 동작 과정을 익힌다.

01 서블릿과 JSP

이번 절에서는 본격적으로 자바 웹 개발을 공부하기 전에 먼저 전체적인 개요를 살펴본다.

1 서블릿이란?

서블릿이란 자바 기반의 웹 프로그램 개발을 위해 만들어진 기술이다. 따라서 자바로 작성된 프로그램을 실행할 수 있는 서버 소프트웨어(예 톰캣)를 통해 관리된다. 즉 서블릿을 실행하기 위해서는 톰캣과 같은 서블릿 컨테이너Servlet Container가 필요하며 이러한 서버 소프트웨어는 일반적으로 WASWeb Application Server로 불리기도 한다.

데스크톱이나 스마트폰에서 실행되는 일반적인 애플리케이션과 달리 웹 프로그램은 서버에 접속해야만 화면을 볼 수 있고, 로그인이나 기타 기능은 모두 서버에서 실행된 이후 결과만 클라이언트(웹 브라우저)에 보이는 구조다.

기본적인 웹의 요청과 응답 과정은 다음과 같다.

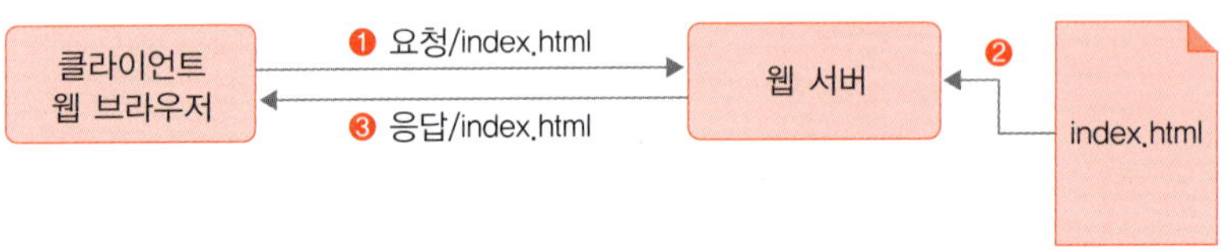

그림 4-1 웹 요청과 응답 과정

❶ 클라이언트(웹 브라우저)가 서버에 페이지(index.html)를 요청한다.

❷ 서버는 클라이언트에 요청받은 파일(html)을 응답한다.

❸ 클라이언트는 수신받은 파일(html)의 내용(CSS, 자바스크립트 포함)을 해석하여 화면에 표시한다.

이때 HTML은 정적인 파일이므로 실시간으로 변하는 뉴스 기사, 날씨 정보, 쇼핑몰의 상품 정보 등을 가지고 있을 수 없다. 이러한 정보는 데이터베이스에 저장되어 있기 때문에 사용자의 웹 요청을 받으면 별도의 프로그램을 통해 데이터베이스에서 가지고 온 정보를 HTML로 재구성하여 클라이언트에 다시 전달해야 한다.

TIP HTML은 내용을 직접 수정하기 전까지 변하지 않으므로 정적인 파일이다.

이 외에도 사용자 로그인 처리를 위해서는 입력한 아이디, 비밀번호를 데이터베이스에 저장된 내용과 비교하고, 게시판에 글을 올리기 위해서는 데이터베이스에 저장하는 과정이 필요하다. 서블릿은 바로 이러한 기능을 수행할 수 있도록 설계된 특수한 목적의 자바 프로그램이다.

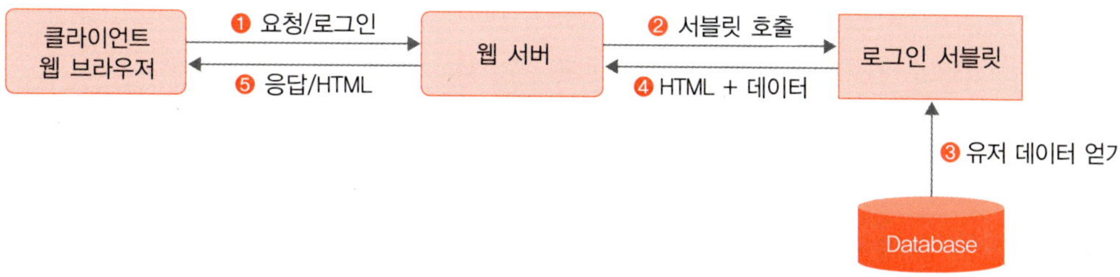

그림 4-2 서블릿 동작 구조

❶ 클라이언트(웹 브라우저)가 서버에 페이지(url)를 요청한다.

❷ 서버는 요청 url에 매핑되는 서블릿을 호출하면서 파라미터를 전달한다.

❸ 서블릿이 실행되고 파라미터로 전달된 값을 처리하거나 데이터베이스와 연동한다.

❹ HTML과 데이터를 조합하여 재구성한 다음 클라이언트에 전달한다.

❺ 웹 브라우저는 수신받은 HTML 내용(CSS, 자바스크립트 포함)을 해석해서 화면에 표시한다.

그런데 서블릿은 HTML과 데이터를 조합하는 방식에 어려움이 있다. 다음 코드를 살펴보자.

```
out.println("<h2>"+username+"</h2>");
```

- out은 서블릿에서 클라이언트에 데이터를 전송하기 위한 출력 스트림이다.
- HTML 코드와 자바 코드를 문자열 결합으로 처리한다.

물론 문자열을 결합하는 코드는 여러 방법으로 개선할 수 있다. 하지만 한 화면에 수천 라인이 될 수도 있는 HTML 코드 구성을 위와 같이 자바 언어로 작성해야 한다는 것은 매우 비효율적이다. JSP는 바로 이러한 문제를 해결하기 위해 등장하게 되었다.

2 JSP란?

JSPJava Server Pages는 서블릿에서 HTML과 데이터 결합을 손쉽게 처리하기 위해 만들어졌다. 자바 중심의 서블릿과 달리 JSP는 HTML을 중심으로 데이터를 처리하는 특징을 가지는데, 쉽게 말해 HTML에서 자바 코드를 사용할 수 있는 구조다. 따라서 JSP는 HTML에 자바 코드를 더한 형태로 구성되며, 컨테이너에 의해 서블릿 형태의 자바 코드로 변환 후 컴파일되어 컨테이너에 적재되는 구조가 된다.

앞에서의 서블릿 코드는 JSP를 사용하면 다음과 같이 작성할 수 있다.

```
<html>
  ...
  <h2><%= username %></h2>
  ...
</html>
```

- JSP 문법 자체는 page 지시어 선언 부분을 제외하면 HTML 파일 구조와 동일하다.
- CSS, 자바스크립트 사용 형식 또한 동일하다.
- 〈%= %〉란 JSP 출력문으로 사칙연산, 간단한 변수의 출력 등에 사용된다.

TIP JSP에 관한 자세한 문법은 5장에서 다루므로 잘 이해가 가지 않더라도 괜찮다.

서블릿과 비교했을 때 JSP를 사용하는 것이 편리하다는 것을 직관적으로 알 수 있으며 이러한 편리성 덕분에 오랫동안 JSP는 웹 개발의 기본이 되어왔다.

그러나 JSP를 이용한 개발에도 몇 가지 문제가 있다. 예를 들어 게시판이나 상품 목록과 같이 데이터를 반복해서 출력하거나 조건을 체크해야 하는 경우 단순한 HTML 문법만으로는 처리할 수 없기 때문에 자바 코드를 중간중간 사용해야 한다.

```
<table>
    <% for(Member m : mlist) { %>
        <tr>
            <td><%=m.name %></td>
            <td><%=m.email %></td>
        </tr>
    <% } %>
</table>
```

- 〈% ... %〉는 스크립트릿으로 해당 블록 안에서 자바 코드를 자유롭게 사용할 수 있다.
- HTML 부분은 서블릿 컨테이너(톰캣)에 의해 out.println()을 사용하는 형태로 변환된다. 따라서 JSP는 HTML이 아니라 궁극적으로 서블릿 형태의 프로그램으로 변환되는 것이다.

for 문 안에서 HTML과 데이터를 조합하려면 서블릿과 마찬가지로 'out.println()' 구문을 사용해야 한다. 이러한 문제를 피하려면 중간에 스크립트를 닫고 HTML에서 출력문을 사용하는 형태가 되기 때문에 코드가 복잡하고 가독성이 떨어진다.

JSTL/EL

앞에서 살펴본 JSP의 구조적 문제를 해결하기 위해 커스텀 태그를 기반으로 하는 JSTLJSP Standard Tag Library 및 ELExpression Language이 도입되었다. 앞의 JSP 코드는 다음과 같이 개선될 수 있다.

```
<table>
    <c:forEach var="m" items="${mlist}">
        <tr>
            <td>${m.name}</td>
            <td>${m.email}</td>
        </tr>
    </c:forEach>
</table>
```

- 〈c:forEach〉는 반복문을 제공하는 JSTL 커스텀 태그다.
- ${m.name}의 형태는 표현 언어로 자바 객체의 멤버 출력이 가능하다.

JSP보다 훨씬 구조적이고 가독성도 높아진 것을 알 수 있다. 이와 같은 프로그램 구조는 MVC 패턴과 함께 서블릿과 결합되어 오랫동안 자바 웹 개발의 정석으로 자리 잡아왔다.

물론 이 구조 역시 단점은 있다. 화면 구조를 서버에서 빌드(SSR)하는 구조이기 때문에 모든 실행이 톰캣과 같은 서블릿 컨테이너를 통해야 한다는 점이다. 예를 들어 〈c:forEach〉 태그나 ${m.name}, 〈%@ page.. %〉와 같은 JSP 구문은 클라이언트(웹 브라우저)에서 해석할 수 없다. 즉 사소한 디자인 변경도 서버를 통해 실행해야 하며, 이는 개발 생산성과 디자이너와의 협업 등에서 큰 문제가 된다.

여기서 잠깐! 커스텀 태그란?

표준 HTML 태그 이외에 사용자 정의 태그를 자바 프로그램 형태로 구현하고 JSP를 서블릿 형태로 변환할 때 함께 처리될 수 있도록 하는 서블릿 규격 중 하나를 의미한다.

JSP 대체 솔루션

템플릿 엔진이라고 하는 JSP 대체 솔루션의 등장으로 여러 문제가 개선되기는 했지만, 2010년 이후 모바일 프로그래밍의 주류화, 자바스크립트 기술의 발전으로 인해 프런트엔드 개발이 새로운 트렌드가 되었다. 이후 전통적인 JSP 기반의 개발은 다소 성장세를 잃어가고 있다.

JSP의 주된 대체 솔루션인 스프링 프레임워크와 Vue.js에서 사용하는 형식을 간단하게 짚고 넘어가 보자.

스프링 프레임워크의 기본 템플릿 엔진인 타임리프를 사용하는 경우에는 다음과 같다. JSP와 EL 부분은 동일하지만 JSTL 대신 HTML 태그에 data-*- 속성을 사용하는 형태라 서버 실행 없이도 디자인 확인이 가능한 구조다.

```
<table>
    <tr data-th-each="m : ${mlist}">
        <td data-th-text="${m.name}">Hong</td>
        <td data-th-text="${m.email}">test@test.com</td>
    </tr>
</table>
```

- JSTL 대신 data-th-each와 같은 속성의 형태로 로직을 구현한다.
- 변수로 출력되는 데이터 이외 기본값 출력이 가능하다.

만일 Vue.js를 이용해 프런트엔드 개발 방식으로 클라이언트 사이드 렌더링Client Side Rendering, CSR을 사용한다면 다음과 같다. 물론 서버로부터 데이터를 가지고 오는 자바스크립트 코드는 생략된 상태다. 타임리프와 유사하게 v-* 형태의 속성을 사용하고 있으며 프런트엔드 방식이기 때문에 해당 속성은 자바스크립트로 동작하는 Vue.js에서 처리하게 된다.

```
<table>
    <tr v-for="m in mlist">
        <td>{{m.name}}</td>
        <td>{{m.email}}</td>
    </tr>
</table>
```

로직을 처리하기 위한 방법과 데이터를 핸들링하는 방법 등에서 차이가 있지만 HTML과 데이터 그리고 로직을 조합하는 방식이 모두 유사한 것을 알 수 있다.

02 REST API와 JAX-RS

이번 절에서는 HTTP와 JSON을 함께 사용하여 Open API를 구현하는 형태로 많이 사용되는 REST에 관해 알아본다.

1 REST API란?

REST는 REpresentational State Transfer의 약어로 2000년 로이 필딩Roy Fielding의 박사 학위 논문에서 처음 제안된 방법이다. 네트워크상에서 클라이언트와 서버 사이의 통신을 구현하는 방법 중 하나이며, 대부분의 Open API는 REST 아키텍처를 기반으로 만들어져 있다.

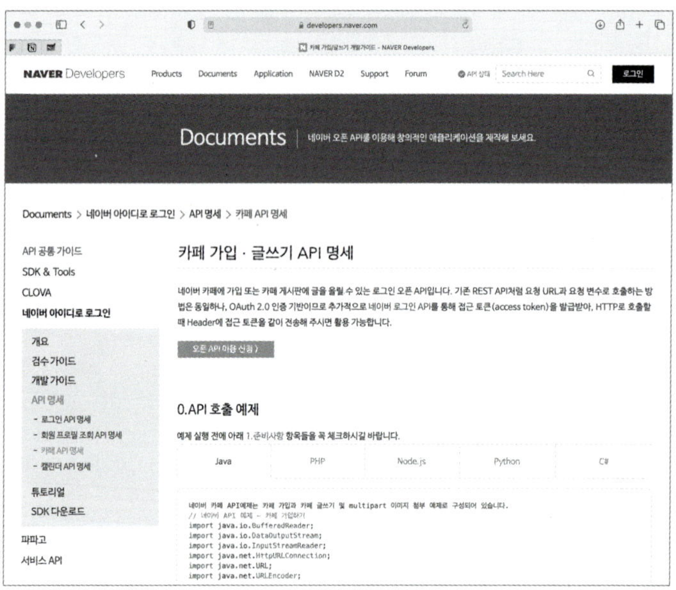

그림 4-3 네이버 오픈 API 소개 페이지

클라이언트가 서버로 요청을 보냈을 때 서버가 이에 대한 응답으로 보내주는 Resource의 상태를 Representation이라고 할 수 있으며, 하나의 Resource는 여러 형태의 Representation(예 json, xml, text, rss 등)으로 전달할 수 있는 것을 말한다.

원래 REST의 의미는 서버 응답을 앞에서 언급한 다양한 형태로 전달하는 개념으로 웹, 즉 HTTP의 기본 응답이 HTML인데 이를 JSON 등 다른 규격을 사용하는 것으로 접근한 것이다. 이에 따라 웹을 단순히 브라우저에서 콘텐츠를 이용하는 브라우저 서비스가 아닌 데이터를 주고받기 위한 API 서비스의 형태로 발전시킨 계기가 된다.

이러한 접근의 장점은 안정되고 검증된 웹 기술을 그대로 사용할 수 있다는 점이다. 예를 들어 서버 프로그램으로 자바, 서블릿 등을 사용할 수 있고, 스프링 프레임워크 혹은 IBM, Oracle 등의 서버 솔루션을 그대로 사용할 수도 있어 성능, 안정성, 보안, 백업, 분산 등 여러 인프라의 재활용이 가능하다.

이러한 REST 방식 이전에는 원격으로 데이터를 주고받는 서비스를 구현하기 위해서는 별도의 프로토콜을 가지는 클라이언트-서버 통신 프로그램을 개발해야 했다. 이 과정에서 인증이나 보안, 서버 프로그램의 성능과 안정성과 같은 여러 문제를 개발자에 의존해 해결해야 했다. 이러한 서버 프로그램에 기존 웹 기술을 사용하는 발상은 획기적이었고, 프런트엔드 중심 개발의 발전과 함께 REST 혹은 RESTful API 형태로 정착하게 되었다.

여기서 잠깐! RESTful이란?

일반적으로 REST 원칙을 따르는 시스템을 RESTful이라고 하며 웹 기반으로 구현된 서비스이므로 RESTful 웹 서비스라고도 한다. REST 자체는 특정 언어나 컨테이너를 요구하지 않기 때문에 자바, 서블릿, Node.js, 파이썬 등 다양한 언어와 서버 소프트웨어를 통해 구현할 수 있다.

TIP REST 이전에는 XML 웹 서비스라고 해서 SOAP, WSDL, UDDI 등을 사용하는 규격이 있었으나 지금은 거의 사용하지 않는다.

REST API의 동작 구조

다음의 [그림 4-4]는 날씨 정보를 제공하는 REST API 서비스의 동작 구조를 보여준다.

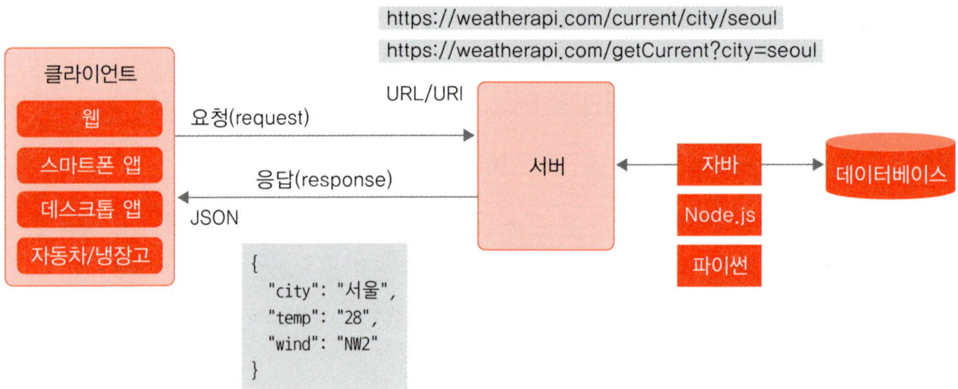

그림 4-4 날씨 정보 제공 REST API의 동작 구조

- 클라이언트는 웹, 스마트폰 앱, 자동차, 냉장고 등 모두 가능하다.
- URL/URI를 이용하여 서버에 HTTP 규격(헤더, GET/POST 등)에 따라 요청한다.
- 서버 프로그램은 자바, 서블릿, Node.js, 파이썬 등 모든 언어가 가능하다.
- 처리 결과(응답)는 보통 JSON 규격을 사용한다.
- 웹에서는 응답받은 데이터를 웹의 화면 처리에 사용한다.
- 그 외 데스크톱, 스마트폰, 자동차/냉장고 앱에서는 화면 UI에 필요한 데이터 구성에 사용한다.

이러한 구조를 통해 날씨 정보를 제공하는 REST API 서비스를 활용하면 웹 화면은 물론이고 스마트폰 앱, 냉장고 모니터 등에서도 날씨 정보를 보여주는 것이 가능하다.

2 JAX-RS란?

JAX-RS란 자바에서 REST API 개발을 위한 서버 프로그램의 표준 규격이다. 현재 자바 웹 개발에서 REST API를 구현하는 방법은 JAX-RS 또는 스프링 프레임워크의 RestController를 사용하는 방법이 있다. 스프링 프레임워크 없이 개발한다면 JAX-RS를 사용해야 하고, 스프링 프레임워크를 사용한다면 두 방법 중 한 가지를 선택해서 사용할 수 있다. 호환성을 위해서라면 JAX-RS를 사용하는 것이 좋고 스프링만 사용한다면 스프링의 RestController를 사용하는 것이 편리하다. 세부적인 차이가 있지만 기본 구조나 방법은 유사하다.

```
@Path("/addrbook")
public class RestApiService {
  Logger logger = Logger.getLogger("RestApiService");
  AddrBookDAO dao = new AddrBookH2DAO();

  @GET
  @Path("list")
  @Produces(MediaType.APPLICATION_JSON)
  public List<AddrBook> getList() {
      List<AddrBook> datas = dao.getAll();
      logger.info("API call: /list ");
      return datas;
  }
}
```

- **@Path("/addrbook")**: 현재 클래스에서 처리할 URL의 진입점을 의미한다. 예를 들어 전체 경로는 context root/api/addrbook이 된다.
- **@GET**: 지정된 URL 요청을 GET 방식으로 호출했을 때 동작하도록 한다.
- **@Path("list")**: 메서드가 실행될 URI를 요청한다. 전체 경로는 context root/api/addrbook/list다.
- **@Produces(MediaType.APPLICATION_JSON)**: 리턴되는 데이터를 JSON 형식으로 지정한다.

위의 코드와 같이 주로 @로 시작하는 자바 애너테이션을 사용해 클래스와 메서드에 필요한 정보를 제공하는 것만으로 별도의 데이터 변환 과정 없이 손쉽게 API 서버 프로그램 개발이 가능하다. 톰캣을 실행하는 것만으로 서버가 동작하고 기존의 다른 웹 서비스도 함께 운영이 가능하다.

참고로 앞의 코드를 그대로 사용하고 REST API만 스프링 프레임워크를 사용하는 경우 다음과 같이 작성할 수 있다. 기본 코드는 변화 없이 애너테이션만 스프링에서 사용하는 것으로 변경하면 된다.

TIP 물론 스프링 프레임워크를 제대로 사용한다면 객체 생성과 참조와 같은 부분을 스프링 빈 객체 선언과 참조 형태로 작성해야 한다.

```java
// 스프링 프레임워크를 사용한 경우
@RestController
@RequestMapping("/addrbook")
public class RestApiService {
    Logger logger = Logger.getLogger("RestApiService");
    AddrBookDAO dao = new AddrBookH2DAO();

    @GetMapping("list")
    public List<AddrBook> getList() {
        List<AddrBook> datas = dao.getAll();
        logger.info("API call: /list ");
        return datas;
    }
}
```

REST API와 JAX-RS에 관한 더 자세한 내용은 12장에서 배운다.

03 스프링 프레임워크와 자바 웹 개발

1 스프링 프레임워크란?

자바 웹 개발에서 빼놓을 수 없는 것이 바로 스프링 프레임워크다. 자바 웹 개발의 핵심은 자바와 서블릿이라 볼 수 있지만 학습용이 아닌 실제 기업에서 개발하는 서비스의 경우 성능과 안정성, 보안, 다른 서비스와의 연계 등 단순한 기능 외에 고려할 사항이 많다. 이러한 문제를 해결하기 위해 Java EEEnterprise Edition가 탄생했으나 스펙의 복잡함과 구현의 어려움으로 인해 현업에 완전히 정착되지 못했다.

스프링 프레임워크Spring Framework는 자바 기반의 오픈소스 프레임워크로 Java EE에서 요구하는 수준의 복잡한 기능을 Java EE를 사용하지 않고 구현하고자 시작한 것이다.

스프링 프레임워크에 사용되는 주요 특징은 다음과 같다.

TIP 스프링 프레임워크는 13장에서 자세히 배운다.

■ **경량 컨테이너**

객체 생성, 소멸과 같은 생명 주기를 관리하며 스프링 컨테이너로부터 필요한 객체를 얻어 올 수 있다.

■ **제어의 역행**Inversion of Control, IoC **지원**

메서드나 객체의 호출 제어권이 사용자가 아닌 프레임워크에 있어 필요에 따라 스프링에서 사용자의 코드를 호출한다.

■ **의존성 주입**Dependency Injection, DI **지원**

각 계층이나 서비스 간에 의존성이 존재할 경우 프레임워크가 서로 연결해준다.

■ **관점 지향 프로그래밍**Aspect-Oriented Programming, AOP **지원**

트랜잭션이나 로깅, 보안과 같이 여러 모듈에서 공통적으로 사용하는 기능의 경우 해당 기능을 분리하여 관리할 수 있다.

2 스프링 부트란?

2021년의 최신 스프링 프레임워크는 5.x로 핵심 프레임워크 외에 여러 서브 프로젝트로 구성되어 있으며 실제 사용은 주로 스프링 부트를 통해 이루어진다. 스프링 부트Spring Boot는 스프링 프레임워크 프로젝트를 손쉽게 시작할 수 있도록 하며 개발과 관련한 스프링 구성요소를 편하게 관리할 수 있도록 한다.

스프링 부트 2의 주요 특징은 리액티브 스택Reactive Stack과 서블릿 스택Servlet Stack을 구분하고 있다는 점이다.

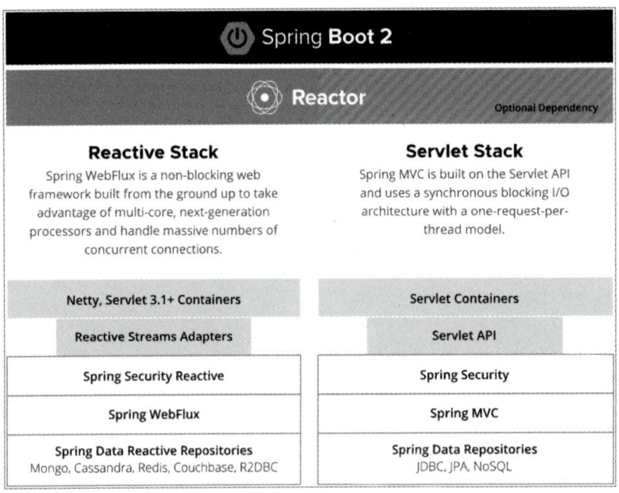

그림 4-5 스프링 부트의 구조

■ 서블릿 스택Servlet Stack

기존과 같이 서블릿 API에 기반한 동기 방식의 블로킹Blocking I/O 구조를 사용하며 하나의 요청은 하나의 스레드로 처리된다. 아파치 톰캣과 같은 서블릿 컨테이너를 사용하며 전통적인 Spring MVC 기반의 서버 프로그램 개발과 JPA, JDBC, NoSQL 데이터베이스 지원을 포함한다.

■ 리액티브 스택Reactive Stack

새로운 비동기 논블로킹Non-blocking I/O 구조를 사용하며 멀티코어 시스템의 장점을 살리고 대규모 사용자 접속을 처리하는 데 유용한 구조로 설계되었다. 네티Netty, 언더토우Undertow 및 서블릿 3.1 이상의 컨테이너를 사용하며 Spring WebFlux라고 하는 새로운 프레임워크를 사용해 개발한다. 물론 Servlet 3.1 이상을 지원하는 아파치 톰캣 8.5 이상을 사용할 수도 있다.

그렇다면 언제 리액티브 스택을 사용하는 것이 좋을까? 최신 스프링 프레임워크의 사양이라고 해서 무조건 사용해야 하는 것은 아니고 필요에 따라 모델을 선택해 사용할 수 있다. 일반적으로 리액티브 스택은 다음과 같은 구현에 적합하다.

- 비동기 논블로킹 리액티브 개발
- 효율적으로 동작하는 고성능 웹 애플리케이션
- 서비스 간 호출이 많은 마이크로 서비스 아키텍처MSA 구현

여기서 잠깐! 동기(블로킹)/비동기(논블로킹)란?

동기 방식은 요청 후 응답을 받기까지 대기하는 방식을 말한다. 대기하는 동안 다른 일을 처리할 수 없는 상태(블로킹)가 되어 요청에 시간이 걸리는 경우 비효율적인 방법이다. 비동기 방식은 즉각적인 응답 결과가 필요 없는 경우 요청 후 응답을 기다리지 않고 다른 일을 하다가 응답이 오면 그때 해당 응답을 처리하는 방식으로 대기시간 없이 다른 일을 할 수 있다는 장점이 있다.

예를 들어 고객센터에 전화해서 질문을 하고 센터 직원이 잠시 알아보겠다고 하고 대기하라고 하면 계속 전화기를 들고 기다려야 하는 것이 동기 방식이다. 반면 센터 직원이 알아본 후 전화하겠다며 전화를 끊고 나중에 다시 전화해 알려주는 형식이 비동기 방식이다.

여기서 잠깐! 스프링 프레임워크의 조합

스프링 프레임워크 자체는 매우 방대하기 때문에 프로젝트 규모와 성격에 따라 적절한 요소를 조합해 사용해야 한다. 일반적으로 많이 사용하는 조합은 다음과 같다.

- Spring Boot(Spring Framework): MVC Web, REST API 개발
- Spring Data JDBC/JPA/MongoDB/REST: 데이터베이스 연동
- Spring Security: 로그인 관리 및 OAuth2 인증 연동

스프링 프레임워크에 관한 더 자세한 내용은 13장에서 배운다.

요약

01 서블릿을 실행하기 위해서는 톰캣과 같은 서블릿 컨테이너가 필요하며 이러한 서버 소프트웨어는 일반적으로 WAS로 불리기도 한다.

02 JSP는 서블릿에서 HTML과 데이터 결합을 손쉽게 처리하기 위해 만들어졌다. 하지만 단순한 HTML 문법만으로는 처리할 수 없기 때문에 자바 코드를 중간중간 사용해야만 한다는 문제가 있다.

03 JSP의 구조적 문제를 해결하기 위해 커스텀 태그를 기반으로 하는 JSTL JSP Standard Tag Library 및 EL Expression Language이 도입되었다.

04 REST는 네트워크상에서 클라이언트와 서버 사이의 통신을 구현하는 방법 중 하나다.

05 JAX-RS란 자바에서 REST API 개발을 위한 서버 프로그램의 표준 규격이다. 특히 호환성을 위해서라면 JAX-RS를 사용하는 것이 좋다.

06 스프링 프레임워크는 자바 기반의 오픈소스 프레임워크로 Java EE에서 요구하는 수준의 복잡한 기능을 Java EE를 사용하지 않고 구현하고자 시작한 것이다.

연습문제

01 자바 웹 개발에 서블릿과 서블릿 컨테이너가 필요한 이유로 틀린 것은 무엇인가?

① 웹 서버 sw는 정적인 리소스(html, 이미지 등)만 처리가 가능하기 때문이다.

② 웹 요청을 받아들여 서버 프로그램을 실행할 컨테이너가 필요하기 때문이다.

③ HTML 중심의 코드에 자바와 연동하기 위한 기능을 추가할 수 있기 때문이다.

④ 서블릿은 클라이언트 요청과 응답을 처리하고 서블릿 컨테이너에 의해 동작하기 위한 구조가 포함되어 있기 때문이다.

02 스프링 프레임워크의 주요 특징으로 틀린 것을 고르시오.

① 제어의 역행을 지원한다.

② 의존성 주입을 지원한다.

③ 관점 지향 프로그래밍을 지원한다.

④ 함수 지향 프로그래밍을 지원한다.

03 REST API에 대한 설명으로 틀린 것을 고르시오.

① 클라이언트가 서버로 요청을 보냈을 때 서버가 이에 대한 응답으로 보내주는 Resource의 상태를 Representation이라고 할 수 있다.

② 하나의 Resource는 여러 형태의 Representation으로 전달할 수 있다.

③ 현재 REST API, Open API는 이러한 REST 아키텍처를 기반으로 만들어진 서비스 API의 형태를 말한다.

④ Representation의 여러 형태로는 PC, 스마트폰, 태블릿이 있다.

04 자바 웹 개발에서 REST API 개발에 사용되는 표준 프로그램 규격을 무엇이라 하는가?

① JAX-RS ② JSTL

③ JSP ④ JSON

05 서블릿의 문제점과 JSP가 등장하게 된 이유를 설명하시오.

06 커스텀 태그, JSTL 사용에 따른 문제점을 간략하게 설명하시오.

PART 02

기본학습: 서블릿, JSP, JDBC

PART 02 기본학습: 서블릿, JSP, JDBC

CHAPTER 05
서블릿의 이해

학습목표

- 서블릿의 동작 과정을 이해한다.
- 서블릿 클래스의 구조와 생명 주기를 익힌다.
- 페이지 이동과 함께 페이지 간 정보 공유 기법을 익힌다.

01 서블릿의 개요

4장에서 서블릿은 자바로 만들어진 프로그램을 서버에서 실행하기 위해 만들어졌다는 것을 살펴보았다. 서블릿은 특히 웹 서비스 개발에 특화되어 있는데 데이터베이스 연동, 외부 서비스 연동을 통해 정적인 웹에 동적인 정보 제공을 가능하게 한다.

서블릿은 순수 자바 코드로 작성되며, 코드 자체만 보면 일반적인 자바 클래스와 다르지 않다. 다만 HttpServlet 클래스를 상속하여 서블릿 등록에 필요한 정보를 추가해야 하며, 서블릿 단독으로 실행할 수 없고 서블릿 컨테이너를 통해야 한다.

❶ 서블릿의 동작 과정

서블릿 코드 작성에서부터 컨테이너 등록, 클라이언트 요청에 따른 동작 과정은 다음과 같다.

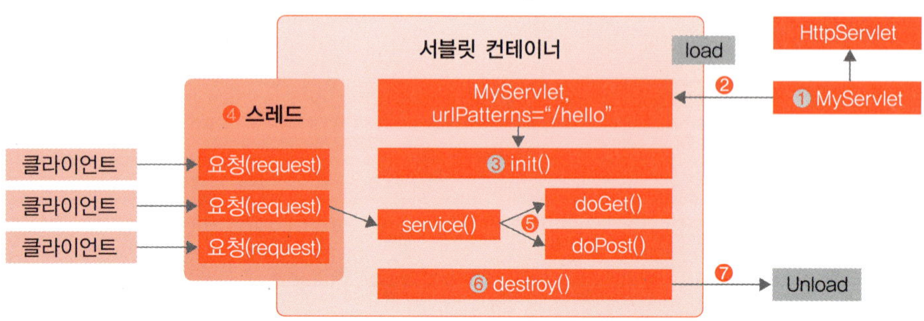

그림 5-1 서블릿 개발과 동작 과정

❶ HttpServlet 클래스를 상속받는 서블릿 클래스(MyServlet)를 구현한다.

❷ 컨테이너는 url mapping 설정을 참고하여 서블릿을 등록load한다.

❸ 서블릿 객체 생성 및 init() 메서드를 실행한다.

❹ 클라이언트 요청은 스레드로 동시 처리되며 각각 service() 메서드를 호출한다.

❺ service() 메서드는 doGet(), doPost() 등 프로토콜에 따른 메서드를 호출한다.

❻ 컨테이너 종료 혹은 웹 애플리케이션 종료 시점에 destroy() 메서드를 실행한다.

❼ 서블릿을 등록 해제unload한다.

❸의 init(), ❻의 destroy() 메서드는 생명 주기 메서드로 서블릿 구조와 생명 주기에서 좀 더 자세히 살펴본다.

2 서블릿의 장단점

자바를 기반으로 하는 서블릿의 장점은 다음과 같다.

- 자바를 기반으로 하므로 자바 API를 모두 사용할 수 있다.
- 운영체제나 하드웨어의 영향을 받지 않으므로, 한번 개발된 애플리케이션은 다양한 서버 환경에서도 실행할 수 있다.
- 웹 애플리케이션에서 효율적인 자료 공유 방법을 제공한다.
- 다양한 오픈소스 라이브러리와 개발도구를 활용할 수 있다.

반면 서블릿의 단점은 다음과 같다.

- HTML 응답을 위해서는 출력문으로 문자열 결합을 사용해야 한다.
- 서블릿에서 HTML을 포함할 경우 화면 수정이 어렵다.
- HTML 폼Form의 데이터 처리가 불편하다.
- 기본적으로 단일 요청과 응답을 처리하는 구조로 다양한 경로의 URL 접근을 하나의 클래스에서 처리하기 어렵다.

서블릿은 웹에서 호출 가능한 자바 프로그램 규격이지만, 그 자체만으로는 실제 서비스 개발에서 앞의 단점과 같이 여러 제약이 있다. 따라서 실제 자바 웹 개발에는 서블릿과 함께 다음과 같은 조합으로 구현하게 된다.

- 화면 구성을 위해 JSP와 같은 템플릿 엔진을 사용한다.
- REST API 구현을 위해서는 JAX-RS를 사용한다.
- 복잡한 서비스 구현을 위해 프런트 컨트롤러 모델 등을 사용한다.

이 외에도 실제 서비스 개발에는 보안과 인증, 성능, 개발 생산성 등의 문제를 고려할 때 스프링 프레임워크 등을 사용하고 핵심 기능 구현에 집중하는 것이 바람직하다.

02 서블릿 클래스 구조와 생명 주기

서블릿은 앞에서 살펴본 것처럼 컨테이너 기반으로 동작하기 때문에 정해진 규격에 의해 프로그래밍해야 한다는 제약이 있다. 따라서 서블릿 클래스를 단순히 만드는 것보다 기본적인 구조와 생명 주기에 대한 이해가 선행되어야 한다.

1 서블릿 클래스의 구조

먼저 서블릿 클래스의 구조부터 살펴보자. 서블릿 자체는 자바로 구현하지만 서블릿 컨테이너에 해당 클래스가 서블릿임을 알려야 하며, 어떤 URL 접근에 실행해야 하는지 등록하는 과정이 필요하다. 기본적으로 웹 애플리케이션 구조를 컨테이너에 알려주기 위한 배포 서술자인 web.xml에 등록해야 하지만 서블릿 3.0부터는 별도의 web.xml 작성 없이 자바 애너테이션을 이용한 방법이 주로 사용되고 있다.

서블릿 클래스는 javax.servlet.Servlet 인터페이스를 구현한 추상 클래스인 GenericServlet 클래스와 HttpServlet 클래스 중 하나를 상속해 구현하는 형태다. 웹 프로그래밍의 대부분은 HTTP 프로토콜에 최적화되어 있는 HttpServlet 클래스를 상속해 구현하는 것이 좋다. 다음은 HttpServlet을 상속받아 doGet(), doPost() 메서드를 오버라이딩한 구조다.

```
public class HelloWorldServlet extends HttpServlet {
   public doGet(HttpServletRequest request, HttpServletResponse response) throws
ServletException, IOException {
        ...
   }

   public doPost(HttpServletRequest request, HttpServletResponse response) throws
ServletException, IOException {
        doGet(request, response);
   }
   ...
}
```

- **doGet()**: HTTP GET 요청을 처리하기 위한 메서드다.
- **doPost()**: HTTP POST 요청을 처리하기 위한 메서드로 보통 doGet()을 호출해 동일하게 처리된다.
- **request, response**: doGet(), doPost() 메서드에서 파라미터로 사용되며 서블릿 컨테이너가 클라이언트 요청과 응답을 처리할 수 있도록 서블릿에 제공하는 객체로 클라이언트와의 상호작용에 필요한 다양한 메서드를 제공한다.

여기서 잠깐! request와 response

request와 response는 session, application과 함께 JSP의 내장객체이기도 하며 속성 관리 기능을 이용해 컨트롤러와 뷰 페이지 간 데이터 전달 등의 목적에도 사용되므로 잘 알아두도록 한다.

HttpServletRequest

HttpServletRequest는 HTTP 프로토콜의 request 정보를 서블릿에 전달하기 위한 목적으로 사용한다. 이때 사용하는 클래스에는 헤더 정보, 파라미터, 쿠키, URL, URI 등의 정보를 읽어 들이는 메서드와 HTTP Body의 Stream을 읽어 들이는 메서드를 가지고 있다. 서블릿 컨테이너에서 생성되고 클라이언트 요청이 doGet(), doPost()로 전달될 때 인자로 함께 전달된다.

쉽게 말해서 서블릿에서 클라이언트와 연결되어 처리할 작업은 모두 HttpServletRequest를 통해야 한다. HttpServletRequest에서 제공하는 주요 메서드는 다음과 같다.

표 5-1 HttpServletRequest의 주요 메서드

메서드	반환 예	설명
getParameter(name)	hong1234	name 속성으로 전달된 파라미터 값
getParameterValues(name)	{hong, kang, kim}	동일한 name 속성으로 전달된 모든 파라미터 값
getRequestURL()	http://www.xxx.com:8080 /shop/list.jsp	URL
getRequestURI()	/shop/list.jsp	URL에서 스키마, 서버 이름, 포트 번호를 제외한 나머지 주소와 파라미터
getScheme()	http	http, https, FTP와 같은 프로토콜
getServerName()	www.xxx.com	서버 이름
getServerPort()	8080	서버 포트

표 5-1 HttpServletRequest의 주요 메서드(계속)

메서드	반환 예	설명
getContextPath()	/shop	콘텍스트 경로
getMethod()	GET	GET, POST 등의 HTTP 메서드
isSecure()	false	SSL 보안 여부. https와 같은 보안 채널의 사용 여부(true/false)
getLocale()	ko_KR	지역 정보
getProtocol()	HTTP/1.1	사용하는 프로토콜. 프로토콜/메이저 버전.마이너 버전
getLocalAddr()	127.0.0.1	서버의 로컬 IP 주소
getRemoteAddr()	210.102.111.212	클라이언트 IP 주소

HttpServletResponse

HttpServletRequest와 마찬가지로 클라이언트와 연결된 처리가 가능하다. 다만 클라이언트에서 서버로 전달하는 것과 관련된 것이 아니라 서버에서 클라이언트로 전달하려는 목적을 위한 기능으로 구성된다. 서블릿 컨테이너는 요청 클라이언트에 응답을 보내기 위한 HttpServletResponse 객체를 생성하여 서블릿에 전달한다. 서블릿은 해당 객체를 이용하여 content type, 응답 코드, 응답 메시지 등을 전송할 수 있다.

HttpServletResponse에서 제공하는 주요 메서드는 다음과 같다.

표 5-2 HttpServletResponse의 주요 메서드

메서드	설명
sendRedirect(String location)	클라이언트에 리다이렉트Redirect 응답을 보낸 후 특정 URL로 다시 요청하게 함
getWriter()	클라이언트로 데이터를 보내기 위한 출력 스트림을 리턴
setContentType(String type)	클라이언트에 전달되는 콘텐츠 타입을 지정
addCookie(Cookie cookie)	응답에 쿠키를 추가
addHeader(String name, String value)	헤더에 name과 value를 추가
encodeURL(String url)	클라이언트가 쿠키를 지원하지 않을 때 세션 id를 포함한 특정 URL을 인코딩
getHeaderNames()	현재 응답이 헤더에 포함된 name을 얻어옴

TIP request, response의 전체 메서드에 관해서는 [Servelt 4.0 API](https://javaee.github.io/javaee-spec/javadocs/javax/servlet/package-summary.html)를 참고하자.

서블릿 정보 등록

앞에서 언급한 것처럼 서블릿 클래스만으로는 톰캣에서 실행이 불가능하기 때문에 web.xml 이나 애너테이션으로 서블릿임을 선언해야 한다.

다음은 서블릿 2.x에서 사용 가능한 web.xml의 작성 예다. 지금은 거의 사용하지 않지만 별도로 작성된 자바 클래스를 서블릿 컨테이너가 알아서 등록할 수 있도록 xml 파일을 사용하는 동작 방식은 알아둘 필요가 있다.

```
<?xml version="1.0" encoding="UTF-8"?>
<web-app ...>
  <servlet>
    <servlet-name>HelloWorld</servlet-name> // servlet 이름
    <servlet-class>jwbook.servlet.HelloServlet</servlet-class> // 서블릿 클래스 지정
  </servlet>

  <servlet-mapping>
    <servlet-name>HelloWorld</servlet-name> // servlet name을 매핑
    <url-pattern>/hello</url-pattern>       // 서블릿 요청 주소 매핑
  </servlet-mapping>
</web-app>
```

서블릿 3.0에서부터는 자바 애너테이션을 이용해 다음과 같이 등록한다. 필요하다면 web.xml을 사용하는 것도 가능하지만 애너테이션 사용이 권장된다. 이는 애너테이션 방식이 훨씬 깔끔하고 간단하기 때문이다.

애너테이션 방식

```
@WebServlet(description="Hello World Servlet", urlPatterns="/hello")
public class HelloWorldServlet extends HttpServlet {
    ...
}
```

- **urlPatterns**: 어떤 클라이언트 요청에 해당 서블릿을 실행할지 지정하는 것으로 여러 url을 등록할 수도 있다. 패턴 형식으로 특정한 경우에 실행되도록 설정하는 것도 가능하다.

TIP 애너테이션과 관련해서는 https://www.baeldung.com/java-custom-annotation을 참고하자.

여기서 잠깐! properties 파일 사용하기

프로그램 동작에 필요한 정보를 파일 형태로 제공하는 것은 매우 오래된 개념이며, 자바에서는 properties 파일을 사용하는 방식이 가장 단순하다. 다만 복잡한 구조 표현이 어렵기 때문에 서블릿 컨테이너나 스프링 프레임워크 같은 경우 초기에 xml을 주로 사용했고 지금은 자바 애너테이션과 yaml을 사용한 설정 파일 등을 주로 활용한다.

2 서블릿의 생명 주기

서블릿은 컨테이너에 의해 동작하므로 객체의 생성 과정과 종료 과정도 컨테이너 안에서 이루어진다. 이와 같이 객체의 생성에서 종료에 이르는 과정을 생명 주기Life Cycle라고 하며, 개발자는 필요에 따라 해당 생명 주기 안에서 적절한 기능을 구현할 수 있어야 한다.

또한 웹의 특성상 비연결 구조로 인해 웹 페이지 간 데이터 공유가 안 되는 문제 해결을 위해 컨테이너에 의해 생성되고 관리되는 특별한 객체인 Scope Object를 잘 활용할 수 있어야 한다.

서블릿 클래스는 기본적으로 doGet(), doPost()와 같이 HTTP 요청 메서드에 따라 필요한 메서드를 오버라이딩해 구현하며, 서블릿 컨테이너에 의해 객체의 생성과 소멸 등이 관리되므로 필요에 따라 특정 생명 주기 이벤트에 동작하는 메서드를 구현하기도 한다.

서블릿의 생성과 소멸은 다음과 같은 과정을 거친다.

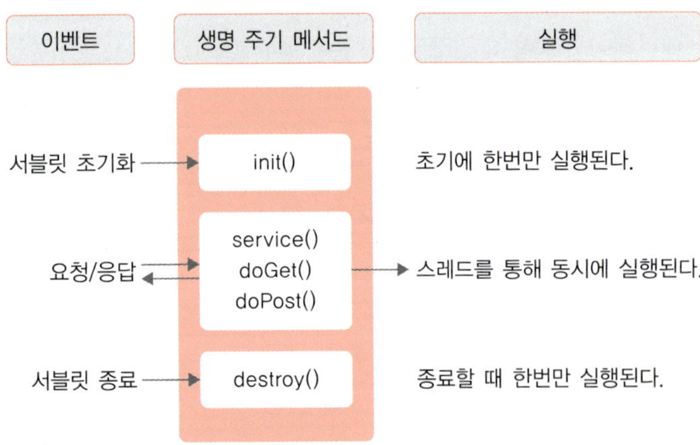

그림 5-2 서블릿 생명 주기

❶ 사용자 URL 요청에 따른 서블릿을 실행한다.

❷ 이때 서블릿 인스턴스가 생성되지 않았다면 인스턴스를 생성한 후 init() 메서드를 호출한다.

❸ 이미 객체가 생성되어 있는 경우라면 각 요청별로 서블릿 컨테이너에서 스레드를 생성해 서블릿의 service() 메서드를 호출한다.

❹ 사용자 요청에 따라 doGet(), doPost() 등의 메서드를 호출한다.

❺ 서블릿 컨테이너의 종료를 포함해 서블릿 변경 등 기존 서블릿을 종료해야 할 때 destroy() 메서드를 호출한다.

■ **서블릿 초기화: init() 메서드**

클라이언트 요청이 들어오면 컨테이너는 해당 서블릿이 메모리에 있는지 확인한다. 해당 서블릿이 메모리에 없을 경우에는 서블릿을 메모리에 적재해야 하는데, 이때 서블릿의 init() 메서드가 호출되며 각종 초기화 작업을 수행한다. 즉 init() 메서드는 처음 한번만 실행되므로 해당 서블릿에 각각의 스레드에서 공통적으로 사용하기 위해 필요한 작업이 있다면 init() 메서드를 오버라이딩해서 구현한다.

만일 실행 중 서블릿이 변경되는 경우에는 기존 서블릿은 종료Destroy되고 다시 시작되면서 init() 메서드가 호출된다.

■ **요청/응답: service() 메서드**

init() 메서드는 최초에 한번만 수행되고 이후 요청은 스레드로 실행되며, service() 메서드를 통해 각각 doGet()이나 doPost()로 분기된다. 이때 파라미터로 HttpServlet Request와 HttpServletResponse 클래스 타입인 request와 response 객체가 제공되는데, 사용자 요청 처리는 request로, 응답 처리는 response 객체로 처리한다.

■ **서블릿 종료: destroy() 메서드**

컨테이너로부터 서블릿 종료 요청이 있을 때(컨테이너가 종료될 때 혹은 웹 애플리케이션을 재등록Reload할 필요가 있을 때) destroy() 메서드를 호출한다. init() 메서드와 마찬가지로 한번만 실행되며, 서블릿이 종료되면서 정리해야 할 작업이 있을 때는 destroy() 메서드를 오버라이딩해서 구현하면 된다.

여기서 잠깐! 서블릿 소스코드의 변경 감지

실제 실행 중인 서블릿의 소스코드가 변경되는 것을 서블릿 컨테이너가 직접 감지할 수는 없으며, 이클립스와 같은 개발도구에서 톰캣을 실행한 경우 코드 변경을 이클립스에서 감지하고 컴파일한 다음 필요한 경우 해당 웹 애플리케이션만 다시 시작하거나 톰캣을 다시 시작하게 된다.

03 페이지 이동과 정보 공유

웹 프로그래밍에서 서블릿이 주로 사용되는 영역은 MVC 패턴 구조의 컨트롤러에 해당한다. 컨트롤러는 사용자 요청을 받아 데이터베이스와 연동 등의 작업을 처리한 다음 결과에 따라 적절한 페이지로 전환해주는 기능을 담당한다. 이때 페이지 이동과 함께 페이지 간 정보 공유 기법에 대한 이해가 필요하다.

1 페이지 이동

컨트롤러에서 사용자 요청을 처리한 다음에는 적절한 뷰로 이동할 수 있어야 한다. 이때 뷰에서 보여줄 데이터를 포함해서 이동해야 하는 경우와 그렇지 않아도 되는 경우가 있다.

데이터를 포함하지 않는 경우

사용자 요청 처리 후 별도의 데이터를 포함하지 않는다면 해당 페이지로 바로 리디렉션할 수 있다. 혹은 세션에 데이터를 저장한 경우라면 세션이 유효한 동안 모든 페이지에서 세션 정보를 참조할 수 있어 리디렉션을 통해서도 데이터 참조가 가능하다.

JSP, 서블릿 모두 response.sendRedirect()를 사용할 수 있다.

```
response.sendRedirect("main.jsp");
```

데이터를 포함하는 경우

만일 데이터를 포함하여 이동한다면 request 속성으로 데이터를 넣은 후 원하는 페이지로 포워딩해야 한다. 데이터 활용 목적에 따라 session이나 application을 사용할 수도 있으며 여러 데이터를 포함하는 것도 가능하다. 이 부분은 다음의 정보 공유 부분에서 좀 더 자세히 살펴본다.

데이터를 포함하여 포워딩할 경우, 다음과 같이 구현할 수 있다.

■ JSP로 구현할 경우

```
<%
  request.setAttribute("member", m);
  pageContext.forwared("userInfo.jsp");
%>
```

■ 서블릿으로 구현할 경우

```
doGet(...){
  ...
  request.setAttribute("member", m);
  RequestDispatcher dispatcher = request.getRequestDispatcher("userInfo.jsp");
  dispatcher.forward(request, response);
}
```

■ 스프링 프레임워크로 구현할 경우

인자로 전달된 모델 객체에 원하는 데이터를 저장하고 뷰 페이지 이름을 리턴하기만 하면 된다.

```
@GetMapping("info")
public String getMemberInfo(int id, Model model) {
  ...
  model.addAttribute("member", m);
  return "userInfo";
}
```

- 리턴되는 문자열 값은 뷰 페이지의 이름이며 확장자는 생략된다.

2 정보 공유

WWW은 비연결형 구조의 HTTP를 사용하기 때문에 페이지 요청과 응답이 완료되면 연결이 유지되지 않는다. 따라서 클라이언트가 다른 페이지를 요청할 때 부가적인 정보가 없다면 서버는 클라이언트의 현재 상태를 알 수 없기 때문에 처음 접속한 것과 마찬가지로 인식할 수밖에 없다.

예를 들어 온라인 쇼핑몰에서 여러 페이지에 걸쳐 상품의 정보가 흩어져 있기 때문에 현재 페이지에서 선택된 상품에 대한 정보는 다른 페이지로 전달되지 않는다. 이러한 문제를 해결하기 위해 사용하는 방법으로 URL rewriting, 쿠키, 세션이 있다.

URL rewriting

HTTP의 Query String을 이용하는 방식으로 URL에 파라미터를 추가해 서버로 요청하는 형식이다. 이 방식은 정보 유지를 위해 파라미터를 매 페이지마다 확인하고 계속 추가해주어야 하며 복잡한 정보 유지는 어렵다는 문제점이 있다.

```
https://www.xxx.com/shop/productInfo?user=hong&p1=0112&p2=12021&sel=11786
```

- productInfo라는 서버 프로그램(JSP 혹은 서블릿)을 요청한다.
- 현재 상품 정보를 보여주면서 사용자 정보와 지금까지 선택된 상품 정보를 모두 URL에 포함한다.

쿠키

쿠키Cookie란 클라이언트에 저장되는 작은 정보를 의미한다. 서버의 요청에 의해 브라우저가 저장하게 되며 서버가 요청할 때 제공하는 형식이다. 쿠키의 특징은 다음과 같다.

- 파일로 클라이언트의 컴퓨터에 저장되는 방식이며 보안상 문제가 있을 수 있다.
- 광고 혹은 기타 목적으로 사용자의 이용 행태 추적에 이용될 수 있으며, 이러한 목적의 경우 사용자 정보 활용 동의가 필요하다.
- 연속되는 페이지 이동에 대한 정보 저장보다는 재방문 등의 확인 용도로 많이 사용된다.
- 'name=value' 형식이며 유효 기간, 요청 경로, 도메인 지정 등의 부가 속성을 포함한다.
- 주로 자바스크립트를 통해 처리하지만 HttpOnly 설정으로 서버에서만 사용할 수 있도록 설정 가능하다.

쿠키의 동작 과정은 다음과 같다.

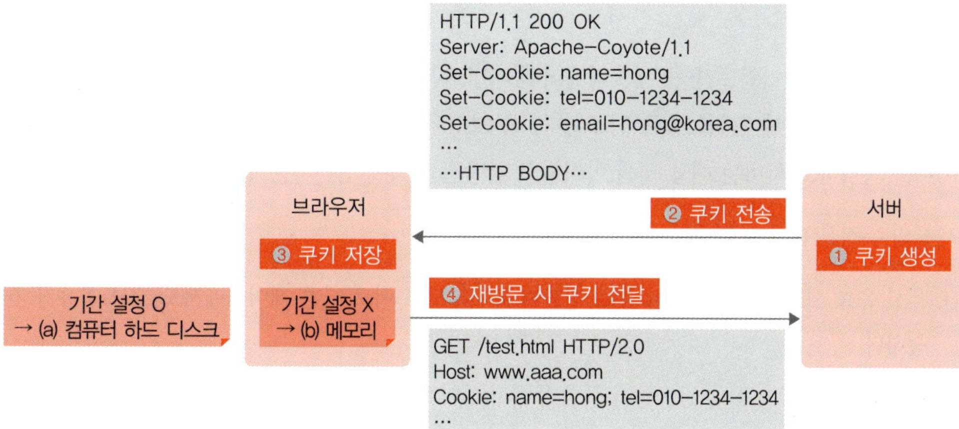

그림 5-3 쿠키의 동작 과정

❶ 서버에서 쿠키를 생성한다.

❷ 쿠키를 응답 헤더에 넣어 클라이언트로 전송한다.

❸ 웹 브라우저는 쿠키를 (a) 하드 디스크(유효 기간 설정) 혹은 (b) 브라우저 메모리(유효 기간 미설정)에 저장한다.

❹ 쿠키에 지정된 경로에 요청 시 받은 쿠키를 서버에 전송한다.

❷의 서블릿 코드에서 쿠키를 저장하는 방법은 다음과 같다.

```
response.addCookie(new Cookie("name", "hong"));
response.addCookie(new Cookie("tel", "010-1234-12345"));
response.addCookie(new Cookie("email", "hong@korea.com"));
```

위의 코드는 다음의 HTTP 응답으로 클라이언트에 전달된다.

```
HTTP/1.1 200 OK
Server: Apache-Coyote/1.1
Set-Cookie: name=hong
Set-Cookie: tel=010-1234-1234
Set-Cookie: email=hong@korea.com
Content-Type: text/html;charset=utf-8
Content-Length: 160
Date: Sun, 13 Sep 2020 11:11:13 GMT

...HTTP BODY...
```

세션

세션Session은 클라이언트가 웹 애플리케이션 서버에 접속할 때 서버 쪽에 생성되는 공간으로 내부적으로는 세션 아이디를 통해 참조된다. 즉 브라우저는 서버에 접속할 때 발급받은 세션 아이디를 기억하고 서버는 해당 세션 아이디로 할당된 영역에 접근하는 형식이다.

세션의 특징은 다음과 같다.

- 세션 유효 시간이나 브라우저 종료 전까지 유지되므로 서로 다른 페이지에서도 정보 공유가 가능하다.
- 로그인 유지, 장바구니, 컨트롤러 구현 등에서 다양하게 사용된다.
- 사용자마다 생성되는 공간으로, 동시에 많은 사용자가 세션을 통해 대량의 데이터를 관리한다면 충분한 메모리를 비롯한 세션 관리 대책이 필요하다.

세션이라는 개념은 자바 웹 개발에만 있는 개념이 아니며 다만 뒤에서 설명할 Scope Object 중 하나로 속성 관리와 함께 자바 웹 개발에서 중요한 개념이니 잘 알아둔다.

> **여기서 잠깐! 효율적인 세션 관리**
>
> 세션 관리의 효율을 위해 별도의 세션 관리 데이터베이스를 사용하는 경우도 있다. 가장 일반적인 형태는 redis라고 하는 인메모리 데이터베이스를 사용하는 것이다. redis는 NoSQL 형태로 단순 key-value 구조의 데이터를 빠르게 처리할 수 있어 인기가 많다.

3 속성 관리

컨테이너는 서블릿 관리를 위해 몇몇 객체를 자동으로 생성하고 유지하는데, 이러한 객체 중 속성 관리 기능을 제공하며 특정 범위 동안 유지되는 객체를 Scope Object라고 한다. 각각의 객체는 관리 목적에 따라 별도의 메서드로 구현된 기능을 가지고 있고 공통적으로 '키-값' 형태의 맵Map 자료구조를 가진다. 이를 활용하면 페이지 간, 사용자 간 데이터 공유가 가능하다. JSP 역시 서블릿으로 변환되기 때문에 동일하다고 볼 수 있으며, useBean 액션의 scope에 사용되는 page, request, session, application이 여기에 해당된다.

이러한 객체는 각각 생성, 소멸 시기가 정해져 있고 서로 다른 JSP, 서블릿 간의 데이터 전달이나 공유를 위한 용도로 활용된다.

표 5-3 Scope Object의 종류와 특징

Scope Object	클래스	생성	소멸	범위
Request	javax.servlet.ServletRequest	현재 페이지가 요청될 때	다른 페이지로 이동할 때	현재 페이지. 포워딩의 경우 다음 페이지까지 참조 가능
Session	javax.servlet.http.HttpSession	클라이언트가 서버에 접속할 때	일정 시간이 지나거나 브라우저가 종료될 때	동일 클라이언트에 대해 다른 페이지에서도 참조 가능
Web Context	javax.servlet.ServletContext	웹 애플리케이션이 시작될 때	웹 애플리케이션이 종료될 때	모든 클라이언트에서 참조 가능

Request와 Session을 주로 활용하게 되며 모든 사용자가 공유하거나 웹 애플리케이션 전체에서 참조가 필요한 경우 Web Context를 사용할 수 있다.

이러한 객체는 속성을 저장하고 참조하기 위해 다음 메서드가 공통적으로 제공된다.

```
setAttribute(String name, Object o)  // 속성 저장
Object getAttribute(String name)     // 속성 참조
```

- name은 속성을 저장하고 참조하기 위한 키값이다.
- 속성은 Object 타입으로 모든 자바 클래스 타입이 가능하다.
- getAttribute()의 리턴은 Object이므로 적절한 형 변환이 필요하다.

이때 저장하고자 하는 데이터가 Object 형태라는 점을 주의해야 한다. Object 타입은 저장할 때는 상관없지만 데이터를 가지고 오는 경우 리턴된 Object 타입을 원래 저장된 데이터 타입으로 변환해야 하기 때문이다.

```
String name = "홍길동";
request.setAttribute("name", name);
String rname = (String) request.getAttribute("name");
```

4 페이지 이동과 정보 공유 시나리오

두 가지 유형의 실제 구현 시나리오를 통해 페이지 이동 및 정보 공유가 웹 애플리케이션 프로그래밍에 어떻게 적용되는지 살펴보자.

사례1: 로그인

로그인 후 세션을 이용해 사용자 이름을 저장하고 메인 화면으로 이동하는 경우다. 다음 시나리오를 확인하자.

❶ 클라이언트가 로그인한다.

❷ 컨트롤러는 request.getParameter()를 통해 클라이언트의 id와 password를 확인한다.

❸ 로그인 정보가 맞을 경우 사용자 이름이나 기타 정보를 세션에 저장한다.

❹ 메인 화면으로 리디렉션한다.

```
// 컨트롤러(controller)
session.setAttribute("uname", "홍길동");  // 이름을 세션에 저장
response.sendRedirect("/main.jsp");       // 메인 화면으로 리디렉션

// main.jsp
<h2>${uname}</h2>  // 이름 출력
```

사례2: 게시판 목록

데이터베이스 연동을 통해 리스트 형태의 데이터를 저장하고 JSP에서 사용하는 경우다. 다음의 시나리오를 확인하자.

❶ 컨트롤러는 DB로부터 게시판의 첫 번째 페이지 데이터를 가지고 온다.

❷ request에 리스트 형태로 데이터를 저장한다.

❸ 목록 화면으로 포워딩한다.

```
// 컨트롤러(controller)
List<Member> mlist = dao.getMemberList();
request.setAttribute("mlist", mlist);  // 리스트 형태로 데이터 저장
request.getRequestDispatcher("/mlist.jsp").forward(request, response);
```

- session과 달리 request에 저장된 데이터는 페이지 리디렉션을 이용하면 전환할 때 데이터가 소멸되므로 포워딩 방식을 사용해야 한다.

04 실습 5-1 서블릿 프로그래밍: HelloWorld!

이번 실습에서는 이클립스를 이용해 서블릿을 생성하고 기본 서블릿 구조를 알아본다. 이클립스의 Dynamic Web Project에서 실습을 통해 서블릿 코드의 기본 구조와 구현 방법, 톰캣을 통한 실행 방법을 배운다.

1 서블릿 생성

1 이클립스를 실행하고 2장에서 생성한 [jwbook Dynamic Web Project]에서 서블릿을 생성한다. 서블릿은 자바 코드로 작성하기 때문에 프로젝트의 [src/main/java] 폴더에서 마우스 오른쪽 버튼을 클릭하고 〈New〉→〈Servlet〉을 선택한다.

TIP 〈New〉에서 〈Servlet〉이 보이지 않을 경우 〈New〉→〈Other〉→〈web〉→〈Servlet〉을 클릭한다.

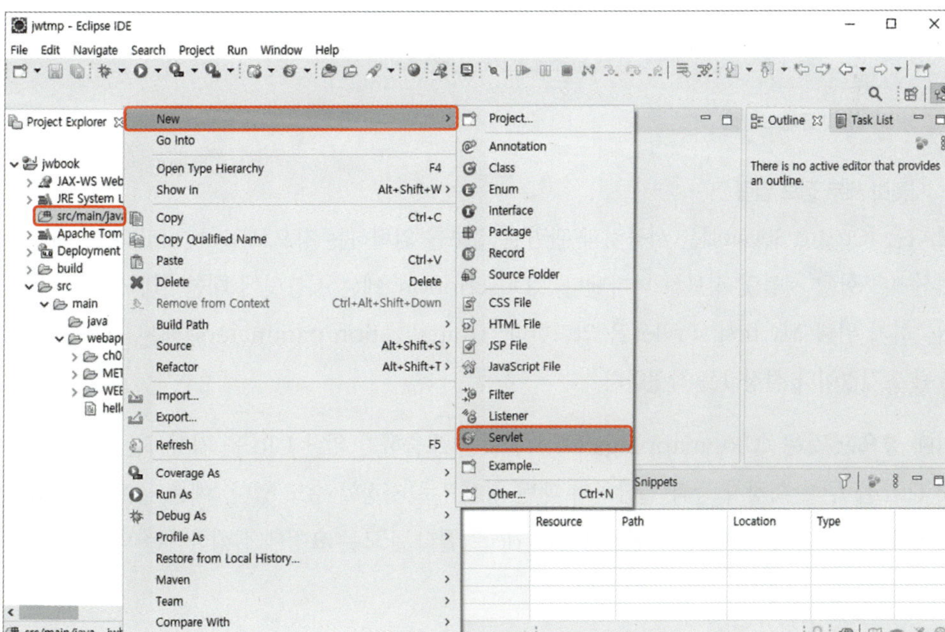

그림 5-4 서블릿 생성

❷ 서블릿 클래스 정보를 입력한다. 패키지에는 'ch05'를, 클래스 이름에는 'HelloWorld'를 입력하고 나머지는 기본값으로 두고 〈Next〉를 클릭한다.

이때 슈퍼클래스Superclass는 기본적으로 javax.servlet.http.HttpServlet으로 선택되어 있는데, 필요에 따라 커스텀 구현된 서블릿을 사용할 수도 있다.

- **Java Package**: ch05
- **Class name**: HelloWorld

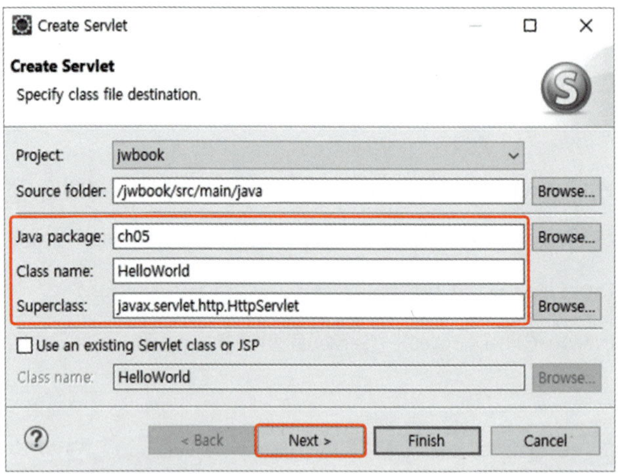

그림 5-5 서블릿 클래스 생성

▶ **서블릿 세부 정보 입력**

❸ 다음 [Create Servlet]은 서블릿과 관련된 정보를 입력하는 창으로 web.xml 혹은 애너테이션에 포함될 서블릿 정보를 나타낸다. 〈Description〉에는 서블릿에 대한 설명을 간단하게 기술하기 위해 'My first servlet'을 입력한다. 〈Initialization parameters〉에는 서블릿에 전달될 초깃값이나 설정값을 작성한다.

이때 중요한 것은 〈URL mappings〉로 서블릿을 호출하기 위한 URL을 지정하는 것이다. 여러 URL을 /, *, 확장자 등과 결합하여 패턴 형식으로 지정할 수도 있다. 예를 들어 *.do라고 지정하는 경우 호출 URL 경로와 상관없이 .do로 끝나는 모든 요청에 실행한다는 의미가 된다.

여기서는 기본 설정값인 '/HelloWorld'를 선택하고 〈Edit〉 버튼을 눌러 '/hello'로 변경하고 〈OK〉를 클릭한다. 설정이 완료되면 〈Next〉를 클릭한다.

TIP *.do 형태로 URL mapping을 설정하는 방식은 모든 요청을 하나의 서블릿으로 받아 요청에 따른 컨트롤러로 분기하기 위한 프런트 컨트롤러 설계에 많이 사용된다.

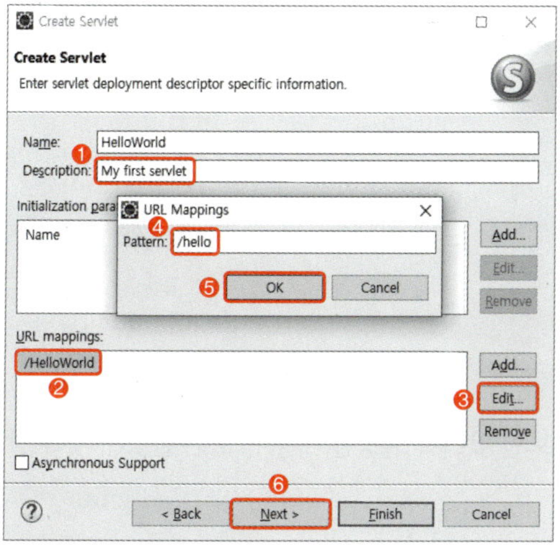

그림 5-6 서블릿 URL 매핑

> **여기서 잠깐! Initialization parameters의 용도**
>
> Initialization parameters는 web.xml을 이용할 경우 서블릿 코드의 수정 없이 서블릿 실행에 필요한 값을 클래스 외부에서 제공하는 용도로 활용할 수 있다. 애너테이션을 이용하는 경우 코드에 함께 작성하기 때문에 용도가 애매해져 최근에는 잘 사용하지 않는다.

▶ 추가 설정과 메서드 생성

4 다음은 서블릿 생성의 마지막 단계로 Modifier 지정과 인터페이스 추가가 가능하며, 그 외 기본적으로 생성할 메서드를 선택하는 부분이 있다. 'Constructors from superclass', 'Inherited abstract methods', 'doGet', 'doPost'는 기본적으로 선택되어 있는 것을 확인한 다음에 〈Finish〉를 클릭하여 서블릿 생성을 마무리한다.

이 외에도 필요한 메서드를 선택할 수 있다. 이 설정은 추후 서블릿 클래스 코드에서 언제든지 직접 수정이 가능한 부분이다.

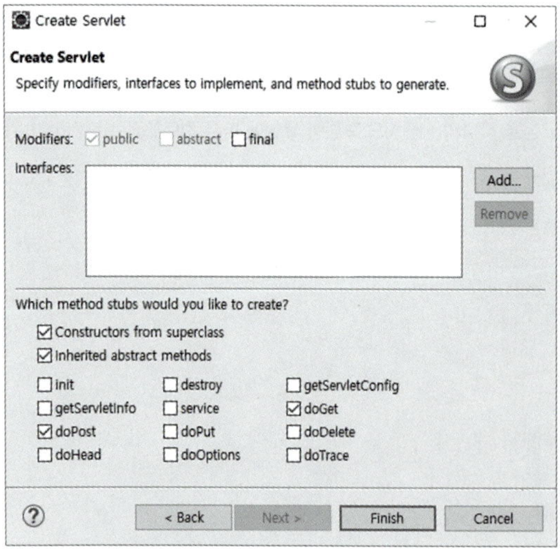

그림 5-7 서블릿 클래스 추가 설정

5 HelloWorld 서블릿에 기본 생성된 코드를 보면 앞에서 설정한 내용이 모두 반영된 것을 알 수 있다.

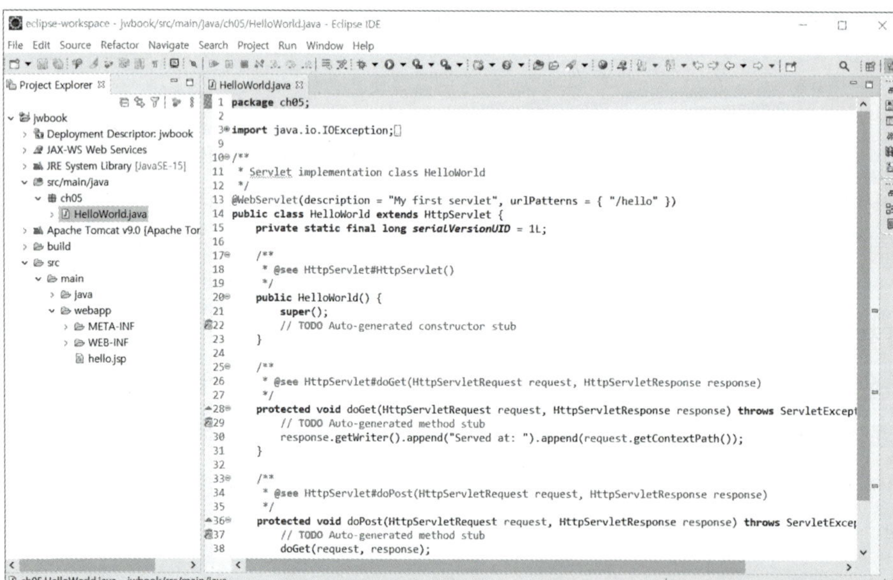

그림 5-8 HelloWorld.java의 기본 생성 코드

TIP 서블릿의 확장자는 .java이다.

2 서블릿 코드 분석

▶ @WebServlet 애너테이션

6 앞에서 배운 것처럼 현재 클래스가 서블릿 클래스라는 것을 컨테이너에 알리기 위해 @WebServlet 애너테이션이 사용된 것을 볼 수 있다. 그리고 어떤 요청에 의해 서블릿을 호출할 것인지 결정하는 Url mapping 부분도 urlPatterns 속성으로 지정되어 있다.

```
@WebServlet(description = "My first servlet", urlPatterns = { "/hello" })
public class HelloWorld extends HttpServlet {
```

만약 2번 과정에서 Description 없이 패턴만 지정한다면 @WebServlet("/hello")와 같이 단순화하는 것도 가능하다.

▶ doGet()

7 GET 요청을 처리하는 메서드로, 앞에서 배운 것처럼 request, response를 인자로 한다. ServletException과 IOException을 throws하고 있기 때문에 호출하는 쪽에서 예외 처리를 해야 한다.

```
protected void doGet(HttpServletRequest request, HttpServletResponse response)throws
ServletException, IOException {
    response.getWriter().append("Served at: ").append(request.getContextPath());
}
```

- **response.getWriter()**: java.io.PrintWriter 클래스 타입의 객체를 리턴한다.
- **request.getContextPath()**: 웹 애플리케이션 경로를 리턴하는 메서드다.

doGet() 안에 생성된 코드를 지우고 다음과 같이 수정한다.

```
protected void doGet(HttpServletRequest request, HttpServletResponse response)
response.setContentType("text/html; charset=utf-8");
PrintWriter out = response.getWriter();
    out.append("<!doctype html><html><head><title>Hello World Servlet</title>
              </head><body>")
       .append("<h2>Hello World !!</h2><hr>")
       .append("현재 날짜와 시간은: "+java.time.LocalDateTime.now())
       .append("</body></html>");
}
```

- 응답 콘텐츠 타입 설정과 한글 출력을 위해 response.setContentType() 메서드를 사용한다.
- PrintWriter는 출력 스트림으로 클라이언트에 전달할 출력문 작성에 사용된다.
- response.getWriter()로 출력 스트림을 가져온다.
- 출력 스트림을 이용해 HTML 형식으로 데이터와 결합해 출력한다.

▶ doPost()

8 POST 요청을 처리하는 메서드로 단순히 doGet()을 호출하도록 되어 있다. REST API 구현이 아닌 일반 서블릿 구현이라면 GET, POST를 내부적으로 동일하게 처리한다. 물론 GET, POST를 구분해 처리해야 하는 경우라면 당연히 별도의 코드로 구성할 수 있다.

```
protected void doPost(HttpServletRequest request, HttpServletResponse response)
throws ServletException, IOException {
    doGet(request, response);
}
```

3 실행 및 결과 확인

9 완성된 코드는 다음과 같다. 서블릿 클래스를 선택한 다음 실행 버튼을 누르거나 마우스 오른쪽 버튼을 클릭하고 [Run as]→[Run on Server]를 클릭하여 실행해도 된다. JSP와 마찬가지로 서버 런타임 선택 화면에서 프로젝트 생성 시 등록한 'Tomcat v9.0'을 선택하고 실행한다.

예제 5-1 HelloWorld.java

```
package ch05;
import java.io.IOException;

@WebServlet(description = "My first servlet", urlPatterns = { "/hello" })
public class HelloWorld extends HttpServlet {
  private static final long serialVersionUID = 1L;

  public HelloWorld() {
      super();
  }

```

```java
    protected void doGet(HttpServletRequest request, HttpServletResponse
    response) throws ServletException, IOException {
    response.setContentType("text/html;charset=utf-8");
    PrintWriter out = response.getWriter();
        out.append("<!doctype html><html><head><title>Hello World Servlet</title>
        </head><body>")
    .append("<h2>Hello World !!</h2><hr>")
    .append("현재 날짜와 시간은: "+java.time.LocalDateTime.now())
    .append("</body></html>");
    }

    protected void doPost(HttpServletRequest request, HttpServletResponse
response) throws ServletException, IOException {
        doGet(request, response);
    }

}
```

여기서 잠깐! import 문은 무엇인가요?

자바에서부터 많이 사용해오던 import 문은 소스 코드에서 이미 존재하는 패키지(또는 클래스)를 사용하기 위해서 선언하는 것이다. 때문에 import 문으로 필요한 패키지를 선언하지 않고, 코드내에서 해당 클래스를 사용하면 에러가 발생한다. 이클립스에서는 소스코드내에서 사용한 클래스를 기준으로 import 문을 자동 생성하거나 제거하는 Organize Imports 기능을 제공한다.

소스코드를 작성한 후에 Ctrl+Shift+O를 누르면 import 문이 자동으로 생성되거나, 필요없는 import 문은 삭제해준다.

05 실습 5-2 서블릿 프로그래밍: 계산기 구현

이번 실습에서는 화면과 함께 상호작용이 가능한 계산기 서블릿을 구현해본다. HTML 폼을 통해 숫자, 연산자를 입력하고 입력값을 서블릿으로 전달해 계산 결과를 출력하는 구조다.

1 계산기 화면 구현

이번 실습에서 만들 계산기는 2개의 숫자와 연산자를 선택하고 실행 버튼을 누르면 입력값을 서블릿으로 전달한다. 서블릿은 브라우저로부터 전달된 입력값을 가져와 계산 후 결과를 포함한 화면을 출력하는 구조다.

▶ **입력 파라미터**

- **n1, n2**: 숫자 입력으로 HTML 〈input〉으로 구현함
- **op**: 연산자 선택 드롭다운 리스트로 HTML 〈select〉로 구현되며 연산자의 종류는 +, −, *, / 로 구성됨

1 [webapp] 폴더에서 [ch05] 폴더를 만들고 'calcForm.html' 파일을 생성한다.

TIP [실습 5-1]에서의 [ch05]와 폴더 생성 위치가 다르다는 점을 주의한다.

예제 5-2 calcForm.html

```
<!DOCTYPE html>
<html>
<head>
<meta charset="UTF-8">
<title>Simple Calculator</title>
</head>
<body>
    <h2>계산기 서블릿</h2>
    <hr>
    <form method="post" action="/jwbook/calc">
        <input type="text" name="n1" size="10"> <select name="op">
```

```
12             <option>+</option>
13             <option>-</option>
14             <option>*</option>
15             <option>/</option>
16         </select> <input type="text" name="n2" size="10">
17         <input type="submit" value="실행">
18     </form>
19 </body>
20 </html>
```

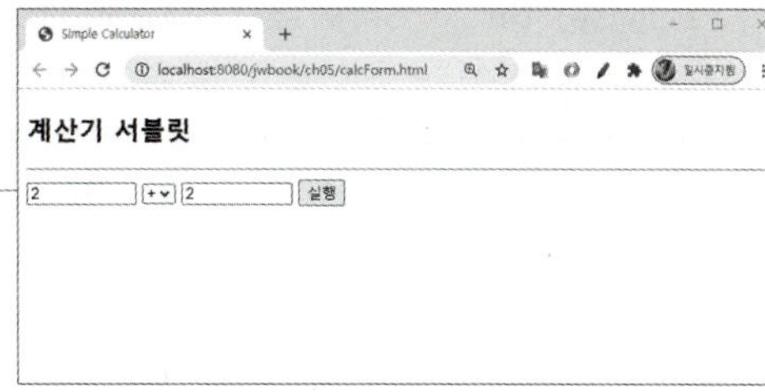

10 <form> 태그의 action 속성은 서블릿 호출 경로로 반드시 콘텍스트 이름에서부터 출발한다.

10, 17 HTML <form> 태그의 method는 post이며 <submit> 버튼 클릭 시 '/jwbook/calc' 서블릿을 호출한다.

11, 16 입력 항목에는 각각 n1, op, n2의 name 속성을 부여한다.

❷ 계산기 서블릿 구현

❷ 계산기 서블릿은 [실습 5-1]의 HelloWorld 서블릿 생성과 마찬가지로 이클립스를 통해 다음과 같이 생성한다. 계산기 구현은 doGet() 메서드 내부에서 구현한다.

- **Java Package**: ch05
- **Class name**: CalcServlet
- **Url mapping**: /calc

❸ 계산기 서블릿의 전체 코드는 다음과 같다.

예제 5-3 CalcServlet.java

```
package ch05;
import java.io.IOException;

@WebServlet("/calc")
public class CalcServlet extends HttpServlet {
    private static final long serialVersionUID = 1L;
```

```
7
8       public CalcServlet() {
9           super();
10      }
11
12       protected void doGet(HttpServletRequest request, HttpServletResponse
13 response) throws ServletException, IOException {
14          int n1 = Integer.parseInt(request.getParameter("n1"));
15          int n2 = Integer.parseInt(request.getParameter("n2"));
16          String op = request.getParameter("op");
17
18          long result = 0;
19
20          switch(request.getParameter("op")) {
21            case "+": result = n1+n2; break;
22            case "-": result = n1-n2; break;
23            case "/": result = n1/n2; break;
24            case "*": result = n1*n2; break;
25      }
26
27          response.setContentType("text/html; charset=utf-8");
28          PrintWriter out = response.getWriter();
29          out.append("<html><body><h2>계산기 서블릿</h2><hr>")
30          .append("계산 결과: "+result+"</body></html>");
31      }
32
33       protected void doPost(HttpServletRequest request, HttpServletResponse
34 response) throws ServletException, IOException {
35          doGet(request, response);
36      }
37 }
```

14~16 HTML 〈form〉에서 입력한 파라미터는 Query String으로 서블릿에 전달되며 doGet() 메서드의 인자인 request의 getParameter()를 통해 참조할 수 있다.

16 request.getParameter()는 리턴값이 문자열이므로 연산을 위해서는 다시 숫자로 변환하는 과정이 필요하다.

20~25 계산 기능을 구현하기 위해 연산자는 별도 변수를 선언해서 가지고 오거나 switch 문에서 바로 사용해도 된다. if 문을 사용해도 되지만 여기서는 구조적으로 단순한 switch를 사용한다.

27 한글의 정상적인 출력을 위해 response.setContentType()으로 charset을 설정한다.

27~30 결과 화면은 출력 스트림을 통해 HTML과 result 변수를 조합해 구성한다.

28~30 출력 스트림을 구한 다음 append, write 등의 메서드로 HTML을 포함한 결과를 출력한다.

4 'calcForm.html'을 먼저 실행하고 숫자 입력과 연산자를 선택한 다음 실행 버튼을 눌러 계산기 서블릿이 정상적으로 호출되고 결과가 출력되는지 확인한다.

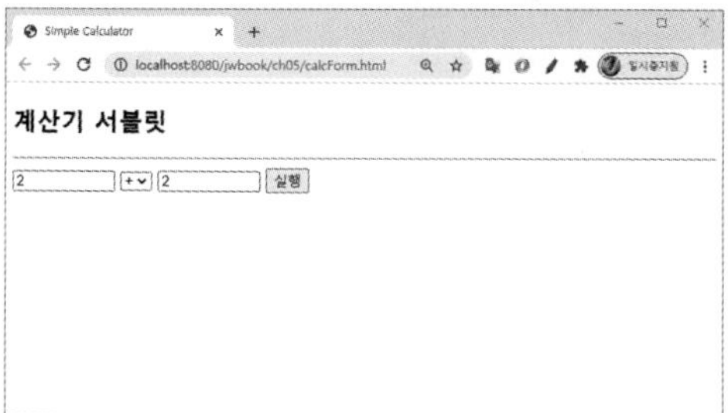

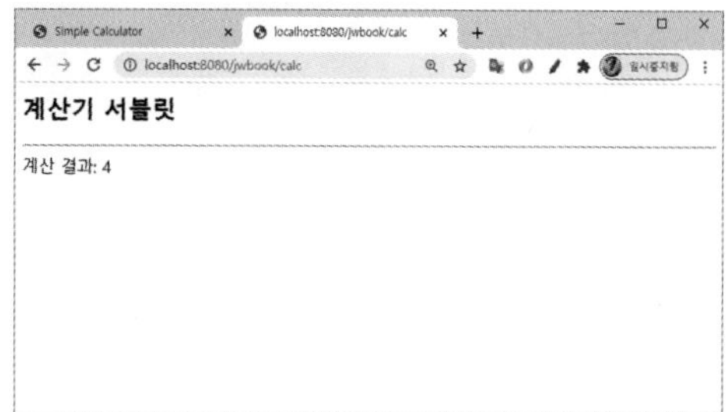

요약

01 서블릿 코드 작성에서부터 컨테이너 등록, 클라이언트 요청에 따른 동작 과정은 다음과 같다.

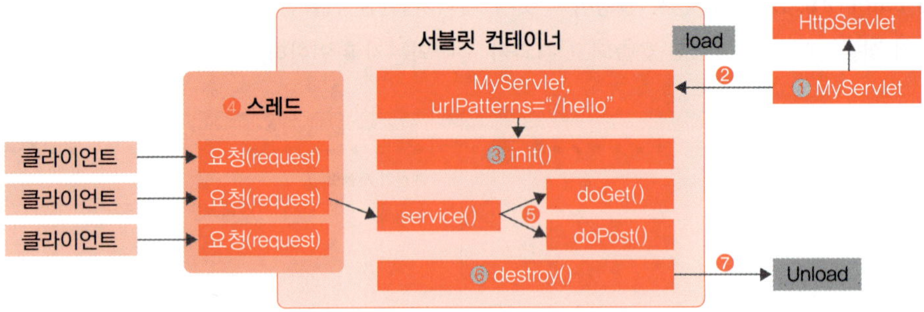

02 서블릿 자체는 자바로 구현하지만 서블릿 컨테이너에 해당 클래스가 서블릿임을 알려야 하고, 어떤 URL 접근에 실행해야 하는지 등록하는 과정이 필요하다.

03 서블릿 클래스는 javax.servlet.Servlet 인터페이스를 구현한 추상 클래스인 GenericServlet 클래스와 HttpServlet 클래스 중 하나를 상속해 구현하는 형태다.

04 서블릿은 컨테이너에 의해 동작하므로 객체의 생성 과정과 종료 과정도 컨테이너 안에서 이루어진다.

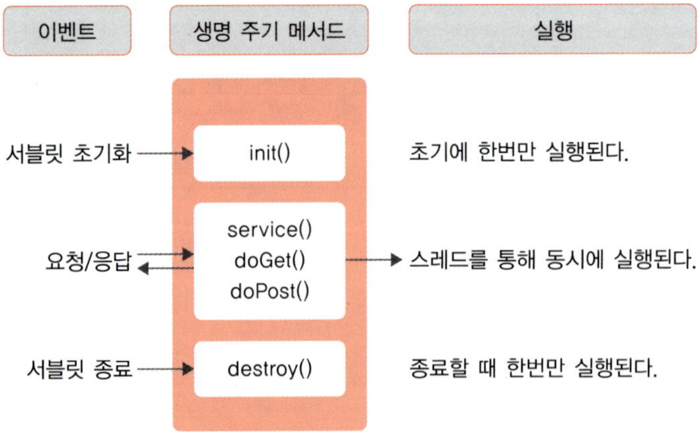

05 서블릿에서 페이지 이동 시 데이터를 포함하는 경우 포워딩 방식을 사용하며, 데이터를 포함하지 않는 경우 리디렉션 방식을 사용한다.

06 비연결형 프로토콜인 HTTP를 사용하는 웹에서 페이지 전환 시 사용자 정보 유지를 위해 쿠키와 세션을 사용한다.

연습문제

01 **다음 중 서블릿의 생명 주기 메서드에 해당하지 않는 것을 고르시오.**

① init()
② service()
③ close()
④ destroy()

02 **서블릿 클래스 구조에서 사용자 요청에 따라 service() 메서드를 통해 호출되는 대표적인 메서드 2개는 무엇인가?**

① doPost(), doGet()
② doPost(), doService()
③ doGet(), doPost()
④ doService(), doGet()

03 **다음 빈칸에 들어갈 단어를 고르시오.**

> 서블릿에서 페이지 이동 시 데이터를 포함하는 경우에는 (   ) 방식을 사용하며, 데이터를 포함하지 않는 경우에는 (   ) 방식을 사용한다.

① 포워딩, url 매핑
② url 매핑, 포워딩
③ 포워딩, 리디렉션
④ 리디렉션, 포워딩

04 **서블릿에서 사용자 요청을 처리하는 메서드에 인자로 전달되는 HttpServletRequest 객체에 대한 설명으로 틀린 것을 고르시오.**

① HttpServletRequest는 HTTP 프로토콜의 request 정보를 서블릿에 전달하기 위한 목적으로 사용한다.
② 주요 메서드로 getWriter(), sendRedirect(String location) 등이 있다.
③ 클래스로 헤더 정보, 파라미터, 쿠키, URI, URL 등의 정보를 읽어 들이는 메서드를 가지고 있다.
④ HTTP Body의 Stream을 읽어 들이는 메서드를 가지고 있다.

05 **다음 중 쿠키의 특징으로 틀린 것을 고르시오.**

① 쿠키란 클라이언트에 저장되는 작은 정보를 의미한다.

② 클라이언트가 웹 애플리케이션 서버에 접속할 때 서버 쪽에 생성되는 공간으로 내부적으로는 세션 ID를 통해 참조된다.

③ 연속되는 페이지 이동에 대한 정보 저장보다는 재방문 등의 확인 용도로 많이 사용된다.

④ 서버의 요청에 의해 브라우저가 저장하게 되며 서버가 요청할 때 제공하는 형식이다.

06 **다음 중 세션의 특징으로 틀린 것을 고르시오.**

① 세션 유효 시간이나 브라우저 종료 전까지 유지되므로 서로 다른 페이지에서도 정보 공유가 가능하다.

② 로그인 유지, 장바구니, 컨트롤러 구현 등에서 다양하게 사용된다.

③ 사용자마다 생성되는 공간으로, 동시에 많은 사용자가 세션을 통해 대량의 데이터를 관리한다면 충분한 메모리를 비롯한 세션 관리 대책이 필요하다.

④ 광고 혹은 기타 목적으로 사용자의 이용 행태 추적에 이용될 수 있으며 이러한 목적의 경우 사용자 정보 활용 동의가 필요하다.

07 **비연결형 프로토콜인 HTTP를 사용하는 웹에서 페이지 전환 시 사용자 정보 유지를 위해 클라이언트에 데이터를 저장하여 활용하는 것을 무엇이라 하는가?**

① 쿠키　　② 로그인 ID

③ 개인 정보　　④ 브라우저

CHAPTER 06

JSP의 기초 다지기

학습목표

- JSP의 개념을 이해하고 특징과 구성요소를 익힌다.
- JSP 지시어의 개념과 종류를 이해한다.
- 템플릿 데이터와 스크립트 요소의 개념을 이해한다.
- 실습을 통해 JSP의 기본 구성요소와 동작 구조를 이해한다.

01 JSP의 개요

1 JSP의 특징과 구성요소

JSP는 서블릿의 화면단 처리의 어려움을 해결하기 위해 등장하였으며, HTML과 데이터를 조합하기 위해 다음과 같은 특징과 구성요소를 가진다.

JSP의 특징

JSP는 다음과 같은 특징을 가진다.

- HTML 페이지에 자바 코드를 직접 사용한다.
- 서블릿 컨테이너에 의해 관리되는 내장객체의 생명 주기를 이용하여 페이지 간 속성을 관리한다.
- 커스텀 태그 기술을 사용하여 코드를 태그화(action, JSTL 등)한다.
- ELExpression Language을 통해 데이터를 표현한다.

즉 JSP는 서블릿에서 데이터 표현의 불편함을 해결하기 위해 나온 뷰 템플릿 기술의 하나로, HTML 형식의 문서 구조에 자바 코드 혹은 다른 전용 표기법을 사용해 프로그램 요소를 쉽게 구현할 수 있도록 도와준다. 내부적으로는 서블릿으로 변환되어 실행되는 구조다.

JSP의 구성요소

JSP 파일의 구성요소는 다음과 같다.

- 지시어Standard Directives
- 액션Standard Action
- 템플릿 데이터Template Data
- 스크립트 요소Script Element
- 커스텀 태그Custom Tag와 ELExpression Language

각각의 구성요소는 고유의 표기법과 속성을 가지지만 서블릿 형태의 소스로 변환되는 과정에서 자바 코드로 바뀌게 된다. 구성요소에 대한 좀 더 상세한 내용은 다음 절에서 살펴본다.

2 JSP의 동작 과정

JSP는 기본적으로 HTML 문서의 텍스트 파일 형식을 가지지만 컴파일된 JSP는 단순한 파일이 아니라 컨테이너에서 서블릿 객체로서 관리된다. 다시 말해 컴파일이 완료되면 JSP는 더 이상 파일로부터 처리되는 구조가 아니라 컨테이너에 로드된 서블릿으로 동작하는 구조가 되는 것이다. 따라서 서블릿 컨테이너는 JSP 파일을 서블릿 구조의 .java 소스코드로 변환하며 컴파일을 수행한다.

JSP가 서블릿으로 컴파일되고 실행되는 과정은 다음과 같다.

TIP JSP의 확장자는 .jsp이며, page 지시어를 포함해야 한다. page 지시어를 포함한 JSP의 문서 구조는 뒤에서 다룬다.

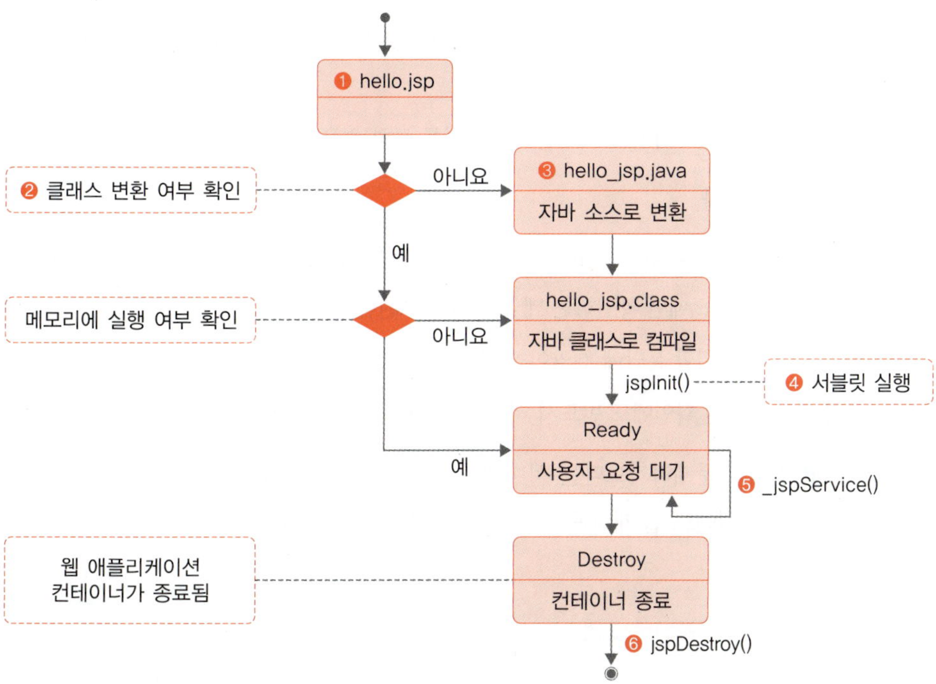

그림 6-1 JSP 개발과 동작 과정

❶ 'hello.jsp' 소스코드를 작성하고 웹 애플리케이션을 배포한다.

❷ 클라이언트 요청에 컨테이너는 해당 .jsp의 클래스 변환 여부를 확인한다.

❸ 변환되지 않았다면 'hello_jsp.java' 파일을 생성하고 .class로 컴파일한다.

❹ jspInit() 메서드를 통해 서블릿을 실행한다.

❺ _jspService() 메서드를 통해 클라이언트 요청을 처리한다.

❻ 컨테이너 종료 혹은 관리 도구에 의해 서블릿 jspDestroy() 호출로 종료된다.

3 JSP의 장단점

JSP의 장점은 다음과 같다.

- HTML 파일에 자바 기술을 거의 무한대로 사용할 수 있으며, 비교적 쉽게 프로그래밍할 수 있다.
- 커스텀 태그 라이브러리 등 JSP 개발에 도움이 되는 확장 태그 구조를 사용할 수 있다.
- 서블릿으로 변환되어 실행되므로 서블릿 기술의 장점을 모두 가진다.
- MVC 패턴, 스프링 프레임워크 등 잘 설계된 구조를 적용할 수 있어 체계가 잡히면 개발 생산성이 향상되고 성능이 보장된다.
- 모든 개발이 서버에서 이루어지므로 개발의 집중화를 통한 효율이 있을 수 있다.

JSP의 단점은 다음과 같다.

- 화면 구성요소를 변경하면 JSP→자바→클래스→서블릿 실행 과정을 거치므로 개발 과정에서 사소한 UI 변경일지라도 매번 확인하는 데 시간이 소요된다.
- 개발자와 디자이너 간 역할 분담에 제약이 있다.
- JSP 파일의 화면 디자인 확인에도 반드시 서블릿 컨테이너의 실행이 필요하다.

기본적으로 JSP 자체의 문제라기보다는 서버에서 사용자에게 보여줄 페이지를 모두 구성하여 보여주는 SSR 방식의 백엔드 웹 개발 구조 특징에서 기인하는 문제라 할 수 있다.

02 JSP 지시어

1 지시어란?

지시어Directives는 JSP 파일의 속성을 기술하는 요소로, JSP 컨테이너에 해당 페이지를 어떻게 처리해야 하는지를 전달하는 내용을 담고 있다. 지시어는 크게 page, include, taglib으로 나눌 수 있으며, 각각의 속성이 다르다.

지시어의 기본 형식은 다음과 같다.

```
<%@ 지시어 속성="값" %>
```

2 page 지시어

page 지시어는 현재 JSP 페이지를 컨테이너에서 처리(서블릿으로 변환)하는 데 필요한 각종 속성을 기술하기 위해 사용한다. 소스코드 맨 앞에 위치하며 이클립스에서 JSP 파일을 생성할 때 자동으로 생성된다.

page 지시어의 구문과 사용 형식은 다음과 같다.

```
<%@ page language="java" contentType="text/html; charset=UTF-8"
        pageEncoding="UTF-8" import="java.util.*" errorPage="error.jsp"%>
```

- **language**: 현재 페이지의 스크립트 언어를 지정하는 속성이다. 스펙상 다른 언어도 가능하지만 자바를 기본 언어로 한다.
- **contentType**: 현재 페이지의 파일 형식을 지정하는 속성이다. 클라이언트 요청에 응답할 때 전달하는 HTTP 헤더 정보가 된다.
- **pageEncoding**: JSP 파일을 컨테이너가 처리할 때 사용하는 캐릭터 인코딩을 지정하는 속성이다. 올바른 한글 처리를 위해서는 'UTF-8'로 지정해야 한다.

- **import**: JSP 파일 내에서 자바 코드(스크립트릿)를 직접 사용하는 경우 일반 자바 코드와 마찬가지로 클래스에 대한 패키지 import가 필요하다.
- **errorPage**: 현재 JSP 요청 처리 중에 에러가 발생하는 경우 서버 에러를 클라이언트에 전달하지 않고 별도의 페이지에서 처리하기 위한 속성이다. JSP에서 에러 페이지 설정을 넣는 것보다는 서버 설정을 사용하는 것을 권장한다.

3 include 지시어

include 지시어는 다른 파일을 포함하기 위한 지시어로, 사용된 위치에 특정 파일(html, jsp)을 불러온다. 컨테이너에서는 포함된 파일을 하나로 처리하며 자바 소스를 생성한 뒤 서블릿으로 컴파일한다. 즉 include에 사용된 파일의 내용을 모두 포함한 하나의 서블릿 코드로 생성되어 컴파일되는 것이다.

포함되는 파일의 경우 해당 파일을 직접 요청해서 실행하는 것이 아니라면 개별 구성요소를 갖출 필요는 없다(page 지시어, HTML 기본 태그 구성요소 등).

include 지시어는 원하는 위치에 자유롭게 사용할 수 있으며 다음과 같이 사용한다.

```
<%@ include file="파일 위치" %>
```

- **file**: 포함하고자 하는 파일의 경로를 지정하며 상대 경로, 절대 경로를 사용할 수 있다.

다음 그림과 같이 하나의 JSP 파일(화면)이 실제로는 여러 파일의 조합으로 구성되는 경우를 생각해볼 수 있다.

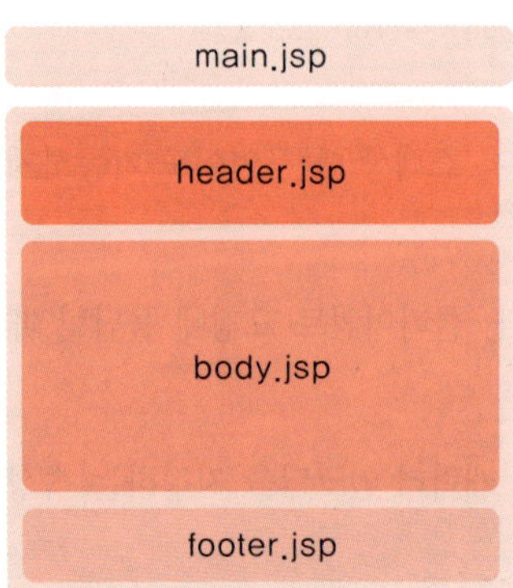

그림 6-2 여러 파일을 포함해 구성한 화면

```
<%@ include file="header.jsp" %>
<%@ include file="body.jsp" %>
<%@ include file="footer.jsp" %>
```

여기서 잠깐! include 액션

include 지시어와 비슷한 목적으로 사용할 수 있는 include 액션도 있다. 액션의 경우 지시어와 달리 각각의 파일을 실행한 결과를 포함하여 보여주는 구조다. 자세한 내용은 7장에서 살펴본다.

4 taglib 지시어

taglib 지시어는 JSP의 태그 확장 메커니즘인 커스텀 태그를 사용하기 위한 지시어다. 커스텀 태그와 관련된 내용은 뒤에서 좀 더 자세히 살펴본다.

taglib 지시어의 구문과 사용 형식은 다음과 같다.

```
<%@ taglib ( uri="태그 라이브러리 경로" 혹은 tagdir="태그 파일 경로" )
prefix="태그 접두어" %>
```

- **uri**: 태그 라이브러리 위치로 태그를 정의하고 있는 .tld 파일 경로를 나타낸다.
- **tagdir**: 태그 파일로 태그를 구현한 경우 태그 파일 경로를 나타낸다.
- **prefix**: 해당 태그를 구분해서 사용하기 위한 접두어다.

다음은 태그 파일로 커스텀 태그를 구현한 예시로 [WEB-INF/tags] 폴더에 있는 'printData.tag' 파일에 태그에서 처리할 내용이 작성되어 있다.

```
<%@ taglib tagdir="/WEB-INF/tags" prefix="m" %>
...
<h2><m:printData /></h2>
```

- 접두어 m을 이용하여 printData.tag 태그를 사용한다.

03 템플릿 데이터와 스크립트 요소

1 템플릿 데이터란?

템플릿 데이터란 JSP의 화면 구성요소를 말한다. 시작 부분의 page 지시어를 제외하면 JSP 파일의 전반적인 구조는 HTML의 문서 구조를 따른다. 따라서 일반적인 HTML 파일처럼 CSS, 자바스크립트도 사용할 수 있다.

기본적으로 HTML5를 사용하며 문서 구조 중심으로 간략하게 작성하고 데이터 표현은 뒤에서 배울 JSTL과 EL을 사용한다. 화면 디자인을 위해 자체적인 CSS 정의 이외에도 Bootstrap과 같은 라이브러리를 사용할 수 있으며, REST API 호출을 위해 Axios 같은 자바스크립트 라이브러리 역시 사용할 수 있다.

다만 React, Vue와 같은 자바스크립트 요소는 프런트엔드 개발 기술로 JSP와 함께 사용하지 않는다는 것을 주의한다.

2 스크립트 요소

JSP는 HTML과 자바 코드를 섞어 사용할 수 있는데, 이때 사용되는 자바 코드를 '스크립트 요소'라고 한다. 현재는 JSP 파일에서 직접적인 자바 코드는 거의 사용하지 않지만 기본적인 내용은 이해하고 있어야 한다.

JSP에서 스크립트(자바 코드)를 사용하기 위한 태그는 다음과 같다.

<%! %>

- 선언Declaration 태그
- JSP가 서블릿 코드로 변환될 때 _jspService() 메서드 안에 들어가게 되므로 JSP에서는 일반 자바 코드와 달리 멤버 변수나 메서드 선언은 기본적으로 불가능하다.
- 멤버 변수나 메서드 선언이 필요하다면 사용할 수는 있으나 권장하지 않는다.

<%= %>

- 표현Expression 태그
- 웹 브라우저를 통해 클라이언트에 전달될(HTML 응답에 포함될) 자바 표현식을 포함한다.
- out.println()의 인자로 적합한 모든 자바 코드가 가능하다.
- 사칙연산, 메서드 호출, 변숫값 출력 등에 사용된다.
- EL로 대체할 수 있다.

```
<h2><%= member.getUserName() %></h2>
현재날짜와 시간: <%= java.time.LocalDateTime.now() %>
```

<% %>

- 스크립트릿Scriptlet 태그
- 모든 자바 코드의 사용이 가능하다. 단, _jspService() 메서드 내에 포함되는 것을 고려해야 한다.
- 서블릿 코드로 변환될 때 모든 HTML은 out.write() 형태로 변경된다.
- HTML과 스크립트릿을 중간에 섞어 사용하는 것도 가능하다.
- MVC 패턴 적용과 JSTL + EL로 대체할 수 있다.

다음은 로그인 페이지에서 입력한 이름을 가져와 화면에 출력한 다음 사용자 목록을 for 문을 이용해 출력하는 부분의 JSP 코드다. for 문에서 out.println()을 이용해 이름과 이메일을 출력하지 않고 표현 태그를 사용한다는 점을 주의한다.

```
<%
  String name = request.getParameter("uname");
%>

<h2><%= uname %></h2>
<hr>

<table>
  <% for(Member m : mlist) { %>
    <tr>
      <td><%=m.name %></td>
```

```
      <td><%=m.email %></td>
    </tr>
  <% } %>
</table>
```

- request.getParameter()는 HTTP 파라미터(Query String) 값을 가져온다.
- 반복문을 사용할 때 자바 코드와 HTML 혼용이 가능하다.

만약 out.println()을 사용한다면 위 코드에서 다음과 같이 <table>...</table> 부분만 수정한다.

```
<table>
    <%
        for(Member m : mlist) {
            out.println("<tr><td>"+m.name+"</td><td>"+m.email+"</td></tr>");
        }
    %>
</table>
```

04 실습 6-1 JSP 기초 종합 예제

이번 실습은 앞에서 살펴본 JSP의 기본 구성요소인 지시어와 주석, 스크립트 요소를 실습해보며 익숙해지기 위한 종합 예제다. 이번 실습에서는 다음 요소를 다룬다.

- 주석
- 선언과 참조
- include 지시어
- 스크립트릿

1 JSP 생성

1 이클립스를 실행하여 [jwbook]→[src]→[main]→[webapp] 폴더에 [ch06] 폴더를 생성한 다음 〈New〉→〈JSP File〉 메뉴를 클릭하여 JSP 파일을 생성한다. 파일 이름은 'jspTotal.jsp'로 한다.

이제 단계별로 코드를 작성하고 실행해 결과를 확인해보자.

▶ 주석 작성

주석은 화면에는 보이지 않는 일종의 설명문이다. HTML 주석의 경우 웹 브라우저의 소스 보기 화면에서는 확인할 수 있으나, JSP 주석은 컴파일 단계에서 주석으로 처리되어 브라우저의 소스 보기 화면에서도 보이지 않는다.

2 이번 실습에서는 HTML 주석과 JSP 주석을 모두 사용해본다. 'jspTotal.jsp'의 〈body〉 내부에 다음 내용을 작성한다.

```
<h3>
  1. JSP 주석
  <!-- HTML 주석: 화면에서는 안 보이고 소스 보기에는 보임 -->
  <%-- JSP 주석: 화면과 소스 보기에서 보이지 않음 --%>
</h3>
```

▶ **선언과 참조**

❸ 일반 변수의 선언은 스크립트릿에서 가능하지만 멤버 변수 혹은 함수 선언은 스크립트릿에서 불가능하다. 따라서 이번 실습에서는 선언문을 이용해 배열과 함수를 선언해두고 참조하도록 코드를 구성했다.

```
<%!
  String[] members = { "김길동", "홍길동", "김사랑", "박사랑" };
  int num1 = 10;

  int calc(int num2) {
    return num1 + num2;
  }
%>
```

- 배열로 4명의 이름을 저장한다.
- num1 변수를 10으로 초기화한다.
- calc() 메서드는 인자로 받은 숫자를 num1과 더해서 결과를 리턴한다.

❹ 선언된 코드는 다음과 같이 본문의 표현식 혹은 스크립트릿 등에서 자유롭게 사용할 수 있다. 스크립트릿을 활용하여 calc() 메서드를 호출한다.

```
<h3>
  2. calc(10) 메서드 실행 결과:
  <%=calc(10)%></h3>
<hr>
```

- ❸번에서 선언한 calc() 메서드 호출 결과를 화면에 출력한다.

▶ **include 지시어**

❺ include 지시어 테스트를 위해 2장에서 작성했던 'hello.jsp' 파일을 포함해보자. 이후에도 다른 파일을 포함시킬 수 있으니 잘 봐두자.

파일의 위치와 경로를 작성할 때 주의해야 한다. 현재 코드의 위치는 [ch06] 폴더에 있고, 'hello.jsp' 파일은 [webapp] 폴더 바로 아래에 있기 때문에 상대 경로로 위치를 표현해주어야 한다.

```
<h3>3. include: hello.jsp</h3>
  <%@ include file="../hello.jsp"%>
```

▶ 스크립트릿

6 마지막으로 스크립트릿 요소를 사용해 자바의 for 문으로 앞에서 선언했던 members 배열의 값을 모두 출력해본다. 이름을 출력하는 부분에서 out.println()을 사용하지 않기 위해 for 문을 중간에 닫고 스크립트 요소를 사용한 다음 다시 for 문을 닫는 코드 형식으로 구현한다.

```
<h3>4. 스크립트(배열 데이터 출력)</h3>
   <ul>
     <%
       for (String name : members) {
     %>
         <li><%=name%></li>
     <%
       }
      %>
   </ul>
```

2 실행 및 결과 확인

7 완성된 코드는 다음과 같다. JSP 파일을 선택한 다음 실행 버튼을 누르거나 마우스 오른쪽 버튼을 클릭하고 [Run as]→[Run on Server]를 클릭하여 실행해도 된다. 서블릿과 마찬가지로 서버 런타임 선택 화면에서 프로젝트 생성 시 등록한 'Tomcat v9.0'을 선택하고 실행한다.

예제 6-1 jspTotal.jsp

```
<%@ page language="java" contentType="text/html; charset=UTF-8"
        pageEncoding="UTF-8"%>
<!DOCTYPE html>
<html>
<head>
<meta charset="UTF-8">
<title>JSP 종합 예제</title>
</head>
<body>
```

```
<h2>JSP 종합 예제</h2>
<hr>

<%!
  String[] members = { "김길동", "홍길동", "김사랑", "박사랑" };
  int num1 = 10;

  int calc(int num2) {
    return num1 + num2;
  }
%>

<h3>
  1. JSP 주석
  <!-- HTML 주석: 화면에서는 안보이고 소스 보기에는 보임 -->
  <%-- JSP 주석: 화면과 소스 보기에서 보이지 않음 --%>
</h3>
<h3>
  2. calc(10) 메서드 실행 결과:
  <%=calc(10)%></h3>
<hr>
<h3>3. include: hello.jsp</h3>
  <%@ include file="../hello.jsp"%>
<hr>
<h3>4. 스크립트(배열 데이터 출력)</h3>
  <ul>
    <%
      for (String name : members) {
    %>
        <li><%=name%></li>
    <%
      }
    %>
  </ul>
</body>
</html>
```

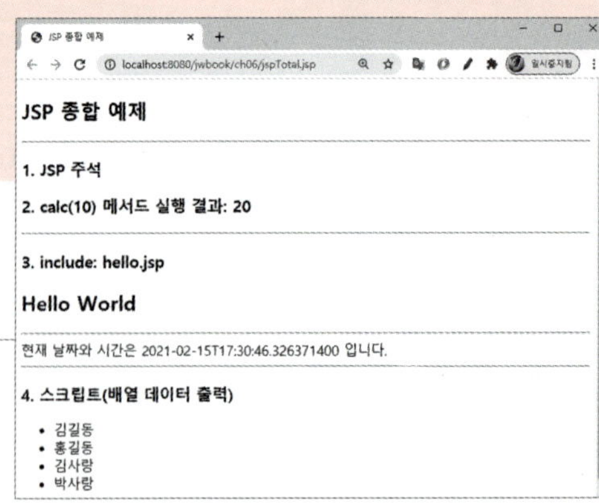

13~20 ❸번에서 다룬 내용으로 변수, 배열, 함수를 선언한다.

23~25 ❶번에서 다룬 주석문이다.

28, 29 ❹번에서 다룬 내용으로, ❸번의 calc() 메서드 호출 결과를 보여준다.

31, 32 ❺번에서 다룬 내용으로, include 지시어를 활용하여 'hello.jsp' 파일을 포함한다.

36~42 ❻번에서 다룬 내용으로, 배열을 선언하고 출력한다.

❽ 크롬 웹 브라우저에서 마우스 오른쪽 버튼을 클릭하고 〈페이지 소스 보기〉를 클릭하여 출력 여부를 확인한다. HTML 주석은 〈소스 보기〉 화면에서 확인이 되지만, JSP 주석은 확인이 안 되는 것을 볼 수 있다.

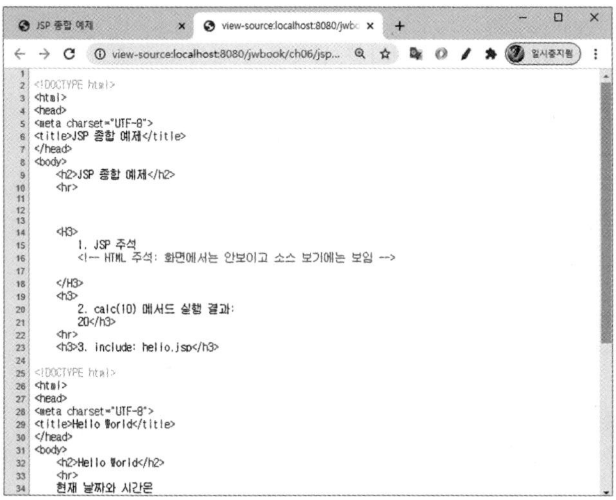

05 실습 6-2 JSP 프로그래밍: 계산기 구현

이번 실습에서는 5장에서 만들었던 계산기 서블릿을 JSP 버전으로 구현해본다. HTML 폼을 통해 숫자, 연산자를 입력하고 입력값을 JSP로 전달해 계산 결과를 출력하는 구조다.

1 계산기 화면 구현

이번 실습에서 만들게 되는 계산기는 2개의 숫자와 연산자를 선택하고 계산 버튼을 누르면 입력값을 JSP로 전달한다. JSP는 브라우저로부터 전달된 입력값을 가져와 계산 후 결과를 포함한 화면을 출력하는 구조다.

▶ **입력 파라미터**

- **n1**, **n2**: 숫자 입력으로 HTML 〈input〉으로 구현
- **op**: 연산자 선택 드롭다운 리스트로 HTML 〈select〉로 구현되며 연산자의 종류는 +, −, *, / 로 구성됨

1 [ch05] 폴더의 'calcForm.html' 파일을 복사해 [ch06]에 붙여 넣고 다음과 같이 수정한다.

예제 6-2 calcForm.html

```
<!DOCTYPE html>
<html>
<head>
<meta charset="UTF-8">
<title>계산기 JSP</title>
</head>
<body>
  <h2>계산기 JSP</h2>
  <hr>
    <form method="post" action="calc.jsp">
      <input type="text" name="n1" size="10"> <select name="op">
        <option>+</option>
```

```
13          <option>-</option>
14          <option>*</option>
15          <option>/</option>
16        </select> <input type="text" name="n2" size="10">
17        <input type="submit" value="실행">
18      </form>
19 </body>
20 </html>
```

10 <form> 태그의 action 속성은 JSP 호출 경로로 같은 폴더의 파일을 호출하므로 앞에 /를 붙이면 안 된다.

10, 17 HTML <form> 태그의 method는 post이며 <submit> 버튼 클릭 시 같은 폴더에 있는 'calc.jsp'를 호출한다.

11, 16 입력 항목에는 각각 n1, op, n2의 name 속성을 부여한다.

2 계산기 JSP 구현

2 계산기 JSP는 [ch06] 폴더에 'calc.jsp' 이름으로 생성한다. 계산기 기본 코드는 서블릿과 동일하다. 따라서 기본 생성된 JSP 코드에 5장에서 작성한 'CalcServlet.java'의 서블릿 계산기 구현 부분인 doGet() 메서드의 내용을 스크립트릿 영역에 넣어주면 된다. 다만 HTML 부분에서 결과를 출력해야 하므로 코드는 앞쪽에 배치해야 한다. 여기서는 page 지시어 바로 아래에 다음을 코딩한다.

```
<%
 int n1 = Integer.parseInt(request.getParameter("n1"));
 int n2 = Integer.parseInt(request.getParameter("n2"));

 long result = 0;

 switch(request.getParameter("op")) {
   case "+" : result = n1+n2; break;
   case "-" : result = n1-n2; break;
   case "/" : result = n1/n2; break;
   case "*" : result = n1*n2; break;
 }
 %>
```

❸ 결과 화면은 〈body〉 부분에 표현식을 이용하거나 다음 장에서 배우게 될 EL을 사용할 수도 있다. JSP를 사용하면 서블릿보다 훨씬 간단하게 처리되는 것을 확인할 수 있다.

```
<body>
  <h2>계산 결과-JSP</h2>
  <hr>
  결과: <%=result %>
</body>
```

TIP EL을 사용할 때는 〈%=result %〉를 ${result}로 바꾸면 된다.

❹ 계산기 JSP의 전체 코드는 다음과 같다.

예제 6-3 calc.html

```
<%@ page language="java" contentType="text/html; charset=UTF-8"
    pageEncoding="UTF-8"%>

<%
  int n1 = Integer.parseInt(request.getParameter("n1"));
  int n2 = Integer.parseInt(request.getParameter("n2"));

  long result = 0;

  switch(request.getParameter("op")) {
    case "+": result = n1+n2; break;
    case "-": result = n1-n2; break;
    case "/": result = n1/n2; break;
    case "*": result = n1*n2; break;
  }
%>
<!DOCTYPE html>
<html>
<head>
<meta charset="UTF-8">
<title>계산기 JSP</title>
</head>
<body>
  <h2>계산 결과-JSP</h2>
```

```
    <hr>
    결과: <%=result %>
</body>
</html>
```

5 'calcForm.html'을 먼저 실행하고 숫자 입력과 연산자를 선택한 다음 실행 버튼을 눌러 계산기 JSP가 정상적으로 호출되고 결과가 출력되는지 확인한다.

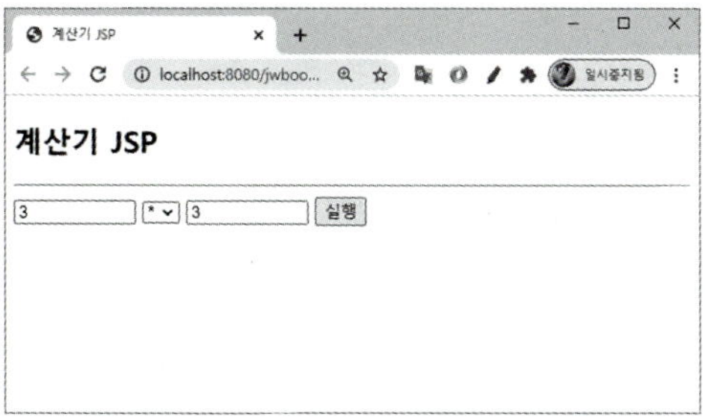

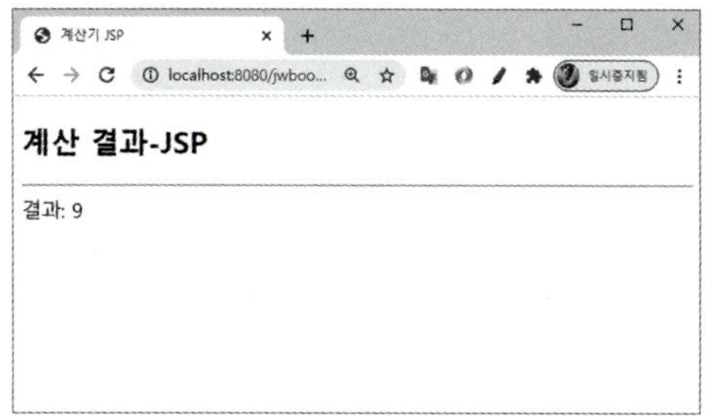

요약

01 JSP는 서블릿의 화면 처리 어려움을 해결하기 위해 등장하였으며 HTML과 데이터를 조합하기 위한 특징과 구성요소를 가지고 있다.

02 JSP는 기본적으로 HTML 문서의 텍스트 파일 형식을 가진다. 하지만 일단 컴파일된 JSP는 단순한 파일이 아니라 컨테이너에서 서블릿 객체로 관리된다.

03 지시어Directives는 JSP 파일의 속성을 기술하는 요소로, JSP 컨테이너에 해당 페이지를 어떻게 처리해야 하는지를 전달하는 내용을 담고 있다. 지시어의 기본 형식은 다음과 같다.

```
<%@ 지시어 속성="값" %>
```

04 지시어에는 크게 다음의 세 종류가 있다.

- **page 지시어**: 현재 JSP 페이지를 컨테이너에서 처리(서블릿으로 변환)하는 데 필요한 각종 속성을 기술하기 위해 사용한다.
- **include 지시어**: 다른 파일을 포함하기 위한 지시어로, 사용된 위치에 특정 파일(html, jsp)을 불러온다.
- **taglib 지시어**: JSP의 태그 확장 메커니즘인 커스텀 태그를 사용하기 위한 지시어다.

05 JSP의 특징 중 하나는 HTML과 자바 코드를 섞어 사용할 수 있다는 점이다. 이때 사용되는 자바 코드를 스크립트 요소라고 한다.

연습문제

01 JSP의 주요 특징으로 틀린 것은 무엇인가?

① HTML 페이지에 자바 코드를 직접 사용한다.

② 서블릿 컨테이너에 의해 관리되는 내장객체의 생명 주기를 이용하여 페이지 간 속성을 관리한다.

③ 커스텀 태그 기술을 사용할 수 없기 때문에 코드를 태그화할 수 없다.

④ EL을 통해 데이터를 표현한다.

02 JSP의 주요 구성요소가 아닌 것은 무엇인가?

① 지시어 ② 액션

③ 스프링 프레임워크 ④ 스크립트 요소

03 SSR 방식의 백엔드 웹 개발 관점에서 JSP의 단점이 아닌 것은 무엇인가?

① 화면 구성요소를 변경하면 JSP → 자바 → 클래스 → 서블릿 실행 과정을 거치므로 개발 과정에서 사소한 UI 변경이라도 매번 확인하는 데 시간이 소요된다.

② 개발자와 디자이너 간 역할 분담에 제약이 있다.

③ JSP 파일의 화면 디자인 확인을 위해서도 반드시 서블릿 컨테이너의 실행이 필요하다.

④ 모든 개발이 서버에서 이루어지므로 개발의 집중화를 통한 효율이 있을 수 있다.

04 다음은 page 지시어의 사용 형식을 나타낸 구문이다. 빈칸에 들어갈 내용을 채우시오.

```
<%@ page ___(1)___ ="java" ___(2)___ ="text/html; charset=UTF-8"
        pageEncoding="UTF-8" ___(3)___ ="java.util.*" ___(4)___ ="error.jsp"%>
```

05 다음 지문을 읽고 JSP의 스크립트 요소 중 어떤 유형을 설명한 것인지 고르시오.

- 표현 태그다.
- 웹 브라우저를 통해 클라이언트에 전달될(HTML 응답에 포함될) 자바 표현식을 포함한다.
- out.println()의 인자로 적합한 모든 자바 코드가 가능하다.
- 사칙연산, 메서드 호출, 변숫값 출력 등에 사용된다.

① 〈%! %〉 ② 〈%= %〉

③ 〈% %〉 ④ 〈%$ %〉

CHAPTER 07
JSP 응용

학습목표

- 액션 태그와 자바 빈의 개념을 익힌다.
- useBean 액션 활용 방법을 익힌다.
- JSTL과 EL 종합 예제를 통해 사용법을 익힌다.
- 빌드 도구를 이해하고 Maven 기반으로 프로젝트를 전환한다.

01 액션 태그

1 액션 태그란?

액션Action 태그란 JSP에서 객체 생성과 공유, 페이지 이동과 전달, 태그 파일 작성 등에 필요한 기능을 제공하는 일종의 커스텀 태그다. 표준 액션이라고도 불리며 커스텀 태그 기반이지만 별도의 taglib 지시어 사용 없이 jsp 접두어를 사용한다.

액션 태그는 JSP에서 프로그램적인 요소를 많이 구현하거나 컨트롤러로 활용할 때 유용하다. 이러한 기능은 기본적으로 서블릿에서도 가능하지만 개발자가 직접 코드를 구현하여 처리해야 한다. 반면 액션 태그는 JSP 파일에서 커스텀 태그의 구조적인 특징을 살려 HTML 형태로 프로그램 요소를 처리할 수 있기 때문에 간편하다는 장점이 있다.

요즘과 같이 JSP의 역할이 축소된 상황에서는 액션 태그의 실무 활용이 권장되지 않는다. 그럼에도 이번 절에서 설명하는 내용 정도는 알아두는 것이 좋다. 다음 표는 주로 사용되는 액션 태그를 보여준다.

표 7-1 주요 액션 태그

액션 태그	설명
jsp:forward	request와 response 객체를 포함해 다른 페이지로 포워드함
jsp:include	다른 페이지의 실행 결과를 포함시킴
jsp:useBean	자바 빈즈 객체를 생성하거나 불러옴
jsp:setProperty	자바 빈즈 객체의 속성(멤버 변수)에 값을 할당함
jsp:getProperty	자바 빈즈 객체의 속성값을 출력함
jsp:param	include, forward 액션 사용 시 파라미터 값을 수정하거나 추가함

2 자바 빈

객체지향 프로그래밍의 핵심 콘셉트는 컴포넌트 모델로, 프로그램 모듈화를 위해 컴포넌트를 사용한다. 따라서 컨테이너 기반으로 운영되는 시스템에서는 여러 객체를 활용하기 위하여 단순하면서도 정형화된 구조를 통해 동일한 방식으로 객체를 다루는 방법을 제공할 수 있어야 한다.

자바 빈Java Bean은 자바의 재활용 가능한 컴포넌트 모델을 말하는 것으로, 웹 개발에만 국한된 개념이 아니며 POJO라고 하는 단순한 구조를 가진다. POJOPlain Old Java Object란 특정 기술이나 프레임워크에 종속하지 않고 기본 생성자와 멤버 변수에 대한 getter/setter 메서드를 제공하고 직렬화할 수 있는 자바 클래스를 의미한다.

예를 들어 데이터베이스의 테이블 구조와 연동되어 데이터를 표현하기 위한 클래스를 엔티티 클래스 혹은 DOData Object라고 하는데 기본적으로 테이블 칼럼에 해당하는 private 멤버 변수와 getter/setter 메서드로 구성할 수 있다.

정리하자면 자바 빈 구조는 다음과 같은 특징을 가진다.

- 인자가 없는 생성자(기본 생성자)로 구성된다.
- 파일 혹은 네트워크를 통해 객체를 주고받을 수 있는 직렬화 구조가 가능하다.
- getter, setter 메서드를 통해 멤버 변수(속성)에 접근한다.

자바 빈 클래스

다음은 회원 관리를 위한 Member 클래스를 자바 빈 구조로 만든 것이다.

```
class Member {                    // 클래스 선언
  private int id;
  private String name;
  private String email;
  ...
  public void setId(int id) {  // setter 메서드 선언
    this.id = id
  }
  public int getId() {          // getter 메서드 선언
    return id;
  }
  ...
}
```

getter/setter 메서드의 이름은 'get/set + 대문자로 시작되는 변수명'의 형태를 사용한다. 기본적으로 인자를 받아 현재 멤버 변수에 값을 대입하거나 현재 값을 리턴하는 구조다. 물론 메서드 내에서 추가적으로 필요한 기능을 구현할 수 있으며 이러한 구조는 객체지향에서 캡슐화의 한 형태이기도 하다.

예를 들어 쇼핑몰 회사가 있고 쇼핑몰 회사에 결제 시스템을 제공하는 회사가 있다고 생각해보자. 주문 상품의 '최종 결제 금액'은 '일반 가격'에서 '회원 등급에 따른 할인'을 적용해야 하는 경우도 있고 내부적으로 '포인트'를 적립하는 과정이 있을 수도 있다. 이때 '회원 등급별 할인 조건' 또는 '내부 포인트 적립' 구조 등을 결제 회사에 알려줄 필요 없이 setTotalPrice() 메서드와 같은 최종 결제 금액 메서드만 호출하도록 제공할 수 있는 것이다. 즉 setTotalPrice() 메서드 안에서 회원 등급 관련 부분 혹은 포인트 관련 부분을 처리하면 관련 정보를 외부에 노출하지 않아도 된다.

여기서 잠깐! 스프링 빈이란?

스프링 프레임워크의 경우에도 컨테이너 기반으로 객체의 생성과 소멸 등을 관리하게 되는데 이러한 객체를 스프링 빈Spring Bean이라고 한다. 이러한 객체는 컨테이너를 통해 공유하거나 참조할 수 있다. 더 자세한 내용은 13장에서 다룬다.

3 useBean 액션

JSP에서 자바 빈 객체를 생성하거나 참조하기 위한 액션이다. 매우 유용하지만 JSP를 단순히 뷰 역할로만 사용한다면 사용할 일이 없다.

기본적인 동작 방식은 다음과 같다.

1. useBean을 이용해 만든 객체의 범위는 지정하는 속성인 scope에 주어진 id의 객체가 있는지 확인한다.
2. 객체가 없다면 새로 객체를 생성하고 해당 scope에 저장한다.

기본 구문과 사용 예는 다음과 같다.

```
<jsp:useBean id="instanceName" scope="page | request | session | application"
             class="packageName.className" type="packageName.className"
             beanName="packageName.className" >
</jsp:useBean>
```

- **id**: 자바 빈을 특정 scope에 저장하거나 가져올 때 사용하는 이름이며, 현재 페이지에서는 해당 인스턴스를 참조하기 위한 변수명이 된다.
- **scope**: 해당 클래스 타입의 객체를 저장하거나 가지고 오는 범위로 내장객체의 일부다.
- **class**: 생성하거나 참조하려는 객체의 클래스명이며 반드시 패키지명까지 명시해야 한다. 추상 클래스나 인터페이스는 사용할 수 없다.
- **type**: 특정 타입의 클래스를 명시할 때 사용한다. 추상 클래스나 인터페이스, 일반 클래스가 될 수 있으며 class 속성의 클래스에서 상속 혹은 구현이 이루어져야 한다.
- **beanName**: type과 beanName 사용을 통해 class 속성을 대체할 수 있다.

scope는 서블릿의 scope object와 동일하며 현재 JSP 페이지를 참조하는 page가 추가되어 있다. 클래스 타입도 동일하고 생성 시점과 유효 범위, 제공 메서드 등도 모두 같다.

useBean의 활용

HTML 폼에서 입력한 값을 자바 객체로 연동할 때 useBean을 주로 활용한다. 예를 들어 회원 가입 페이지에서 아이디, 이름, 전화번호, 주소 등 여러 정보를 입력하고 가입하는 경우를 보자. 입력값을 받아 Member 객체에 넣고 이를 데이터베이스에 저장하기 위한 메서드 호출에 인자로 전달해야 한다.

이때 useBean 액션을 사용하면 다음 코드와 같이 간단한 처리가 가능하다.

```
<jsp:useBean id="m" class="com.my.Member" />
<jsp:setProperty name="m" property="*" />

<%
  MemberDAO dao = new MemberDAO();
  dao.insertDB(m);
%>
```

- page scope로 새로운 Member 클래스 인스턴스를 생성한 후 m이라는 이름으로 속성에 저장한다.
- setProperty는 HTML <form> 태그의 name 속성값을 해당 객체의 setter 메서드를 이용해 저장한다.
- property 속성에는 멤버 변수명 혹은 *을 사용해 전체 변수를 한 번에 지정할 수 있다.

여기서 잠깐! 서블릿으로 처리하기

물론 서블릿으로도 회원 가입 처리를 구현할 수 있다. 하지만 모든 값을 개발자가 직접 읽어와 객체에 할당해야 하기 때문에 불편하다. 서블릿 코드로 195쪽의 내용을 구현하면 다음과 같다.

```
doGet(...) {
    Member m = new Member();
    m.setId("testuser");
    m.setName("테스트 사용자");
    m.setEmail("test@test.com");
    ...
    dao.insertDB(m);
}
```

이와 같이 불편한 부분은 Apache Commons BeanUtils 라이브러리로 해결이 가능하다. 서블릿에서 BeanUtils를 사용한 코드는 다음과 같다.

```
doGet(...){
    Member m = new Member();
    BeanUtils.populate(m, request.getParameterMap());
    ...
    dao.insertDB(m);
}
```

4 include, forward 액션

include, forward 액션은 다른 JSP 파일을 현재 페이지에 포함하거나 전달하는 액션이다. 단순히 페이지를 포함하거나 이동하는 기능 외에 <jsp:param> 액션을 통해 파라미터값을 수정하거나 추가하는 것이 가능하다는 특징이 있다.

include 액션

include 액션은 include 지시어와 마찬가지로 다른 페이지를 포함한다는 점에서 동일하지만 처리 과정에서 차이가 있다. include 지시어에서는 include된 파일 구조를 모두 포함해 하나의 파일로 컴파일한 다음 처리했다. 반면 include 액션은 include된 파일을 각각 호출해 처리된 결과만 포함해 보여주는 형식이다.

만약 'main.jsp'에서 'header.jsp'를 포함한다고 할 때 include 지시어는 두 파일을 합쳐 'main_jsp.java'로 만든 다음 서블릿 형태로 등록한다. 하지만 include 액션의 경우 'main_jsp.java'와 'header_jsp.java'의 두 파일을 각각 컴파일하고 서블릿 형태로 등록하게 된다.

다음 예제 코드는 include 액션을 사용하여 'main.jsp'에 'header.jsp'를 포함시킨 경우로, 'main.jsp'를 호출하면 'header.jsp'의 실행 결과가 포함되어 출력된다.

```
// main.jsp
<jsp:include page="header.jsp">
  <jsp:param name="title" value="My Homepage" />
</jsp:include>
```

```
// header.jsp
<h2><%= request.getParameter("title") %></h2>
```

- 'main.jsp'에서 'header.jsp'를 include할 때 <jsp:param>에서 title을 통해 My Homepage 라는 값을 전달한다. 그리고 'header.jsp'는 <h2> 부분에서 전달받은 제목을 출력하는 형태가 된다.

TIP 내부적인 과정이지만 'main.jsp'에서 'header.jsp'를 호출할 때의 URL 구조는 header.jsp?title=My Homepage와 같다.

forward 액션

forward 액션은 클라이언트 요청을 다른 페이지로 전환하는 액션으로 리디렉션(response.sendRedirect())과 기능적으로 유사하다. 클라이언트 요청과 다른 새로운 페이지(혹은 서블릿)로 이동하는 점은 두 방법이 동일하다고 할 수 있지만 내부적으로는 차이가 있다.

리디렉션은 서버가 클라이언트에게 새로운 페이지로 다시 접속하도록 응답을 보내고, 응답을 받은 클라이언트가 다시 새로운 페이지로 접속하는 방식이다. 하지만 forward 액션은 클라이언트가 새롭게 접속하는 것이 아니라 서버에서 내부적으로 새로운 페이지로 이동하고 그 페이지의 내용을 클라이언트에게 응답으로 전달한다.

단순한 페이지 이동이 필요한 경우라면 리디렉션이 적합하다. 하지만 최초 request를 유지하거나 request의 setAttribute()로 속성값을 저장한 경우에 이를 유지하면서 페이지를 이동하려면 forward 액션을 사용해야 한다. include 액션과 마찬가지로 파라미터의 추가가 가능하다.

```
// main.jsp
<jsp:forward page="result.jsp">
  <jsp:param name="title" value="My Homepage" />
</jsp:include>
```

```
// result.jsp
<h2><%= request.getParameter("title") %></h2>
```

TIP JSP를 뷰로 사용하는 경우 forward 액션을 사용할 일은 없으며 주로 서블릿 컨트롤러에서 request.getRequestDispatcher("서블릿 혹은 jsp 경로").forward()와 같이 사용하게 된다.

다음 절에서 실습을 따라 하며 액션 사용법을 익혀보자.

02 실습 7-1 액션 종합 예제: 계산기 구현

이번 실습에서는 6장에서 만들었던 계산기를 액션 버전으로 구현해본다. 이번 실습의 흐름은 다음과 같다.

❶ 계산기 화면은 기존 파일을 재활용하여 구현한다.

❷ 자바 빈 객체를 생성한다.

❸ useBean 액션으로 입력값을 처리한다.

MVC 패턴 구조는 아니지만 구성요소 간의 역할이 어느 정도 분리되며 프로그램 요소를 JSP에서 제거했기 때문에 비교적 깔끔한 코드 구조를 가진다. 이러한 개념을 머리에 두고 실습을 따라가 보자.

1 계산기 화면 구현

1 [webapp] 폴더에 [ch07] 폴더를 만든 다음 [ch06]의 'calcForm.html' 파일을 복사하여 붙여 넣고 다음과 같이 수정한다. 5행과 8행의 제목만 수정되며, 다른 부분은 동일하다.

예제 7-1 calcForm.html

```
1  <!DOCTYPE html>
2  <html>
3  <head>
4  <meta charset="UTF-8">
5  <title>계산기-useBean</title>
6  </head>
7  <body>
8    <h2>계산기-useBean</h2>
9    <hr>
10     <form method="post" action="calc.jsp">
11       <input type="text" name="n1" size="10"> <select name="op">
12         <option>+</option>
```

```
            <option>-</option>
            <option>*</option>
            <option>/</option>
        </select> <input type="text" name="n2" size="10">
        <input type="submit" value="실행">
    </form>
</body>
</html>
```

2 자바 빈 객체 생성

계산기 기능 구현을 위해서는 2개의 숫자를 입력받아 계산하는 기능이 필요한데 이 기능을 JSP나 서블릿으로 구현하지 않고 별도의 클래스로 독립해서 구현한다.

2 [src/main/java]에서 [ch07] 패키지를 생성한다. 그리고 [ch07]에서 [New]→[class]를 클릭하여 새로운 자바 클래스를 생성한다. 클래스의 이름은 'Calculator'로 하고 다음 코드를 작성한다.

예제 7-2

Calculator.java

```
package ch07;

public class Calculator {
  private int n1;
  private int n2;
  private String op;

  public long calc() {
    long result = 0;
    switch(op) {
      case "+": result = n1+n2; break;
      case "-": result = n1-n2; break;
      case "/": result = n1/n2; break;
      case "*": result = n1*n2; break;
    }
    return result;
  }
}
```

3 Calculator 클래스를 선언한다.

4~6 calcForm.html의 〈form〉에서 선언한 name과 동일한 멤버 변수를 선언한다.

8~17 calc() 메서드는 calcForm.html에서 구현한 내용을 그대로 복사해서 메서드로 만든 것으로 처리 결과를 리턴한다.

❸ 'calcForm.html'에서 입력하는 2개의 숫자와 연산자를 저장하기 위해 HTML 〈form〉에서와 동일한 이름으로 멤버 변수를 선언하고 getter/setter 메서드를 생성해야 한다. Calculator.java에서 getter/setter 메서드는 멤버 변수만 선언된 상태에서 마우스 오른쪽 버튼을 클릭하고 [Source]→[Generate Getters and Setters]를 클릭하면 나오는 화면에서 모든 변수를 선택하고 〈Generate〉 버튼을 누르면 코드가 자동으로 생성된다.

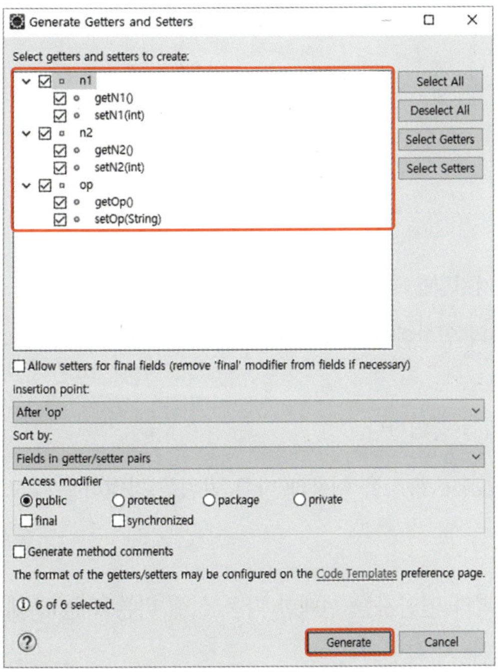

그림 7-1 getter/setter 생성

❸ useBean 액션으로 입력값 처리

❹ 입력값을 Calculator 객체에 전달하기 위해 useBean 액션을 사용하고 EL을 사용해 출력한다. [ch06]에서 만들었던 'calc.jsp'를 복사해 [ch07]에 붙여 넣고 다음과 같이 수정한다. 모든 기능이 Calculator 클래스에 포함되어 있기 때문에 JSP 자체는 매우 간결한 구성을 가진다.

예제 7-3 calc.jsp

```
1  <%@ page language="java" contentType="text/html; charset=UTF-8"
2      pageEncoding="UTF-8"%>
3
4  <jsp:useBean id="calc" class="ch07.Calculator" />
5  <jsp:setProperty name="calc" property="*" />
6
7  <!DOCTYPE html>
8  <html>
9  <head>
10 <meta charset="UTF-8">
11 <title>계산기-useBean</title>
12 </head>
13 <body>
14    <h2>계산 결과-useBean</h2>
15    <hr>
16    결과: <%=calc.calc() %>
17 </body>
18 </html>
```

4 useBean 액션 사용 시 class 부분에 반드시 패키지명을 포함한 클래스 이름을 넣어주어야 한다.

5 calcForm.html의 입력 양식에서 선택한 숫자와 연산자를 Calculator 클래스의 멤버 변수 값으로 전달한다.

16 표현식을 이용해 calc() 메서드를 호출한 결과를 출력한다.

여기서는 page scope로 객체가 생성되지만 scope 속성을 이용해 다른 범위를 지정하는 것도 가능하다.

5 'calcForm.html'을 먼저 실행하고 숫자 입력과 연산자를 선택한 다음 실행 버튼을 눌러 계산기 JSP가 정상적으로 호출되고 결과가 출력되는지 확인한다.

TIP 실행 결과는 [실습 6-2]와 똑같다.

03 커스텀 태그와 EL

1 커스텀 태그란?

커스텀 태그Custom Tag란 사용자 정의 태그를 의미한다. 즉 스크립트릿 사용을 줄이고 태그와 같은 형태로 프로그램 코드를 대체하거나 재활용 가능한 구조를 통해 태그 라이브러리로 활용하고자 개발된 규격이다. 외형적인 형태는 XML(HTML) 태그 구조이지만 서블릿 형태로 변환될 때 자바 코드로 변경되어 통합되는 방식이다.

커스텀 태그를 사용하기 위해서는 taglib 지시어를 사용하여 커스텀 태그가 어디에 정의되어 있는지를 먼저 선언해야 하며 태그에 사용할 접두어를 지정해야 한다.

커스텀 태그는 잘 사용하면 매우 편리하지만 커스텀 태그 자체가 서버에서 해석되는 구조이며, 프로젝트가 특정 커스텀 태그에 종속될 수 있다는 문제 때문에 커스텀 태그를 직접 만드는 방식은 점차 줄어들고 있다.

대신 커스텀 태그 기술로 만들어진 JSTLJSP Standard Tag Library이 자바 웹 개발에 꼭 필요한 요소가 되었다. JSTL에 관해서는 다음 절에서 살펴본다.

다음은 특정 상품 코드를 전달하면 해당 상품에 대한 세부 정보를 출력하기 위해 커스텀 태그를 사용한 예시다.

```
<%@ taglib tagdir="/WEB-INF/tags" prefix="m" %>

<m:printData pid="87459989" />
```

- 태그 파일로 정의된 커스텀 태그를 사용하며 'WEB-INF/tags/printData.tag' 파일로부터 태그 정의를 가지고 온다.
- m은 태그 앞에 붙일 접두어로 태그 파일명이 태그 이름이 된다.

앞에서 배운 useBean 액션 역시 커스텀 태그 기술을 통해 만들어진 것으로 기본 JSP 규격에 포함되어 있기 때문에 '표준 액션Standard Action'이라 불린다.

여기서 잠깐! 표준 액션과 커스텀 태그

커스텀 태그는 태그 구조로 기능을 구현하는 방식으로 개발자가 필요에 따라 커스텀 태그를 구현해 프로그램에 활용할 수 있다. 앞에서 배운 <jsp:useBean> 또는 <jsp:setProperty> 역시 커스텀 태그로 jsp에 기본적으로 포함되어 있어 표준 액션이라고 부르며 taglib 지시어 없이 바로 사용할 수 있다.

2 EL이란?

표현 언어Expression Language는 주로 EL이라고 불리며 현재 페이지의 자바 객체 혹은 application, session, request, page와 같은 scope object에 저장된 자바 빈 객체를 손쉽게 접근하고 사용할 수 있게 해준다. 기본적으로 데이터를 표현하기 위한 용도로 설계되었지만 제한된 객체 참조가 가능하며 해당 객체의 메서드 호출도 가능하다.

EL은 단순한 출력 외에도 사칙연산, 비교연산, 논리연산, 3항 연산 등을 지원한다. 이러한 연산 기능은 핵심 로직의 구현보다는 상황에 따라 출력값을 변경하는 정도의 용도로 사용하는 것이 좋다.

EL의 장점은 다음과 같다.

- 간단한 구문으로 손쉽게 변수/객체를 참조할 수 있다.
- 데이터가 없거나 null 객체를 참조할 때 에러가 발생하지 않는다.

자바 빈 접근

EL을 통해 scope object에 저장된 자바 빈 객체를 참조하는 방법은 다음과 같다.

```
${저장이름.변수명}
```

이 장 1절의 자바 빈 설명에서 만든 Member 클래스의 멤버 정보에 접근하기 위해서는 다음과 같이 작성한다(컨트롤러에 의해 session에 저장하는 과정이 있었다고 가정한다).

```
<h2>멤버 정보</h2>
이름: ${m.name} <br>
```

- 이미 session에 'm'이라는 이름으로 저장된 Member 객체가 있으므로 해당 객체를 사용하여 접근한다.

Member 클래스에 name 변수는 private으로 선언되어 있기 때문에 직접 참조가 불가능하고 getName() 등의 메서드 호출이 필요하다. 이때 클래스에 getter 메서드가 있다면 EL에서는 해당 변수명을 사용하여 내부적으로 getter 메서드를 호출할 수 있다.

EL을 사용하지 않을 경우 다음과 같이 표현식을 사용하거나 〈jsp:getProperty〉 액션으로 출력할 수도 있다.

```
이름: <%= m.name %> <br>    // 표현식 사용
```

```
이름: <jsp:getProperty name="m" property="name" /> <br>  // 액션 사용
```

EL 연산

기본적인 사칙연산, 비교연산, 논리연산, 3항 연산 등이 가능하다.

```
${10 + 20}          // 사칙연산, 30
${10 * 20}          // 사칙연산, 200
${true && false}    // 논리연산, false
${10 >= 20}         // 논리연산, false
${user.name == "홍길동"? "교수" : "학생"}  // 3항 연산, 이름이 홍길동이면 교수 출력
```

배열, 맵 데이터 연동

참조하는 객체가 배열이나 맵 형태인 경우 다음과 같이 사용한다.

```
${myList[0]}       // 배열인 경우
${myMap["name"]}  // 맵인 경우
```

Scope Object 접근

EL은 기본적으로 모든 scope에서 자바 빈 객체를 찾는다. 만일 특정 scope만을 대상으로 참

조하려면 '내장객체명Scope.속성이름'으로 사용할 수 있다. 예를 들어 session과 request 모두에 'm'이라는 이름으로 저장된 객체가 있다고 할 때, request scope에 있는 객체를 참조하려면 다음과 같이 사용할 수 있다.

```
이름: ${requestScope.m.name}
```

만일 scope object에 속성으로 저장된 것이 아니라 request의 파라미터로 전달된 값의 경우라면 위 형식처럼 참조할 수 없다. 이 경우에는 request.getParameter("uname")과 같이 사용하며 EL에서는 ${param.uname}으로 사용한다.

보통은 특정 scope를 지정하지 않고 모든 scope를 대상으로 하기 때문에 ${m.name}의 형태를 주로 사용한다.

04 JSTL

1 JSTL이란?

JSTL JSP Standard Tag Library은 JSP에서 스크립트릿, 즉 자바 코드 블록을 사용하지 않고 HTML 형식을 유지하면서 조건문, 반복문, 간단한 연산과 몇몇 유용한 기능을 손쉽게 사용할 수 있도록 지원하기 위해 만들어진 표준 커스텀 태그 라이브러리다.

커스텀 태그에서 살펴본 것처럼 서버에서만 해석할 수 있는 구조로 인해 디자이너와의 협업에 불편한 부분이 있고, 개발 과정에서 UI 확인을 위해 서버를 통해야만 하는 비효율적인 문제가 존재한다. 이러한 문제점은 모바일 환경 중심의 프런트엔드 개발 트렌드와는 다소 거리가 있다.

규격상 JSTL은 core, xml, I18N(다국어 처리), 데이터베이스, 함수 등으로 구성되어 있으나 뷰 중심의 JSP 구현에는 core 정도만 사용된다.

2 JSTL 라이브러리 설치

JSTL은 표준 규격으로만 존재하기 때문에 개발에 적용하기 위해서는 실제 구현된 라이브러리가 필요하다. 여러 구현 버전이 있지만 Apache Standard Taglib를 주로 사용한다.

라이브러리를 설치하기 위해 웹 브라우저에서 http://tomcat.apache.org/download-taglibs.cgi에 접속하여 〈Impl〉, 〈Spec〉을 클릭하여 다운로드한다.

- **Impl**: taglibs-standard-impl-1.2.5.jar
- **Spec**: taglibs-standard-spec-1.2.5.jar

다운로드한 라이브러리 파일을 [webapp]→[WEB-INF]→[lib] 폴더에 복사해 넣어준다. 경로가 잘못되면 이클립스에서 라이브러리 인식을 못하므로 주의한다.

TIP maven, gradle 등의 빌드 도구를 사용할 경우 설정 파일에 해당 라이브러리 의존성을 추가하면 된다.

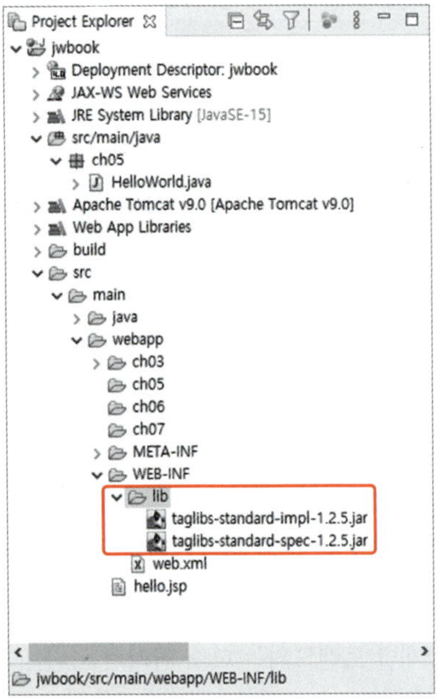

그림 7-2 JSTL 라이브러리 추가

> **여기서 잠깐! JSF란?**
>
> JSFJava Server Faces란 커스텀 태그로 만들어진 표준 태그 라이브러리로 JSTL과 유사하다. Java EE 애플리케이션에서 컴포넌트 기반의 UI를 손쉽게 제작하고 활용하기 위해 나온 것이라 사용 목적이 UI에 특화되어 있다는 점을 제외하고는 JSTL과 장단점을 같이한다. 자세한 사항은 http://javaserverfaces.java.net을 참조한다.

JSTL 사용하기

JSTL을 JSP에서 사용하려면 taglib 지시어를 추가해야 한다. 다음에 나올 core 라이브러리 사용을 위해서는 다음과 같이 작성한다.

```
<%@ taglib prefix="c" uri="http://java.sun.com/jsp/jstl/core" %>
```

- c: 태그 라이브러리 규격상 접두어는 원하는 대로 사용할 수 있지만 c를 사용할 것을 권장한다.
- uri는 반드시 정확한 경로를 사용해야 한다.

3 core 라이브러리

core 라이브러리는 변수 처리, 흐름 제어, URL 관리, 출력 등 가장 기본적인 기능을 구현해둔 라이브러리다. [표 7-2]는 자주 사용되는 core 라이브러리의 종류를 보여준다.

표 7-2 core 라이브러리의 종류

기능	태그	사용 예
변수 관련	remove, set	변수 지정과 삭제
흐름 제어	if, choose · when · otherwise, forEach, forTokens	조건 처리, 반복, 토큰 파싱
URL 관리	import, redirect, url, param	URL 핸들링
기타	catch, out	에러 처리, 출력

이 중에서도 제일 많이 사용되는 기능인 흐름 제어와 관련 태그를 좀 더 자세히 살펴보자.

〈c:if〉

〈c:if〉는 자바의 if 문과 유사하지만 else는 지원하지 않는다. 또한 조건 테스트를 위해 속성을 참조할 범위scope를 지정할 수도 있지만 필수 사항은 아니다. 사용 형식과 예시는 다음과 같다.

■ 사용 형식

```
<c:if test="조건" [var="결과 변수"] [scope="{page|request|session|application}"]>
   조건이 참(true)인 경우 출력되는 부분
</c:if>
```

- test에서 선언한 조건을 만족하면 태그 보디 부분을 실행한다.

■ 사용 예시

```
<c:if test="${msg == 'user1'}" var="result">
   test result : ${result}
</c:if>
```

- msg 속성값이 user1인 경우에 결과를 출력한다.

<c:forEach>

<c:forEach>는 가장 많이 사용하는 태그로 화면에 데이터를 반복해서 출력할 때 주로 사용한다. 자바의 for 문과 같은 개념이지만 커스텀 태그 특성상 정밀한 설정이 가능하지 않기 때문에 제공되는 속성을 잘 활용해야 한다. <c:forEach>는 진행 상태를 확인하기 위해 index, count 등을 지원하는 varStatus를 제공한다.

■ 사용 형식

```
<c:forEach [var="참조 객체"] [varStatus="상태 정보 변수"] begin="시작" end="종료"
[step="반복 단계 증가 값, 1이 기본"]>
반복 출력되는 부분
</c:forEach>
```

- **var**: 배열, 리스트 등 집합형 객체다.
- **varStatus**: 반복 진행 상황을 참조하기 위한 객체다.
- 주어진 데이터를 모두 순환하지 않고 특정 구간과 상승 단계 지정이 가능하다.

■ 사용 예시

다음은 회원의 이름과 이메일을 반복하여 출력하기 위한 예시다.

```
<c:forEach var="m" items="${members}" begin="0" varStatus="status" end="5">
index: ${status.index} /
count: ${status.count} <BR>
name: ${m.name} <BR>
email: ${m.email} <BR>
<HR>
</c:forEach>
```

- members는 이전 페이지에서 전달된 리스트List 객체로 가정한다.
- 순환하면서 m으로 리스트 아이템(Member 타입)이 하나씩 전달된다.
- status 객체를 통해 인덱스Index, 횟수Count를 참조할 수 있다.
- m으로 참조되는 객체는 name, email 필드에 대한 getter/setter 메서드가 존재해야 접근할 수 있다.

05 실습 7-2 JSTL과 EL 종합 예제

이번 실습에서는 JSTL과 EL을 활용한 종합 예제를 살펴본다. 실습을 통해 기본 JSTL 태그와 EL을 화면 구성에 활용할 수 있다. 다음 실습을 따라 하기 위해서는 JSTL 라이브러리가 설치되어 있어야 한다. 만약 설치하지 않았다면 207쪽으로 돌아가 JSTL을 설치하고 앞의 실습을 진행한다.

1 JSP 생성

1 [ch07] 폴더에 'jstlExam.jsp'를 생성하고 기본 코드에 taglib 지시어를 추가한다.

예제 7-4 jstlExam.jsp

```
1  <%@ page language="java" contentType="text/html; charset=UTF-8"
2      pageEncoding="UTF-8"%>
3  <%@ taglib uri="http://java.sun.com/jsp/jstl/core" prefix="c"%>
4  <!DOCTYPE html>
5  <html>
6  <head>
7  <meta charset="UTF-8">
8  <title>JSTL 종합 예제</title>
9  </head>
10 <body>
11   <h2>JSTL 종합 예제</h2>
12   <hr>
13 </body>
14 </html>
```

3 JSTL 라이브러리 사용을 위해 taglib 지시어를 추가한다.

이제 주요 JSTL 태그를 간단한 예제를 중심으로 사용하여 익혀보자. 각각의 실습은 [예제 7-4]의 12행 〈hr〉 태그 아래에 차례대로 작성한다.

2 <c:set>, <c:out>

■ <c:set>

<c:set>은 특정 scope에 값을 저장하는 기능을 하는데 scope 내장객체의 setAttribute() 메서드를 사용하는 것과 동일하다. 기본적으로 문자열 형태로 저장하지만 EL을 사용할 경우 배열과 같은 객체도 저장할 수 있다. target 속성으로 특정 타입의 객체에 setter 메서드를 통한 속성 저장도 가능하다.

2 product1, product2에 문자열을 저장하고 intArray에는 EL을 이용하여 배열을 저장한다. <c:set> intArray 배열 선언 부분에 이클립스 버그로 에러가 표시되지만 실행에는 지장이 없으니 무시한다.

```
<!-- set, out -->
<h3>set, out</h3>
<c:set var="product1" value="<b>애플 아이폰</b>" />
<c:set var="product2" value="삼성 갤럭시 노트" />
<c:set var="intArray" value="${[1,2,3,4,5]}" />  ——— 에러 표시돼도 무시
```

- 'product1', 'product2'라는 이름으로 문자열을 page scope에 저장한다.
- EL을 이용하여 'intArray'라는 이름으로 선언한 배열을 page scope에 저장한다.

■ <c:out>

<c:out>은 출력을 위한 태그로 대부분은 EL로 대체된다. 다만 출력 객체의 이름을 찾을 수 없거나 출력값에 태그를 포함한 경우 이를 보여줄지 아니면 태그가 해석되어 보일지 등을 결정할 수 있어 때에 따라서는 조건문 사용을 줄이는 용도로 활용할 수 있다.

3 2번에서 선언한 product1, intArray를 출력한다.

```
<p>
 product1(jstl):
 <c:out value="${product1}" default="Not registered" escapeXml="true" />
</p>
```

- **default**: 출력하고자 하는 객체가 없을 때 출력할 값을 의미한다. 예를 들어 product1을 찾지 못할 경우 Not registered를 대신 출력한다.

- **excapeXml**: true인 경우 태그를 일반 문자열로 처리한다. 기본값은 false로 태그가 반영되어 출력된다.

```
<p>product1(el): ${product1}</p>
<p>intArray[2]: ${intArray[2]}</p>

<hr>
```

- 〈c:set〉으로 저장된 값은 EL로 출력할 수 있으며 가장 선호되는 방법이다.
- 배열 역시 EL을 이용해 특정 인덱스 값을 출력할 수 있다.

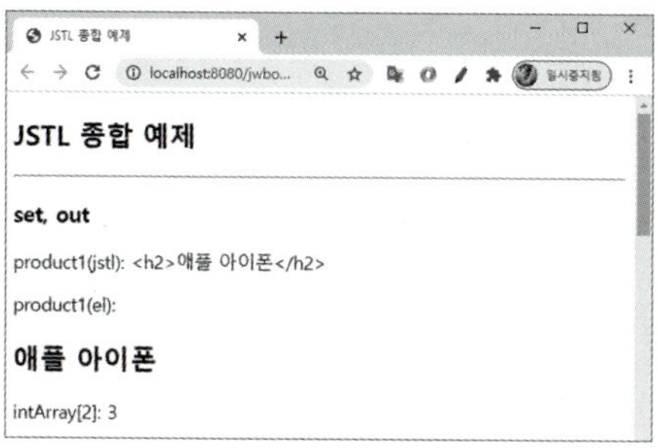

그림 7-3 〈c:set〉, 〈c:out〉 실행 결과

❸ 〈c:forEach〉

❹ 〈c:forEach〉는 JSTL에서 가장 널리 사용되는 태그 중 하나다. ❷번에서 〈c:set〉을 이용해 선언했던 배열값을 출력해본다. varStatus 속성을 이용해 index 값을 함께 출력한다.

```
<!-- forEach -->
<h3>forEach: 배열 출력</h3>
<ul>
  <c:forEach var="num" varStatus="i" items="${intArray}">
    <li>${i.index} : ${num}</li>
  </c:forEach>
</ul>

<hr>
```

- **〈c:forEach〉**: 자바의 for-in 구조와 유사한 형태다.

- ${i.index}: 0부터 반복을 시작한다. 만약 1부터 반복 횟수를 구하고 싶다면 ${i.count}를 사용하면 된다.
- intArray 배열의 원소를 하나씩 꺼내서 num 변수로 가져오므로 별도의 인덱스 없이도 배열 원소 값이 출력된다.

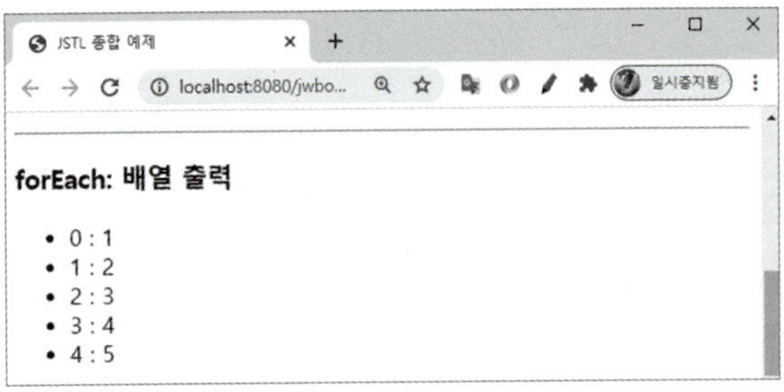

그림 7-4 〈c:forEach〉 실행 결과

4 〈c:if〉

〈c:if〉 역시 〈c:forEach〉와 함께 JSTL에서 가장 널리 사용되는 태그 중 하나다. 특정 조건에만 태그 보디 부분이 수행되는 단순한 구조이므로 복잡한 조건 체크에는 적합하지 않다.

5 변수 checkout 값에 따라 조건을 체크한다. checkout이 true라면 2번의 〈c:set〉에서 설정했던 product2의 정보를 출력한다. 반면 checkout이 false라면 "주문 제품이 아님!!" 메시지를 출력한다.

```
<!-- if -->
<h3>if</h3>
<c:set var="checkout" value="true" />
<c:if test="${checkout}">
  <p>주문 제품: ${product2}</p>
</c:if>
<c:if test="${!checkout}">
  <p>주문 제품이 아님!!</p>
</c:if>

<c:if test="${!empty product2}">
  <p>
```

false를 넣으면 ${checkout}이 실행됨

```
        <b>${product2} 이미 추가됨!!.</b>
    </p>
</c:if>
```

- ${!empty product2} 조건으로 product2 변수에 값이 들어가 있는지 체크하고 출력한다.

그림 7-5 〈c:if〉 실행 결과

TIP ❷번에서 product2를 set한 부분을 지운 다음 실행하여 결과를 비교해보자.

❺ 〈c:choose〉, 〈c:when〉, 〈c:otherwise〉

if ~ else if 문 혹은 switch 문과 같은 형식으로 사용할 수 있다. 단순하게 〈c:if〉만 사용하는 것보다 정교한 처리가 가능하지만 복잡한 조건 구성은 권장하지 않는다.

❻ ❺번의 〈c:if〉와 동일한 조건을 〈c:choose〉, 〈c:when〉, 〈c:otherwise〉를 이용해 구현한다. ❺번과 실행 결과는 동일하다.

```
<!-- choose, when, otherwise  -->
<h3>choose, when, otherwise</h3>
<c:choose>
    <c:when test="${checkout}">
        <p>주문 제품: ${product2}</p>
    </c:when>
    <c:otherwise>
        <p>주문 제품이 아님!!</p>
    </c:otherwise>
</c:choose>
<hr>
```

- 〈c:when〉은 다른 조건 테스트를 위해 추가할 수 있다.

그림 7-6 <c:choose>, <c:when>, <c:otherwise> 실행 결과

TIP 5번의 변수 checkout과 같은 값을 공유하므로 5번의 checkout을 false로 변경한 다음 다시 실행해보자.

6 <c:forTokens>

자바의 StringTokenizer와 유사하게 구분자로 문자열을 나누는(파싱하는) 태그다. 출력할 문자열이 구분자로 분리되어 있을 때 모든 값을 반복해서 출력하는 경우에 유용하다.

7 다음은 '|'로 구분된 도시 이름을 <c:forTokens>를 이용해 출력하는 코드다.

```
<!-- forTokens -->
<h3>forTokens</h3>
<c:forTokens var="city" items="Seoul|Tokyo|New York|Toronto" delims="|"
varStatus="i">
  <c:if test="${i.first}">도시 목록 : </c:if>
  ${city}
  <c:if test="${!i.last}">,</c:if>
</c:forTokens>
<hr>
```

- 구분자 '|'로 도시 이름을 파싱한다.
- 첫 번째 순환에서 조건 체크를 통해 '도시 목록: '이라는 문자열을 먼저 출력한다.
- 파싱한 도시명은 다시 콤마로 구분한다. 이때 마지막 데이터에는 콤마가 들어가면 안 되기 때문에 'i.last'를 체크해 처리한다.

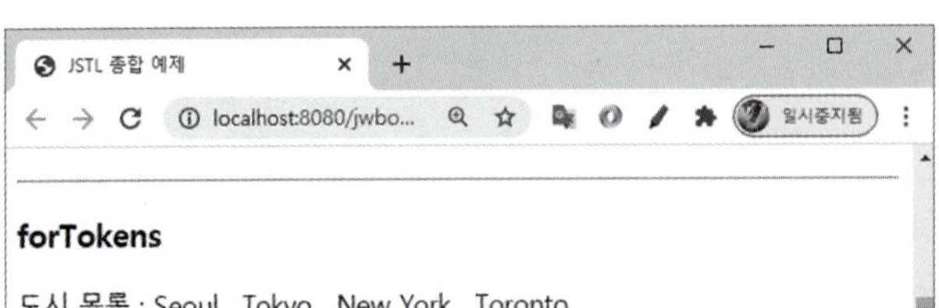

그림 7-7 <c:forTokens> 실행 결과

8 'jstlExam.jsp'의 전체 코드는 다음과 같다.

예제 7-5 jstlExam.jsp

```
<%@ page language="java" contentType="text/html; charset=UTF-8"
    pageEncoding="UTF-8"%>
<%@ taglib uri="http://java.sun.com/jsp/jstl/core" prefix="c"%>
<!DOCTYPE html>
<html>
<head>
<meta charset="UTF-8">
<title>JSTL 종합 예제</title>
</head>
<body>
  <h2>JSTL 종합 예제</h2>

  <hr>
  <h3>set, out</h3>
  <c:set var="product1" value="<h2>애플 아이폰</h2>" />
  <c:set var="product2" value="삼성 갤럭시 노트" />
  <c:set var="intArray" value="${[1, 2, 3, 4, 5]}" />
  <p>
    product1(jstl):
    <c:out value="${product1}" default="Not registered" escapeXml="true" />
  </p>
  <p>product1(el):${product1}</p>
  <p>intArray[2]: ${intArray[2]}</p>
  <hr>

  <h3>forEach: 배열 출력</h3>
  <ul>
    <c:forEach var="num" varStatus="i" items="${intArray}">
      <li>${i.index} : ${num}</li>
    </c:forEach>
  </ul>
  <hr>

  <h3>if</h3>
  <c:set var="checkout" value="true" />
  <c:if test="${checkout}">
```

```
        <p>주문 제품: ${product2}</p>
    </c:if>
    <c:if test="${!checkout}">
        <p>주문 제품이 아님!!</p>
    </c:if>

    <c:if test="${!empty product2}">
        <p>
            <b>${product2} 이미 추가됨!!.</b>
        </p>
    </c:if>
    <hr>

    <h3>choose, when, otherwise</h3>
    <c:choose>
        <c:when test="${checkout}">
            <p>주문 제품: ${product2}</p>
        </c:when>
        <c:otherwise>
            <p>주문 제품이 아님!!</p>
        </c:otherwise>
    </c:choose>
    <hr>

    <h3>forTokens</h3>
    <c:forTokens var="city" items="Seoul|Tokyo|New York|Toronto" delims="|"
            varStatus="i">
            <c:if test="${i.first}">도시 목록 : </c:if>
            ${city}
        <c:if test="${!i.last}">,</c:if>
    </c:forTokens>

    <hr>
</body>
</html>
```

06 Maven 기반 프로젝트 구성

이번 절에서는 빌드 도구에 관하여 알아보고 Maven 기반으로 프로젝트를 전환해보자.

1 빌드 도구

보통 프로그램 언어를 배우는 과정에서는 단순한 예제 소스로 구성된 프로그램을 만들기 때문에 코드 이외의 부분에 대해서는 고려할 사항이 거의 없다. 그러나 실제 프로젝트에서는 직접 작성해야 할 수십 개의 클래스와 여러 외부 라이브러리(예 apache jstl 라이브러리 등)로 구성되는 경우가 많다. 또한 프로그램의 실제 구현 코드 외에 테스트를 위한 코드도 존재하며 프로젝트 규모가 커질수록 이클립스의 자동 컴파일 옵션은 개발자에게 오히려 비효율적인 요소가 될 수 있다.

이처럼 실제 프로젝트 환경은 학습 환경과 다르며 복잡한 프로젝트의 소스를 체계적으로 컴파일하고 관련 라이브러리의 버전이나 종속성 관리를 쉽게 도와줄 방법이 필요하다.

이를 위해 가장 오래된 자바 빌드 도구로는 Ant가 있으며 2004년에는 아파치 프로젝트로 Maven이 새롭게 나오게 되었다. 이후 오랜 기간 Maven은 절대 다수가 사용하는 자바 빌드 도구가 되었으며 특히 스프링 프레임워크 개발에서 기본 빌드 도구로 활용되었다. 시간이 지남에 따라 좀 더 유연하면서도 복잡한 처리를 쉽게 하기 위한 요구 사항의 증대로 2012년 Gradle이 나오게 되었고 안드로이드 앱 기발의 기본 빌드 도구가 되었다. 현재 Maven과 Gradle이 가장 대표적인 빌드 도구다.

2 나에게 맞는 빌드 도구 선택하기

그러면 어떤 빌드 도구를 선택하는 것이 좋을까? 결론부터 말하면 지금 당장은 Maven과 Gradle 중 무엇을 선택해도 전혀 상관없다. 또한 빌드 도구를 잘 사용하기 위해서는 많은 경험이 필요하고 프로젝트 규모가 어느 정도 되어야 제대로 된 활용이 가능하기 때문에 초급 개발자 수준에서는 빌드 도구 선택에 대해 지나치게 고민할 필요가 없다. 스프링 프레임워크나 안드로이드의 경우 개발도구에서 기본적으로 빌드 관련 설정과 실행을 연계해주기 때문에 빌드 도구가 잘 이해되지 않는다고 어려워할 필요도 없다.

다만 빌드 도구에 대한 다음의 특징은 알아두자.

설정 방식

- Maven은 빌드 설정을 'pom.xml' 파일에 작성하는데, XML 구조이기 때문에 프로젝트가 커질수록 스크립트의 내용이 길어지고 가독성이 떨어지는 문제가 있다.
- Gradle은 Groovy라고 하는 JVM 기반 언어를 통해 프로그램 구조로 설정한다. 따라서 훨씬 적은 양의 스크립트로 짧고 간결하게 작성할 수 있다.

다중 프로젝트

- Maven은 다중 프로젝트에서 특정 설정을 다른 모듈에서 사용하려면 상속을 받아야 한다.
- Gradle은 설정 주입 방식을 사용하여 다중 프로젝트에 적합하다.

개발환경

- 안드로이드 프로젝트는 기본적으로 Gradle을 사용한다.
- 스프링 프레임워크 기반 프로젝트는 Maven, Gradle 중에 선택할 수 있다.
- 이클립스는 Maven에 친화적이고 IntelliJ는 Gradle에 친화적이다.

프로젝트 규모나 설정 조건에 따라 다르기는 하지만 Gradle이 Maven보다 10~100배 성능 향상이 있다고 알려져 있다. 이에 따라 Maven도 지속적으로 사용되고 있지만 최신 프로젝트에서는 Gradle 사용 비중이 더 높다.

3 리포지터리

빌드 도구를 사용하는 주요 목적 두 가지는 컴파일/실행 설정과 라이브러리 설정이다. 이 중에서도 라이브러리 설정은 꼭 알아두어야 한다.

이 장 4절에서 JSTL 사용을 위해 관련 라이브러리를 직접 다운로드하고 [WEB-INF] 폴더에 복사해서 사용했다. 만일 필요한 라이브러리가 30개 정도 된다면 개발자가 일일이 해당 라이브러리의 홈페이지를 찾아 다운로드하고 복사하는 과정을 수행하는 것이 상당히 번거로울 것이다. 필요한 라이브러리가 또 다른 라이브러리를 참조하고 있다면 해당 라이브러리도 필요한데 이들 관계는 또 어떻게 할 것이며, 버전에 따른 업데이트나 특정 버전 설치 등 너무나도 복잡한 문제가 발생하게 된다.

빌드 도구를 사용하면 꼭 필요한 핵심 라이브러리만 설정 파일에 등록해두면 해당 라이브러리에서 필요로 하는 다른 라이브러리는 자동으로 함께 설치되기 때문에 신경 쓸 필요가 없다는 이점이 있다.

리포지터리는 이러한 라이브러리를 통합 보관하는 일종의 저장소이며, 설정 파일의 내용을 참고해 해당 라이브러리를 글로벌 저장소로부터 로컬 저장소로 다운로드한 다음 프로젝트에 복사하는 과정을 거쳐 사용하게 된다. 해당 라이브러리가 로컬 저장소에 있다면 인터넷에서 다운로드하지 않고 바로 사용할 수 있다. 필요에 따라서는 개발 회사가 자신들에게 필요한 라이브러리만 저장하거나 자체 라이브러리 저장을 위한 저장소를 두고 사용하기도 한다.

4 이클립스 Maven 설정

이제 이클립스에서 Maven 프로젝트를 설정하는 방법을 알아보자. Maven과 Gradle 모두 기본적으로는 설정 파일을 먼저 만들고 명령줄 인터페이스Command Line Interface, CLI를 통해 기본 프로젝트 구조를 생성한 다음 개발도구에서 import하여 사용하는 방식이다.

우리는 CLI 방식으로 시작하지 않고 2장에서 생성한 동적 웹 프로젝트Dynamic Web Project를 Maven 기반으로 변환해 사용하도록 한다. 이 방법이 가장 간편하면서도 안정적인 방법이다.

▶ Maven 프로젝트로 변환하기

1 먼저 'jwbook' 프로젝트를 선택하고 마우스 오른쪽 버튼을 눌러 [Configure]→[Convert to Maven Project]를 선택한다.

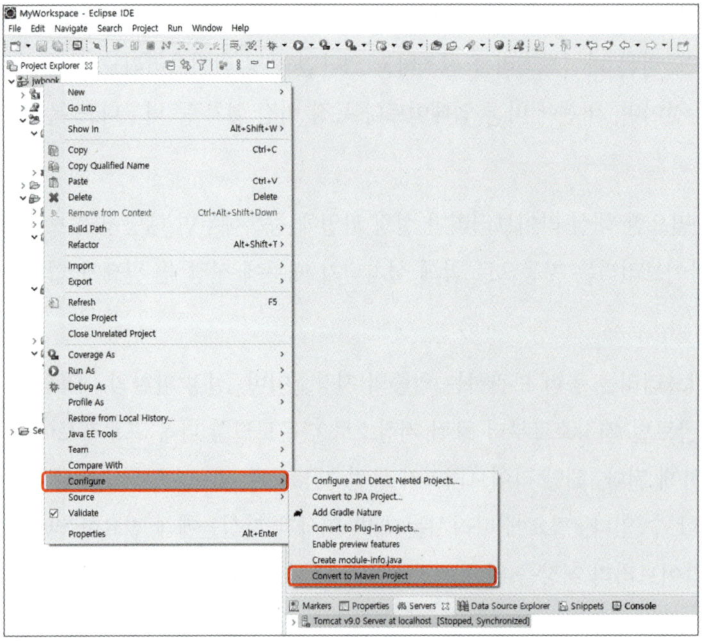

그림 7-8 Maven 프로젝트로 변환하기

▶ 기본 정보 설정하기

2 Maven 프로젝트를 위해 몇 가지 필요한 사항을 등록하고, 〈Finish〉를 클릭한다.

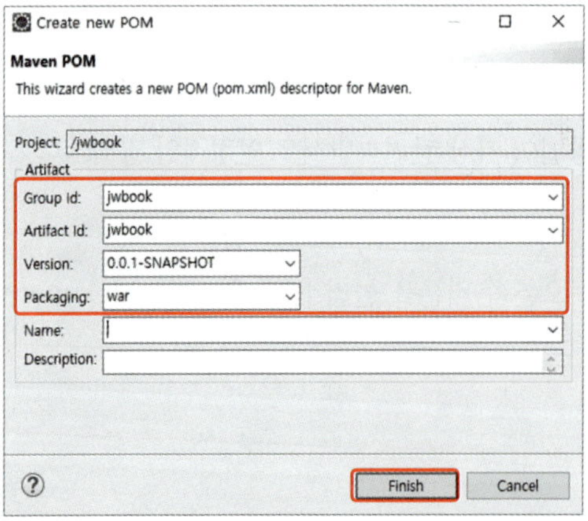

그림 7-9 Maven 프로젝트 정보

- **Group Id**: 프로젝트의 고유 식별자로 기본 패키지 이름 규칙에 따라 작성한다.
- **Artifact Id**: 생성되는 jar(war) 파일의 이름으로 소문자로만 작성한다.

- **Version**: 숫자와 점으로 이루어진 버전 관리 번호다.
- **Packaging**: 빌드 산출물 형태로 jar(일반 앱 혹은 라이브러리) 혹은 war(웹) 형태다.

여기서는 프로젝트 이름으로 생성된 기본값을 사용하며, 웹 프로젝트로 빌드된 결과물은 war 패키지로 생성한다.

TIP 지금까지 프로젝트에서는 별도의 root 패키지명을 사용하지 않고 편의상 ch05, ch07과 같이 챕터명을 사용했지만 원칙대로라면 패키지명 규칙에 따라 역도메인(예 com.google.xxx, com.naver.blog.xxx) 방식을 따르는 것이 좋다.

❸ 자동으로 기존 프로젝트 구조에 몇몇 폴더 구조와 'pom.xml' 파일이 생성된 것을 확인할 수 있다. 기본적으로 'pom.xml' 파일이 오픈된 상태이며, 하단에 보면 여러 탭이 있어 다양한 형태로 설정 파일 정보를 보여준다.

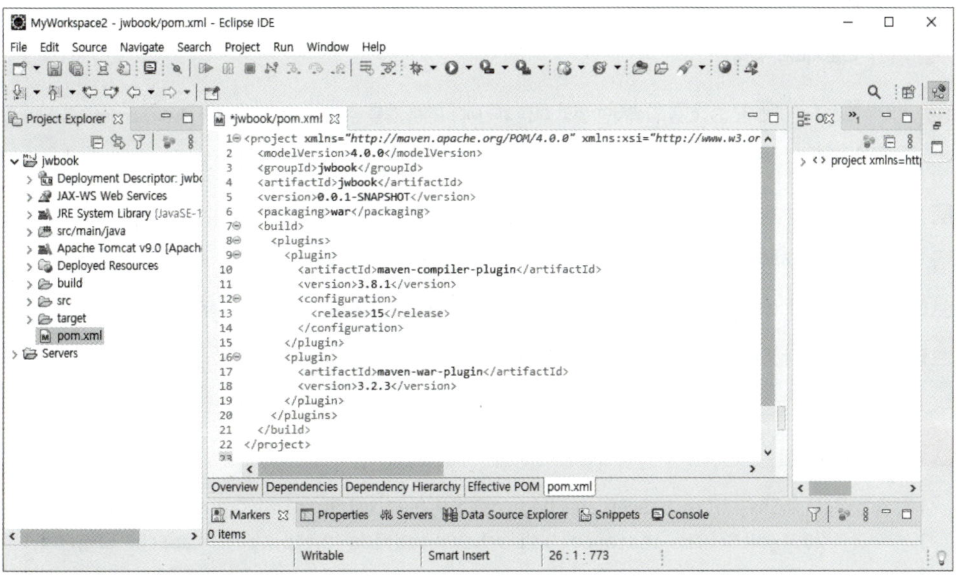

그림 7-10 pom.xml 파일

▶ **필요한 라이브러리 등록하기**

❹ 이제 마지막 단계로 프로젝트에 필요한 라이브러리를 등록해보자. 우선 기존 [WEB-INF/lib]에 복사해두었던 JSTL 관련 라이브러리를 삭제한다.

❺ 필요한 라이브러리는 리포지터리 사이트에서 검색한 버전에 맞게 선택한 화면에서 코드를 복사해서 사용한다. 이번 실습에서는 메이븐 리포지터리(https://mvnrepository.com)에 접

속하여 'JSTL'을 검색하고 1.2 버전의 코드를 복사하여 사용한다.

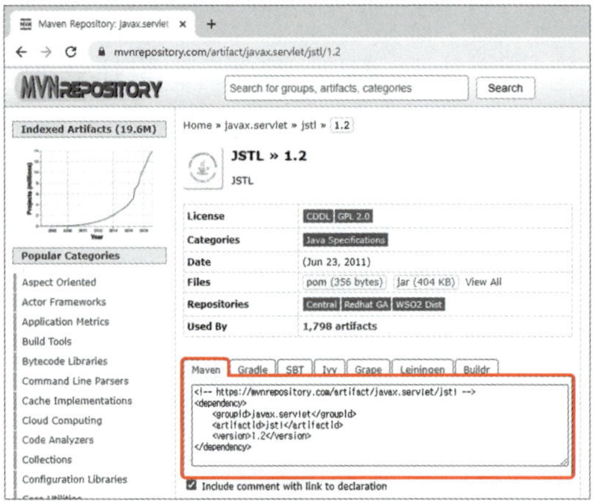

그림 7-11 리포지터리 검색

TIP 메이븐 리포지터리에서 'JSTL'을 검색하면 몇몇 다른 패키지 버전을 찾을 수 있는데 groupId가 javax.servlet으로 되어 있는 것을 선택하면 된다. 다른 패키지를 사용해도 대부분 문제는 없다.

⑥ 복사한 코드를 다음과 같이 'pom.xml'의 아래 부분에 <dependencies>...</dependencies>를 추가하고 이 사이에 붙여넣어 다음과 같이 JSTL 라이브러리 의존성을 추가한다. 다른 라이브러리를 추가할 경우 <dependencies>...</dependencies> 사이에 넣어주어야 한다. 라이브러리에 따라 참조하는 다른 라이브러리가 있다면 함께 다운로드된다.

예제 7-6 pom.xml

```
<project xmlns="http://maven.apache.org/POM/4.0.0" xmlns:xsi="http://www.w3.org/
        2001/XMLSchema-instance" xsi:schemaLocation="http://maven.apache.org/POM
        /4.0.0 https://maven.apache.org/xsd/maven-4.0.0.xsd">
    <modelVersion>4.0.0</modelVersion>
    <groupId>jwbook</groupId>
    <artifactId>jwbook</artifactId>
    <version>0.0.1-SNAPSHOT</version>
    <packaging>war</packaging>
    <build>
      ...생략...
    </build>
```

```
12   <dependencies>
13     <!-- https://mvnrepository.com/artifact/javax.servlet/jstl -->
14     <dependency>
15       <groupId>javax.servlet</groupId>
16       <artifactId>jstl</artifactId>
17       <version>1.2</version>
18     </dependency>
19   </dependencies>
20 </project>
```

4~8 Maven 프로젝트 정보에서 설정한 값이다.

12~19 참조할 라이브러리는 <dependencies></dependencies> 사이에 들어간다.

7 파일을 저장하고 'pom.xml' 파일을 프로젝트 탐색기에서 선택한 다음 마우스 오른쪽 버튼을 눌러 [Maven]→[Update Project...]를 선택하고 나오는 화면에서 〈OK〉 버튼을 클릭한다.

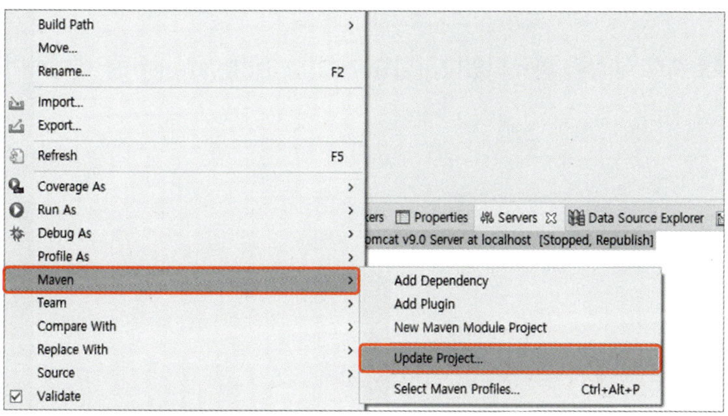

그림 7-12 pom.xml 반영

8 이클립스는 해당 라이브러리를 로컬 리포지터리에 다운로드하고 프로젝트에서 참조할 수 있는 상태로 만든다. 다음과 같이 해당 라이브러리가 프로젝트의 [Maven Dependencies]에서 참조할 수 있도록 보인다.

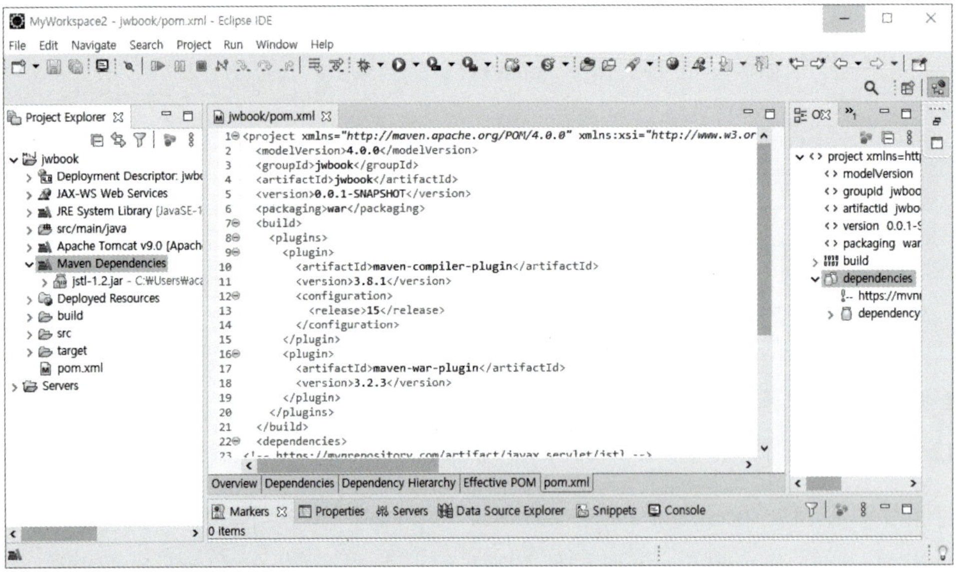

그림 7-13 라이브러리 참조 확인

이로써 Maven 기반의 프로젝트 구성이 완료되었다. [실습 7-2]의 'jstlExam.jsp'를 실행하여 정상적으로 동작하는지 확인한다.

요약

01 액션Action 태그란 '표준 액션'이라고도 불리며 JSP에서 객체 생성과 공유, 페이지 이동과 전달, 태그 파일 작성 등에 필요한 기능을 제공하는 일종의 커스텀 태그다. 별도의 taglib 지시어 사용 없이 JSP 접두어를 사용한다.

02 useBean 액션이란 JSP에서 자바 빈 객체를 생성하거나 참조하기 위한 액션이다. 기본적인 동작 구조는 다음과 같다.

❶ useBean을 이용해 만든 객체의 범위는 지정하는 속성인 scope에 주어진 id의 객체가 있는지 확인한다.

❷ 객체가 없다면 새로 객체를 생성하고 해당 scope에 저장한다.

03 커스텀 태그Custom Tag란 사용자 정의 태그를 의미한다. 커스텀 태그를 사용하기 위해서는 taglib 지시어를 사용하여 커스텀 태그가 어디에 정의되어 있는지를 선언해야 하며 태그에 사용할 접두어를 지정해야 한다.

04 표현 언어Expression Language는 주로 EL이라고 불리며 현재 페이지의 자바 객체 혹은 scope object에 저장된 자바 빈 객체를 손쉽게 접근하고 사용할 수 있게 해준다.

05 JSTLJSP Standard Tag Library은 JSP에서 스크립트릿을 사용하지 않고 HTML 형식을 유지하면서 조건문, 반복문, 간단한 연산과 유용한 기능을 손쉽게 사용할 수 있도록 지원하기 위해 만들어진 표준 커스텀 태그 라이브러리다.

연습문제

01 **JSP 액션 태그에 대한 설명으로 틀린 것을 고르시오.**

① JSP에서 객체 생성과 공유, 페이지 이동과 전달, 태그 파일 작성 등에 필요한 기능을 제공하는 일종의 커스텀 태그다.

② 표준 액션이라고도 불리며 커스텀 태그 기반이지만 별도의 taglib 지시어 사용 없이 JSP 접두어를 사용한다.

③ 기본적으로 데이터를 표현하기 위한 용도로 설계되었지만 제한된 객체 참조가 가능하며 해당 객체의 메서드 호출도 가능하다.

④ 액션 태그 <jsp:forward>는 request와 response 객체를 포함해 다른 페이지로 포워드한다.

02 **JSP에서 자바 빈 사용을 위한 액션 태그는 무엇인가?**

① jsp:forward ② jsp:include

③ jsp:useBean ④ jsp:param

03 **if 문 혹은 switch 문의 형식으로 사용할 수 있는 JSTL 태그 집합에 해당하지 않는 태그는 무엇인가?**

① <c:choose> ② <c:forEach>

③ <c:when> ④ <c:otherwise>

04 **다음은 forward 액션의 코드 사용 예시다. 빈칸에 들어갈 단어를 채우시오.**

```
<jsp:____(1)____ page="result.jsp">
  <jsp:____(2)____ name="title" value="My Homepage" />
</jsp:____(3)____>
```

05 **include 액션과 include 지시어의 차이점을 간단히 설명하시오.**

CHAPTER 08

MVC 패턴의 이해

학습목표

- 디자인 패턴을 이해한다.
- MVC 패턴의 구조를 이해한다.
- 실습을 통해 서블릿 컨트롤러를 배우고 구현해본다.

01 MVC 패턴

백엔드 웹 개발에서 가장 대표적인 MVC 패턴을 제대로 이해하기 위해서는 먼저 소프트웨어 디자인 패턴에 대한 이해가 필요하다. 이번 절에서는 디자인 패턴을 먼저 알아보고 MVC 패턴의 구조를 이해해본다.

1 디자인 패턴이란?

디자인 패턴Design Pattern은 처음에는 건축학적 관점에서 출발한 개념이었으나 1994년 GoFGang of Four의 ≪Design Patterns: Elements of Reusable Object-Oriented Software≫를 통해 소프트웨어 설계에서 공통적으로 발생하는 문제에 대한 재사용 가능한 솔루션으로 제시되었다. 물론 완벽한 설계란 없으며 시대의 흐름에 따라 달라질 수 있지만, 시행착오를 통해 스스로 터득해야 할 문제를 정리해둔 솔루션이 있다면 당연히 검토할 가치가 있는 것이다.

GoF의 디자인 패턴은 생성, 구조, 행동, 동시실행 등의 문제에 대해 여러 패턴을 제시하고 있으며 UML 클래스 다이어그램을 이용해 구조를 표현하고 있다. UML이란 Unified Modeling Language의 약어로 객체지향 설계와 구현을 지원하기 위해 만들어진 일종의 모델링 언어다. 프로그래밍 언어와 같은 형태는 아니고 시스템 분석, 설계에 필요한 내용을 여러 다이어그램 형태로 정의한 규격이다.

2 추상 팩토리 패턴이란?

Factory는 '공장'이라는 의미로 디자인 패턴에서 객체를 생성하는 역할을 의미한다. '추상적'이라는 의미를 가진 Abstract는 자바의 추상 클래스Abstract Class에도 사용되는 표현으로 구체적인 내용의 구현을 하위 객체에 위임하는 모델이다. 따라서 추상 팩토리Abstract Factory는 객체를 생성하는 것을 별도로 구현하되 관련된 구체적인 구현을 하위 클래스에서 담당하게 하는 설계 모델로 이해할 수 있다.

[그림 8-1]은 객체 생성에 대한 문제 해결을 위한 추상 팩토리 패턴Abstract Factory Pattern의 UML 클래스 다이어그램이다.

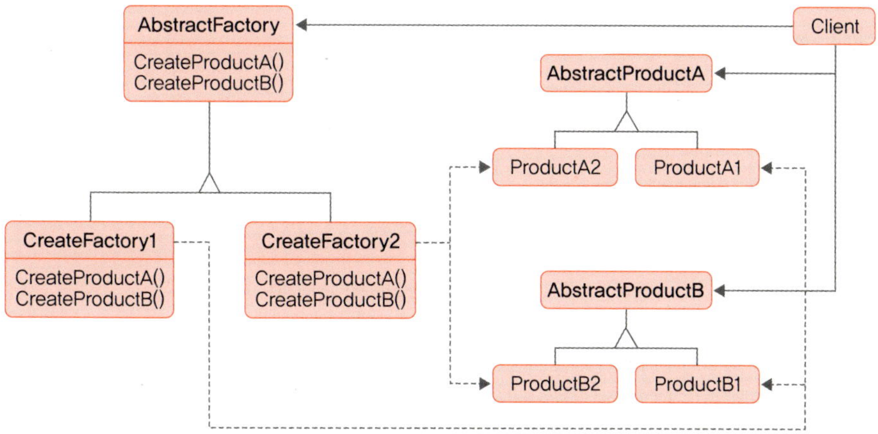

그림 8-1 추상 팩토리 패턴의 UML(출처: GoF)

객체지향 프로그래밍은 클래스로부터 여러 객체를 생성하고 이들을 활용하는 구조다. 따라서 프로그램에서 객체를 직접 생성하는 것이 당연하면서도 프로그램에 종속성을 만드는 요인이 되기도 한다. 예를 들어 데이터베이스 연동 프로그램에서 다음과 같은 코드가 있다고 가정해 보자.

```
ProductDAO dao = new ProductDAO();
dao.insertDB(p);
...
```

- ProductDAO 클래스는 데이터베이스 연동을 구현한 클래스다.
- insertDB() 메서드는 인자로 상품 객체를 전달받아 DB에 저장한다.

위 코드는 별다른 문제가 없어 보이지만 ProductDAO라는 클래스에 대한 종속성을 만들게 된다. 예를 들어 현재 시스템에서 오라클Oracle 데이터베이스를 사용하고, ProductDAO 역시 오라클에 맞게 제작된 클래스라 가정하자. 이 경우 데이터베이스를 MySQL 또는 다른 데이터베이스로 교체할 경우 ProductDAO를 MySQL에 맞게 다시 구현해야 한다. 그런데 프로그램이 상황에 맞게 오라클 혹은 MySQL에서 실행되어야 한다면 현재 프로그램의 전반적인 구조를 수정할 수밖에 없을 것이다. 추상 팩토리 패턴은 이러한 경우 유용하게 사용할 수 있다. 직접적인 객체 생성 대신 팩토리Factory 클래스에 객체 생성을 위임하는 구조이기 때문이다.

다음 코드는 패턴 구조를 적용한 경우 클라이언트에서 팩토리를 사용하는 부분만 예로 든 것이다. 패턴 적용에 대한 이해를 돕기 위한 것으로 전체 패턴을 구현한 것이 아니다.

```
ProductDAO dao = DAOFactory.create("oracle");
dao.insertDB(p);
...
```

- **ProductDAO**: 추상 클래스 또는 인터페이스다. ProductDAO 추상 클래스를 상속받는 OracleDAO, MySQLDAO 등의 클래스가 존재한다.
- **DAOFactory**: 오라클이나 MySQL용으로 구현된 ProductDAO 타입의 객체를 생성해서 리턴한다.

위의 예시와 같이 create()의 인자로 특정 인스턴스를 요청할 수도 있고 .xml 설정 파일 등을 이용해 코드 수정 없이 확장 가능한 구조도 가능하다.

최근에는 개발자가 직접 애플리케이션 실행을 위한 모든 환경을 설계하고 개발하는 형태가 아니라 프레임워크, 컨테이너 기반으로 개발하기 때문에 직접적인 패턴 구현에 대한 고민은 줄어들었다. 하지만 소프트웨어 설계에서 디자인 패턴은 여전히 중요한 개념이다.

3 MVC 패턴이란?

MVC 패턴이란 Model-View-Controller의 약어로 주로 GUIGraphical User Interface 기반의 애플리케이션 개발에 사용되는 디자인 패턴이다. 지금은 백엔드 기반의 웹 애플리케이션 개발의 기본 모델이 되었으며 모바일 앱 및 프런트엔드 기반 웹 애플리케이션 개발이 늘어나면서 MVPModel-View-Presenter, MVVMModel-View-ViewModel과 같은 패턴도 널리 사용되고 있다.

이러한 패턴의 공통적인 목적은 화면과 데이터 처리를 분리하여 코드 간 종속성을 줄이는 데 있다. 즉 구성요소 간 역할을 명확하게 하여 코드를 쉽게 분리하고 협업이 용이하게 만드는 것이다. 이 책에서는 MVC 패턴에 대해서만 살펴본다. 특히 자바 웹 개발에 일반적으로 적용되는 구조를 중심으로 설명한다.

[그림 8-2]는 기본적인 MVC 패턴 구조를 표현한 그림이다.

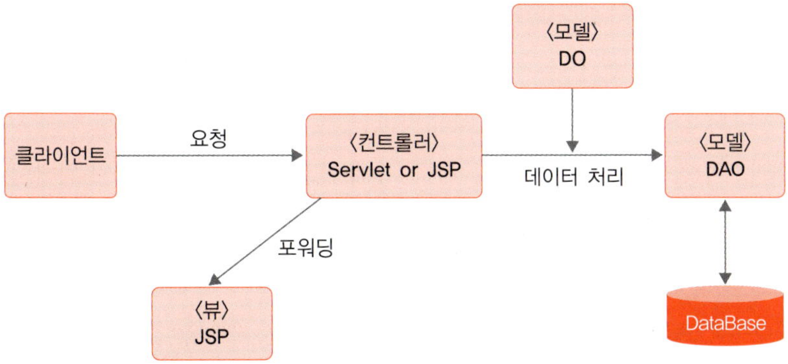

그림 8-2 MVC 패턴의 구조

모델

모델Model은 데이터를 처리하는 영역이다. 일반적으로 데이터베이스와 연동을 위한 DAOData Access Object 클래스와 데이터 구조를 표현하는 DOData Object, 엔티티 클래스 등으로 구성된다.

모델은 뷰나 컨트롤러에 독립적인 구조로 데이터베이스 처리를 필요로 하는 여러 애플리케이션에서 공유할 수 있으며 웹 애플리케이션이 아닌 경우에도 사용할 수 있는 형태다.

여기서 잠깐! DAO, DO는 필수적인가?

효과적인 DB 연동 구현을 위해 JPAJava Persistence API를 사용하는 경우 DAO는 생략되거나 구현 범위가 축소될 수 있다. 또한 하나의 화면 구성을 위해 여러 데이터베이스 혹은 외부 서비스 등과 연계해야 하는 경우 이들을 통합하기 위해 별도의 서비스 객체를 두거나 DO 이외에 DTOData Transfer Object 등을 사용하기도 한다.

뷰

뷰View는 화면 구성을 담당하는 영역이다. 뷰에서 데이터를 직접 가져오는 방식은 권장하지 않고 주어진 데이터를 출력하는 용도로만 사용하는 것이 바람직하다. 뷰 영역의 구현을 위해 뷰 템플릿 엔진이 사용되며 JSP 역시 이러한 뷰 템플릿 엔진 중 하나다. HTML 이외에 EL, JSTL 등을 사용해 컨트롤러로부터 전달받은 데이터를 출력하고 HTML, CSS 등을 통해 화면을 디자인한다. 뷰는 기본적으로 모델, 컨트롤러와의 종속성이 없도록 구현해야 한다.

TIP 스프링 프레임워크에서 주로 사용하는 타임리프, 전통적인 프리마커 등이 대표적인 뷰 템플릿 엔진이며 구현에 따라 서로 다른 뷰 템플릿 엔진을 사용해도 무방하다.

컨트롤러

컨트롤러Controller는 MVC 패턴의 핵심으로 모든 사용자 요청의 중심에 위치한다. 사용자 요청은 특정 뷰에 바로 전달되지 않고 컨트롤러를 통해야 하며, 컨트롤러는 사용자 요청에 따라 모델을 통해 데이터베이스와 연동하여 데이터를 처리하고 뷰에 전달한다. 뷰로 전달하기 위해 데이터가 들어 있는 DO 혹은 List〈DO〉 형태의 객체를 request에 저장한 후 포워딩한다.

컨트롤러는 특정 뷰를 지정해야 하기 때문에 뷰와 종속관계가 발생할 수밖에 없다. 따라서 프로젝트의 규모가 클수록 컨트롤러는 복잡해지고 관리가 어려워지는 문제가 있다.

컨트롤러의 구현은 JSP, 서블릿 모두 가능하며, 간단한 기능을 구현할 때는 JSP가 유리하지만 규모 확장과 향후 스프링 프레임워크로의 확장 등을 고려한다면 서블릿 기반의 구현을 권장한다.

컨트롤러를 구성하는 세 가지 방법이 있다. 첫 번째는 사용자 요청마다 컨트롤러를 만드는 것이다. 예를 들어 로그인 기능을 구현하려면 'loginForm.html'로 데이터를 입력받고 LoginController에서 처리하고 결과를 보여주는 'main.jsp'가 필요한데, 각각의 기능 구현을 동일한 방식으로 처리하게 되면 기능(예 회원 가입, 정보 수정 등)마다 컨트롤러를 만들어야 한다. 두 번째로 특정 모듈 단위로 하나의 컨트롤러 안에서 여러 요청 단위를 구분해 처리할 수 있다. 예를 들어 MemberController 안에서 로그인, 회원 가입, 정보 수정 등을 처리할 수 있다. 마지막으로 프런트 컨트롤러를 따로 두어 모든 요청을 하나의 컨트롤러로 모은 다음 요청에 따라 구현 컨트롤러를 호출하도록 구성할 수도 있다.

여기서 잠깐! 서블릿만으로 컨트롤러 구현이 가능할까?

단순하게 서블릿만으로 컨트롤러를 구현하는 것은 어렵지 않지만 실제 개발에서는 시스템 전반을 통합할 수 있는 컨트롤러 구조를 설계해서 일종의 프레임워크 개념으로 만들어둘 필요가 있다. 따라서 이러한 부분을 개인 혹은 회사에서 개발하거나 스프링 프레임워크와 같이 오픈소스 프레임워크를 사용하게 된다.

02 서블릿 컨트롤러 설계

컨트롤러를 구현하기 위해서는 컨트롤러가 처리해야 하는 주요 기능에 대해 먼저 이해해야 한다. 이번 절에서는 컨트롤러의 가장 기본적인 기능인 클라이언트 요청 처리, 입력값 핸들링, 뷰 이동에 대해 살펴보고 실제 서블릿에서 어떻게 구현해야 하는지 살펴본다.

1 클라이언트 요청 처리

우선 클라이언트 요청을 단일 컨트롤러에서 처리할 것인지 개별 컨트롤러에서 처리할 것인지 결정해야 한다. 서블릿은 URL 요청을 GET, POST 등의 HTTP 메서드를 통해 처리하는 구조이기 때문에 여러 URL 패턴을 하나의 서블릿에서 처리할 수 있지만 URL에 따라 다른 처리를 구현할 수는 없다.

예를 들어 어떤 쇼핑몰에서 제품을 등록하는 기능과 삭제하는 기능이 필요하다고 가정하자. 각각의 요청 URL은 다음과 같다.

```
• 제품 등록 요청 URL: /shop/addProduct
• 제품 삭제 요청 URL: /shop/delProduct
```

이때 두 URL 요청을 하나의 서블릿으로 처리하도록 URL 매핑 설정을 할 수 있으나, 두 요청 모두 GET 방식이라면 URL이 다르더라도 동일한 doGet() 메서드가 호출되기 때문에 어떤 요청이 호출된 것인지 구분할 수 없다. 따라서 각각의 URL 요청을 별도의 서블릿으로 구현해야 한다.

한 가지 예를 더 보자. 회원 관리 프로그램을 개발한다면 회원 가입, 승인, 수정, 탈퇴(삭제), 로그인 등의 기능이 필요하며 각각의 요청을 처리하기 위한 컨트롤러가 있어야 한다. 즉 다음과 같이 입력/요청 화면과 입력 데이터를 받아 이를 처리하는 컨트롤러, 처리된 결과를 보여주기 위한 화면이 필요하다.

- 가입 양식 입력 화면 → 가입 처리 컨트롤러 → 가입 완료 화면
- 신규 회원 관리자 화면 → 신규 회원 가입 승인 컨트롤러 → 승인 완료 화면
- 로그인 양식 입력 화면 → 로그인 처리 컨트롤러 → 메인 화면

이 경우 각각의 컨트롤러를 구현해야 하지만 같은 단위의 업무를 하나의 컨트롤러에서 처리하는 것이 구조적으로 관리가 쉬울 수 있다. 물론 하나의 컨트롤러에서 처리할 요청이 지나치게 많은 경우 오히려 코드 관리가 어려울 수 있으므로 주의한다.

여기서 잠깐! GET 방식과 POST 방식

GET 메서드는 특정 리소스의 표시를 요청할 때 사용한다. GET을 사용하는 요청은 파라미터(Query String)를 통해 클라이언트에서 작성된 데이터를 서버로 전송하며, POST 메서드는 특정 서버 리소스(서블릿 등)에 데이터를 전송할 때 사용된다. GET 방식과 달리 웹 브라우저의 주소창에 데이터 부분은 보이지 않으며 데이터는 Request Body에 포함되어 전달된다.

사용자의 요청을 구분해 하나의 서블릿에서 처리하기 위해서는 다음의 두 가지 방법을 사용할 수 있다.

- URL의 파라미터 이용
- 프런트 컨트롤러 구현

URL의 파라미터 이용

URL의 파라미터를 이용하는 방식은 URL에 action과 같이 별도의 파라미터를 두어 요청을 구분하는 방법이다.

```
• http://xxx.com/member?action=create
• http://xxx.com/member?action=login
```

- **member**: 서블릿 URL 매핑값이다.
- **action**: 요청을 구분하기 위한 파라미터다.
- 요청에는 회원 정보, 로그인 아이디 등의 사용자 데이터가 추가로 포함된다.
- GET, POST 방식이 모두 가능하다.
- 컨트롤러에서는 action 값을 비교하여 별도의 메서드 구현 등의 방식으로 처리한다.

비교적 간단한 방법이지만 action 파라미터의 구조가 변경되며 관련된 HTML, JSP, 컨트롤러의 수정이 필요하다는 단점이 있다.

실제 구현은 다음과 같이 분기문으로 처리할 수 있다.

```
doGet(...) {
  String action = request.getParameter("action");
  switch(action) {
    case "create": createMember(); break;
    case "login": loginMember(); break;
    ...
  }
}
```

프런트 컨트롤러 구현

프런트 컨트롤러를 구현하는 방식은 모든 요청의 진입점이 되는 컨트롤러가 있고 여기에서 서브 컨트롤러를 호출하는 구조다. 좀 더 복잡한 구조를 체계적으로 처리할 수 있으며 프런트 컨트롤러 패턴으로 정립되어 있어 여러 구현에 응용되는 디자인 패턴이다.

프런트 컨트롤러를 구현하기 위해서는 우선 모든 요청을 하나로 모으는 방법이 필요하다. 일반적으로는 서블릿 매핑의 구조적인 특징을 활용하는데, 예를 들어 URL 요청을 특정 확장자 형식으로 끝나도록 설계하는 방식이 있다.

```
• http://xxx.com/member/create.do
• http://xxx.com/member/login.do
```

- **/member**: 회원 관리 웹 애플리케이션 콘텍스트 혹은 서비스 구분 경로다.
- ***.do**: 서블릿 URL 매핑값으로 모든 요청은 하나의 서블릿을 호출한다.
- 컨트롤러에서는 .do 앞의 요청 이름(create, login)으로 구분하여 별도의 메서드 혹은 서브클래스를 통해 실행한다.

요청에 대한 파라미터 없이 명확한 이름(위 예시의 create, login)으로 요청할 수 있으며, 요청에 대한 URL 관리가 필요 없다는 장점이 있다. 반면 전체 시스템이 네이버와 같이 포털 형태로 회원 관리, 블로그, 카페 등으로 세부 시스템이 분리되어 있는 경우 콘텍스트를 분리하는 것은 세션 관리 등에 부담이 갈 수 있다. 또한 단일 콘텍스트에 경로로 구분하는 경우 프런트 컨트롤러에서 모든 요청을 조건문과 메서드 구현만으로 처리하기에는 컨트롤러 클래스가 너무 비대해지는 문제도 발생할 수 있다.

따라서 규모가 어느 수준 이상이 되면 경로에 따라 서브 컨트롤러로 포워딩하는 처리가 필요하다. 서브 컨트롤러를 구현하기 위해서는 먼저 다음과 같이 URL 요청을 분석해 사용자 요청을 구분하는 작업이 필요하다.

```
@WebServlet("*.do")
public class MemberController extends HttpServlet {
  ...
  doGet(...) {
    String uri = request.getRequestURI();
    String conPath = request.getContextPath();
    String command = uri.substring(conPath.length());

    switch(command) {
      case "create.do": createMember(); break;
      case "login.do": loginMember(); break;
      ...
    }
  }
}
```

이 구조에서는 action과 같은 파라미터는 없지만 메서드를 이용해 사용자 요청을 분리해서 처리한다. 이렇게 switch(혹은 if) 문을 사용하는 구조는 기능 추가 또는 변경이 필요할 때 조건문도 함께 관리해야 하는 문제가 있다. 이러한 문제점은 Command 패턴을 사용하면 다음과 같이 switch(혹은 if) 구조 없이 해당 요청에 맞는 특정 컨트롤러가 실행되도록 구현할 수 있다.

```
public void init(ServletConfig sc) throws ServletException {
  Map<String, SubController> contList = new HashMap<>();

  contList.put("/create.do", new MemberCreateController());
  contList.put("/login.do", new LoginController());
  ...
}
```

```
public void service(HttpServletRequest request, HttpServletResponse response) throws
ServletException, IOException {
  String url = request.getRequestURI();
  String contextPath = request.getContextPath();
  String path = url.substring(contextPath.length());

  SubController subController = contList.get(path);
  subController.process(request, response);
}
```

- 처리하고자 하는 요청 URL을 키로 해서 컨트롤러 클래스 인스턴스를 맵에 저장한다.
- 사용자 요청을 처리할 때 경로 이름(명령)만 가지고도 처리할 컨트롤러 객체를 참조할 수 있다.
- init()에서 요청에 따른 컨트롤러 객체를 생성한 후 맵에 추가한다.

이제 서브 컨트롤러를 운영하는 프런트 컨트롤러를 설계해보자. 먼저 서브 컨트롤러의 규격을 정의한 인터페이스가 필요하다.

```
public interface SubController {
  void process(HttpServletRequest request, HttpServletResponse response);
}
```

다음으로 필요한 서브 컨트롤러를 구현한다. 앞의 다중 요청 처리 서블릿을 서브 컨트롤러 규격에 맞게 수정한 것이다.

```
public class MemberController implements SubController {
  void process(HttpServletRequest request, HttpServletResponse response) {
      ....
  }
}
```

- 기본적으로는 단일 기능을 수행하며 서브 URL 경로를 추가로 구분해 메서드 단위로 여러 요청을 처리하도록 구현하는 것도 가능하다.

처음 자바 웹 프로그래밍을 배우는 단계에서는 조금 어려운 내용이므로 앞에서 설명한 부분은 참고만 하도록 한다. 다만 컨트롤러라는 것이 단순히 서블릿으로 요청을 처리하기만 하면 되는 것이 아니라 체계적인 구조로 이루어져야 한다는 개념은 확실히 가져야 한다.

여기서 잠깐! 스프링 프레임워크에서 프런트 컨트롤러 구현

스프링 프레임워크의 경우 애너테이션 방식으로 구현하기 때문에 클래스 생성 시 컨트롤러 클래스로 지정한 다음 메서드 단위로 URL 매핑이 가능해 훨씬 간편하면서도 관리가 용이한 구조의 컨트롤러 운영이 가능하다.

```
@Controller
@RequestMapping("/member")
public class MemberController {
  @PostMapping("create")
  public void createMember() {
  ...
  }
}
```

- http://xxx.com/member/create URL로 POST 요청을 처리한다.
- 같은 방법으로 BlogController, CafeController 등을 두어 운영할 수도 있다.

2 입력값 핸들링

다음으로 알아볼 컨트롤러의 기능은 입력값 핸들링이다. 서블릿에서 클라이언트의 입력값을 처리하려면 앞에서 배운 것처럼 request.getParameter()를 이용해야 한다. 파라미터가 한두 개라면 문제없겠지만 회원 가입과 같이 여러 정보가 전달되는 경우 모든 값을 request.getParameter()로 받는 것은 문제가 된다. 또한 DAO 클래스와 연동을 위해서는 입력값을 Member 객체로 만든 후에 전달해야 하므로 기본적으로 다음과 같은 코드 구현이 필요하다.

```
doGet(...) {
  Member m = new Member();
  m.setName(request.getParameter("name"));
  m.setTel(request.getParameter("tel"));
  ...
  dao.create(m);
}
```

7장에서 살펴보았듯이 JSP에서는 useBean 액션을 통해 입력값을 Member 객체로 쉽게 만들 수 있었다. 하지만 서블릿에서는 그런 기능이 제공되지 않기 때문에 별도의 라이브러리를 사용해야 하는데, 대표적으로 Apache Commons BeanUtils가 쓰인다.

```
doGet(...){
  Member m = new Member();
  BeanUtils.populate(m, request.getParameterMap());
  ...
  dao.create(m);
}
```

여기서 잠깐! 스프링 프레임워크에서의 입력값 핸들링

스프링 프레임워크에서는 기본적으로 메서드 파라미터 지정으로 자동 처리가 가능하다. 즉 create라는 URL 요청으로 전달되는 파라미터를 Member 클래스의 멤버 변수에 자동으로 전달해 인자로 제공한다.

```
@PostMapping("create")
public void createMember(Member m) {
  dao.create(m);
}
```

3 뷰 이동

컨트롤러에서 사용자 요청을 처리한 다음에는 적절한 뷰로 이동할 수 있어야 한다. 이때 뷰에서 보여줄 데이터를 포함해서 이동해야 하는 경우와 그렇지 않은 경우가 있다.

데이터를 포함하지 않는 경우

사용자 요청 처리 후 별도의 데이터를 포함하지 않는다면 해당 페이지로 리디렉션Redirection할 수 있다. JSP, 서블릿 모두 response.sendRedirect()를 사용하면 된다.

```
response.sendRedirect("main.jsp");
```

데이터를 포함하는 경우

데이터를 포함해서 이동하는 경우 request scope object에 속성으로 데이터를 넣은 후 원하는 페이지로 포워딩한다. 데이터 활용 목적에 따라 session 또는 application을 사용할 수도 있으며 여러 데이터를 포함하는 것도 가능하다.

```
doGet(...){
  ...
  request.setAttribute("member", m);
  RequestDispatcher dispatcher = request.getRequestDispatcher("userInfo.jsp");
  dispatcher.forward(request, response);
}
```

이것으로 컨트롤러 구현에 필요한 기본적인 개념을 살펴보았다. 다음 절부터는 직접 실습하며 감을 익혀보자.

여기서 잠깐! JSP와 스프링 프레임워크에서의 뷰 이동

JSP에서 뷰 이동을 구현할 경우 다음과 같이 작성한다.

```
<%
  request.setAttribute("member", m);
  pageContext.forwared("userInfo.jsp");
%>
```

스프링 프레임워크의 경우 인자로 전달된 Model 객체에 원하는 데이터를 저장하고 뷰 페이지 이름을 리턴하기만 하면 된다.

```
@GetMapping("info")
public String getMemberInfo(int id, Model model) {
  ...
  model.addAttribute("member", m);
  return "userInfo";
}
```

- 리턴되는 문자열 값은 뷰 페이지의 이름이며 확장자는 생략된다.

서블릿, JSP, 스프링 프레임워크 모두 코드는 조금씩 다르지만 기본 개념과 구조는 유사하다는 것을 알 수 있다.

03 실습 8-1 컨트롤러 기초 예제: 계산기 구현

이번 실습에서는 컨트롤러 동작 원리와 구현 방법을 배우기 위해 단순한 구조의 컨트롤러를 구현해본다. 7장에서 구현했던 Calculator 클래스를 컨트롤러와 모델 영역으로 구분하고 결과를 보여준다. MVC 구조로 구현하는 것이다. 실습 흐름은 다음과 같다.

❶ **뷰 구현**: calcForm.html, calcResult.jsp

❷ **모델 구현**: Calculator.java

❸ **컨트롤러 구현**: CalcController.java

1 뷰 구현: calcForm

1 [webapp] 폴더에 [ch08] 폴더를 만들고 [ch07]의 'calcForm.html'을 복사하여 붙여 넣는다. 5행과 8행의 제목과, 컨트롤러 호출 부분인 10행을 다음과 같이 수정한다.

예제 8-1 calcForm.html

```
1  <!DOCTYPE html>
2  <html>
3  <head>
4  <meta charset="UTF-8">
5  <title>계산기-컨트롤러</title>
6  </head>
7  <body>
8    <h2>계산기-컨트롤러</h2>
9    <hr>
10   <form method="post" action="/jwbook/calcControl">
11     <input type="text" name="n1" size="10"> <select name="op">
12       <option> + </option>
13       <option> - </option>
14       <option> * </option>
15       <option> / </option>
```

```
16      </select> <input type="text" name="n2" size="10">
17      <input type="submit" value="실행">
18    </form>
19 </body>
20 </html>
```

10 <form> 태그의 action 속성을 "/jwbook/calcControl"로 수정한다.

❷ 다음으로 계산 처리 결과를 보여주는 화면 구현을 위해 다음과 같이 'calcResult.jsp' 파일을 추가한다.

예제 8-2 calcResult.jsp

```
1  <%@ page language="java" contentType="text/html; charset=UTF-8"
2      pageEncoding="UTF-8"%>
3  <!DOCTYPE html>
4  <html>
5  <head>
6  <meta charset="UTF-8">
7  <title>계산기-컨트롤러</title>
8  </head>
9  <body>
10   <h2>계산 결과-컨트롤러</h2>
11   <hr>
12   결과: ${result}
13 </body>
14 </html>
```

12 별도의 useBean이나 스크립트 요소 없이 EL을 사용해 결괏값을 출력한다.

❷ 모델 구현: Calculator

❸ 모델 영역은 DAO, DO 등으로 구성할 수 있으나 여기서는 데이터베이스를 사용하지 않기 때문에 [ch07]에서 만들었던 Calculator 클래스를 복사해 사용한다. 먼저 [src/main/java]에서 [ch08] 패키지를 생성한 다음 [ch07] 패키지의 'Calculator' 클래스를 복사해 [ch08] 패키지로 붙여 넣는다. [ch08] 패키지로 코드가 변경되어 복사된다.

코드는 [예제 7-2]와 동일하기 때문에 생략한다.

3 컨트롤러 구현: CalcController

4 [ch08] 패키지에 새로운 서블릿을 추가한다. 서블릿 생성에 필요한 정보는 다음과 같다.

- **Java Package**: ch08
- **Class name**: CalcController
- **URL mapping**: calcControl

TIP 서블릿 생성이 기억나지 않는다면 5장의 153쪽을 참고한다.

5 핵심이 되는 doGet() 부분을 변경하는 데 기본적인 코드 구조는 [실습 5-2]에서 만들었던 CalcServlet과 동일하다. 다만 계산 결과를 request에 저장하고 'calcResult.jsp'로 포워딩하는 부분만 차이가 있다.

예제 8-3 calcController.java

```
package ch08;
import java.io.IOException; // 다른 impot 문은 생략함

@WebServlet("/calcControl")
public class CalcController extends HttpServlet {
  private static final long serialVersionUID = 1L;

  public CalcController() {
    super();
  }

  protected void doGet(HttpServletRequest request, HttpServletResponse
  response) throws ServletException, IOException {
    int n1 = Integer.parseInt(request.getParameter("n1"));
    int n2 = Integer.parseInt(request.getParameter("n2"));

    long result = 0;

    switch(request.getParameter("op")) {
      case "+": result = n1+n2; break;
      case "-": result = n1-n2; break;
      case "/": result = n1/n2; break;
      case "*": result = n1*n2; break;
    }
```

```
25       request.setAttribute("result", result);
26       getServletContext().getRequestDispatcher("/ch08/calcResult.jsp")
27         .forward(request, response);
28
29 }
30
31     protected void doPost(HttpServletRequest request, HttpServletResponse
32     response) throws ServletException, IOException {
33       doGet(request, response);
34     }
35 }
```

25~29 계산 결과를 'result'라는 이름으로 request scope에 저장하고 결과를 보여주는 calcResult.jsp 페이지로 포워딩한다.

간단하게 구현되었지만 앞에서 배웠던 컨트롤러의 기본 기능인 클라이언트 요청 처리, 입력값 핸들링, 페이지 이동이 모두 반영되어 있다.

4 실행 및 결과 확인

6 'calcForm.html'을 먼저 실행하고 숫자 입력과 연산자를 선택한 다음 실행 버튼을 눌러 계산기 JSP가 정상적으로 호출되고 결과가 출력되는지 확인한다.

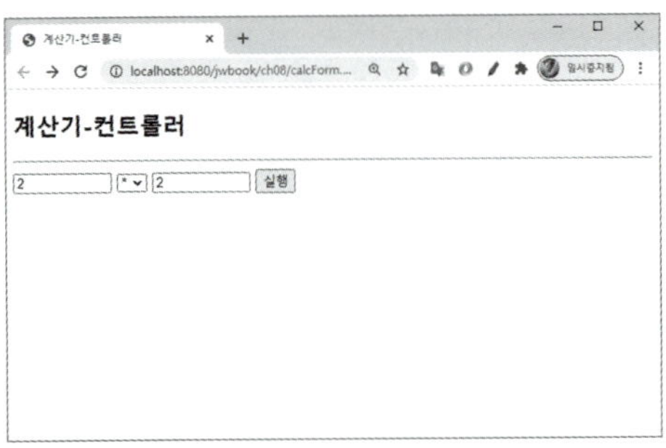

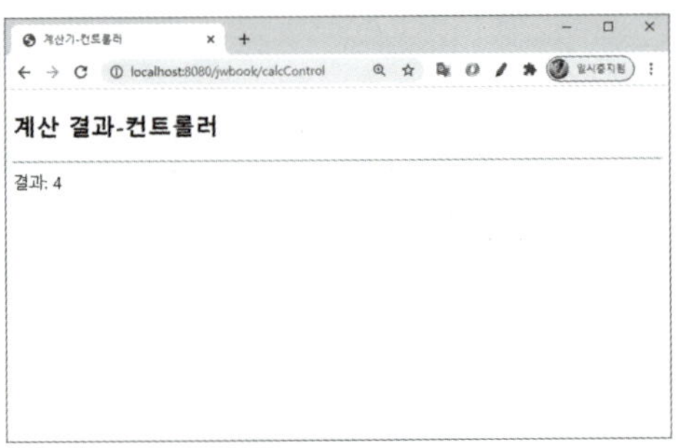

04 실습 8-2 고급 컨트롤러 서블릿 구현

이번 실습에서는 여러 요청을 하나의 컨트롤러에서 처리하는 구조를 구현해본다. [실습 8-1]과 마찬가지로 기본적으로 MVC 구조를 따른다. 여기서는 전체 상품 목록을 보여주고 상품을 선택하면 세부 정보를 보여주도록 구현할 것이다.

❶ **뷰 구현**: productList.jsp, productInfo.jsp

❷ **모델 구현**: Product.java, ProductService.java

❸ **컨트롤러 구현**: ProductController.java

1 뷰 구현: productList

1 뷰는 전체 상품 목록과 세부 정보를 보여주는 2개의 화면으로 구성된다. 먼저 상품 목록을 보여주는 화면을 만들기 위해 [ch08]에 'productList.jsp'를 새로 만들고 다음과 같이 작성한다.

예제 8-4 productList.jsp

```
<%@ page language="java" contentType="text/html; charset=UTF-8"
    pageEncoding="UTF-8"%>
<%@ taglib uri="http://java.sun.com/jsp/jstl/core" prefix="c"%>

<!DOCTYPE html>
<html>
<head>
<meta charset="UTF-8">
<title>상품 목록</title>
</head>
<body>
  <h2>상품 목록</h2>
  <hr>
  <table border="1">
  <tr> <th>번호</th> <th>상품명</th> <th>가격</th> </tr>
  <c:forEach var="p" varStatus="i" items="${products}">
```

```
17      <tr>
18        <td>${i.count}</td>
19        <td><a href="/jwbook/pcontrol?action=info&id=${p.id}">${p.name}</a></td>
20        <td>${p.price}</td>
21      </tr>
22    </c:forEach>
23    </table>
24  </body>
25  </html>
```

16 'products'라는 이름의 리스트 형식으로 데이터가 전달된다고 가정한다.

18~20 번호와 상품명, 가격을 출력한다.

19 상품명을 클릭하면 세부 정보로 이동할 수 있도록 하이퍼링크를 추가한다. 링크에는 action과 id 파라미터를 전달한다.

❷ 다음으로 상품 정보를 출력하는 화면을 만들기 위해 [ch08]에 'productInfo.jsp' 파일을 새로 만들고 다음과 같이 작성한다.

예제 8-5 productInfo.jsp

```
<%@ page language="java" contentType="text/html; charset=UTF-8"
    pageEncoding="UTF-8"%>
<!DOCTYPE html>
<html>
<head>
<meta charset="UTF-8">
<title>상품정보 조회</title>
</head>
<body>
  <h2>상품정보 조회</h2>
  <hr>
  <ul>
    <li>상품코드: ${p.id}</li>
    <li>상품명: ${p.name}</li>
    <li>제조사: ${p.maker}</li>
    <li>가격: ${p.price}</li>
    <li>등록일: ${p.date}</li>
  </ul>
```

```
19 </body>
20 </html>
```

13~17 p라는 이름으로 request scope object에 속성으로 저장된 Product 클래스 타입의 객체의 멤버 변수 값을 출력하고 있다.

2 모델 구현: Product, ProductService

모델 영역은 상품 정보를 표현하기 위한 DO 객체인 Product 클래스와 데이터베이스 없이 샘플 데이터를 제공하기 위한 ProductService 클래스로 구성된다.

3 먼저 [src/main/java]의 [ch08] 패키지에 Product 클래스를 생성하고, 화면에 제공할 정보를 참조해 다음과 같이 작성한다.

예제 8-6 Product.java

```java
package ch08;

public class Product {
  private String id;
  private String name;
  private String maker;
  private int price;
  private String date;

  // 데이터 생성을 쉽게 하기 위한 생성자
  public Product(String id, String name, String maker, int price, String date)
  {
    this.id = id;
    this.name = name;
    this.maker = maker;
    this.price = price;
    this.date = date;
  }

  // getter, setter 메서드
  public String getId() { return id; }
  public void setId(String id) { this.id = id; }

```

```
24   public String getName() { return name; }
25   public void setName(String name) { this.name = name; }
26
27   public String getMaker() { return maker; }
28   public void setMaker(String maker) { this.maker = maker; }
29
30   public int getPrice() { return price; }
31   public void setPrice(int price) { this.price = price; }
32
33   public String getDate() { return date; }
34   public void setDate(String date) { this.date = date; }
35 }
```

3~8, 11~18 Product 클래스에 필요한 변수를 선언하고, 생성자를 선언한다.

21~34 getter/setter 메서드는 [Source]→[Generate Getters and Setters...] 메뉴를 통해 자동 생성한다.

4 이번 실습에서는 데이터베이스 없이 샘플 데이터를 Map 형태로 저장하고 전체 상품 목록과 특정 상품의 정보를 컨트롤러에 제공하기 위한 서비스 클래스를 만든다.

이번에 만드는 서비스 클래스 ProductService는 컨트롤러 서블릿의 init() 메서드에서 초기화되기 때문에 서블릿이 실행되는 동안에는 데이터가 유지되지만 서블릿이 다시 시작되거나 톰캣을 종료하면 데이터는 초기화된다. 따라서 샘플 데이터 이외에 별도 기능 구현을 통해 추가한 데이터가 있다면 삭제될 위험이 있으니 주의하자. 이번 실습에서 데이터 추가 기능은 구현하지 않는다.

[src/main/java]의 [ch08] 패키지에 ProductService 클래스를 생성하고 다음과 같이 작성한다.

예제 8-7 ProductService.java

```
package ch08;

import java.util.HashMap;
import java.util.Map; // 이하 import 문은 생략

public class ProductService {
  Map<String, Product> products = new HashMap<>();

```

```
9     public ProductService() {
10      Product p = new Product("101","애플사과폰 12","애플전자",1200000,"2020.12.12");
11      products.put("101", p);
12      p = new Product("102","삼전우주폰 21","삼전전자",1300000,"2021.2.2");
13      products.put("102", p);
14      p = new Product("103","엘스듀얼폰","엘스전자",1500000,"2021.3.2");
15      products.put("103", p);
16    }
17
18    public List<Product> findAll() {
19      return new ArrayList<>(products.values());
20    }
21
22    public Product find(String id) {
23      return products.get(id);
24    }
25 }
```

10~15 생성자에서 샘플 데이터 3개를 생성해서 Map에 추가한다.

19 findAll() 메서드에서는 Map의 리스트 형태로 변환해서 리턴한다.

23 find() 메서드에서는 인자로 받은 키값으로 상품을 검색해서 Product 객체를 반환한다.

필요시 수정, 삭제를 위한 메서드도 추가 구현이 가능하다.

3 컨트롤러 구현: ProductController

여러 요청을 하나의 컨트롤러 서블릿에서 처리하는 경우 기본 생성 서블릿 구조를 굳이 사용할 필요가 없다. 따라서 이번 실습에서는 doGet, doPost 메서드를 오버라이딩하지 않고 service 메서드를 오버라이딩하여 컨트롤러 기본 구조를 구현하고 각각의 요청은 action 파라미터를 비교해 메서드를 호출한 다음 뷰로 이동하는 구조로 구현한다.

5 [src/main/java]의 [ch08] 패키지에서 ProductController 서블릿을 생성한다. url 매핑에서 '/pcontrol'로 변경한 후 〈Next〉를 누른다. 다음의 [Create Servlet]에서 다음과 같이 service 메서드만 선택하여 생성한다.

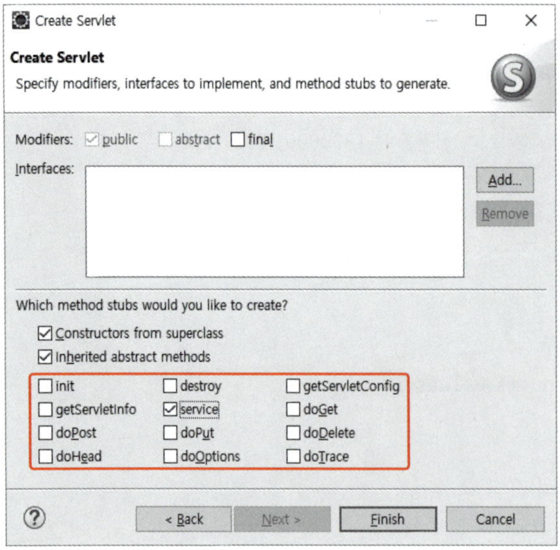

그림 8-3 ProductController 서블릿 생성 과정

⑥ ProductController 서블릿에서 생성된 기본 코드에 다음과 같이 추가한다.

```
@WebServlet("/pcontrol")
public class ProductController extends HttpServlet {
  ProductService service;
  ...
  public ProductController() {
    service = new ProductService();
  }
  @Override
   protected void service(HttpServletRequest request, HttpServletResponse response)
throws ServletException, IOException {

  }
  ...
```

- ProductService 객체는 생성자에서 초기화된다. 즉 모든 사용자 요청에 대해 동일 인스턴스가 사용된다.

7 다음으로 클라이언트 요청을 구분하고 처리 메서드를 호출한 다음 뷰로 이동하는 구조를 service() 메서드에 작성한다. action 파라미터가 null인 경우, 즉 서블릿이 action 파라미터 없이 호출된 경우 컨트롤러에 action 파라미터를 넣어 포워딩한다.

MVC 구조에서는 JSP 화면을 바로 실행하는 것이 아니라 컨트롤러를 통해 JSP로 이동해야 하기 때문에 실행의 편의를 위해서도 만들어두면 좋다. 만일 이러한 구조를 만들지 않은 상황에서 서블릿(컨트롤러)을 바로 실행하면 null pointer exception이 발생하기 때문에 직접 action 파라미터를 브라우저 url에 넣어주어야 한다.

```
  @Override
   protected void service(HttpServletRequest request, HttpServletResponse response)
 throws ServletException, IOException {

  String action = request.getParameter("action");
  String view = "";

  if(request.getParameter("action") == null) {
    getServletContext().getRequestDispatcher("/pcontrol?action=list")
    .forward(request, response);
  } else{
      switch(action) {
        case "list": view = list(request, response); break;
        case "info": view = info(request, response); break;
      }
      getServletContext().getRequestDispatcher("/ch08/"+view)
      .forward(request, response);
  }
}
```

- action 파라미터 값에 따라 list, info 메서드를 호출한다. 이때 request는 반드시 전달해야 파라미터 등을 읽어올 수 있으며 response의 경우 굳이 필요는 없으나 혹시 필요한 경우를 대비해 함께 전달한다.

8 각각의 list()와 info() 메서드는 실행 후 문자열로 된 JSP 파일 이름을 리턴하고 [ch08] 폴더에 있는 JSP 파일로 포워딩된다.

```
private String list(HttpServletRequest request, HttpServletResponse response)
{
  request.setAttribute("products", service.findAll());
  return "productList.jsp";
}

private String info(HttpServletRequest request, HttpServletResponse response) {
  request.setAttribute("p", service.find(request.getParameter("id")));
  return "productInfo.jsp";
}
```

- **list() 메서드**: 전체 데이터를 보여주기 위한 메서드로 service 객체의 findAll() 메서드를 호출한 결과를 request scope에 저장하고 productList.jsp로 이동하면 된다.
- **info() 메서드**: productList.jsp에서 특정 상품을 선택했을 때 호출되는 메서드로 특정 상품에 대한 정보를 가져와 productInfo.jsp로 이동해 보여주게 된다.
- products, p 등 request scope에 저장되는 속성의 이름에 주의한다.

⑨ ProductController의 전체 코드는 다음과 같다.

예제 8-8 ProductController.java

```
package ch08;
import java.io.IOException; // 이하 import 문은 생략

@WebServlet("/pcontrol")
public class ProductController extends HttpServlet {
  private static final long serialVersionUID = 1L;
  ProductService service;

  public void init(ServletConfig config) throws ServletException {
    super.init(config);
    service = new ProductService();
  }

  @Override
  protected void service(HttpServletRequest request, HttpServletResponse
response) throws ServletException, IOException {
```

```
    String action = request.getParameter("action");
    String view = "";

    if(action == null) {
      getServletContext().getRequestDispatcher("/pcontrol?action=list")
      .forward(request, response);
    } else {
      switch(action) {
        case "list": view = list(request, response); break;
        case "info": view = info(request, response); break;
      }
      getServletContext().getRequestDispatcher("/ch08/"+view)
      .forward(request, response);
    }
  }

  private String info(HttpServletRequest request, HttpServletResponse response) {
    request.setAttribute("p", service.find(request.getParameter("id")));
    return "productInfo.jsp";
  }

  private String list(HttpServletRequest request, HttpServletResponse response) {
    request.setAttribute("products", service.findAll());
    return "productList.jsp";
  }
}
```

4 실행 및 결과 확인

⑩ 이상으로 모든 구현이 마무리되었다. 실행은 ProductController 서블릿을 기존과 같이 [Run as]→[Run on Server] 메뉴로 실행한다. 실행 결과 테이블 형태로 목록이 나타나며 상품명의 링크를 클릭하면 세부 정보 화면으로 이동한다.

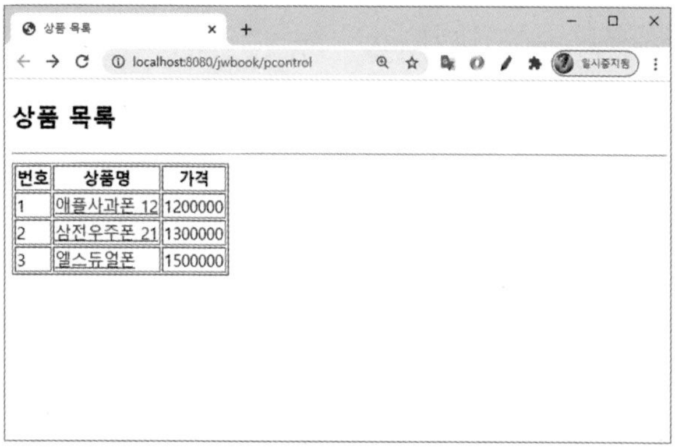
상품 목록
localhost:8080/jwbook/pcontrol
상품 목록
번호 상품명 가격
1 애플사과폰 12 1200000
2 삼전우주폰 21 1300000
3 엘스듀얼폰 1500000

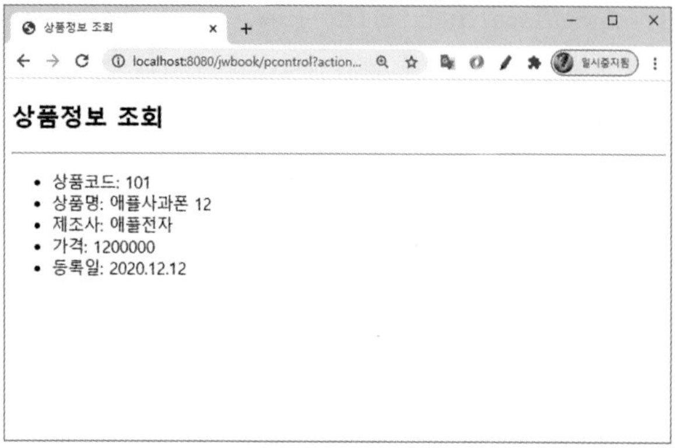
상품정보 조회
localhost:8080/jwbook/pcontrol?action...
상품정보 조회
상품코드: 101
상품명: 애플사과폰 12
제조사: 애플전자
가격: 1200000
등록일: 2020.12.12

요약

01 디자인 패턴은 소프트웨어 설계에서 공통적으로 발생하는 문제에 대한 재사용 가능한 솔루션이다.

02 MVC 패턴이란 Model-View-Controller의 약어로 주로 GUIGraphical User Interface 기반의 애플리케이션 개발에 사용되는 디자인 패턴이다.

03 기본적인 MVC 패턴 구조는 다음과 같다.

- **모델**: 데이터를 처리하는 영역이다. 데이터베이스와 연동을 위한 DAOData Access Object 클래스와 데이터 구조를 표현하는 DOData Object, 엔티티라고도 함 클래스 등으로 구성된다.
- **뷰**: 화면 구성을 담당하는 영역이다. 뷰에서 데이터를 직접 가져오는 방식은 권장되지 않고 주어진 데이터를 출력하는 용도로만 사용하는 것이 바람직하다.
- **컨트롤러**: MVC 패턴의 핵심으로 모든 사용자 요청의 중심에 위치한다.

04 사용자의 요청을 구분해 하나의 서블릿에서 처리하기 위해서는 다음의 두 가지 방법을 사용할 수 있다.

- URL의 파라미터 이용
- 프런트 컨트롤러 구현

연습문제

01 GUI 기반의 애플리케이션 개발에 주로 사용되는 패턴으로 백엔드 기반의 웹 개발에도 기본이 되는 디자인 패턴은 무엇인가?

① MVC 패턴 ② 추상 팩토리 패턴

③ 옵저버 패턴 ④ 프로토타입 패턴

02 프런트 컨트롤러에 대한 설명으로 틀린 것은 무엇인가?

① 프런트 컨트롤러는 모든 요청의 진입점이 되는 컨트롤러가 있고 여기에서 서브 컨트롤러를 호출하는 구조다.

② 프런트 컨트롤러를 구현하기 위해서는 우선 모든 요청을 하나로 모으는 방법이 필요하다.

③ 일반적으로는 서블릿 매핑의 구조적인 특징을 활용하여 프런트 컨트롤러를 구현한다.

④ 전체 시스템이 포털 형태로 회원 관리, 블로그, 카페 등으로 세부 시스템이 분리되어 있으면 콘텍스트를 분리하는 것은 세션 관리 등에 더욱 효율적이다.

03 컨트롤러 서블릿에서 JSP의 useBean 액션과 같이 HTML 폼을 통해 전달되는 값을 자바 객체로 매핑하기 위해 사용하는 라이브러리는 무엇인가?

① Apache Commons BeanUtils ② Apache

③ Java Bean ④ Spring bean

04 MVC 패턴에서 컨트롤러의 가장 기본적인 기능이 아닌 것은 무엇인가?

① 클라이언트 요청 처리 ② 입력값 핸들링

③ 뷰 이동 ④ 데이터베이스와 연동

05 사용자의 요청을 구분해 하나의 서블릿에서 처리하기 위한 방법 두 가지를 고르시오.

① 페이지 리디렉션 ② URL의 파라미터 이용

③ 프런트 컨트롤러 구현 ④ 페이지 포워딩

CHAPTER 09
데이터베이스와 JDBC

학습목표

- 데이터베이스의 개념을 이해하고 나에게 맞는 데이터베이스를 선택할 수 있다.
- 관계형 데이터베이스의 개념을 이해한다.
- H2 데이터베이스를 설치하고 실습한다.
- 테이블을 생성하고 데이터를 다룰 수 있다.
- JDBC의 개념을 이해하고 실습한다.

01 데이터베이스의 개요

이번 절에서는 응용 프로그램에서 데이터를 효과적으로 관리하고 공유하기 위한 데이터베이스의 기본 개념과 대표적인 데이터베이스의 특징을 비교해보고 용도에 따라 적합한 데이터베이스를 선택하는 방법을 배운다.

또한 관계형 데이터베이스의 기본적인 개념과 주요 구성요소 및 용어를 배운다. 테이블에서부터 키와 제약 조건, 인덱스, 시퀀스 등을 이해하고 SQL을 배우기 전에 꼭 필요한 필수적인 개념과 용어를 살펴본다.

1 데이터베이스란?

데이터베이스는 데이터를 체계적으로 관리할 수 있도록 해주는 소프트웨어로, 대부분의 프로그램은 어떠한 형태로든 데이터베이스를 사용하고 있다고 볼 수 있다. 예를 들어 스마트폰의 주소록이나 메모, 응용 프로그램의 각종 정보는 스마트폰에 내장된 SQLite라는 데이터베이스를 사용하거나 네트워크를 통해 원격 서버의 데이터베이스를 연동해 동작한다.

■ 데이터베이스

데이터베이스Database는 사전적으로 여러 사람이 공유하여 사용할 목적으로 체계화하여 통합, 관리하는 데이터의 집합을 의미한다. 즉 데이터베이스는 방대한 데이터를 쉽게 검색하거나 찾을 수 있도록 체계적으로 분류하고 정리해둔 정보의 집합이라고 할 수 있으며, 디지털화된 정보만 의미하는 것은 아니다.

■ DBMS

현실적으로 데이터베이스는 컴퓨터의 도움 없이는 운영이 어렵기 때문에 DBMSDataBase Management System라고 불리는 소프트웨어 시스템을 사용하게 된다. 널리 알려진 Oracle, MySQL, IBM DB2, MS SQL 등은 모두 DBMS다.

DBMS는 효과적인 데이터 파일 관리와 운영을 위한 구조와 함께 인덱싱, 캐싱, 네트워크 서버, 사용자 및 권한 관리, 백업/복원, 클러스터링 등 다양한 기능을 제공한다.

데이터베이스와 데이터베이스 관리 시스템인 DBMS는 다른 의미이지만 보통 데이터베이스라고 하면 DBMS를 포함한 개념을 말한다.

데이터베이스의 일반적인 특징은 다음과 같다.

- 데이터 중복을 최소화할 수 있다.
- 데이터를 쉽게 공유할 수 있다.
- 일관성, 무결성, 보안성이 유지된다.
- 최신 데이터를 유지할 수 있다.
- 데이터의 표준화가 가능하다.
- 데이터의 논리적 · 물리적 독립성이 유지된다.
- 데이터 접근이 용이하다.
- 데이터 저장 공간을 절약할 수 있다.

2 데이터베이스의 종류

데이터베이스는 데이터를 관리하는 구조의 특징에 따라 몇 가지 유형으로 구분된다. 그중 가장 대표적인 것은 관계형 데이터베이스이며 그 외에도 계층형, 네트워크형, 객체형, NoSQL형 등이 있다. 현재 대부분의 데이터베이스는 관계형 데이터베이스인데 최근 들어 NoSQL 형태의 데이터베이스 활용이 늘어나는 추세다.

관계형 데이터베이스

관계형 데이터베이스Relational DataBase Management System, RDBMS는 전통적이고 가장 보편적인 형태의 데이터베이스로 데이터 구조를 테이블Table이라고 하는 칼럼과 로우 구조로 정의하고 관리하며 SQLStructured Query Language을 사용해 데이터를 관리한다. 특히 테이블과 테이블의 관계 지정을 통해 연관성 있는 데이터를 체계적으로 구조화할 수 있다.

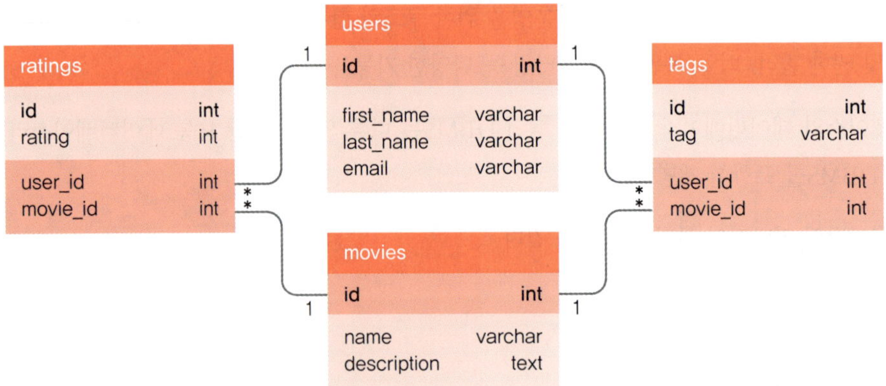

그림 9-1 관계형 데이터베이스의 영화 평점 테이블 구조

Oracle, IBM DB2, MS SQL, MySQL 등이 관계형 데이터베이스로 유명하며 관계를 가지는 데이터 구조가 필요한 경우 가장 적합한 데이터베이스다.

관계형 데이터베이스의 장점은 다음과 같다.

- 다양한 용도로의 사용이 가능하며 높은 성능을 보여준다.
- 데이터의 일관성이 보장된다.
- 정규화를 통해 갱신 비용을 최소화할 수 있다.

반면 관계형 데이터베이스의 단점은 다음과 같다.

- 데이터 구조의 변경(칼럼의 수정이나 확장)이 어렵다.
- 빠른 속도를 요구하는 단순한 처리에 대응하기 어렵다.
- 데이터 관계는 유용하지만 그로 인한 처리 속도 저하가 발생할 수 있다.

관계형 데이터베이스는 구조화되어 있고 동일한 구조를 가지는 데이터를 다룰 때 유리하다. 예를 들어 학생들의 성적을 관리하기 위한 학사정보 시스템은 학생정보, 성적정보, 강좌정보 등으로 구성되고, 성적정보는 학생정보, 강좌정보와 연결되는 구조를 가진다. 즉 성적 테이블은 학생의 학번과 과목코드, 성적 등을 가진다고 하면, 학생 테이블은 학생의 이름, 연락처, 학과 등의 세부 정보를 가지고, 강좌 테이블은 과목명, 담당교수, 학점, 강의시간 등에 대한 정보를 가지게 된다.

이처럼 각각 독립된 정보를 가지면서 필요할 때 관련 정보를 연계하는 구조의 경우에 관계형 데이터베이스가 적합하다.

NoSQL 데이터베이스

NoSQL은 말 그대로 SQL을 '사용하지 않는다(No)'는 의미로, 'SQL을 사용하는 전통적인 RDBMS가 아니다.'라는 의미로 사용되는 데이터베이스를 말한다. SQL과 다를 수 있지만 그럼에도 데이터 관리를 위해 별도의 쿼리 언어나 구조는 여전히 존재한다.

NoSQL은 RDBMS의 가장 큰 특징인 테이블 형태의 데이터 구조를 사용하지 않기 때문에 형태가 고정되지 않은 비정형 데이터 처리에 유용하다. 데이터 구조는 JSON 구조의 Document, Map 구조의 Key–Value, Big Table 등을 사용하며 NoSQL 데이터베이스의 특징이 되기도 한다. 대표적으로 MongoDB, Redis, Casandra, Hbase, CouchDB 등이 있다.

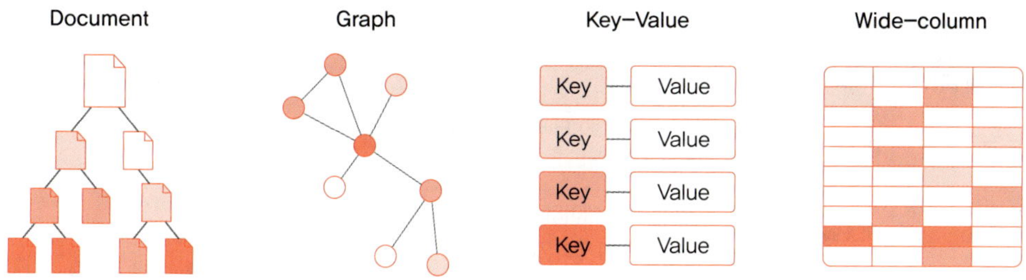

그림 9-2 NoSQL 데이터 구조

NoSQL 데이터베이스의 장단점은 다음과 같다.

- 대용량 데이터 처리에 유리하다.
- 분산 처리에 적합하다.
- 클라우드 컴퓨팅 환경에 적합하다.
- 빠른 읽기/쓰기 속도를 제공한다.
- 유연한 데이터 모델링(비정형)이 가능하다.
- 복잡한 데이터 관계를 표현할 때 중복 데이터가 발생할 수 있다.

관계형 데이터베이스와 달리 NoSQL은 모든 데이터가 동일한 구조를 가지고 있지 않은 경우 유리하다. 또한 빠른 처리 속도를 위해 필요한 데이터를 다른 테이블 등에서 참조하지 않고 데이터 자체에 포함하는 구조에 적합하다.

예를 들어 앞의 학사정보 시스템을 NoSQL로 구성한다면 앱에서 필요로 하는 화면의 정보를 모두 담고 있는 문서 구조가 된다. 즉 학생정보, 강좌정보, 성적정보가 모두 하나의 문서에 포함된 형태다.

NoSQL은 일반적으로 데이터 구조화나 관리보다는 다양한 구조의 데이터를 빠른 속도로 처리하는 용도로 사용된다. 특히 데이터 발생량이 많고 과거보다는 현재의 데이터가 더 중요한 SNS나 모바일 앱 혹은 데이터 분석을 위해 일회성으로 대용량 데이터를 사용하는 경우에 적합하다.

3 나에게 맞는 데이터베이스 선택하기

앞에서 데이터베이스의 종류와 운영 방식에 따른 분류를 살펴보았다. 그렇다면 어떤 데이터베이스를 선택하고 사용해야 하는지 알아보자.

먼저 가장 널리 알려진 데이터베이스의 특징을 비교해본다.

표 9-1 주요 데이터베이스의 특징 비교

데이터베이스	종류	특징	적용 규모
Oracle	RDBMS	가장 유명한 상용 데이터베이스다. 가격이 비싸고 운영을 위해 전문가가 필요하다.	대규모
MySQL	RDBMS	가장 유명한 공개 데이터베이스다. 오라클에 인수되었으며 무료 사용에 제약이 있다.	중소규모
MariaDB	RDBMS	MySQL을 대체하는 오픈소스 데이터베이스다. MySQL의 오라클 인수로 인한 제약 문제를 해결한 대체품이다.	중소~대규모
H2	RDBMS	경량의 자바 기반 데이터베이스다. 임베디드, 네트워크, 인메모리 등 다양한 운영이 가능하며 오픈소스다.	소규모
MongoDB	NoSQL	가장 유명한 NoSQL 데이터베이스다. 무료에서 상용, 클라우드 서버, 모바일 개발 등 다양한 옵션을 제공한다.	중소~대규모
Firebase	NoSQL	구글에서 제공하는 클라우드 데이터베이스다. 안드로이드, 프런트엔드 개발 및 구글 클라우드 연동에 최적화되어 있다.	중소~대규모

그렇다면 여러 데이터베이스 중 어떤 데이터베이스를 선택하는 것이 가장 좋을까? 여기서는 개인이 웹 혹은 모바일 개발을 공부하려는 용도에 적합한 데이터베이스를 선택하는 데 도움이 되는 몇 가지 선택 유형을 소개한다.

우선 특별한 경우가 아니라면 Oracle, MS SQL, IBM DB2 등 대형 상용 데이터베이스는 배제한다. 커뮤니티 버전이나 대학생의 경우 무료로 사용할 수 있어 비용이나 라이선스에 대한 문제는 없을 수 있다. 하지만 이러한 데이터베이스는 기본적으로 대형 시스템에서 서비스 운영을 위해 만들어진 것으로 학습 단계에서는 다음과 같은 문제가 있다.

- 설치 과정이 복잡하거나 별도의 관리가 필요하다.
- 설치 용량이 크고 메모리를 많이 차지한다.
- 데이터베이스 운영 과정에서 발생하는 문제 해결에 불필요한 시간이 소요된다.

따라서 목표로 하는 학습에 집중하기 위해 최대한 단순하고 관리하기 편한 제품을 선택하길 권장한다.

자바 및 자바 웹용 데이터베이스

일반적으로 자바 및 JSP, 서블릿 등의 자바 웹 프로그래밍을 배우는 과정에서 MySQL을 많이 추천한다. 커뮤니티 버전을 무료로 사용할 수 있으며, 설치가 비교적 간단하고 관리 도구도 제공하며, 온라인에서 많은 도움을 받을 수 있기 때문이다. 하지만 설치 과정이 다소 복잡하고 네트워크 서버 방식으로만 운영되기 때문에 어느 정도 관리가 필요하다.

따라서 이 책에서는 다음과 같은 이유로 H2 데이터베이스를 추천한다.

- 별도의 설치나 관리가 필요 없다(JDBC 드라이버만으로 사용 가능하다).
- 임베디드 모드, 네트워크, 인메모리 등 다양한 운영이 가능하다.
- 앱 배포 시 포함이 가능하다.
- 용량과 메모리 사용이 적다.
- 표준 SQL을 모두 지원하고 JPA와의 연계도 용이하다.

H2는 거의 모든 표준 관계형 데이터베이스와 호환 가능하며 JDBC, JPA 등 모든 자바 데이터베이스 관련 기술 학습이 가능하다. 특히 스프링 프레임워크 개발이나 학습에도 많이 사용되고 있다.

02 관계형 데이터베이스

1 테이블

테이블은 관계형 데이터베이스에서 데이터 관리의 기본 구조다. 데이터가 가지는 공통적인 속성을 모아 정의한 칼럼(필드)으로 구성되며 칼럼에 저장되는 데이터는 숫자형, 문자형, 날짜형, 불형Boolean 등으로 구분된다. 또한 파일과 같은 바이너리 데이터를 저장하거나 매우 긴 텍스트를 저장할 수 있는 자료형도 있다.

예를 들어 다음과 같이 정리되지 않은 데이터가 있다고 가정하자.

```
김길동, AA대학교, 1999-10-21, kim@aa.com
park@bb.com, 박사랑, BB대학교, 2000-01-21
나최고, 1998-07-11, na@cc.com, CC대학교
김길동, BB대학교, 1999-03-10, kim@bb.com
AA 대학교, 홍길동, 1999-12-10, hong@aa.com
```

어수선하지만 데이터의 내용을 보면 이름, 대학, 생년월일, 이메일로 공통된 정보를 가지고 있다. 이를 테이블로 표현하면 다음과 같다.

이름	대학	생년월일	이메일
김길동	AA대학교	1999-10-21	kim@aa.com
박사랑	BB대학교	2000-01-21	park@bb.com
나최고	CC대학교	1998-07-11	na@cc.com
김길동	BB대학교	1999-03-10	kim@bb.com
홍길동	AA 대학교	1999-12-10	hong@aa.com

그림 9-3 학생정보 테이블

■ 칼럼

칼럼Column은 테이블을 구성하는 기본 속성으로 필드, 어트리뷰트라고도 불린다.

[그림 9-3]에서는 이름, 대학, 생년월일, 이메일이 칼럼이 된다. 각각의 칼럼에 저장되는 데이

터는 동일한 타입이어야 하며 구체적인 자료형은 데이터베이스마다 차이가 있다.

■ **로우**

로우Row는 하나의 데이터셋을 의미하며 레코드 혹은 튜플이라고도 한다.

[그림 9-3]에서 한 사람의 데이터, 즉 김길동, AA대학교, 1999-10-21, kim@aa.com이 로우에 해당된다. 따라서 [그림 9-3]에는 총 5개의 로우가 있다고 이야기할 수 있다.

■ **자료형**

칼럼에 들어갈 수 있는 데이터 유형으로 일반적으로 숫자형, 문자형, 날짜형, 불형Boolean 등으로 구분한다.

> **여기서 잠깐! 데이터베이스에서 사용하는 자료형**
>
> 데이터베이스에는 일반적인 자료형 이외에도 파일과 같은 바이너리 데이터를 저장하거나 매우 긴 텍스트를 저장하기 위한 자료형 등이 별도로 존재하는데, 데이터베이스마다 이러한 특수 타입을 지원하는 범위가 다르다. 또한 최근에는 JSON 데이터의 활용이 늘어나면서 JSON 데이터를 저장하기 위한 칼럼 구조 혹은 변환 함수 등을 제공하기도 한다.
>
> 또한 데이터베이스마다 사용하는 자료형의 이름에 차이가 있으니 주의해야 한다. 예를 들어 숫자의 경우 오라클은 number, MySQL은 int, double을 사용한다.

2 제약 조건

데이터베이스에서 제약 조건Constraint이란 칼럼에 부여되는 일종의 속성으로 저장될 데이터에 대한 요구사항이라 할 수 있다. 물론 데이터를 저장하는 프로그램 측에서 특정 조건을 만족하는 경우에만 저장하도록 로직을 설계할 수도 있다. 하지만 로직에 의한 오류가 존재할 수 있으며, 프로그램을 통하지 않고 들어오는 잘못된 데이터를 원천적으로 차단할 수 없다.

반면 제약 조건은 데이터베이스 자체적으로 저장될 데이터에 대한 요구 조건을 설정하는 것으로 제약 조건을 벗어나는 데이터는 원천적으로 차단된다. 이는 데이터베이스의 무결성Integrity을 지키기 위한 방법이 된다.

데이터베이스의 대표적인 제약 조건은 다음과 같다.

표 9-2 데이터베이스 제약 조건

종류	설명	특징
NOT NULL	칼럼에 데이터를 비워둘 수 없다.	기본은 NULL 가능으로 설정되어 있다.
UNIQUE	기본키는 아니지만 중복값이 허용되지 않는다.	기본은 중복 가능으로 설정되어 있다.
Primary Key	데이터의 유일성을 보장하는 칼럼이다.	NOT NULL + UNIQUE, 테이블에 하나만 설정 가능하다.
Foreign Key	두 테이블 간의 참조 무결성을 보장한다.	외래키로 지정된 칼럼값은 참조 테이블에 존재하는 값만 사용 가능하다.
CHECK	저장할 값의 범위 등을 지정한다.	숫자 범위, 다른 칼럼값 비교 결과, 특정 문자 중 하나 등이다.
IDENTITY	유일한 값을 가지는 id 칼럼이다.	PK, Not Null, auto_increment가 자동 적용된다.

TIP MySQL의 경우 CHECK 제약 조건은 8.0.16 이후 버전에서만 지원된다.

3 키

키Key는 관계형 데이터베이스의 제약 조건 중 하나로, 데이터의 유일성 및 관계 설정을 위해 사용된다. 적절한 키의 사용은 데이터베이스 설계에서 매우 중요한 요소다.

기본키

기본키Primary Key, PK는 주키, 프라이머리키라고도 불린다. 테이블에 저장된 레코드(로우)를 서로 구분할 수 있도록 특정 칼럼에 설정하는 제약 조건이다. 기본키가 존재하지 않으면 데이터가 중복되고 특정 데이터 검색에 오류가 발생하기 때문에 꼭 설정되어 있어야 한다.

예를 들어 [그림 9-3]에서 김길동 학생이 2명이기 때문에 이름으로 검색할 경우 2명의 학생이 검색된다. 따라서 이름만으로는 유일성 확보가 불가능하고 생년월일, 학교 등 부가적인 칼럼의 정보를 조합해야 하는 어려움이 발생한다.

즉 이름은 중복이 가능하기 때문에 별도의 중복되지 않는 값이 기본키로 필요하다. 쉽게 생각할 수 있는 것은 학번, 주민등록번호 등의 고유번호다. 그러나 이러한 번호는 개인정보에 해당하므로 외부에 노출되지 않는 것이 좋기 때문에 기본키로 부적합하다.

보통 기본키는 시퀀스Sequence라고 불리는 단순 증가 값을 사용한다. 단순 증가 값이란 1부터 시작해서 1씩 단계적으로 증가하는 숫자로, 단순히 데이터를 서로 구분하는 용도로만 사용한다고 이해할 수 있다.

번호(PK)	이름	대학	생년월일	이메일
1	김길동	AA대학교	1999-10-21	kim@aa.com
2	박사랑	BB대학교	2000-01-21	park@bb.com
3	나최고	CC대학교	1998-07-11	na@cc.com
4	김길동	BB대학교	1999-03-10	kim@bb.com
5	홍길동	AA 대학교	1999-12-10	hong@aa.com

그림 9-4 기본키가 추가된 학생정보 테이블

TIP 데이터베이스에 따라서는 auto increment 속성을 통해 자동으로 증가 값을 입력하게 설정할 수도 있고 별도의 객체를 통해 지정해야 하는 경우도 있어 데이터베이스마다 확인이 필요하다.

외래키

외래키Foreign Key, FK는 테이블 간의 관계를 설정하기 위해 사용하며 참조 무결성을 제공하기 위한 용도로 사용된다.

[그림 9-3]에서 대학 칼럼의 자료형은 문자열로, 다음의 데이터는 모두 동일한 학교를 의미한다.

```
AA대학교, AA 대학교, 에이에이 대학교, A A 대학교, AA대학 ...
```

이 경우 데이터의 의미는 동일하지만 검색에서 문제가 발생한다. 만약 AA대학교 학생만 검색하려고 할 때, AA대학교를 제외한 다른 이름은 같은 의미임에도 검색 결과에 포함되지 않는다. 따라서 AA대학교 or AA 대학교 or 에이에이 대학교 등과 같이 조건 검색을 해야 하는 문제가 발생한다.

이러한 문제를 원천적으로 차단하기 위해서는 등록 가능한 대학정보 테이블을 별도로 두고 이를 참조할 수 있도록 외래키를 등록해 사용해야 한다.

대학정보 테이블은 [그림 9-5]와 같이 만들 수 있으며 이때 대학코드를 기본키(PK)로 설정한다.

대학코드(PK)	대학명	위치
10011	AA대학교	서울
10012	BB대학교	인천
10013	CC대학교	대전

그림 9-5 대학정보 테이블

이에 따라 [그림 9-3]의 학생정보 테이블은 [그림 9-6]과 같이 수정될 수 있다. 대학 칼럼은 외래키(FK)로 설정하고 대학명 대신 대학정보 테이블의 대학코드를 외래키로 등록한다.

번호(PK)	이름	대학코드(FK)	생년월일	이메일
1	김길동	10011	1999-10-21	kim@aa.com
2	박사랑	10012	2000-01-21	park@bb.com
3	나최고	10013	1998-07-11	na@cc.com
4	김길동	10012	1999-03-10	kim@bb.com
5	홍길동	10011	1999-12-10	hong@aa.com

그림 9-6 외래키가 추가된 학생정보 테이블

이때 학생정보 테이블의 대학 칼럼에 대학정보 테이블에 없는 값을 등록하면 에러가 발생하고 데이터가 등록되지 않는다는 것을 주의해야 한다. 또한 대학코드 테이블에서 특정 대학을 삭제하는 경우에도 해당 데이터를 학생정보 테이블에서 참조하고 있기 때문에 단순한 삭제 쿼리로는 데이터가 바로 삭제되지 않는다.

4 시퀀스, 트랜잭션

이번에는 데이터베이스를 관리하는 데 필요한 시퀀스와 데이터베이스에 관하여 알아본다.

시퀀스

시퀀스Sequence는 기본키 칼럼을 관리하기 위해 사용하는 데이터베이스 객체로, 보통 데이터를 추가할 때 순차적으로 증가하는 값을 자동으로 생성한다.

최근의 데이터베이스는 auto increment, auto_increment와 같은 속성을 칼럼에 추가하는 것으로 자동 증가 값을 사용할 수 있다. 대표적인 RDBMS인 오라클은 별도의 시퀀스 객체를 사용하는데, 이렇게 별도의 시퀀스 객체를 사용하는 방식은 편리함이 떨어지며 데이터베이스 간의 호환성에도 문제가 발생한다.

예를 들어 MySQL 또는 H2는 기본키에 auto increment를 지정하면 데이터 등록 시 기본키 칼럼을 제외한 나머지 데이터만 등록하면 자동으로 입력되는 방식이라 편리하다. 반면 오라클은 시퀀스 객체를 사용하는 쿼리를 따로 작성해야 하므로 쿼리에 호환이 안 되는 문제가 발생한다.

TIP H2의 경우 IDENTITY라고 하는 자료형이 제공되어 auto_increment를 대체해 사용하는 것도 가능하다.

트랜잭션

프로그램에서 어떤 이벤트가 발생했을 때 하나의 테이블에만 데이터를 변경하는 경우보다 여러 테이블의 데이터를 차례로 변경해야 하는 경우가 더 많이 발생한다.

예를 들어 은행에서 계좌이체를 한다고 생각해보자. 동일 은행의 A계좌에서 B계좌로 이체한다고 했을 때 계좌는 테이블로 볼 수 있다. 이때 A계좌에서 100만 원을 차감한 후 B계좌에 100만 원을 추가하면 계좌이체가 완료된다. 이때 A계좌에서 차감 후 B계좌에 추가하는 과정에서 에러가 발생하면 A계좌에서 차감했던 금액은 다시 원래대로 되돌려야 한다.

이처럼 트랜잭션Transaction은 하나의 논리적 기능을 수행하기 위해 여러 작업을 묶어서 처리하는 것을 의미한다. 이러한 트랜잭션은 프로그램에서 단위 작업마다 성공 여부를 체크해서 진행할 수도 있으나 이 경우 개발자가 로직을 잘못 설계할 가능성도 있기 때문에 데이터베이스 혹은 미들웨어 레벨에서 처리할 수 있어야 한다.

기본적으로 데이터베이스는 다음과 같이 트랜잭션 관리를 위한 명령을 제공한다.

- **commit**: 모든 데이터의 변화를 실제 적용한다.
- **rollback**: 문제 발생 시 현재까지의 변화를 원래대로 되돌린다.

A~C 순으로 진행되는 트랜잭션의 처리 과정을 요약하면 다음과 같다.

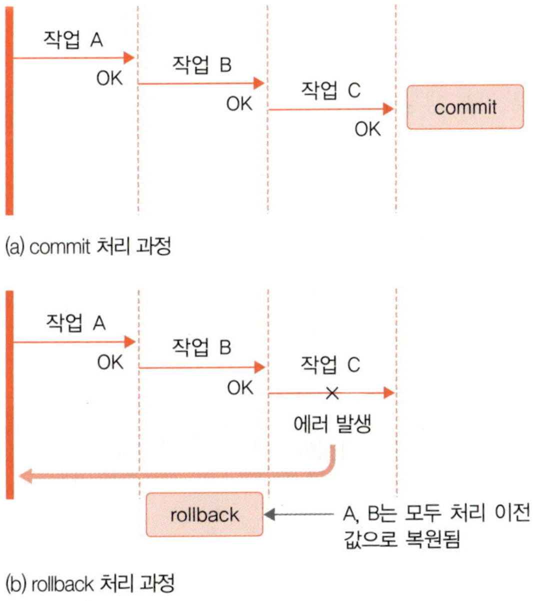

그림 9-7 commit과 rollback 처리 과정

03 H2 데이터베이스

1 H2 데이터베이스란?

H2 데이터베이스는 보통 임베디드 데이터베이스로 알려져 있으며 MySQL과 같은 관계형 데이터베이스 관리 시스템이다. MySQL과 달리 복잡한 프로그램의 설치가 필요 없고 데이터베이스 파일만 있으면 언제든지 데이터베이스를 실행할 수 있어 프로그램에 포함해서 배포하는 것도 가능하다.

실제 운영 데이터베이스와 상관없이 관계형 데이터베이스를 사용하고 특정 데이터베이스 종속 기능 없이 구현하는 경우에는 효율을 위해 MySQL이나 Oracle 등을 설치하지 않고 H2와 같은 경량 데이터베이스를 이용해 개발하기도 한다.

H2 데이터베이스는 다음과 같이 세 가지 모드로 운영할 수 있다.

■ 임베디드 모드

프로그램에서 JDBC URL을 이용해 접속하거나 console 웹을 통해 관리한다.

- 데이터 파일만 있으면 동작한다.
- 가장 간단하고 지정된 데이터 파일이 없다면 자동 생성하므로 언제든 실행 가능하다.
- 톰캣이 실행된 상태에서는 별도의 도구를 통해 데이터베이스 관리가 불가능하다.
- 파일을 사용하기 때문에 동시 다중 접속이 불가능하므로 개발이나 테스트가 불편하다.

■ 인메모리 모드

프로그램에서 JDBC URL을 이용해 접속하거나 console 웹을 통해 관리한다.

- 데이터베이스를 메모리상에서만 운영하는 모드로 처리 속도가 빠르다.
- 프로그램 종료 시 데이터가 소멸되기 때문에 일반적인 애플리케이션에는 부적합하다.

■ **네트워크 서버 모드**

H2 데이터베이스를 내려받아 설치한 후에 JDBC를 이용해 접속하거나 console 웹을 통해 관리한다.

- 일반적인 데이터베이스와 같이 네트워크 서버로 동작하는 방식이다.
- 동시 다중 접속이 가능하다.
- 별도의 프로그램 실행과 관리가 필요하기 때문에 데이터베이스 서버를 별도로 실행해야 한다.

이 책의 실습에서는 일반적인 데이터베이스 운영 형태인 네트워크 서버 모드를 사용한다.

2 H2 설치

H2 데이터베이스 자체가 자바로 구현되어 있기 때문에 H2 데이터베이스를 설치하기 전에 H2 데이터베이스 실행을 위해서는 자바가 설치되어 있어야 한다.

❶ 우선 H2 데이터베이스 홈페이지(https://www.h2database.com/)에 접속하여 최신 버전(1.4.2)의 H2 데이터베이스를 내려받아 설치한다.

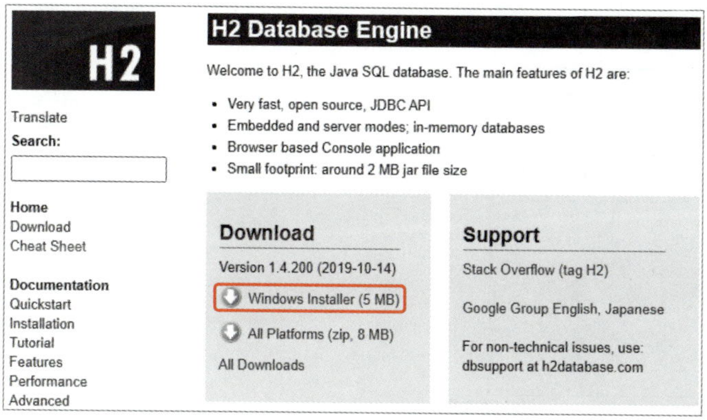

❷ 내려받은 설치 프로그램을 실행하면 C:\Program Files (x86)\H2에 설치된다.

❸ 설치가 완료되면 윈도우 시작 버튼을 누르고 〈H2 console〉 앱을 실행한다. 앱이 실행되면 자동으로 웹 기반의 관리 콘솔 화면이 뜬다. 이때 윈도우 트레이의 H2 아이콘에서 마우스 오른쪽 버튼을 클릭하여 'Create a new database...'를 선택한다.

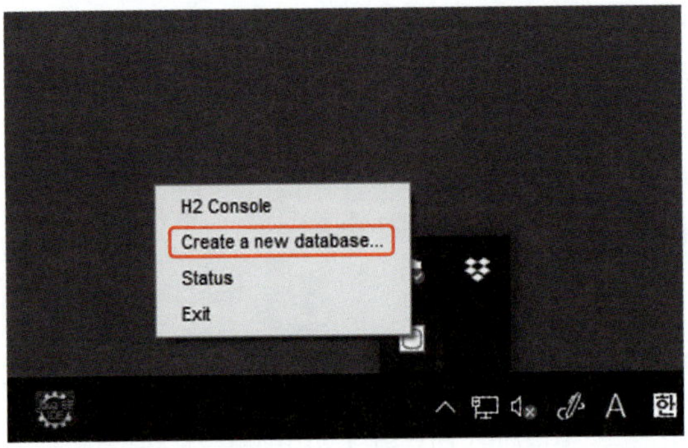

❹ 데이터베이스 생성 화면에서 다음 내용을 참조해 원하는 이름으로 데이터베이스를 생성한다. 이때 Database path는 실제 데이터 파일이 생성되는 경로와 파일명이므로 신중히 작성해야 한다. 작성을 완료한 후 〈Create〉 버튼을 눌러 DB를 생성한다.

- **Database path**: ~/jwbookdb
- **Username**: jwbook
- **Password**: 1234

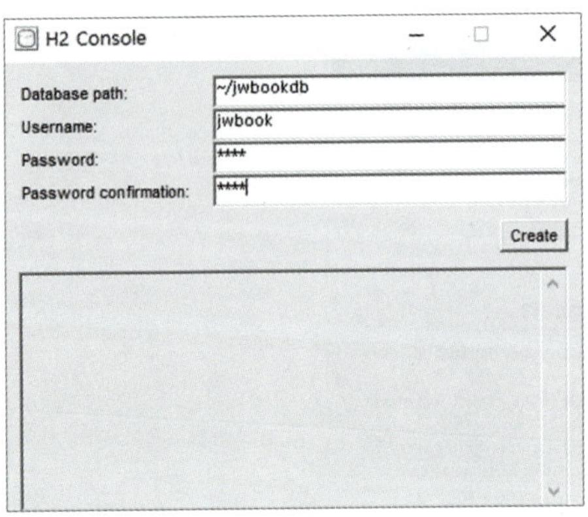

~/jwbookdb는 사용자의 홈디렉터리(C:\Users\사용자명\) 아래에 'jwbookdb'로 시작하는 데이터 파일을 생성한다.

❺ 정상적으로 데이터베이스가 생성되었으면 다시 콘솔 화면으로 돌아와 연결 시험을 수행한다. JDBC URL을 다음과 같이 설정하고 사용자명, 비밀번호를 넣은 다음 〈연결 시험〉 버튼을 눌렀을 때 시험 성공이 나오면 된 것이다.

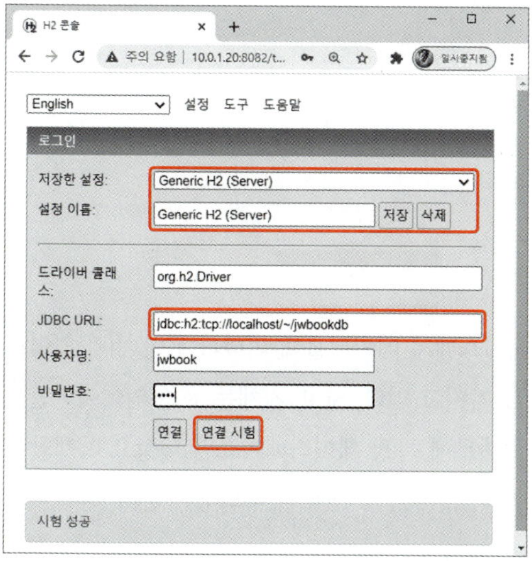
H2 콘솔
주의 요함 | 10.0.1.20:8082/t...
English
설정 도구 도움말
로그인
저장한 설정:
Generic H2 (Server)
설정 이름:
Generic H2 (Server)
저장
삭제
드라이버 클래스:
org.h2.Driver
JDBC URL:
jdbc:h2:tcp://localhost/~/jwbookdb
사용자명:
jwbook
비밀번호:
연결
연결 시험
시험 성공

04 SQL의 개요

1 SQL이란?

SQL Structured Query Language은 관계형 데이터베이스에서 데이터를 관리하기 위한 쿼리 언어로 대부분의 프로그래밍 언어보다는 단순한 구조를 가지고 있다. SQL 자체는 표준 언어이지만 데이터베이스마다 세부적인 차이가 있을 수 있기 때문에 특정 데이터베이스만 대상으로 개발된 프로그램의 경우 다른 데이터베이스와 호환이 되지 않을 수도 있으니 주의해야 한다.

SQL은 단순히 데이터 관련 작업 이외에 데이터베이스 자체의 관리 기능 수행에도 사용된다. SQL에서 할 수 있는 일은 다음과 같다.

- 새로운 테이블 생성
- 내장 프로시저Stored Procedure 생성
- 뷰 생성
- 테이블, 프로시저, 뷰 등의 접근 권한 부여
- 데이터베이스에 대해 쿼리 실행
- 데이터베이스로부터 데이터 조회
- 데이터베이스에 기록 삽입, 갱신, 삭제
- 새로운 데이터베이스 생성

2 SQL의 유형

SQL 문은 크게 DDLData Definition Language과 DMLData Manipulation Language로 나눌 수 있다. DDL은 테이블의 생성, 수정, 삭제와 같은 관리 기능을 제공하는 SQL 문이며, DML은 테이블의 데이터를 조작할 때 사용하는 SQL 문을 의미한다.

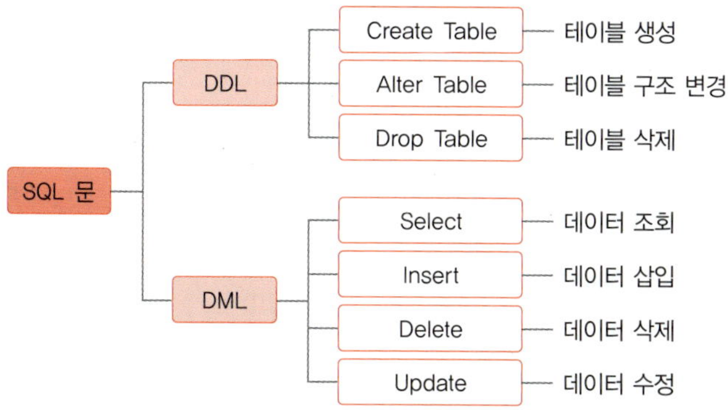

그림 9-8 기본 SQL의 유형

DDL은 스키마, 테이블, 시퀀스, 인덱스, 사용자, 권한 객체를 생성하고 관리하기 위한 명령으로 구성되고, DML은 데이터 조작의 기본 기능인 CRUDCreate, Read, Update, Delete와 관계된 명령으로 이루어져 있다.

TIP 이 책의 실습에서 사용할 H2 데이터베이스의 전체 쿼리는 http://www.h2database.com/html/commands.html에서 참고한다.

H2의 자료형

본격적인 SQL 구문을 살펴보기 전에 H2의 기본 자료형에 대해 살펴보자.

테이블 칼럼에 들어가는 데이터의 유형을 자료형으로 지정해야 하며 칼럼의 데이터는 모두 동일한 타입을 가진다. 데이터의 유형은 숫자형, 문자형, 날짜형, 바이너리형, 텍스트형 등으로 구분할 수 있지만 구체적인 이름은 데이터베이스마다 차이가 있다. 이 책의 실습은 H2 데이터베이스를 기준으로 하기 때문에 H2의 자료형을 살펴본다.

H2의 대표적인 자료형은 다음과 같다.

TIP MySQL의 경우 H2의 자료형과 상당히 비슷하지만 H2보다 세분화된 자료형을 제공하며, TINYINT, SMALLINT, MEDIUMTEXT, LONGBLOB과 같이 계열형 구조를 가진다.

표 9-3 H2 데이터베이스의 자료형

자료형	종류	크기
INT	정수형	32bit
DOUBLE	실수형	64bit
DATE	날짜형	날짜와 시간을 포함
CHAR	문자열	고정길이로 INT 범위
VARCHAR	문자열	가변길이로 INT 범위
CLOB	문자열	INT 범위를 넘어서는 대용량 문자열
BLOB	바이너리형	대용량 바이너리형

SQL의 기본 규칙

SQL 구문은 명령, 식별자(테이블 이름, 칼럼 이름 등), 데이터 타입, 조건절 등으로 구성되며 함수나 내장 프로시저 호출, 서브쿼리 등을 포함한다. 기본적인 규칙은 다음과 같다.

- 모든 SQL 구문과 식별자는 대소문자를 구분하지 않는다(데이터베이스에 따라 구분하는 경우도 있다).
- 명령과 키워드는 대문자, 식별자는 정해진 이름 규칙에 따를 것을 권장한다.
- 식별자는 영문으로 작성하며 공백을 허용하지 않는다.
- 키워드는 식별자로 사용할 수 없다.
- 서술적인 접두어 사용은 자제한다(예 tbl_member, idx_, pk_).

3 DDL이란?

DDLData Definition Language은 테이블의 생성, 수정, 삭제와 같은 관리 기능을 제공하는 SQL 문을 의미한다. DDL을 통해 데이터베이스 스키마, 테이블, 인덱스 등 데이터 저장 및 운영을 위한 객체의 생성과 관리가 가능하다. 이는 데이터 구조와 관련된 부분이므로 프로그램 영역이 아니라 데이터베이스 관리의 영역으로 여겨지며 데이터베이스 관리 도구나 SQL 실행 환경에서 주로 사용한다.

CREATE

테이블을 생성할 때 사용하는 명령어이며 각 칼럼의 자료형과 최대 크기를 명시해야 한다. 필요에 따라 칼럼에 제약 조건과 속성을 추가할 수 있다. 마지막 칼럼 설정 뒤에 ','를 넣지 않도록 주의한다.

```
CREATE TABLE 테이블_이름 (
  칼럼_이름 자료형(크기) 제약 조건|속성,
  칼럼_이름 자료형(크기),
  ...
)
```

ALTER

테이블 구조를 수정할 때 사용하는 명령어다. 테이블의 수정은 가능하지만 데이터가 들어가 있는 상태에서는 구조 변경에 여러 제약이 따른다. 변경된 구조로 인해 관련 프로그램의 실행에도 문제가 발생할 수 있기 때문이다. 따라서 테이블을 수정하기 전에 신중히 테이블을 생성하는 것이 좋다.

```
ALTER TABLE 테이블_이름 [ADD | ALTER | DROP] 칼럼명 자료형 제약 조건
```

테이블에 데이터가 들어가 있을 때 수정 제약 사항은 다음과 같다.

- 칼럼의 자료형은 변경할 수 없다.
- 칼럼의 크기(해당 칼럼에 저장할 수 있는 데이터의 크기)를 줄일 수는 없고 늘리는 것만 가능하다.
- NOT NULL 속성을 갖는 필드는 추가할 수 있으나, NULL 속성이 있는 필드는 추가할 수 없다.

DROP

테이블 자체를 삭제하는 명령어다. 테이블을 삭제할 때는 데이터와 함께 테이블과 연관되어 정의된 인덱스, 룰, 트리거, 제약 조건도 함께 삭제되므로 주의해야 한다.

```
DROP TABLE 테이블_이름 [RESTRICT | CASCADE]
```

- **RESTRICT**: 기본값으로 삭제 테이블이 다른 곳에서 참조되고 있다면 삭제를 중지한다.
- **CASCADE**: 삭제 테이블과 의존관계가 있는 모든 개체를 함께 삭제한다.

```
DROP TABLE student
DROP TABLE student CASCADE
```

SHOW

테이블 정보를 조회하기 위해서는 데이터베이스마다 제공되는 별도의 명령 혹은 스키마 구조에 접근하는 쿼리를 사용해야 한다. H2에서는 다음과 같이 SHOW 명령어를 이용하여 테이블 정보를 확인할 수 있다.

```
SHOW COLUMNS FROM student
```

4 DML이란?

DML Data Manipulation Language은 테이블의 데이터를 조작할 때 사용하는 SQL 문으로 데이터의 입력, 수정, 삭제, 검색 등에 사용된다. 주로 프로그램 코드 안에서 사용하는 쿼리문이다.

INSERT

테이블에 데이터를 추가하기 위한 명령어다. 일부 칼럼의 값만 추가할 수도 있고 테이블의 모든 칼럼에 해당하는 값을 추가할 수도 있다.

전체 칼럼값을 모두 추가할 때 VALUES에 오는 값의 순서는 테이블을 생성할 때 지정한 칼럼 순서와 반드시 일치해야 한다.

```
// 전체 칼럼값을 모두 저장하는 경우
INSERT INTO 테이블_이름 VALUES(칼럼에 넣을 데이터)
```

```
INSERT INTO student VALUES('김길동','AA대학교','1999-10-21','kim@aa.com')
```

부분 칼럼 데이터만 저장하는 경우 NOT NULL 칼럼은 반드시 포함되어야 하며 auto_increment 속성이 적용될 칼럼은 비워두면 된다.

```
// 특정 칼럼값만 저장하는 경우
INSERT INTO 테이블_이름(칼럼_이름1, 칼럼_이름2...) VALUES(칼럼에 넣을 데이터)
```

```
INSERT INTO student(username, email) VALUES('김길동','kim@aa.com')
```

TIP 숫자형 값은 그냥 숫자만 사용하면 되지만 문자형은 반드시 작은따옴표로 감싸야 한다.

SELECT

테이블에서 데이터를 조회하기 위한 명령어다. 전체 데이터 혹은 조건에 맞는 데이터만 조회가 가능하다. 데이터베이스에서 제일 중요한 쿼리이며, 효율적인 조회를 위해서는 다음과 같은 작업이 필요하다.

- 여러 테이블의 데이터를 조합해서 조회하기
- 외래키 칼럼의 코드 데이터를 참조 테이블의 이름 칼럼으로 대체하기
- 날짜 형식 변경하기
- 데이터 정렬 또는 집계하기

위와 같은 작업이 쿼리 내에서 함께 이루어져야 하므로 잘 사용하기 위해서는 추가적인 학습이 필요하다. 여기서는 우선 단일 테이블의 조회만 살펴본다.

```
SELECT [ALL | DISTINCT] 칼럼명(혹은 *)..
FROM 테이블_이름          └── 전체 조회
[ WHERE 조건절 ]
[ GROUP BY 칼럼명 ]
[ HAVING 검색조건 ]
[ ORDER BY 칼럼명 [ ASC | DESC ] ]
```

- 특정 칼럼을 지정하거나 전체 칼럼(*)을 조회할 수 있다.
- **DISTINCT**: 중복된 값은 제거하고 가지고 온다.
- **WHERE**: 검색 조건을 지정할 때 사용한다.

- GROUP BY: 특정 칼럼을 그룹화할 때 사용한다.
- HAVING: 특정 칼럼을 그룹화한 결과에 조건을 설정할 때 사용한다.
- ORDER BY: 특정 칼럼을 기준으로 오름차순(ASC)/내림차순(DESC) 정렬할 때 사용한다.

여기서 잠깐! WHERE 조건절의 사용

조건절에서는 일반적인 비교연산, 논리연산과 LIKE 연산 등이 가능하다. LIKE 검색의 경우 %를 이용해 특정 단어를 포함하거나 특정 단어로 시작 또는 끝나는 데이터를 검색할 수 있으나 칼럼의 데이터를 모두 비교하기 때문에 별도의 인덱스 설정이 필요하다. 하지만 조건절을 남용할 경우 성능 저하의 원인이 될 수 있으니 사용에 주의한다.

5 데이터 조회 함수

데이터베이스에는 데이터 조회의 편의를 위해 몇몇 함수가 기본적으로 제공되며 데이터베이스마다 전용 함수가 제공되기도 한다. 여기서는 대부분의 데이터베이스에서 제공되는 유용한 함수를 중심으로 살펴본다.

TIP H2 데이터베이스에서 지원되는 전체 함수는 http://www.h2database.com/html/functions.html을 참고한다.

이번 예제는 테스트를 위해 실제 테이블의 데이터를 사용하는 것이 아니기 때문에 가상의 테이블인 DUAL과 SELECT 문을 사용한다.

TIP DUAL은 간단하게 함수를 이용하여 계산 결괏값을 확인할 때 사용하는 가상 테이블이다.

숫자 관련 함수

숫자를 조작하기 위한 함수로 ABS(절댓값), CEILING(올림), ROUND(반올림), FLOOR(버림), SQRT(제곱근) 등이 있다.

```
SELECT ABS(-20), CEILING(20.25), ROUND(20.25), FLOOR(20.25), SQRT(4) from dual
```

20	21	20	20	2.0

임의의 가상 테이블

문자 관련 함수

문자, 문자열을 조작하기 위한 함수로 ASCII(아스키코드값), LENGTH(길이), CONCAT(문자열 결합), TRIM(양쪽 공백 제거), LOWER(소문자 변환), UPPER(대문자 변환), SUBSTRING

(부분 선택) 등이 있다.

```
SELECT ASCII('A'), LENGTH('HELLO'), CONCAT('Hello','World'), TRIM('Hello World'),
       LOWER('ABC'), UPPER('abc'), SUBSTRING('HelloWorld' FROM 2 FOR 5) from dual
```

65	5	'HelloWorld'	'Hello World'	'abc'	'ABC'	'elloW'

날짜/기간 함수

NOW(현재 날짜 시간), CURRENT_TIMESTAMP(현재 날짜 시간), DAYNAME(요일), PARSEDATETIME(문자열 포맷을 날짜 시간 정보로 변환) 등이 있다.

```
SELECT NOW(), CURRENT_TIMESTAMP(),
       DAYNAME(now()), PARSEDATETIME('10-01-2020','MM-dd-yy','GMT') from dual
```

NOW()	CURRENT_TIMESTAMP	DAYNAME(NOW())	TIMESTAMP '2020-10-01 00:00:00'
2021-04-01 12:07:47.297208	2021-04-01 12:07:47.297208+09	Thursday	2020-10-01 00:00:00

집계 함수

COUNT(레코드 수), SUM(칼럼값 더하기), AVG(칼럼값 평균), MAX(칼럼 최댓값), MIN(칼럼 최솟값)

```
SELECT COUNT(id), SUM(id), AVG(id), MAX(id), MIN(id) FROM student
```

COUNT(ID)	SUM(ID)	AVG(ID)	MAX(ID)	MIN(ID)
5	15	3	5	1

TIP student 테이블은 [실습 9-1]에서 생성할 것이다.

6 조인

조인Join은 관계형 데이터베이스에서 2개 이상의 테이블이나 데이터베이스를 조합해 데이터를 검색하는 것을 말한다. 조회하고자 하는 칼럼이 서로 다른 테이블에 있을 경우 주로 사용하며 여러 개의 테이블을 마치 하나의 테이블인 것처럼 사용할 수 있는 방법이다.

보통 기본키(PK)와 외래키(FK)로 연결된 두 테이블의 데이터를 조합하기 위해 사용할 수 있다.

조인은 여러 유형이 있으며 조인을 통해 여러 번 쿼리를 보내거나 결과를 프로그램에서 조합할 필요 없이 한 번의 쿼리로 원하는 데이터 구조를 받아볼 수 있다.

조인 형태로는 Inner Join, Outer Join, Cross Join, Self Join 등이 있다.

여기서 잠깐! 서브쿼리란?

SQL 관련 고급 기법 중 조인과 함께 서브쿼리를 꼽을 수 있다. 서브쿼리는 하나의 SQL 문에 다른 SQL 문을 포함하는 것을 말한다. 특정 쿼리의 실행 결과를 통해 조회된 값을 다른 쿼리에서 활용하는 형태로, 조인과 마찬가지로 프로그램에서 여러 번 수행해야 하는 작업을 덜어줄 수 있지만 성능 문제와 함께 복잡한 쿼리 구조로 인해 오류 발생 가능성 및 유지보수에 문제가 있을 수 있다.

05 실습 9-1 SQL 실습: 학생정보 목록 생성

이번 실습에서는 데이터베이스를 다루기 위해 꼭 필요한 기본적인 SQL 문을 직접 작성해본다. 또한 H2 데이터베이스에서 실행하는 과정을 통해 H2 console 사용법에서부터 기본적인 DML, DDL 사용법과 여러 제약 조건 및 속성을 이해하고 실제 프로그램 개발에 활용할 수 있도록 한다.

1 H2 콘솔 활용

SQL을 이용해 데이터베이스를 사용하려면 SQL 클라이언트 프로그램이 필요하다. 데이터베이스 자체에 포함된 CLICommand Line Interface 도구 또는 이클립스와 같은 개발도구에서 제공하는 플러그인을 주로 사용하고, 좀 더 전문적인 개발을 위해서는 SQL 개발을 전문적으로 지원하는 도구를 사용하기도 한다.

이번 실습에서는 H2 데이터베이스를 실행하면 함께 실행되는 데이터베이스 관리 프로그램인 H2 콘솔 프로그램을 사용할 것이다. H2 콘솔은 웹 기반의 도구로 간단한 관리 기능과 함께 SQL 편집 기능도 제공한다. 웹 기반이라 다소 불편한 부분은 있지만 별도의 프로그램 설치 없이 사용할 수 있는 것이 장점이다.

1 윈도우에서 'H2 Console'을 검색하면 나오는 프로그램을 실행한다.

TIP 또는 C:\Program Files(x86)\H2\bin\h2w.bat 파일을 실행해도 된다.

2 〈연결 시험〉에 성공하면 〈연결〉 버튼을 누르고 메인 화면으로 이동한다. 메인 화면의 왼쪽은 데이터베이스 구조가 트리 형태로 보이는 부분이며, 가운데 부분이 SQL을 작성하는 편집기 영역이다. 여러 개의 SQL 구문을 이어서 작성하는 것이 가능하지만, 실행할 때는 블록을 지정해 원하는 SQL만 실행하는 것이 좋다.

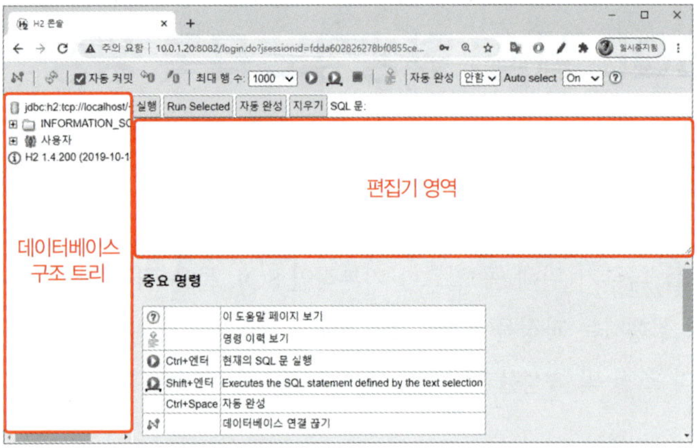

그림 9-9 H2 콘솔 메인 화면

2 DDL 실습

먼저 DDL 문을 실습해본다. [그림 9-4]의 학생정보 테이블을 생성, 수정, 삭제하는 과정을 단계별로 살펴본다.

▶ CREATE TABLE

1 우선 학생정보 테이블을 생성한다. SQL에서는 키워드나 식별자는 보통 대소문자를 구별하지 않는데 데이터베이스에 따라 구분하는 경우도 있다. 보통은 소문자로 작성하지만, 이 책에서는 구별을 위해 SQL 키워드는 대문자로 작성한다.

```
CREATE TABLE student (
    id INT NOT NULL Primary Key AUTO_INCREMENT,
    username VARCHAR(20),
    univ VARCHAR(40),
    birth DATE,
    email VARCHAR(40)
);
```

- **NOT NULL**: 테이블에 데이터를 추가할 때 반드시 데이터를 넣어야 하는 속성이다.
- **Primary Key**: 기본키로 설정한다.
- **AUTO_INCREMENT**: 자동 증가 칼럼(시퀀스)으로 지정하는 속성이다. 중복되지 않는 순차 증가 값으로 기본키 칼럼에 주로 사용된다.

TIP id 칼럼의 자료형을 'IDENTITY'로 설정하는 경우 'NOT NULL Primary Key AUTO_INCREMENT'가 자동으로 적용되며 내부적으로 타입은 BIGINT로 설정된다.

2 작성을 완료했다면 편집기 상단의 〈실행〉 버튼을 눌러 실행할 수 있다. 아직은 SQL 문이 하나이므로 상관없지만 이후부터는 〈Run Selected〉 버튼을 눌러 실행해야 하니 주의한다.

3 실행되면 왼쪽 트리에 STUDENT 테이블이 생성된 것을 확인할 수 있다.

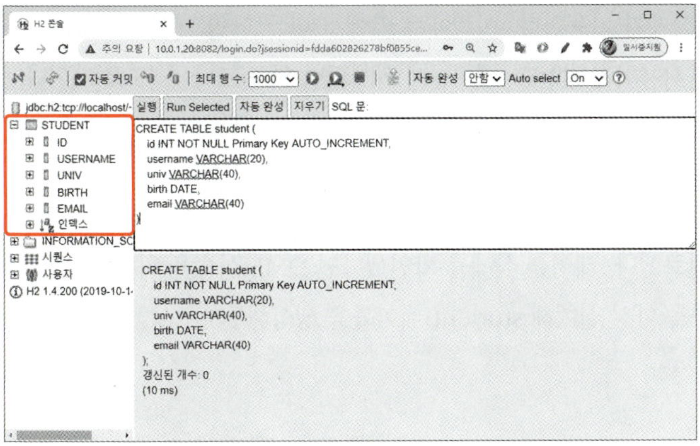

그림 9-10 테이블 생성 확인

TIP VARCHAR에 빨간색으로 표시된 것은 브라우저에서 문법 체크가 동작한 것으로 H2 콘솔은 별도의 문법 체크 기능이 없다.

▶ ALTER TABLE

4 생성된 STUDENT 테이블에 tel 칼럼을 추가하고, username의 크기를 20에서 10으로 조정한다. 그리고 id 칼럼에 지정되었던 기본키 제약 조건을 제거해보자.

```
ALTER TABLE student ADD(tel VARCHAR(30) NOT NULL);
ALTER TABLE student ALTER username VARCHAR(10);
ALTER TABLE student DROP PRIMARY KEY;
```

라인 단위로 블록을 지정해 실행해도 되고, SQL 구문 끝에 ';'으로 구분을 해두었다면 차례로 3개의 구문을 한번에 실행할 수도 있다. 이번에는 세 구문을 블록으로 지정한 다음 〈Run Selected〉로 실행한다.

5 실행 결과 편집기 하단에 성공 메시지가 뜨면 정상 실행된 것이다. 만약 에러가 발생하면 에러 메시지를 확인하고 다시 시도해본다.

6 이제 변경된 테이블 구조를 확인하기 위해 SHOW 구문을 실행해 비교해보자.

```
SHOW COLUMNS FROM student;
```

▶ DROP TABLE

7 DROP TABLE로 테이블을 삭제할 때 삭제하고자 하는 테이블과 연관된 테이블이 있다면, CASCADE를 함께 사용해야 삭제가 가능하다. 이번에는 앞에서 만든 단일 테이블 student를 삭제하기 때문에 CASCADE를 사용하지 않는다. 테이블이 삭제되면 왼쪽 트리에서도 삭제된다.

```
DROP TABLE student;
```

이로써 DDL의 구문 실습을 완료했다. 테이블 삭제를 확인했다면 DML 실습을 위해 앞에서 사용했던 CREATE TABLE 구문을 다시 실행해 student 테이블을 생성해두자.

3 DML 실습

이제 앞에서 만든 학생정보 테이블에 데이터를 추가하고 수정, 삭제하기 위한 DML을 살펴보자.

▶ INSERT

1 student 테이블의 id 칼럼에는 auto_increment 속성이 부여되어 있기 때문에 다음과 같이 칼럼을 지정한 다음, 데이터를 부분적으로 추가해야 한다.

```
INSERT INTO student(username, univ, birth, email) VALUES('김길동','AA대학교','1999-10-21','kim@aa.com');
```

2 다음 예시를 참고해 4개의 데이터를 더 추가해본다. 추가된 데이터는 이어지는 SELECT 실습에서 확인한다.

```
INSERT INTO student(username, univ, birth, email) VALUES('박사랑','BB대학교','2000-1-21','park@bb.com');
INSERT INTO student(username, univ, birth, email) VALUES('나최고','CC대학교','1998-7-11','na@cc.com');
```

```
INSERT INTO student(username, univ, birth, email) VALUES('김길동','BB대학교','1999-03-10','kim@bb.com');
INSERT INTO student(username, univ, birth, email) VALUES('홍길동','AA대학교','1999-12-10','hong@aa.com');
```

▶ SELECT

❸ DML 중에서 가장 많이 사용하는 명령으로 검색을 위한 조건도 다양하게 지정할 수 있지만 우선 가장 기본적인 구문을 살펴본다.

다음 코드를 각각 한 문장씩 실행해서 결과를 확인해보자. ❶, ❷번에서 id 칼럼은 입력하지 않았지만 조회할 때 1부터 차례대로 값이 들어가 있는 것을 확인할 수 있다.

```
SELECT * FROM student;
```

ID	USERNAME	UNIV	BIRTH	EMAIL
1	김길동	AA대학교	1999-10-21	kim@aa.com
2	박사랑	BB대학교	2000-01-21	park@bb.com
3	나최고	CC대학교	1998-07-11	na@cc.com
4	김길동	BB대학교	1999-03-10	kim@bb.com
5	홍길동	AA대학교	1999-12-10	hong@aa.com

- *는 전체 칼럼을 모두 보여준다.

```
SELECT username, email FROM student;
```

- 특정 칼럼만 지정해서 조회하는 것도 가능하다.

❹ 다음으로 WHERE 조건절을 사용해 다양한 조건으로 데이터를 조회해본다. AND, OR를 이용해 조건을 세분화할 수도 있다.

```
SELECT * FROM student WHERE username = '김길동';
```

ID	USERNAME	UNIV	BIRTH	EMAIL
1	김길동	AA대학교	1999-10-21	kim@aa.com
4	김길동	BB대학교	1999-03-10	kim@bb.com

```
SELECT * FROM student WHERE username = '김길동' AND univ = 'AA대학교';
```

ID	USERNAME	UNIV	BIRTH	EMAIL
1	김길동	AA대학교	1999-10-21	kim@aa.com

```
SELECT * FROM student WHERE univ = 'AA대학교' OR univ = 'CC대학교';
```

ID	USERNAME	UNIV	BIRTH	EMAIL
1	김길동	AA대학교	1999-10-21	kim@aa.com
3	나최고	CC대학교	1998-07-11	na@cc.com
5	홍길동	AA대학교	1999-12-10	hong@aa.com

```
// '김'으로 시작하는 모든 데이터 조회
SELECT * FROM student WHERE username LIKE '김%';
```

ID	USERNAME	UNIV	BIRTH	EMAIL
1	김길동	AA대학교	1999-10-21	kim@aa.com
4	김길동	BB대학교	1999-03-10	kim@bb.com

5 다음은 정렬을 위해 ORDER BY를 사용했다.

```
// 이름을 내림차순으로 정렬
SELECT * FROM student ORDER BY username DESC;
```

ID	USERNAME	UNIV	BIRTH	EMAIL
5	홍길동	AA대학교	1999-12-10	hong@aa.com
2	박사랑	BB대학교	2000-01-21	park@bb.com
3	나최고	CC대학교	1998-07-11	na@cc.com
1	김길동	AA대학교	1999-10-21	kim@aa.com
4	김길동	BB대학교	1999-03-10	kim@bb.com

```
// 학생이름은 오름차순으로 대학은 내림차순으로 정렬
SELECT * FROM student ORDER BY username ASC, univ DESC;
```

ID	USERNAME	UNIV	BIRTH	EMAIL
4	김길동	BB대학교	1999-03-10	kim@bb.com
1	김길동	AA대학교	1999-10-21	kim@aa.com
3	나최고	CC대학교	1998-07-11	na@cc.com
2	박사랑	BB대학교	2000-01-21	park@bb.com
5	홍길동	AA대학교	1999-12-10	hong@aa.com

6 다음은 중복된 데이터는 하나만 표시하기 위한 DISTINCT를 사용한 예다.

```
// 중복된 이름은 하나만 가져옴
SELECT DISTINCT username FROM student;
```

USERNAME
김길동
나최고
박사랑
홍길동

```
// 이름과 대학의 조합으로 중복 제거
SELECT DISTINCT username, univ FROM student;
```

USERNAME	UNIV
김길동	AA대학교
김길동	BB대학교
나최고	CC대학교
박사랑	BB대학교
홍길동	AA대학교

06 JDBC 기본 구조와 API의 이해

JDBC는 Java DataBase Connectivity의 약어로 자바 프로그램에서 다른 기종 간의 데이터베이스를 표준화된 방법으로 접속할 수 있도록 만든 API 규격이다. 개발자는 데이터베이스 종류와 관계없이 표준화된 API를 이용해 프로그램을 만들 수 있다.

1 JDBC의 개념

앞에서 살펴본 것처럼 데이터베이스는 종류가 매우 다양하다. 이로 인해 응용 프로그램에서 데이터베이스에 접속하고 데이터를 처리하는 방법이 제각각이기 때문에 개발에 많은 어려움이 있다. 이러한 문제를 해결해주는 JDBC는 자바 애플리케이션에서 표준화된 방법으로 다양한 데이터베이스에 접속할 수 있도록 설계된 인터페이스다. 따라서 애플리케이션 개발자는 각 데이터베이스에 대해 자세히 알지 못해도 JDBC API만 알면 모든 데이터베이스에서 동작할 수 있는 애플리케이션을 개발할 수 있다.

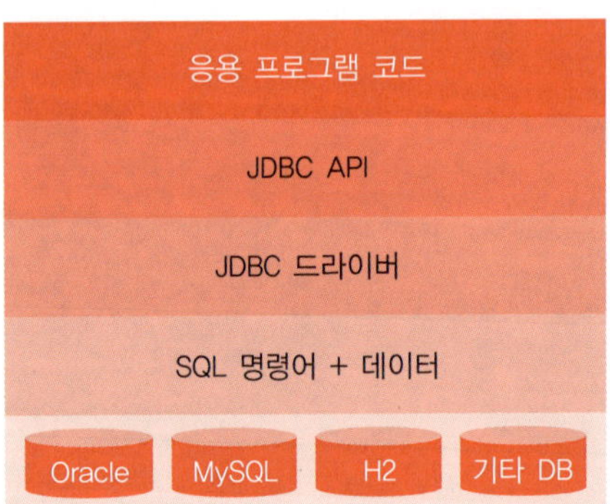

그림 9-11 JDBC 구조

응용 프로그램에서는 자바에 기본적으로 포함된 JDBC API(인터페이스로 규격만 정의하고 있음)를 사용해 프로그램 코드를 작성하고 실제 데이터베이스 연결은 각 데이터베이스 회사가 제공하는 JDBC 드라이버(JDBC API 구현 클래스)를 이용해 SQL 문으로 데이터를 조작하는 형태로 동작한다.

2 JDBC 드라이버 설치

JDBC는 자바 인터페이스로 정의된 일종의 규격이기 때문에 실제 구현된 클래스가 없으면 동작하지 않는다. 이때 실제 구현된 클래스를 JDBC 드라이버라고 부르며 라이브러리와 같은 개념이다. JDBC API를 사용하는 프로그램을 개발하거나 실행하는 과정에 해당 라이브러리가 반드시 필요하다.

7장에서 Maven 기반으로 프로젝트를 변경했기 때문에 다른 라이브러리와 마찬가지로 pom.xml에 의존성을 추가하면 자동으로 프로젝트에서 참조된다. 또한 톰캣을 통해 실행하는 과정에도 함께 패키징되기 때문에 별도의 과정 없이 사용할 수 있다.

TIP Maven을 사용하지 않을 경우 [WEB-INF/lib] 폴더에 관련 라이브러리 파일을 복사해두어야 한다.

JDBC 드라이버는 보통 데이터베이스를 만드는 회사에서 직접 배포하는데, 예를 들어 오라클의 경우 오라클 DB에 포함되어 있거나 별도 다운로드를 제공한다. H2는 데이터베이스 패키지 자체에 드라이버 클래스가 포함된 구조이지만 다른 데이터베이스의 경우 데이터베이스 엔진과 JDBC 드라이버는 완전히 분리된 구조다.

이클립스에 H2 데이터베이스 드라이버를 추가하기 위해 'pom.xml'의 <dependencies>...</dependencies> 사이에 다음과 같이 H2 데이터베이스 의존성을 추가한다. 7장에서처럼 메이븐 리포지터리(mvnrepository.com)에서 'h2'를 검색해 버전을 선택해도 된다. 이때 <scope>...</scope> 부분은 반드시 제거하고 'pom.xml'에 복사해야 한다.

```
<dependencies>
  <!-- https://mvnrepository.com/artifact/com.h2database/h2 -->
  <dependency>
      <groupId>com.h2database</groupId>
      <artifactId>h2</artifactId>
      <version>1.4.200</version>
  </dependency>
</dependencies>
```

파일을 저장하면 자동으로 h2 라이브러리를 다운로드하는 과정이 백그라운드로 진행된다(완료될 때까지 조금 기다려야 한다). [Java Resources]→[Libraries]→[Maven Dependencies]에 'h2-1.4.200.jar'이 추가되어 있으면 정상적으로 등록된 것이다. 만일 시간이 지나도 추가되지 않을 경우 7장에서 배운 것처럼 jwbook 프로젝트를 선택한 다음 마우스 오른쪽 버튼을 클릭하고 [Maven]→[Updata Project]를 선택한 후에 〈OK〉를 클릭한다.

3 JDBC 프로그래밍 과정

JDBC 프로그래밍은 자바에서 데이터베이스 연동 프로그램을 개발하는 것을 말한다. 웹에서뿐만 아니라 일반 자바 애플리케이션에서도 동일하게 사용할 수 있으니 참고한다.

JDBC API는 다양한 기능을 제공하기 때문에 상세한 기능은 API 문서를 참고하는 것이 좋다. 여기서는 JDBC 프로그래밍의 기본 절차를 핵심 API 중심으로 살펴본다. JDBC 프로그래밍의 기본 단계와 사용 클래스는 다음 그림과 같다.

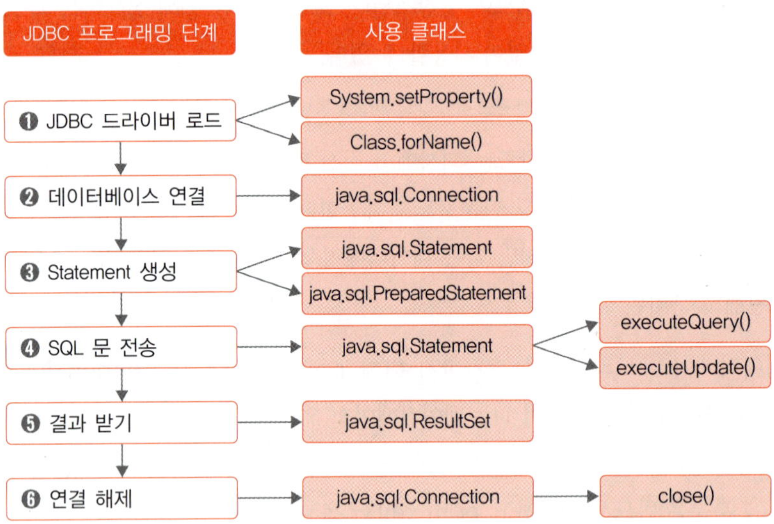

그림 9-12 JDBC 프로그래밍 과정

1단계: JDBC 드라이버 로드

데이터베이스에 접속하려면 먼저 해당 데이터베이스의 JDBC 드라이버를 로드해야 한다. 이러한 과정이 필요한 이유는 JDK에 포함된 JDBC는 API 규격을 위한 자바 인터페이스로 실제로 동작하려면 각각의 데이터베이스 공급 업체에서 구현한 드라이버 클래스가 사전에 로딩되어야 하기 때문이다.

JDBC 드라이버를 로드하는 방법은 크게 두 가지가 있다. jdbc.drivers라는 시스템 환경 변수에 등록된 내용으로 하는 방법과 Class.forName() 메서드를 이용해서 직접 해당 클래스를 로드하는 방법이다. 대부분의 경우 다음 코드와 같이 Class.forName() 메서드를 사용한다.

```
Class.forName("org.h2.Driver");
```

드라이버 로드에 사용되는 org.h2.Driver는 H2 데이터베이스의 드라이버 클래스로 이름을 잘못 명시하면 오류가 발생한다. 데이터베이스마다 구현한 클래스 이름이 다르므로 다른 데이터베이스를 사용할 경우 해당 클래스 이름을 사전에 알아두어야 한다.

TIP 대표적인 JDBC 드라이버 클래스 이름은 다음과 같으니 학습에 참고한다.

- 오라클: oracle.jdbc.driver.OracleDriver
- MySQL: com.mysql.jdbc.Driver, com.mysql.cj.jdbc.Driver(8.x)

2단계: 데이터베이스 연결

드라이버가 로드되면 해당 데이터베이스의 JDBC 드라이버를 이용해 프로그램을 작성할 수 있는 상태가 된 것을 의미한다. 실제 데이터베이스와 연결하려면 Connection 클래스의 인스턴스가 필요하며, DriverManager.getConnection() 메서드를 이용해서 레퍼런스를 가져올 수 있다. 또한 JDBC URL, DB 사용자 아이디/비밀번호가 필요하다.

■ JDBC URL

JDBC URL은 데이터베이스에 대한 다양한 정보를 포함한다. 각 데이터베이스별로 JDBC URL이 다르므로 사용하는 데이터베이스 매뉴얼을 참고해서 작성해야 한다.

JDBC URL 구조는 다음과 같다.

```
jdbc:하위 프로토콜:데이터 원본 식별자
```

H2의 경우 DB 실행 방식에 따라 다음과 같은 형식을 취한다.

```
// 임베디드 모드(파일 직접 접속)
jdbc:h2:~/test ———————— 윈도우 사용자 홈디렉터리에 'test.mv.db' 파일 사용
jdbc:h2:e:/Dev/test ———— e드라이브의 [Dev] 폴더에 'test.mv.db' 파일 사용

// 네트워크 서버 모드
jdbc:h2:tcp://localhost/~/test —— 네트워크로 접속 허용, 데이터 파일은 사용자 홈디렉터리에 위치

// 메모리 DB 모드(종료 시 데이터 소멸됨)
jdbc:h2:mem:test_mem
```

데이터베이스에 연결하려면 이와 같은 모든 정보를 정확하게 알고 있어야 하며, 이 중에서 한

가지라도 잘못되어 있으면 제대로 연결되지 않는다.

TIP 대표적인 JDBC URL은 다음과 같으니 학습에 참고한다.

- 오라클: jdbc:oracle:thin:@localhost:1521:SID
- MySQL: jdbc:mysql://localhost/myDB?serverTimezone=UTC

■ Connection 클래스 인스턴스 레퍼런스 얻기

JDBC 클래스 로딩과 URL이 준비되었으면 실제 데이터베이스와의 연결을 만들기 위한 코드를 작성한다. DriverManager의 getConnection() 메서드를 사용한다.

```
Connection conn = DriverManger.getConnection(JDBC_URL,"아이디","비밀번호");
```

- **JDBC_URL**: 해당 데이터베이스에 맞게 미리 정의되어 있는 문자열이다.
- **아이디와 비밀번호**: 데이터베이스에 등록된 계정이다.

3단계: Statement 생성

데이터베이스와 연결을 한번 완료하면 이후 연동부터는 SQL 문을 통해 이루어진다. 이때 문자열로 이루어진 SQL 문을 JDBC에서 처리할 수 있는 객체로 변환해야 하는데, 이때 사용되는 것이 Statement 객체다. 하지만 보통 SQL 문과 데이터를 조합하기 때문에 일반 Statement보다는 Statement를 상속받는 PreparedStatement를 사용하는 것이 좋다.

PreparedStatement는 SQL 문을 미리 만들어두고 변수를 따로 입력하는 방식으로 효율성이나 유지보수 측면에서 유리한 구조다. 기본적으로 Statement 클래스를 상속받기 때문에 Statement 클래스 메서드를 모두 사용할 수 있다.

PreparedStatement를 사용할 때는 SQL 문 중간중간 데이터가 들어가야 하는 부분에 '?'를 넣고, pstmt.setXXX() 형태의 메서드를 통해 데이터를 연결한다. 자료형에 따라 setString, setDate 등 맞는 메서드를 사용해야 한다. 데이터의 순서는 1부터 시작하는 카운트값을 사용한다.

```
PreparedStatement pstmt = conn.prepareStatement("insert into test values(?,?)");
pstmt.setString(1,request.getParameter("username");
pstmt.setString(2,request.getParameter("email");
```

4단계: SQL 문 전송

3단계 과정을 통해 PreparedStatement 객체가 준비되었고 실제 쿼리의 실행은 SQL 문 종류에 따라 executeQuery() 혹은 executeUpdate()를 사용하게 된다.

■ executeQuery()

SELECT 문을 수행할 때 사용한다. 반환값은 ResultSet 클래스 타입으로, 해당 SELECT 문의 결과에 해당하는 데이터에 접근할 수 있는 방법을 제공한다.

■ executeUpdate()

UPDATE, DELETE와 같은 문을 수행할 때 사용한다. 반환값은 INT 값으로, 처리된 데이터의 수를 반환한다. 이때 executeUpdate() 메서드는 처리한 로우의 개수를 반환하는데 처리된 항목이 없다면 0을 반환한다. 처리 결과를 확인하려면 반환값을 받아서 확인해야 하고, 그럴 필요가 없다면 굳이 반환을 받지 않아도 된다.

5단계: 결과 받기

데이터베이스에서 데이터 결과를 받으려면 Statement나 PreparedStatement의 executeQuery()를 사용한다. 입력, 수정, 삭제와 달리 데이터를 갖고 오는 경우에는 가져온 결과 데이터를 처리하기 위한 ResultSet 객체가 필요하다.

```
ResultSet rs = pstmt.executeQuery();
```

ResultSet은 조회한 결괏값에 순차적으로 접근할 수 있는 커서를 다룰 수 있게 한다. 예를 들어 10만 건의 데이터 중 검색 결과가 100건이 나오면, ResultSet은 100건을 로우 단위로 가져올 수 있게 한다.

6단계: 연결 해제

데이터베이스 사용이 종료되면 기본적으로 연결을 해제해야 한다. 예를 들어 고객센터의 전화 통화 시스템을 생각해보자. 고객센터에 전화를 걸 때 상담원이 다른 고객과 이미 통화 중이라면 연결이 되지 않는다. 즉 고객센터와 같이 동시에 많은 사람의 전화를 받는 시스템의 경우, 동시 통화가 가능한 수만큼의 상담사가 필요하고 이는 비용 증가로 이어진다.

데이터베이스의 경우에도 동시에 여러 연결을 지원하지만 동시 연결 수에 따라 라이선스 비용이 증가하기도 하고, 동시 연결 가능 수가 적은 경우 대기 시간이 길어지는 문제가 발생하기도 한다. 따라서 사용이 끝난 데이터베이스와의 연결은 해제해주는 것이 좋다. 더불어 데이터베이스와의 연결뿐만 아니라 하나의 연결에서 발생하는 여러 Statement, ResultSet 같은 객체도 바로바로 종료해주는 것이 좋다.

```
rs.close();
pstmt.close();
conn.close();
```

다만 응용 프로그램과 데이터베이스의 연결이 요청에 따라 이루어지고 종료되는 구조는 성능상 적합하지 않기 때문에 실제 시스템 구현 시에는 DBCP를 사용하게 된다.

여기서 잠깐! DBCP란?

DBCPDataBase Connection Pool는 중간에 미들웨어 혹은 컨테이너에서 데이터베이스와의 연결을 미리 만들어두고 요청 클라이언트에 전달하는 구조를 말한다. 또한 일정 수준의 연결을 유지하면서 요청이 증가하는 경우 미리 연결을 만들거나 하는 자동 관리 기능이 포함되어 있다. 보통 데이터베이스 회사에서 제공하는 구현체를 사용하거나 Apache Commons DBCP, Hikari CP, Tomcat JDBC CP 등의 오픈소스 구현체를 사용하면 된다.

07 실습 9-2

JDBC 종합 실습: 학생정보 조회와 등록

[그림 9-4]에서 생성한 학생정보 테이블을 이용해 데이터를 저장하고 전체 데이터를 보여주는 예제를 JDBC를 사용해 실습해보자. 테이블 생성과 기초 데이터는 [실습 9-1]을 통해 완료된 것을 활용한다.

또한 이번 실습은 8장에서 배운 MVC 패턴으로 구현한다. 우선 [src/main/java] 폴더에 [ch09] 패키지를 생성한다. [ch09]에는 Student 클래스, StudentDAO 클래스, StudentController 서블릿이 들어간다.

1 모델 구현(DO): Student

1 [ch09] 패키지에 Student 클래스를 생성한다. 이 Student 클래스는 DO 클래스에 해당된다. 테이블 구조와 동일하게 다음과 같이 생성한다. getter/setter 메서드는 8장을 참고하여 직접 생성해보자.

예제 9-1 Student.java

```
1  package ch09;
2  import java.sql.Date;
3
4  public class Student {
5    private int id;
6    private String username;
7    private String univ;
8    private Date birth;
9    private String email;
10
11   // getter/setter 생략
12 }
```

2 날짜 데이터로 java.sql.Date 타입을 사용하기 위해 import한다.

11 getter/setter 메서드는 [Source]→[Generate Getters and Setters...] 메뉴를 통해 자동 생성한다.

2 모델 구현(DAO): StudentDAO

▶ 클래스 기본 구조 생성

2 [ch09] 패키지에 StudentDAO 클래스를 생성한다. 이 StudentDAO 클래스는 데이터베이스 연동을 위한 DAO 클래스로 데이터베이스 연결/종료, CRUD 지원을 위한 메서드로 구성된다. 여기서는 등록과 목록 보기 기능에 필요한 메서드만 구현한다.

JDBC API 클래스는 java.sql 패키지를 사용하므로 패키지를 import할 때 java.sql인지 확인하여 선택한다.

```
package ch09;
// import 생략

public class StudentDAO {
        Connection conn = null;
        PreparedStatement pstmt;

        final String JDBC_DRIVER = "org.h2.Driver";
        final String JDBC_URL = "jdbc:h2:tcp://localhost/~/jwbookdb";
}
```

▶ 연결/종료 메서드 구현

3 편의상 DB 관련 작업 요청 시 데이터베이스에 연결하고, 종료 시 연결도 종료하는 형식으로 구성한다. 다음과 같이 연결/종료를 위한 메서드를 만든다.

```
public void open(){
  try {
    Class.forName(JDBC_DRIVER);
    conn = DriverManager.getConnection(JDBC_URL,"jwbook","1234");
  } catch (Exception e) {
    e.printStackTrace();
  }
}
```

```
public void close() {
  try {
    pstmt.close();
    conn.close();
  } catch (SQLException e) {
    e.printStackTrace();
  }
}
```

▶ **학생 등록 메서드 구현**

4 학생 등록을 위해서는 Student 객체를 인자로 받아 SQL과 데이터를 조합하는 과정이 필요하다. 다음과 같이 PreparedStatement를 이용해 '?'에 해당하는 데이터를 매핑한다.

```
public void insert(Student s) {
  open();
  String sql = "INSERT INTO student(username, univ, birth, email) values(?,?,?,?)";

  try {
    pstmt = conn.prepareStatement(sql);
    pstmt.setString(1, s.getUsername());
    pstmt.setString(2, s.getUniv());
    pstmt.setDate(3, s.getBirth());
    pstmt.setString(4, s.getEmail());

    pstmt.executeUpdate();
  } catch(Exception e) {
    e.printStackTrace();
  } finally {
    close();
  }
}
```

▶ **학생 목록 메서드 구현**

5 전체 학생 목록은 단순히 SELECT 문을 사용해 가져올 수 있다. 다만 ResultSet을 이용해 Student 객체에 데이터를 매핑하고 List에 추가한 다음 모든 데이터가 담긴 List 타입을 리턴해야 한다.

```java
public List<Student> getAll() {
  open();
  List<Student> students = new ArrayList<>();

  try {
    pstmt = conn.prepareStatement("select * from student");
    ResultSet rs = pstmt.executeQuery();

    while(rs.next()) {
      Student s = new Student();
      s.setId(rs.getInt("id"));
      s.setUsername(rs.getString("username"));
      s.setUniv(rs.getString("univ"));
      s.setBirth(rs.getDate("birth"));
      s.setEmail(rs.getString("email"));

      students.add(s);
    }
  } catch (Exception e) {
    e.printStackTrace();
  } finally {
    close();
  }
  return students;
}
```

6 SudentDAO.java의 전체 코드는 다음과 같다.

예제 9-2 StudentDAO.java

```java
package ch09;
import java.sql.Connection; // java.sql 패키지를 import해야 함
// 이하 import 문 생략

public class StudentDAO {
  Connection conn = null;
  PreparedStatement pstmt;

  final String JDBC_DRIVER = "org.h2.Driver";
  final String JDBC_URL = "jdbc:h2:tcp://localhost/~/jwbookdb";
```

```java

public void open(){
  try {
    Class.forName(JDBC_DRIVER);
    conn = DriverManager.getConnection(JDBC_URL,"jwbook","1234");
  } catch (Exception e) { e.printStackTrace(); }
}

public void close() {
  try {
    pstmt.close();
    conn.close();
  } catch (SQLException e) { e.printStackTrace(); }
}

public void insert(Student s) {
  open();
  String sql =
        "INSERT INTO student(username, univ, birth, email) values(?,?,?,?)";

  try {
    pstmt = conn.prepareStatement(sql);
    pstmt.setString(1, s.getUsername());
    pstmt.setString(2, s.getUniv());
    pstmt.setDate(3, s.getBirth());
    pstmt.setString(4, s.getEmail());

    pstmt.executeUpdate();
  } catch(Exception e) { e.printStackTrace(); }
    finally { close(); }
}

public List<Student> getAll() {
  open();
  List<Student> students = new ArrayList<>();

  try {
    pstmt = conn.prepareStatement("select * from student");
    ResultSet rs = pstmt.executeQuery();

```

```
51       while(rs.next()) {
52         Student s = new Student();
53         s.setId(rs.getInt("id"));
54         s.setUsername(rs.getString("username"));
55         s.setUniv(rs.getString("univ"));
56         s.setBirth(rs.getDate("birth"));
57         s.setEmail(rs.getString("email"));
58
59         students.add(s);
60       }
61     } catch (Exception e) { e.printStackTrace(); }
62       finally { close(); }
63     return students;
64   }
65 }
```

16, 23, 39, 61 편의상 예외 처리는 Exception 하나로 처리한다. 데이터베이스 처리 과정에 문제가 발생하면 세부 메시지를 출력하게 되고 이클립스의 콘솔에서 확인할 수 있다.

27, 40, 44, 62 메서드 시작 부분에 데이터베이스 연결을 위한 open() 메서드 호출이 있어야 하고 finally 블록에서 연결을 종료한다.

3 컨트롤러 구현: StudentController

7 [ch09] 패키지에서 StudentController 서블릿을 생성한다. 이때 URL은 studentControl로 지정한다.

컨트롤러 서블릿의 구조는 [실습 8-2]에서 만든 것을 재활용한다. 다음과 같이 기본 구조를 만든 다음 action 요청에 따라 필요한 메서드를 추가한다. 여기서는 list, insert의 2개의 action 요청을 구현한다.

```
@WebServlet("/studentControl")
public class StudentController extends HttpServlet {
  private static final long serialVersionUID = 1L;

  StudentDAO dao;
  public void init(ServletConfig config) throws ServletException {
    super.init(config);
```

```
    dao = new StudentDAO();
  }

  protected void service(HttpServletRequest request, HttpServletResponse response)
throws ServletException, IOException {
    String action = request.getParameter("action");
    String view = "";
    if(request.getParameter("action") == null) {
      getServletContext().getRequestDispatcher("/studentControl?action=list")
      .forward(request, response);
    }else{
      switch(action) {
        case "list": view = list(request, response); break;
        case "insert": view = insert(request, response); break;
      }
        getServletContext().getRequestDispatcher("/ch09/"+view).forward(request,
response);     }
  }

  public String list(HttpServletRequest request, HttpServletResponse response) {
    return "";
  }

  public String insert(HttpServletRequest request, HttpServletResponse response) {
    return "";
  }
}
```

8 먼저 전체 데이터 목록 요청을 위한 list 메서드를 살펴본다. dao.getAll() 메서드를 호출한 결과를 request scope object의 속성에 'students'라는 이름으로 저장하고 뷰의 이름을 리턴한다. 여기서는 하나의 뷰(studentInfo.jsp)에서 목록 보기와 데이터 추가를 모두 구현한다.

```
public String list(HttpServletRequest request, HttpServletResponse response) {
  request.setAttribute("students", dao.getAll());
  return "studentInfo.jsp";
}
```

9 새로운 학생을 추가하는 insert 메서드는 request.getParameter()를 이용해 모든 입력값을 읽어와 Student 객체로 매핑한 다음 dao.insert() 메서드를 호출하고, 뷰 페이지로 되돌아가야 한다.

이때 입력값을 일일이 매핑하기보다는 Apache Commons Bean Utils를 이용하는 것이 좋기 때문에 먼저 pom.xml에 다음과 같이 BeanUtils 라이브러리 의존성을 추가한다.

```
<!-- https://mvnrepository.com/artifact/commons-beanutils/commons-beanutils -->
<dependency>
    <groupId>commons-beanutils</groupId>
    <artifactId>commons-beanutils</artifactId>
    <version>1.9.4</version>
</dependency>
```

10 이제 insert 메서드 내부를 구현해보자. Student 객체를 생성한 다음 BeanUtils.populate() 메서드로 파라미터로 전달된 name 속성과 일치하는 Student 클래스의 멤버 변수를 찾아 값이 전달되도록 한다. 그 후 dao.insert() 메서드로 새로운 데이터를 저장한 다음 다시 새로운 목록으로 화면을 표시하기 위해 list() 메서드를 호출한 결과를 리턴한다.

```
public String insert(HttpServletRequest request, HttpServletResponse response) {
  Student s = new Student();
  try {
    BeanUtils.populate(s, request.getParameterMap());
  } catch (Exception e) {
    e.printStackTrace();
  }
  dao.insert(s);
  return list(request, response);
}
```

11 StudentController의 전체 코드는 다음과 같다.

예제 9-3 StudentController.java

```java
package ch09;
import java.io.IOException;
import org.apache.commons.beanutils.BeanUtils;

@WebServlet("/studentControl")
public class StudentController extends HttpServlet {
  private static final long serialVersionUID = 1L;

  StudentDAO dao;
  public void init(ServletConfig config) throws ServletException {
    super.init(config);
    dao = new StudentDAO();
  }

  protected void service(HttpServletRequest request, HttpServletResponse
response) throws ServletException, IOException {
    request.setCharacterEncoding("utf-8");
    String action = request.getParameter("action");
    String view = "";

    if(action == null) {
      getServletContext().getRequestDispatcher("/studentControl?action=list")
      .forward(request, response);
    } else {
      switch(action) {
        case "list": view = list(request, response); break;
        case "insert": view = insert(request, response); break;
      }
      getServletContext().getRequestDispatcher("/ch09/"+view)
      .forward(request, response);
    }
  }

  public String list(HttpServletRequest request, HttpServletResponse response)
{
    request.setAttribute("students", dao.getAll());
    return "studentInfo.jsp";
```

```
  }

  public String insert(HttpServletRequest request, HttpServletResponse
response) {
    Student s = new Student();
    try {
      BeanUtils.populate(s, request.getParameterMap());
    } catch (Exception e) { e.printStackTrace(); }
    dao.insert(s);
    return list(request, response);
  }
}
```

4 뷰 구현: studentInfo

12 이제 마지막으로 뷰를 구현할 차례다. 목록 화면과 입력 화면을 따로 만들어도 되지만 여기서는 최대한 간단하게 JDBC 구현을 알아보기 위해 하나의 화면을 사용한다. [webapp]에 [ch09] 폴더를 만들고 studentInfo.jsp를 생성한다.

13 jstl을 사용하기 때문에 taglib을 추가해주고 목록은 다음과 같이 c:forEach를 사용한다.

```
<table border="1">
  <tr><th>id</th><th>이름</th><th>대학</th><th>생일</th><th>이메일</th></tr>
  <c:forEach items="${students}" var="s">
    <tr>
      <td>${s.id}</td> <td>${s.username}</td> <td>${s.univ}</td>
      <td>${s.birth}</td> <td>${s.email}</td>
    </tr>
  </c:forEach>
</table>
```

14 다음으로 데이터 입력 양식은 HTML <form> 태그를 사용하고 action에는 컨트롤러 호출 url에 action=insert를 넣는다. 이때 <input>의 name 속성값을 Student 클래스의 멤버 변수 이름과 동일하게 작성해야 하는 점을 주의한다.

```
<form method="post" action="/jwbook/studentControl?action=insert">
  <label>이름</label>
  <input type="text" name="username"><br>
  <label>대학</label>
  <input type="text" name="univ"><br>
  <label>생일</label>
  <input type="text" name="birth"><br>
  <label>이메일</label>
  <input type="text" name="email"><br>
  <button type="submit">등록</button>
</form>
```

⑮ studentInfo.jsp의 전체 코드는 다음과 같다.

예제 9-4 studentInfo.jsp

```
<%@ page language="java" contentType="text/html; charset=UTF-8"
    pageEncoding="UTF-8"%>
<%@ taglib uri="http://java.sun.com/jsp/jstl/core" prefix="c"%>

<!DOCTYPE html>
<html>
<head>
<meta charset="UTF-8">
<title>학생정보</title>
</head>
<body>
  <h2>학생정보</h2>[<a href="/jwbook/studentControl">새로고침</a>]
  <hr>
  <table border="1">
    <tr><th>id</th><th>이름</th><th>대학</th><th>생일</th><th>이메일</th></tr>
    <c:forEach items="${students}" var="s">
      <tr>
        <td>${s.id}</td> <td>${s.username}</td> <td>${s.univ}</td>
        <td>${s.birth}</td> <td>${s.email}</td>
      </tr>
    </c:forEach>
  </table>
  <hr>
```

```
  <h2>학생 추가</h2>
  <hr>
  <form method="post" action="/jwbook/studentControl?action=insert">
    <label>이름</label>
    <input type="text" name="username"><br>
    <label>대학</label>
    <input type="text" name="univ"><br>
    <label>생일</label>
    <input type="text" name="birth"><br>
    <label>이메일</label>
    <input type="text" name="email"><br>
    <button type="submit">등록</button>
  </form>
</body>
</html>
```

5 실행 및 결과 확인

⑯ StudentController 서블릿을 실행하면 자동으로 'action=list' 인자를 붙여 다시 호출하므로 학생정보 목록이 바로 나타난다. [실습 9-1]을 진행하며 5개의 데이터를 등록했기 때문에 5명의 학생정보가 나타난다.

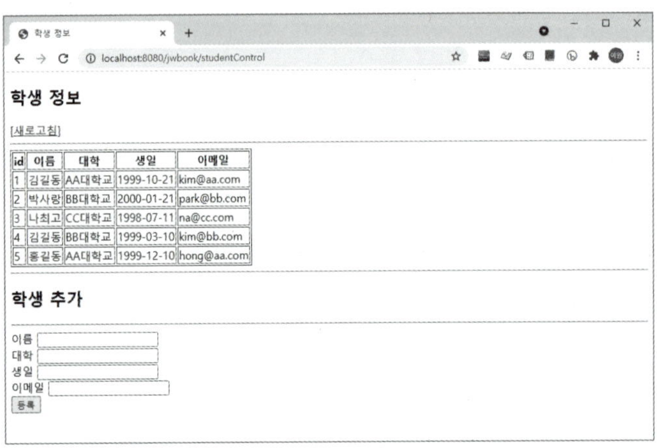

⑰ 새로운 데이터를 등록하면 추가된 결과를 확인할 수 있다.

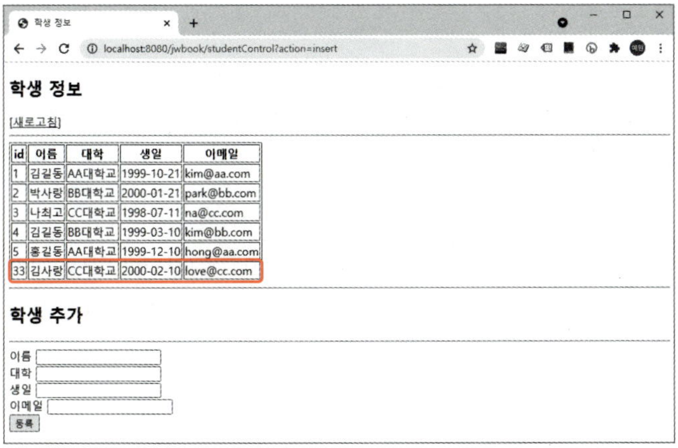

데이터베이스를 사용하기 때문에 동시에 여러 사용자가 웹 브라우저를 통해 접속하는 것도 가능하다. H2 콘솔을 통해 수동으로 데이터를 등록할 수도 있다. 이 경우 목록 화면의 [새로고침]을 클릭해 갱신하면 웹에서도 추가된 학생정보 목록을 확인할 수 있다.

요약

01 데이터베이스는 데이터를 체계적으로 관리할 수 있도록 해주는 소프트웨어다. 현실적으로 데이터베이스는 컴퓨터의 도움 없이는 운영이 어렵기 때문에 DBMS라고 불리는 소프트웨어 시스템을 사용하게 된다.

02 데이터베이스는 데이터를 관리하는 구조의 특징에 따라 몇 가지 유형으로 구분된다. 그중 가장 대표적인 것은 관계형 데이터베이스이며 그 외에도 계층형, 네트워크형, 객체형, NoSQL형 등이 있다.

03 관계형 데이터베이스에서 데이터 관리의 기본이 되는 구조로 테이블이 있다. 테이블은 칼럼과 로우로 구성된다.

04 키Key는 관계형 데이터베이스에서 제약 조건 중 하나로 데이터의 유일성 및 관계 설정을 위해 사용된다.

- **기본키**: 테이블에 저장된 레코드(로우)를 서로 구분할 수 있도록 특정 칼럼에 설정하는 제약 조건이다.
- **외래키**: 테이블 간의 관계를 설정하기 위해 사용하며 참조 무결성을 제공하기 위한 용도로 사용된다.

05 시퀀스는 기본키 칼럼을 관리하기 위해 사용하는 데이터베이스 객체로 보통 데이터를 추가할 때 순차적으로 증가하는 값을 자동으로 생성한다.

06 데이터베이스는 다음과 같이 트랜잭션 관리를 위한 명령을 제공한다.

- commit: 모든 데이터의 변화를 실제 적용한다.
- rollback: 문제 발생 시 현재까지의 변화를 원래대로 되돌린다.

07 H2 데이터베이스는 보통 임베디드 데이터베이스로 알려져 있으며 MySQL과 같은 관계형 데이터베이스 관리 시스템이다.

08 SQLStructured Query Language은 관계형 데이터베이스에서 데이터를 관리하기 위한 쿼리 언어로 일반적인 프로그램 언어보다는 단순한 구조를 가지고 있다.

09 SQL 문은 크게 DDLData Definition Language과 DMLData Manipulation Language로 나눌 수 있다.

연습문제

01 관계형 데이터베이스에 대한 설명으로 틀린 것을 고르시오.

① 관계형 데이터베이스는 전통적이고 가장 보편적인 형태의 데이터베이스로 데이터 구조를 테이블이라고 하는 칼럼과 로우 구조로 정의하고 관리한다.

② SQL을 사용해 데이터를 관리하는 시스템을 말한다.

③ 테이블과 테이블의 관계 지정을 통해 데이터를 구조화하기 때문에 체계적이지 못하며 비효율적이지만 보안에 특화되어 있다.

④ 널리 알려진 Oracle, IBM DB2, MS SQL, MySQL 등은 모두 관계형 데이터베이스다.

02 NoSQL 데이터베이스에 대한 설명으로 틀린 것을 고르시오.

① NoSQL은 SQL을 사용하지 않는다는 의미로, SQL을 사용하는 전통적인 RDBMS가 아니라는 의미로 사용되는 데이터베이스를 말한다.

② NoSQL 역시 테이블 형태의 데이터 구조를 사용한다.

③ SQL과는 다를 수 있지만 그럼에도 데이터 관리를 위해 별도의 쿼리 언어나 구조는 여전히 존재한다.

④ 대표적으로 MongoDB, Redis, Casandra, Hbase, CouchDB 등이 있다.

03 관계형 데이터베이스의 제약 조건에 대한 설명으로 틀린 것을 고르시오.

① 데이터베이스에서 제약 조건이란 칼럼에 부여되는 일종의 속성으로 저장될 데이터에 대한 요구사항이라 할 수 있다.

② 제약 조건은 데이터베이스 자체적으로 저장될 데이터에 대한 요구 조건을 설정하는 것으로 제약 조건을 벗어나는 데이터는 원천적으로 저장이 차단된다.

③ 제약 조건만으로는 데이터베이스의 무결성을 지킬 수 없다.

④ 대표적인 제약 조건은 NOT NULL, UNIQUE, Primary Key, Foreign Key 등이 있다.

04 SQL의 유형 두 가지와 각각의 대표 SQL을 쓰시오.

05 학번, 이름, 생년월일로 구성되는 student 테이블 생성 SQL 코드를 작성하시오. (자료형은 H2 데이터베이스 기준, 학번은 기본키)

06 JDBC 프로그래밍 단계와 사용 클래스를 도식화해서 설명하시오.

CHAPTER 10

프로젝트 뉴스 기사 관리 웹 서비스

이번 프로젝트에서는 뉴스 기사 관리 웹 서비스의 설계부터 구현까지 실습해본다. 이를 통해 이제까지 배운 자바 웹 프로그래밍에 좀 더 익숙해질 수 있으며 사용자 인터페이스와 JSP, 데이터베이스의 관계를 이해할 수 있다.

01 뉴스 기사 관리 서비스 설계

이번 장에서는 지금까지 배운 내용을 종합해 간단한 뉴스 기사 관리 서비스를 단계별로 구현해 본다. 재활용 가능한 컨트롤러 구조 설계에서부터 데이터베이스 연동을 통한 모델 구현과 부트스트랩을 이용한 화면 구현까지 모두 포함한다.

1 프로젝트 개요

뉴스 기사 관리 웹 서비스란 인터넷 포털, 신문사 등의 뉴스 기사를 제공하는 회사에서 웹 또는 모바일로 뉴스를 제공하기 위한 서비스다. 뉴스 DB에 새로운 뉴스를 등록, 조회, 삭제할 수 있으며 모든 조작은 웹 화면을 통해 이루어진다.

이번 프로젝트에서는 전체적인 기능 구현이 목적이기 때문에 관리자 페이지를 중심으로 설명한다. 만약 일반 사용자를 위한 페이지를 추가로 구현하고 싶다면 등록, 삭제와 같은 기능을 빼고 재구성하거나 별도의 뷰 페이지를 만들어 구현할 수 있다.

[그림 10-1]과 [그림 10-2]는 이번 프로젝트의 결과 화면이다.

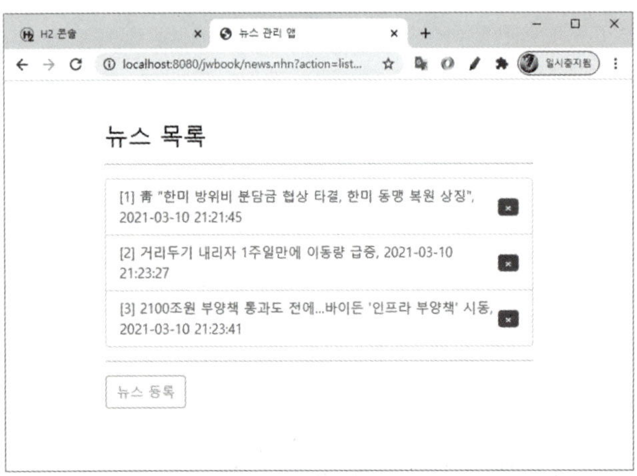

그림 10-1 뉴스 목록 화면

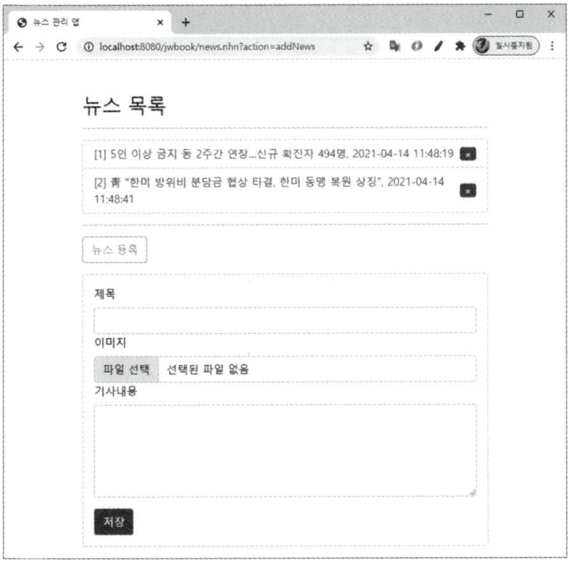

그림 10-2 **뉴스 등록 화면**

이번 프로젝트에서 구현할 내용은 다음과 같다.

- 부트스트랩을 이용한 화면 구현
- 데이터베이스 연동
- 이미지 파일 첨부를 포함한 뉴스 등록
- 뉴스 목록에서 등록한 뉴스 확인
- 뉴스 에러 처리

구현된 뉴스 기사 관리 서비스는 이후 학습에서 지속적으로 업그레이드할 예정이다.

- **12장**: 모바일 앱을 위한 REST API 기능 추가
- **14장**: 스프링 프레임워크 버전 개발

2 프로젝트 구조

전체 프로젝트 구성요소는 데이터베이스, 모델, 뷰, 컨트롤러이며 자바 소스 패키지는 [ch10] 패키지를 사용하고, jsp 파일은 [webapp]→[ch10] 폴더를 사용한다.

데이터베이스

데이터베이스는 9장에서 설치한 H2 데이터베이스를 그대로 사용하며 접속 모드 역시 네트워크 모드를 그대로 사용한다. 데이터 구조가 단순하기 때문에 테이블은 단일 구조로 설계한다.

- **테이블명**: news

모델

news 테이블과 연동해 데이터를 처리하기 위한 클래스로 컨트롤러 이외의 다른 자바 애플리케이션에서도 사용이 가능한 독립적 구조를 가지고 있다.

- **News.java**: 뉴스 테이블 구조와 매핑되는 DO 클래스
- **NewsDAO.java**: 뉴스 데이터 처리를 위한 DAO 클래스

컨트롤러

[실습 9-2]에서 만든 컨트롤러 구조를 좀 더 개선해 향후 다른 프로젝트 개발에도 재활용 가능한 수준의 컨트롤러를 구현한다.

- **NewsController.java**: 뉴스 관리 서비스 컨트롤러

뷰

본 프로젝트에서는 뉴스 등록, 목록, 보기, 삭제의 네 가지 기능을 제공하며, 화면은 2개로 구성된다.

- **newsList.jsp**: 뉴스 관리 메인 화면으로 목록을 보여주고 삭제와 등록을 위한 UI 제공
- **newsView.jsp**: 특정 뉴스를 선택했을 때 사진과 함께 기사 내용을 보여줌

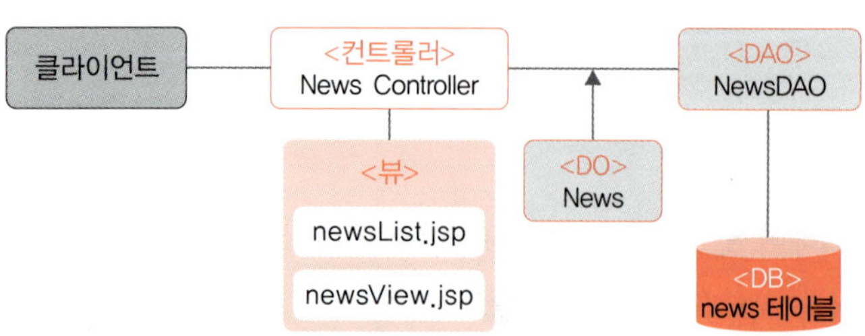

그림 10-3 뉴스 기사 관리 프로젝트의 MVC 구조

02 모델 구현

1 데이터베이스 생성

먼저 모델 구현에 앞서 데이터베이스 테이블 생성이 필요하다. 뉴스 기사 데이터베이스는 제목, 이미지, 내용, 등록 날짜와 시간으로 구성되는데 뉴스 기사를 구분하기 위한 기본키로 aid 칼럼을 둔다.

H2 데이터베이스를 실행하고 웹 콘솔로 로그인한 후에 다음과 같이 테이블 생성 SQL을 작성하여 실행한다. 테이블의 이름은 news로 한다.

```
CREATE TABLE news (
        aid INT NOT NULL PRIMARY KEY AUTO_INCREMENT,
        title VARCHAR NOT NULL,
        img VARCHAR NOT NULL,
        date TIMESTAMP,
        content VARCHAR NOT NULL
);
```

- aid: 기사 고유 아이디인 기본키(PK), 자동 증가 칼럼
- title: 기사 제목, 문자열
- img: 사진 경로, 문자열
- date: 등록 날짜와 시간, 타임스탬프 타입
- content: 기사 내용, 긴 텍스트

테이블 생성은 9장에서 다룬 부분으로 특이한 것은 없다. 다만 기사를 등록한 날짜와 시간에 관련한 부분은 조금 살펴볼 내용이 있다.

날짜와 시간을 처리하는 방법은 데이터베이스마다 조금씩 다르고 자료형도 다르다. 어떤 데이터베이스는 날짜, 시간을 모두 포함한 타입을 제공하는 반면 어떤 데이터베이스는 날짜, 시간, 날짜/시간을 별도 타입으로 구별해서 제공하기도 한다. H2 데이터베이스의 경우 후자에 해당

되며 날짜와 시간을 함께 저장하기 위해서는 TIMESTAMP라는 타입을 사용해야 한다. Date 타입을 사용할 경우 날짜 정보만 저장되니 주의한다.

2 News 클래스 구현

News 클래스는 뉴스 데이터 구조를 표현하기 위한 DO 클래스로, 테이블 구조와 일치해야 한다. 하지만 화면에 보이는 날짜와 시간 관련 정보를 처리하기 위해서는 Date 타입보다는 문자열이 유리하므로 News 클래스에서는 날짜/시간 정보를 문자열로 처리한다. 물론 실제 데이터베이스 테이블에 저장되거나 검색할 때는 날짜 형식이 적용되도록 구현한다.

예제 10-1 News.java

```
package ch10;
public class News {
  private int aid;
  private String title;
  private String img;
  private String date;
  private String content;

  // getter/setter 생략
}
```

3 NewsDAO 클래스 구현

NewsDAO 클래스는 news 테이블과 연동해서 뉴스 등록, 목록 가져오기, 삭제 기능을 제공하기 위한 DAO 클래스다. 기본 구현 기능 이외의 기능(수정, 검색 등)이 필요한 경우 DAO 클래스에 메서드를 추가해 사용한다. 기본 구조는 동일하므로 여기에서 만드는 코드를 참고하면 충분히 구현할 수 있을 것이다.

open() 메서드 구현

우선 데이터베이스 연결을 위한 클래스 기본 구조를 작성한다. JDBC 관련 패키지를 import할 때는 java.sql을 사용하도록 한다.

```java
// import 생략
public class NewsDAO {
  final String JDBC_DRIVER = "org.h2.Driver";
  final String JDBC_URL = "jdbc:h2:tcp://localhost/~/jwbookdb";

  // DB 연결을 가져오는 메서드, DBCP를 사용하는 것이 좋음
  public Connection open() {
    Connection conn = null;
    try {
      Class.forName(JDBC_DRIVER);
      conn = DriverManager.getConnection(JDBC_URL,"jwbook","1234");
    } catch (Exception e) {
      e.printStackTrace();
    }
    return conn;

  }
```

9장에서도 언급했듯이 실제 프로젝트에서는 매번 데이터베이스와 연결을 만드는 것이 아니라 커넥션 풀을 통해 미리 생성된 연결을 받아 사용하는 구조다. 다만 이번 실습에서는 각각의 메서드마다 연결을 만들고 해제하는 구조를 사용한다. 즉 DB 연결을 위한 open() 메서드를 만들고 Connection 객체를 리턴하는 구조다.

DB 연결을 종료하기 위해서는 conn.close()와 같이 명시적인 연결 종료가 필요하지만 Java 9 이상부터는 향상된 try-with-resource 기법을 통해 자동으로 리소스 종료가 가능해졌다. 따라서 연결 종료를 위한 메서드는 별도로 구현하지 않는다. try-with-resource의 자세한 내용은 바로 다음 addNews() 메서드 구현에서 살펴본다.

addNews() 메서드 구현

뉴스를 추가하는 메서드다. 인자로 DO 클래스인 News 타입을 받아 SQL을 완성해 실행하는 구조다.

```
public void addNews(News n) throws Exception {
  Connection conn = open();

   String sql = "insert into news(title,img,date,content) values(?,?,CURRENT_
TIMESTAMP(),?)";
  PreparedStatement pstmt = conn.prepareStatement(sql);

  try(conn; pstmt) {
    pstmt.setString(1, n.getTitle());
    pstmt.setString(2, n.getImg());
    pstmt.setString(3, n.getContent());
    pstmt.executeUpdate();
  }
}
```

- SQL 쿼리를 작성할 때 등록 일자와 시간 관련 정보는 H2 데이터베이스의 내장 함수인 CURRENT_TIMESTAMP()를 이용해 현재 날짜/시간 정보가 등록되도록 한다. 따라서 입력 칼럼은 title, img, date, content 4개이지만 데이터와 매핑되는 부분(물음표)은 date를 제외한 3개다.
- try(conn; pstmt) 부분은 try-with-resource 기법이 적용된 부분으로 예외 발생 시 해당 리소스를 자동으로 close한다.

기본 try-catch-finally를 사용한다면 다음과 같은 구조가 된다.

```
try {
  pstmt = conn.prepareStatement(sql);
  ...
  } catch(Exception e) {
    e.printStackTrace();
  } finally {
    pstmt.close();
    conn.close();
}
```

try-with-resource 형식의 코드가 좀 더 간결한 구조인 것을 볼 수 있다. 다른 메서드에서도 동일한 구조를 사용할 것이다.

getAll() 메서드 구현

다음은 뉴스 기사 목록 전체를 가지고 오기 위한 getAll() 메서드다. 뉴스 목록을 컨트롤러로 전달하기 위해 List 타입을 리턴한다.

```
public List<News> getAll() throws Exception {
  Connection conn = open();
  List<News> newsList = new ArrayList<>();

  String sql = "select aid, title, PARSEDATETIME(date,'yyyy-MM-dd hh:mm:ss') as cdate
from news";
  PreparedStatement pstmt = conn.prepareStatement(sql);
  ResultSet rs = pstmt.executeQuery();

  try(conn; pstmt; rs) {
    while(rs.next()) {
      News n = new News();
      n.setAid(rs.getInt("aid"));
      n.setTitle(rs.getString("title"));
      n.setDate(rs.getString("cdate"));

      newsList.add(n);
    }
    return newsList;
  }
}
```

- SQL 쿼리에서 날짜/시간 부분은 화면에 보기 좋게 형식을 지정한 다음 문자열로 변환해서 가져오는 것이 좋다. 그냥 가져오면 프로그램에서 직접 날짜 형식을 변환하는 코드를 구현해야 하기 때문이다. 여기서는 PARSEDATETIME()이라는 H2 내장 함수를 사용해 연-월-일 시:분:초 구조의 문자열 형식으로 변환해 가져온다. 이때 함수 사용으로 인해 setDate()에서 칼럼 이름 대신 칼럼 인덱스를 사용해야 하는데, 인덱스를 사용하는 것보다는 칼럼 이름을 사용하는 것이 좋기 때문에 as cdate와 같이 별칭을 지정해 사용한다.
- try-with-resource 부분에는 ResultSet이 추가되었으며 전체 뉴스 기사를 하나씩 News 타입으로 만들어 List에 추가하는 형식으로 구현되었다.

4 getNews() 메서드 구현

다음은 뉴스 목록에서 뉴스를 선택했을 때 특정 뉴스 기사의 세부 내용을 보여주기 위한 메서드다. 선택한 기사의 aid(PK)를 인자로 받아 News 타입을 리턴하며, 모든 필드 항목을 포함한다. getAll()과 비슷한 구조이지만 검색 결과는 하나이기 때문에 ResultSet에서 next() 메서드는 한 번만 호출하고 데이터를 가지고 온다.

구조상 getNews()를 호출할 때 aid가 잘못되는 경우는 없지만(목록 링크를 클릭해서 동작) 혹 문제가 발생해 선택된 aid의 뉴스 기사가 없을 경우를 대비한다면 if(rs.next() == null)인 경우 예외를 발생시키도록 할 수도 있다.

```
public News getNews(int aid) throws SQLException {
  Connection conn = open();

  News n = new News();
  String sql = "select aid, title, img, PARSEDATETIME(date,'yyyy-MM-dd hh:mm:ss') as
cdate, content from news where aid=?";

  PreparedStatement pstmt = conn.prepareStatement(sql);
  pstmt.setInt(1, aid);
  ResultSet rs = pstmt.executeQuery();

  rs.next();

  try(conn; pstmt; rs) {
    n.setAid(rs.getInt("aid"));
    n.setTitle(rs.getString("title"));
    n.setImg(rs.getString("img"));
    n.setDate(rs.getString("cdate"));
    n.setContent(rs.getString("content"));
    pstmt.executeQuery();
    return n;
  }
}
```

기본적인 코드 구조는 SQL 부분을 제외하면 getAll()과 동일하기 때문에 별도의 설명은 생략한다. 다만 SQL에서 특정 뉴스 검색을 위해 where 조건절을 사용하는 부분은 주의 깊게 보자.

delNews() 메서드 구현

이제 NewsDAO의 마지막 부분인 뉴스 삭제를 위한 delNews() 메서드다. 삭제할 뉴스의 aid를 받아 뉴스를 삭제한다. 별도의 리턴은 없고 실행 결과 삭제된 뉴스가 없는 경우(지정한 aid의 뉴스가 없는 경우) 예외를 발생시켜 컨트롤러에서 문제 발생 처리를 할 수 있도록 한다.

```
public void delNews(int aid) throws SQLException {
  Connection conn = open();

  String sql = "delete from news where aid=?";
  PreparedStatement pstmt = conn.prepareStatement(sql);

  try(conn; pstmt) {
    pstmt.setInt(1, aid);
    // 삭제된 뉴스 기사가 없을 경우
    if(pstmt.executeUpdate() == 0) {
      throw new SQLException("DB에러");
    }
  }
}
```

- getNews()와 마찬가지로 삭제의 경우에도 aid가 잘못될 가능성은 없지만 참고 삼아 예외 발생에 관하여 구현했다. pstmt.executeUpdate()는 처리된 테이블의 로우(데이터 개수)를 리턴하기 때문에 값이 0이라면 요청 조건에 맞는 데이터가 없다고 이해할 수 있다.

NewsDAO의 전체 코드

이제까지 구현한 NewsDAO의 전체 코드다.

예제 10-2 NewsDAO.java

```
package ch10;
import java.sql.Connection; // 이하 import 문 생략

public class NewsDAO {
```

```java
final String JDBC_DRIVER = "org.h2.Driver";
final String JDBC_URL = "jdbc:h2:tcp://localhost/~/jwbookdb";

// DB 연결을 가져오는 메서드
public Connection open() {
  Connection conn = null;
  try {
    Class.forName(JDBC_DRIVER);
    conn = DriverManager.getConnection(JDBC_URL,"jwbook","1234");
  } catch (Exception e) { e.printStackTrace(); }
  return conn;
}

// 뉴스 기사 목록 전체를 가져오는 메서드
public List<News> getAll() throws Exception {
  Connection conn = open();
  List<News> newsList = new ArrayList<>();

  String sql = "select aid, title, PARSEDATETIME(date,'yyyy-MM-dd hh:mm:ss')
as cdate from news";
  PreparedStatement pstmt = conn.prepareStatement(sql);
  ResultSet rs = pstmt.executeQuery();

  try(conn; pstmt; rs) {
    while(rs.next()) {
      News n = new News();
      n.setAid(rs.getInt("aid"));
      n.setTitle(rs.getString("title"));
      n.setDate(rs.getString("cdate"));
      newsList.add(n);
    }
    return newsList;
  }
}

// 뉴스 한 개를 클릭했을 때 세부 내용을 보여주는 메서드
public News getNews(int aid) throws SQLException {
  Connection conn = open();
  News n = new News();
  String sql = "select aid, title, img, PARSEDATETIME(date,'yyyy-MM-dd hh:mm:ss')
```

```java
as cdate, content from news where aid=?";
    PreparedStatement pstmt = conn.prepareStatement(sql);
    pstmt.setInt(1, aid);
    ResultSet rs = pstmt.executeQuery();
    rs.next();

    try(conn; pstmt; rs) {
      n.setAid(rs.getInt("aid"));
      n.setTitle(rs.getString("title"));
      n.setImg(rs.getString("img"));
      n.setDate(rs.getString("cdate"));
      n.setContent(rs.getString("content"));
      pstmt.executeQuery();
      return n;
    }
  }

  // 뉴스 추가 메서드
  public void addNews(News n) throws Exception {
    Connection conn = open();
    String sql = "insert into news(title,img,date,content) values(?,?,CURRENT_TIMESTAMP(),?)";
    PreparedStatement pstmt = conn.prepareStatement(sql);

    try(conn; pstmt) {
     pstmt.setString(1, n.getTitle());
      pstmt.setString(2, n.getImg());
      pstmt.setString(3, n.getContent());
      pstmt.executeUpdate();
    }
  }

  // 뉴스 삭제 메서드
  public void delNews(int aid) throws SQLException {
    Connection conn = open();
    String sql = "delete from news where aid=?";
    PreparedStatement pstmt = conn.prepareStatement(sql);

    try(conn; pstmt) {
      pstmt.setInt(1, aid);
```

```
        if(pstmt.executeUpdate() == 0) {
          throw new SQLException("DB에러");
        }
      }
    }

}
```

03 컨트롤러 구현

8장에서 배운 것처럼 컨트롤러는 프로그램의 중심으로 사용자 요청을 받아 모델과 연동하고 처리된 결과를 뷰로 전달하는 역할을 수행하는 중요한 부분이다. [실습 9-2]에서 기본적인 컨트롤러 구조를 설계해 적용해봤다면, 이번 프로젝트에서는 좀 더 범용적으로 사용할 수 있는 구조를 설계해본다.

좀 더 깊이 들어간다면 기본 컨트롤러 구조를 인터페이스나 추상 클래스 형태로 구현해두고 이를 기반으로 요청 처리 메서드만 구현할 수 있도록 일종의 미니 프레임워크를 만들어두는 것이 좋다. 다만 프레임워크 형태로 만드는 부분은 이 책의 범위를 넘어서기 때문에 여기서는 서블릿의 service()에 공통 기능을 직접 구현하는 형태로 접근한다.

1 init() 메서드 구현

서블릿 생성 메뉴 혹은 클래스 구현을 통해 다음과 같이 NewsController 서블릿 클래스를 생성한다. 이번 프로젝트에서는 좀 더 현실감 있도록 컨트롤러 호출 url 매핑을 '/news.nhn'으로 설정하여 네이버에서 사용하는 뉴스 기사 서비스와 유사하게 표현해본다. 물론 원하는 다른 이름으로 변경해도 된다.

TIP 기존에 생성되어 있는 생성자는 삭제한다.

```
@WebServlet(urlPatterns = "/news.nhn")
@MultipartConfig(maxFileSize=1024*1024*2, location="c:/Temp/img")
public class NewsController extends HttpServlet {
  private static final long serialVersionUID = 1L;

  private NewsDAO dao;
  private ServletContext ctx;

  // 웹 리소스 기본 경로 지정
  private final String START_PAGE = "ch10/newsList.jsp";
```

```
public void init(ServletConfig config) throws ServletException {
  super.init(config);
  dao = new NewsDAO();
  ctx = getServletContext();
}
```

- 뉴스 이미지 파일 업로드 처리를 위해 @MultipartConfig를 추가해준다. 최대 파일 크기와 저장 위치를 지정하며 저장될 위치의 폴더는 미리 생성해두어야 한다.
- 여기서는 뷰 페이지가 2개뿐이기 때문에 별다른 실효성이 없지만, 보통 여러 기능과 뷰가 포함된 서비스의 경우 중간에 시작 페이지로 이동할 필요가 있으므로 시작 페이지로의 이동을 상수로 지정해둔다. 따라서 우리는 시작 페이지 상수인 START_PAGE를 ch10/newsList.jsp로 지정한다.
- 기본적으로 NewsDAO 사용을 위한 선언과 서버 로그 메시지 생성을 위해 ServletContext 객체를 선언해두었고, init() 메서드에서 초기화를 진행한다. 이때 super.init(config)를 빼먹지 않도록 한다. init() 메서드는 서블릿이 생성되어 컨테이너에 등록될 때 한 번만 호출된다.

2 service() 메서드 구현

service() 메서드는 컨트롤러의 가장 핵심이 되는 엔진과 같은 부분이다. 기본 구조부터 차근차근 알아보자.

service() 메서드의 기본 구조

service() 메서드는 HttpServlet 클래스에 있는 메서드를 오버라이딩한 것으로 서블릿이 호출될 때마다 실행되는 메서드다.

```
protected void service(HttpServletRequest request, HttpServletResponse response)
throws ServletException, IOException {
  request.setCharacterEncoding("utf-8");
  String action = request.getParameter("action");

  dao = new NewsDAO();
```

```
// 자바 리플렉션을 사용해 if(switch) 없이 요청에 따라 구현 메서드가 실행되도록 구성
    ┌──────java.lang을 import해야 함
Method m;
String view = null;

// action 파라미터 없이 접근한 경우
if (action == null) {
  action = "listNews";
}
```

- 전달되는 한글 처리를 위해 request.setCharacterEncoding("utf-8");을 사용한다.
- dao 객체를 생성한다.
- action 파라미터가 없는 경우 action 값을 listNews로 설정한다(실행의 편의를 위해 컨트롤러 실행 시 자동으로 시작 페이지로 이동).

action 파라미터를 읽어 처리 메서드를 호출한 다음 뷰로 이동하는 개념은 9장에서와 동일하지만 여기서는 if나 switch 문을 사용하지 않고 자바의 리플렉션 API를 사용해 자동으로 action에 지정된 이름과 동일한 메서드를 호출하는 구조를 사용한다. 일종의 Command 패턴을 적용한 것으로 프로그램에서 불필요한 if 처리를 줄여주고 구조 변경에도 유리한 방법이다.

여기서 잠깐! 자바 리플렉션 API

자바 리플렉션 API는 자바 클래스 구조를 프로그램에서 직접 제어할 수 있는 라이브러리로, 구체적인 클래스 타입을 모르더라도 문자열 이름으로 클래스를 참조하거나 클래스의 메서드나 변수를 읽어와 실행하는 등의 작업이 가능하다.

자바 리플렉션으로 메서드 호출

다음은 자바 리플렉션을 이용해 action으로 전달된 이름의 메서드를 자동으로 호출하는 부분이다.

```
try {
  // 현재 클래스에서 action 이름과 HttpServletRequest를 파라미터로 하는 메서드 찾음
  m = this.getClass().getMethod(action, HttpServletRequest.class);

  // 메서드 실행 후 리턴값 받아옴
  view = (String)m.invoke(this, request);
} catch (NoSuchMethodException e) {
    e.printStackTrace();
    ctx.log("요청 action 없음!!");
    request.setAttribute("error", "action 파라미터가 잘못되었습니다!!");
    view = START_PAGE;
} catch (Exception e) {
    e.printStackTrace();
}
```

에러 로그를 남기고 view를 로그인 화면으로 지정하며, 앞에서와 같이 redirection 사용도 가능함.

- this.getClass()는 현재 클래스 객체에 대한 참조이고, getMethod()는 두 번째 인자 타입을 메서드의 인자로 가지는 메서드를 찾아(이때 메서드 이름은 첫 번째 인자로 찾음) 해당 메서드 객체를 가져온다.
- 각각의 메서드는 뷰 페이지를 문자열 형태로 리턴하므로 리턴된 뷰를 view 변수에 넣고 만일 메서드가 구현되어 있지 않을 경우 catch 부분에서 에러를 처리하는 부분이 구현되어 있다.
- ctx.log()는 톰캣의 콘솔에 로그 메시지를 남기는 메서드이고 클라이언트에 전달할 에러 메시지는 error라는 이름으로 request scope에 넣어 시작 페이지로 이동하게 되어 있다.

에러 발생 시 뷰 페이지에서 에러를 보여주는 부분은 뷰 구현에서 살펴본다.

뷰 이동

요청 처리 메서드를 호출한 다음 리턴된 뷰 페이지로 이동하면 된다. 앞에서 여러 번 구현했던 것처럼 forward를 하면 되는데, post 요청을 forward로 처리하면 웹 브라우저를 새로 고침할 경우 이전 요청이 한 번 더 실행되는 문제가 있다.

예를 들어 새로운 뉴스 기사를 등록할 때 입력 양식에서 〈form method="post"〉와 같이 post 방식을 사용하게 되는데, 이때 뉴스 등록 후 목록 페이지로 포워딩하는 경우 페이지 새로 고침을 하게 되면 경고 메시지가 나오고 확인 버튼을 누르면 등록이 한 번 더 이루어지는 것이다.

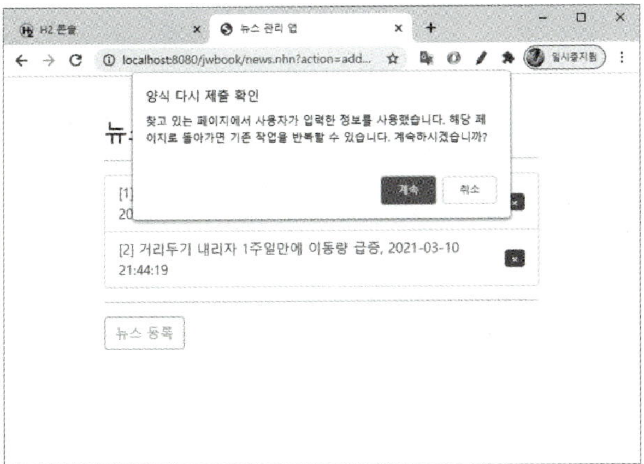

그림 10-4 post 방식에서 이중 submit 문제

따라서 컨트롤러에서는 페이지 이동 시 포워딩과 리디렉션 모두 지원할 수 있어야 한다. 페이지 리디렉션은 이미 알고 있는 것처럼 response.sendRedirect()를 사용하면 되지만 요청 처리 메서드는 일괄적으로 뷰 페이지의 파일 경로를 리턴하게 되어 있기 때문에 일관된 방법으로 리디렉션을 지원하기 위한 별도의 규격화된 접근이 필요하다.

스프링 프레임워크에서는 return "redirect:/뷰 페이지 경로"와 같이 리턴하면 리디렉션이 이루어지는 구조를 제공한다. 우리가 만드는 컨트롤러에서도 동일한 규격을 지원하도록 다음과 같이 리턴에 따라 포워딩과 리디렉션이 구분되도록 한다.

```
// POST 요청에서는 리디렉션 방법으로 이동하도록 분기
if(view.startsWith("redirect:/")) {
  String rview = view.substring("redirect:/".length());
  response.sendRedirect(rview);
} else {
  RequestDispatcher dispatcher = request.getRequestDispatcher(view);
  dispatcher.forward(request, response);
}
```

redirect:/ 문자열 이후 경로만 가져옴

지정된 뷰로 포워딩. 포워딩 시 콘텍스트 경로는 필요 없음

- "redirect:/"라는 문자열로 시작되는 경우 "redirect:/" 이후의 경로만 가져와 response.sendRidirect()를 이용해 페이지가 이동될 수 있도록 한다.

3 세부 메서드 구현

addNews() 메서드 구현

뉴스 기사를 등록하기 위한 요청을 처리하는 메서드다. 먼저 이미지 파일 저장을 위해 request로부터 Part 객체를 참조하고 getFilename() 메서드를 호출해 파일 이름을 가져온 다음 서버의 디스크에 저장한다.

다음으로 HTML 폼으로부터 입력된 데이터를 9장에서 배운 것처럼 apache commons 라이브러리의 BeanUtils를 이용해 매핑한 다음 이미지 파일 이름을 경로와 함께 저장하고 dao의 addNews() 메서드를 호출해 등록한다.

이 과정에서 예외가 발생할 경우 로그 메시지를 출력하고 뷰 페이지에 전달될 에러 메시지를 request에 저장한다. 그리고 "return listNews(request)"와 같이 목록을 처리하는 메서드를 호출한 다음, 전달된 뷰로 이동해야 에러 메시지가 목록과 함께 표시된다.

마지막으로 정상 처리된 경우 뉴스 목록으로 이동할 수 있도록 뷰 페이지를 리턴해야 한다. 새로운 뉴스를 post 방식으로 등록하는 요청이기 때문에 리턴은 리디렉션 방식으로 처리해야 한다. "redirect:/" 이후에 오는 경로 부분은 "/jwbook/" 다음에 오는 경로만 작성해야 하니 실수하지 않도록 주의한다.

```
public String addNews(HttpServletRequest request) {
  News n = new News();
  try {
    // 이미지 파일 저장
    Part part = request.getPart("file");
    String fileName = getFilename(part);
    if(fileName != null && !fileName.isEmpty()){
      part.write(fileName);
    }
    // 입력값을 News 객체로 매핑
    BeanUtils.populate(n, request.getParameterMap());

    // 이미지 파일 이름을 News 객체에도 저장
    n.setImg("/img/"+fileName);

    dao.addNews(n);
```

```
    } catch (Exception e) {
        e.printStackTrace();
        ctx.log("뉴스 추가 과정에서 문제 발생!!");
        request.setAttribute("error", "뉴스가 정상적으로 등록되지 않았습니다!!");
        return listNews(request);
    }
      return "redirect:/news.nhn?action=listNews";
}
```

getAll() 메서드 구현

newsList.jsp에서 뉴스 목록을 보여주기 위한 요청을 처리하는 메서드다. dao.getAll() 메서드를 호출해 목록을 가지고 온 다음 request에 저장하고 newsList.jsp로 포워딩되도록 리턴한다. 그 외 예외 처리는 앞에서와 동일하다.

```
public String listNews(HttpServletRequest request) {
  List<News> list;
  try {
    list = dao.getAll();
    request.setAttribute("newslist", list);
  } catch (Exception e) {
      e.printStackTrace();
      ctx.log("뉴스 목록 생성 과정에서 문제 발생!!");
      request.setAttribute("error", "뉴스 목록이 정상적으로 처리되지 않았습니다!!");
  }
  return "ch10/newsList.jsp";
}
```

getNews() 메서드 구현

특정 뉴스 기사를 클릭했을 때 호출하기 위한 요청을 처리하는 메서드다. 기본적인 구조는 다른 요청 메서드와 동일하다. 여기서는 선택한 뉴스의 aid 값을 파라미터에서 읽어와 dao.getNews()에 전달한다. 에러 메시지 처리를 위한 부분은 addNews()에서와 같다.

```
public String getNews(HttpServletRequest request) {
  int aid = Integer.parseInt(request.getParameter("aid"));
  try {
    News n = dao.getNews(aid);
    request.setAttribute("news", n);
  } catch (SQLException e) {
      e.printStackTrace();
      ctx.log("뉴스를 가져오는 과정에서 문제 발생!!");
      request.setAttribute("error", "뉴스를 정상적으로 가져오지 못했습니다!!");
  }
  return "ch10/newsView.jsp";
}
```

deleteNews() 메서드 구현

마지막으로 뉴스를 삭제하기 위한 deleteNews() 메서드다. getNews()와 동일하게 aid 값을 읽어오고 dao.delNews() 메서드에 전달한다. 삭제의 경우에도 리디렉션으로 이동할 수 있도록 한다.

```
public String deleteNews(HttpServletRequest request) {
  int aid = Integer.parseInt(request.getParameter("aid"));
  try {
    dao.delNews(aid);
  } catch (SQLException e) {
      e.printStackTrace();
      ctx.log("뉴스 삭제 과정에서 문제 발생!!");
      request.setAttribute("error", "뉴스가 정상적으로 삭제되지 않았습니다!!");
      return listNews(request);
  }
  return "redirect:/news.nhn?action=listNews";
}
```

getFileName() 메서드 구현

Part 객체로 전달된 이미지 파일로부터 파일 이름을 추출하기 위한 메서드다. 여기서는 헤더 정보에서 단순히 파일 이름만 가져오지만 경우에 따라 공백 처리, 중복 파일 이름 처리 등 추가적인 작업이 필요할 수 있다.

```
private String getFilename(Part part) {
  String fileName = null;
  // 파일 이름이 들어 있는 헤더 영역을 가져옴
  String header = part.getHeader("content-disposition");
  System.out.println("Header => "+header);

  // 파일 이름이 들어 있는 속성 부분의 시작 위치를 가져와 " " 사이의 값만 가지고 옴
  int start = header.indexOf("filename=");
  fileName = header.substring(start+10,header.length()-1);
  ctx.log("파일명:"+fileName);
  return fileName;
}
```

NewsController의 전체 코드

이제까지 구현한 NewsController 서블릿의 전체 코드다.

예제 10-3 NewsController.java

```
package ch10;
import java.io.IOException;
import org.apache.commons.beanutils.BeanUtils; // 이하 import 문 생략

@WebServlet(urlPatterns = "/news.nhn")
@MultipartConfig(maxFileSize=1024*1024*2, location="c:/Temp/img")
public class NewsController extends HttpServlet {
  private static final long serialVersionUID = 1L;

  private NewsDAO dao;
  private ServletContext ctx;

  private final String START_PAGE = "ch10/newsList.jsp";

  public void init(ServletConfig config) throws ServletException {
    super.init(config);
    dao = new NewsDAO();
    ctx = getServletContext();
```

```
}

protected void service(HttpServletRequest request, HttpServletResponse
response) throws ServletException, IOException {
  request.setCharacterEncoding("utf-8");
  String action = request.getParameter("action");
  dao = new NewsDAO();

  Method m;
  String view = null;

  if (action == null) {
    action = "listNews";
  }
  try {
    m = this.getClass().getMethod(action, HttpServletRequest.class);
    view = (String)m.invoke(this, request);
  } catch (NoSuchMethodException e) {
      e.printStackTrace();
      ctx.log("요청 action 없음!!");
      request.setAttribute("error", "action 파라미터가 잘못되었습니다!!");
      view = START_PAGE;
  } catch (Exception e) {
      e.printStackTrace();
  }

  if(view.startsWith("redirect:/")) {
    String rview = view.substring("redirect:/".length());
    response.sendRedirect(rview);
  } else {
      RequestDispatcher dispatcher = request.getRequestDispatcher(view);
      dispatcher.forward(request, response);
  }
}

public String addNews(HttpServletRequest request) {
  News n = new News();
  try {
    Part part = request.getPart("file");
    String fileName = getFilename(part);
```

```
      if(fileName != null && !fileName.isEmpty()) {
            part.write(fileName);
      }
      BeanUtils.populate(n, request.getParameterMap());
      n.setImg("/img/"+fileName);
      dao.addNews(n);
    } catch (Exception e) {
        e.printStackTrace();
        ctx.log("뉴스 추가 과정에서 문제 발생!!");
        request.setAttribute("error", "뉴스가 정상적으로 등록되지 않았습니다!!");
        return listNews(request);
    }
    return "redirect:/news.nhn?action=listNews";
  }

  public String deleteNews(HttpServletRequest request) {
    int aid = Integer.parseInt(request.getParameter("aid"));
    try {
      dao.delNews(aid);
    } catch (SQLException e) {
        e.printStackTrace();
        ctx.log("뉴스 삭제 과정에서 문제 발생!!");
        request.setAttribute("error", "뉴스가 정상적으로 삭제되지 않았습니다!!");
        return listNews(request);
    }
    return "redirect:/news.nhn?action=listNews";
  }

  public String listNews(HttpServletRequest request) {
    List<News> list;
    try {
      list = dao.getAll();
      request.setAttribute("newslist", list);
    } catch (Exception e) {
        e.printStackTrace();
        ctx.log("뉴스 목록 생성 과정에서 문제 발생!!");
        request.setAttribute("error", "뉴스 목록이 정상적으로 처리되지 않았습니다!!");
    }
    return "ch10/newsList.jsp";
  }
```

```
    public String getNews(HttpServletRequest request) {
      int aid = Integer.parseInt(request.getParameter("aid"));
      try {
        News n = dao.getNews(aid);
        request.setAttribute("news", n);
      } catch (SQLException e) {
          e.printStackTrace();
          ctx.log("뉴스를 가져오는 과정에서 문제 발생!!");
          request.setAttribute("error", "뉴스를 정상적으로 가져오지 못했습니다!!");
      }
      return "ch10/newsView.jsp";
    }

    private String getFilename(Part part) {
      String fileName = null;
      String header = part.getHeader("content-disposition");
      System.out.println("Header => "+header);
      int start = header.indexOf("filename=");
      fileName = header.substring(start+10,header.length()-1);
      ctx.log("파일명:"+fileName);
      return fileName;
    }
  }
```

이것으로 컨트롤러 구현을 모두 마쳤다. 여기서 만든 컨트롤러 구조는 요청 메서드와 모델, 뷰 연동 부분만 수정하면 다른 프로그램 개발에도 그대로 적용할 수 있으니 잘 알아두도록 한다.

04 뷰 구현

이제 뉴스 웹 서비스 개발의 마지막 부분인 뷰 영역 구현이다. 시작 페이지 화면에서 뉴스 목록을 보여주고, 뉴스를 선택해 세부 내용을 보거나 삭제할 수 있다. 뉴스를 등록하는 부분은 별도의 페이지로 구성할 수도 있지만 여기서는 뉴스 목록 아래에 등록 버튼을 두고 눌렀을 때에만 입력 양식을 보여주고 등록할 수 있도록 화면을 구성했다.

화면 디자인은 부트스트랩을 사용하고 문제 발생 시 에러 메시지를 출력하는 부분이 포함되어 있으며 데이터 출력을 위해 EL과 JSTL을 사용한다.

1 newsList.jsp

메인 화면으로 뉴스 목록을 보여주는 화면이다. [webapp]에 [ch10] 폴더를 생성하고 'newsList.jsp'를 만든다.

기본 구조

생성된 'newsList.jsp' 파일에 다음과 같이 JSTL 사용을 위한 taglib 지시어를 추가하고 부트스트랩 css와 자바스크립트 라이브러리를 등록한다.

```
<%@ page language="java" contentType="text/html; charset=UTF-8"
    pageEncoding="UTF-8"%>
<%@ taglib prefix="c" uri="http://java.sun.com/jsp/jstl/core" %>

<!DOCTYPE html>
<html>
<head>                                          ┌부트스트랩 css
<link href="https://cdn.jsdelivr.net/npm/bootstrap@5.0.2/dist/css/bootstrap.min.css"
rel="stylesheet" integrity="sha384-EVSTQN3/azprG1Anm3QDgpJLIm9Nao0Yz1ztcQTwFspd3yD6
5VohhpuuCOmLASjC" crossorigin="anonymous">
<script src="https://cdn.jsdelivr.net/npm/bootstrap@5.0.2/dist/js/bootstrap.bundle.
min.js" integrity="sha384-MrcW6ZMFYlzcLA8Nl+NtUVF0sA7MsXsP1UyJoMp4YLEuNSfAP+JcXn/
                                                └자바스크립트 라이브러리
```

```
tWtIaxVXM" crossorigin="anonymous"></script>
</head>
<body>
</body>
</html>
```

이후 내용은 <body>...</body> 사이에 작성한다.

목록 출력

먼저 전체 화면 영역을 부트스트랩 컨테이너로 묶고 가로 크기를 75%로 지정했다. 상단 마진 설정과 함께 가운데 배치를 위해 mx-auto로 좌우 마진을 동일하게 설정한다.

```
<div class="container w-75 mt-5 mx-auto">
<h2>뉴스 목록</h2>
<hr>
```

목록을 보여주는 부분은 <ul>, <li>를 이용하여 목록 형식으로 구성하고 JSTL의 <c:forEach>를 이용해 request에 저장된 newsList를 가져와 반복해서 출력한다. 화면에 보이는 뉴스 번호는 실제 aid가 아니라 {status.count}를 이용해 순차 번호로 나타나게 한다.

```
<ul class="list-group">
  <c:forEach var="news" items="${newslist}" varStatus="status">
   <li class="list-group-item list-group-item-action d-flex justify-content-between
align-items-center">
     <a href="news.nhn?action=getNews&aid=${news.aid}" class="text-decoration-none">
       [${status.count}] ${news.title}, ${news.date}</a>  ── 뉴스 제목
     <a href="news.nhn?action=deleteNews&aid=${news.aid}"><span class="badge bg-
       secondary"> &times;</span></a>
  </li>
  </c:forEach>
</ul>
<hr>
```

- 뉴스 제목의 하이퍼링크에 밑줄이 나타나지 않도록 "text-decoration-none"을 사용했다.
- 각각의 뉴스 목록은 다음과 같은 구조를 가진다.

```
<li><a href="">[번호] 뉴스 제목, 등록일</a><a href="">삭제 버튼</a></li>
```

- 뉴스 제목의 링크는 컨트롤러인 news.nhn을 호출하면서 action, aid가 파라미터로 전달될 수 있도록 하고 삭제 버튼의 링크도 동일한 방식이다.
- ×는 삭제 버튼의 X 표시를 위한 표기법이다. 삭제 버튼은 〈span〉 태그를 사용해 badge 컴포넌트로 만들었다.

여기서 잠깐! 〈li〉의 클래스 속성

〈li〉의 class 속성에 사용된 d-flex, justify-content-between, align-item-center는 뉴스 제목과 삭제 버튼을 좌우로 배치하기 위한 부트스트랩 플렉스 클래스 설정이다.

에러 출력부

뉴스 목록 아래 부분에는 에러 메시지를 출력하는 부분을 추가한다. 다만 에러 메시지는 request에 "error"가 저장된 경우에만 보여야 하기 때문에 JSTL의 if 태그를 사용해 부트스트랩의 alert 컴포넌트로 출력한다. 뉴스 삭제에서와 유사하게 삭제 버튼을 추가해 에러 메시지를 닫을 수 있도록 했다.

```
<c:if test="${error != null}">
  <div class="alert alert-danger alert-dismissible fade show mt-3">
    에러 발생: ${error}
    <button type="button" class="btn-close" data-bs-dismiss="alert"></button>
  </div>
</c:if>
```

뉴스 등록 양식

뉴스를 등록하기 위한 버튼을 만들고 버튼을 눌렀을 때 입력 양식이 보이도록 한다. 부트스트랩의 버튼과 Collapse 컴포넌트로 이벤트가 발생했을 때만 보이는 영역으로 구성한다. 버튼과 Collapse 컴포넌트는 data-bs-toggle, data-bs-target 속성으로 연결한다.

```
<button class="btn btn-outline-info mb-3" type="button" data-bs-toggle="collapse"
data-bs-target="#addForm" aria-expanded="false" aria-controls="addForm"> 뉴스 등록
</button>

<div class="collapse" id="addForm">
</div>
```

- data-bs-target, aria-controls 속성값은 양식 영역인 <div>의 id로 설정된 addForm과 이름이 동일해야 하니 주의한다.
- 뉴스 등록 양식으로 보일 부분을 <div></div> 사이에 넣는다.

Collapse 부분에 들어갈 입력 양식은 일반적인 html <form>으로 구현한다. 입력 양식은 부트스트랩의 form-label, form-control로 구성하고 입력 양식을 테두리가 있는 박스 형태로 만들기 위해 card를 적용한다.

```
<div class="card card-body">
  <form method="post" action="/jwbook/news.nhn?action=addNews"
        enctype ="multipart/form-data">
    <label class="form-label">제목</label>
    <input type="text" name="title" class="form-control">
    <label class="form-label">이미지</label>
    <input type="file" name="file" class="form-control">
    <label class="form-label">기사내용</label>
    <textarea cols="50" rows="5" name="content" class="form-control"></textarea>
    <button type="submit" class="btn btn-success mt-3">저장</button>
  </form>
</div>
```

<submit> 버튼을 클릭하면 <form>의 action에 지정된 url로 입력값이 전달되는데 컨트롤러를 호출하면서 action 파라미터를 addNews로 전달한다. 또한 등록 양식이기 때문에 get이 아닌 post 방식을 사용하도록 한다.

전체 <div> 구조의 닫는 태그가 잘 들어가 있는지 다시 한번 확인한다. 다음은 newsList.jsp의 전체 코드다.

예제 10-4 newsList.jsp

```
<%@ page language="java" contentType="text/html; charset=UTF-8"
pageEncoding="UTF-8"%>
<%@ taglib prefix="c" uri="http://java.sun.com/jsp/jstl/core" %>

<!DOCTYPE html>
<html>
<head>
<meta charset="UTF-8">
<meta name="viewport" content="width=device-width, initial-scale=1">
// 부트스트랩 css, 자바스크립트 라이브러리
<title>뉴스 관리 앱</title>
</head>
<body>
  <div class="container w-75 mt-5 mx-auto">
  <h2>뉴스 목록</h2>
  <hr>
  <ul class="list-group">
    <c:forEach var="news" items="${newslist}" varStatus="status">
      <li class="list-group-item list-group-item-action
            d-flex justify-content-between align-items-center">
      <a href="news.nhn?action=getNews&aid=${news.aid}" class="text-
decoration-none">[${status.count}] ${news.title}, ${news.date}</a>
      <a href="news.nhn?action=deleteNews&aid=${news.aid}"><span class="badge
bg-secondary"> &times;</span></a>
      </li>
    </c:forEach>
  </ul>

  <hr>
  <c:if test="${error != null}">
    <div class="alert alert-danger alert-dismissible fade show mt-3">
      에러 발생: ${error}
      <button type="button" class="btn-close" data-bs-dismiss="alert"></button>
    </div>
  </c:if>
  <button class="btn btn-outline-info mb-3" type="button" data-bs-toggle="collapse"
data-bs-target="#addForm" aria-expanded="false" aria-controls="addForm">뉴스 등록
  </button>
  <div class="collapse" id="addForm">
```

```
    <div class="card card-body">
      <form method="post" action="/jwbook/news.nhn?action=addNews"
          enctype="multipart/form-data">
        <label class="form-label">제목</label>
        <input type="text" name="title" class="form-control">
        <label class="form-label">이미지</label>
        <input type="file" name="file" class="form-control">
        <label class="form-label">기사 내용</label>
        <textarea cols="50" rows="5" name="content" class="form-control"></textarea>
        <button type="submit" class="btn btn-success mt-3">저장</button>
      </form>
    </div>
  </div>

  </div>
</body>
</html>
```

2 newsView.jsp

'newsList.jsp'에서 뉴스 제목을 클릭했을 때 뉴스를 보여주는 화면이다. 기본 jsp 구조는 'newsList.jsp'와 동일하며 여기서는 화면 구성과 관련된 부분만 설명한다.

뉴스 제목과 사진, 기사 내용, 등록 날짜/시간 등은 EL을 이용해 출력한다. 특이 사항은 없고 박스 형태의 화면 구성을 위해 부트스트랩의 card, card-img-top, card-body, card-title, card-text 등을 활용했다.

예제 10-5 newsView.jsp

```
<%@ page language="java" contentType="text/html; charset=UTF-8"
pageEncoding="UTF-8"%>

<!DOCTYPE html>
<html>
<head>
// 부트스트랩 css, 자바스크립트 라이브러리
<title>뉴스 관리 앱</title>
```

```
</head>
<body>
  <div class="container w-75 mt-5 mx-auto">
  <h2>${news.title}</h2>
  <hr>
  <div class="card w-75 mx-auto">
    <img class="card-img-top" src="${news.img}">
    <div class="card-body">
      <h4 class="card-title">Date: ${news.date}</h4>
      <p class="card-text">Content: ${news.content}</p>
    </div>
  </div>
  <hr>
  <a href="javascript:history.back()" class="btn btn-primary"> << Back </a>

 </div>
</body>
</html>
```

05 프로그램 통합 및 테스트

모든 프로그램의 구현이 완료되었으면 정상적으로 잘 동작하는지 확인해보자.

1 이미지 업로드를 위한 톰캣 설정

기본적으로 웹을 통해 접근할 수 있는 디렉터리 경로는 Document root, 즉 [webapp] 폴더 아래가 된다. 따라서 업로드되는 파일 역시 html에서 참조 가능한 경로에 있어야 한다.

이때 [ch10] 폴더 아래 [img]라는 폴더를 만들고 파일을 업로드할 경우 문제가 발생한다. 이클립스에서 실행 중인 톰캣은 이미 프로젝트를 패키지화해서 별도의 경로에서 서비스하는 방식이라 업로드된 파일을 인식하지 못하기 때문이다.

이를 해결하려면 프로젝트를 reload하거나 톰캣을 다시 시작해야 하므로 이미지 업로드 경로는 다른 곳으로 지정하는 것이 좋다. 컨트롤러 코드 [예제 10-3]을 보면 "c:/Temp/img" 폴더를 사용하도록 지정했는데 해당 폴더는 웹으로 접근할 수 없기 때문에 웹에서 접근 가능하도록 톰캣 설정을 추가해야 한다.

TIP "C:/Temp/" 위치에 img 폴더가 존재해야 한다. 없다면 새로 생성한다.

❶ 톰캣이 실행되어 있다면 우선 종료하고 이클립스 Project Explorer에서 [Servers]→[Tomcat 9.0...]를 클릭하여 'server.xml' 파일을 연다.

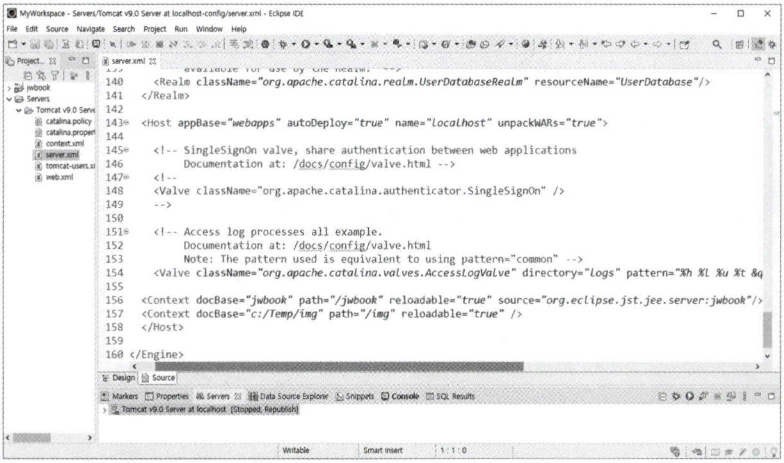

그림 10-5 톰캣 설정 파일 위치

❷ 'server.xml' 파일은 톰캣을 실행하는 데 가장 기본이 되는 설정 파일이다. 이 파일의 제일 아래에서 〈Context〉 부분을 찾아 태그 끝 부분에 있는 〈/Host〉 사이에 새로운 〈Context〉 항목을 다음과 같이 추가한다.

```
<Context docBase="jwbook" path="/jwbook" reloadable="true" ... />
<Context docBase="c:/Temp/img" path="/img" reloadable="true" />
</Host>
```

이때 원래 있던 〈Context .... /〉 태그 뒤에 〈/Host〉 태그가 붙어 있기 때문에 엔터를 쳐서 그 사이에 새로운 항목을 넣어야 한다. 실수로 〈/Host〉가 두 번 들어가면 톰캣이 실행되지 않을 수 있으니 주의한다.

2 데이터베이스 실행 확인

❸ 먼저 H2 데이터베이스가 실행되어 있는지 확인한다. H2 데이터베이스는 윈도우에서 H2 Console 앱을 찾아 실행한다. 웹 콘솔 로그인 화면만 나오면 되며 로그인까지 할 필요는 없다.

TIP C:\Program Files (x86)\H2\bin 폴더에 있는 'h2w.bat'을 실행해도 된다.

3 컨트롤러 실행

❹ NewsController 서블릿을 실행하면 다음과 같이 비어 있는 메인 화면을 볼 수 있다. 이때 이클립스 콘솔에 어떠한 에러 메시지도 출력되지 않아야 한다.

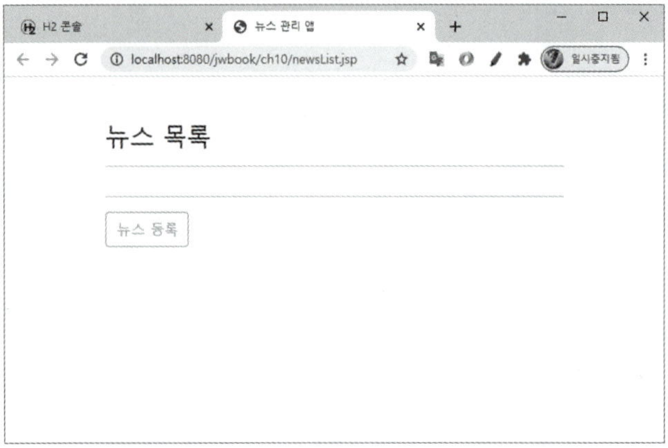

그림 10-6 컨트롤러 실행 화면

4 뉴스 등록

❺ 〈뉴스 등록〉 버튼을 클릭해 뉴스를 등록해보자. 직접 내용을 등록해도 되지만 네이버와 같은 포털 사이트 혹은 신문사 웹 페이지에 등록된 기사를 활용하는 것이 좋다.

제목과 내용은 복사해서 사용하면 되고, 이미지의 경우 원하는 이미지를 컴퓨터에 저장한 다음 파일 선택 버튼을 클릭해 선택해주면 된다.

TIP 등록이 되지 않을 경우, 2장의 웹 브라우저 설정을 확인하여 외부 브라우저로 크롬이 설정되어 있는지 체크한다.

그림 10-7 뉴스 등록 양식

❻ 다음과 같이 뉴스가 등록되면 성공한 것이다.

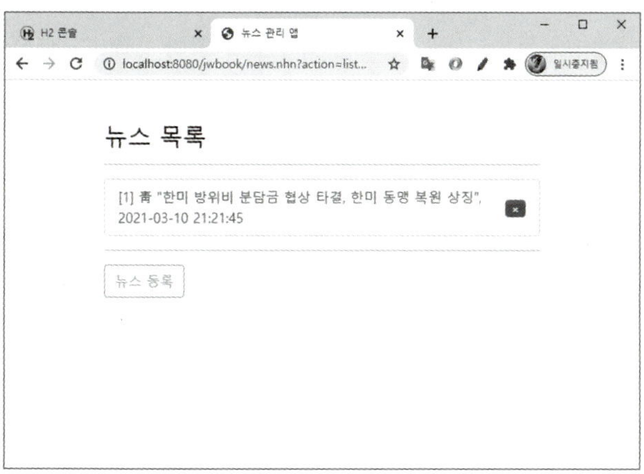

그림 10-8 뉴스 등록 결과 화면

❼ 다음으로 뉴스 제목을 클릭해 이미지와 함께 세부 뉴스 내용이 잘 나오는지 확인한다.

그림 10-9 뉴스 보기 화면

❽ 이상이 없다면 목록 화면으로 돌아와서 뉴스를 몇 개 더 등록해본다.

5 뉴스 삭제

❾ 등록된 뉴스에서 하나를 삭제해본다. 별도의 확인 과정은 없고 클릭하면 바로 삭제가 이루어진다.

❿ 이제 데이터베이스에서 실제 데이터가 등록된 현황을 확인해보도록 한다. H2 Console에 로그인하고 쿼리 select * from news를 실행한다.

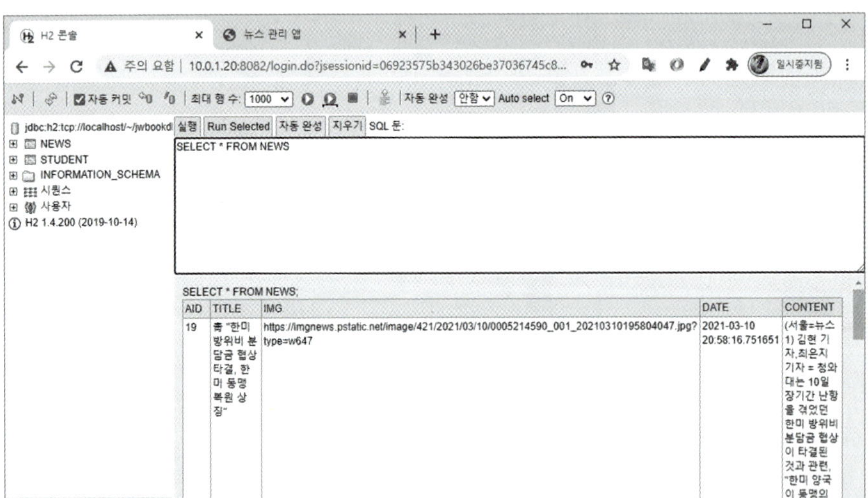

그림 10-10 DB 조회 결과

6 에러 처리

⑪ 목록 화면에서 에러 처리가 동작하는 것을 확인하기 위해 H2 Console에서 조회된 뉴스 중 하나를 sql 쿼리를 이용해 직접 삭제한다.

```
delete from news where aid=뉴스 기사 번호
```

⑫ 목록 화면에는 아직 콘솔에서 삭제한 내용이 반영되지 않았기 때문에 해당 기사가 보일 것이다. 삭제 버튼을 눌러 삭제를 시도하면 이미 DB에서 삭제된 뉴스이기 때문에 다음과 같이 에러 메시지가 출력된다.

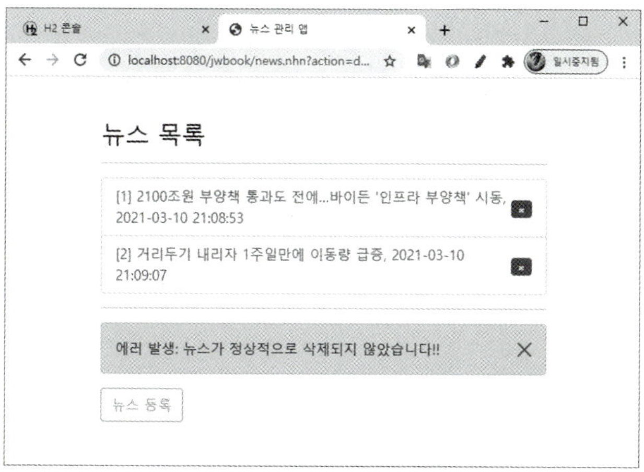

그림 10-11 삭제 에러 출력

목록이 다시 로딩되었기 때문에 삭제된 것은 반영되어 나타나고 컨트롤러에서 보낸 에러 메시지가 출력된 것이다.

⑬ 또 다른 에러 확인으로 브라우저의 url에서 action=kkk와 같이 임의의 파라미터를 action에 넣어 호출하면 다음과 같이 에러 메시지를 볼 수 있다.

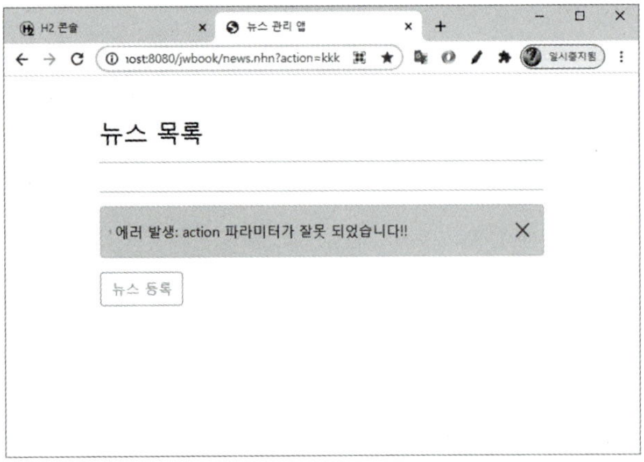

그림 10-12 잘못된 요청으로 인한 에러

이것으로 뉴스 서비스 프로젝트 개발을 마무리하고 11장에서는 고급 서블릿 기술인 필터와 리스너에 대해 배워보도록 한다.

PART 03

심화학습: Advanced JSP

PART 03 심화학습: Advanced JSP

CHAPTER 11

리스너와 필터

학습목표

- 리스너의 개념과 동작 구조를 이해한다.
- 필터의 개념과 활용 분야를 이해한다.
- 리스너 종합 실습을 통해 서블릿을 직접 구현해본다.
- 한글 처리 필터 구현을 통해 필터의 동작을 이해한다.

01 리스너

1 리스너란?

리스너Listener란 컨테이너에서 발생하는 이벤트를 모니터링하다가 특정 이벤트가 발생하면 실행되는 특수한 서블릿으로, '이벤트 리스너Event Listener'라고도 한다. 웹 애플리케이션 실행에 필요한 정보를 제공하거나 톰캣 시작/종료와 같은 특정 상황에 자동으로 동작하는 프로그램을 구현할 때 사용한다. 이때 리스너는 서블릿과 마찬가지로 애너테이션 기반 코드로 작성할 수 있다.

리스너를 이해하려면 먼저 리스너가 동작하기 위한 이벤트의 종류와 그에 따른 프로그램 API를 알아야 한다. 리스너는 일반적인 형태의 서블릿이 아니라 특정 이벤트에 따라 동작하는 인터페이스를 구현한 클래스라고 이해하면 쉽다.

리스너는 기본적으로 생명 주기 변화와 Scope Object에서 관리하는 속성의 변화를 모니터링하고 해당 이벤트가 발생하면 실행되는 구조다. 예를 들어 ServletContext는 웹 애플리케이션 단위로 생성되는 객체로, 보통 톰캣의 시작과 종료(혹은 웹 애플리케이션의 시작과 종료)와 일치하기 때문에 해당 시점에 실행을 원하는 프로그램이 있다면 리스너로 구현할 수 있다.

리스너의 동작 구조는 다음과 같다.

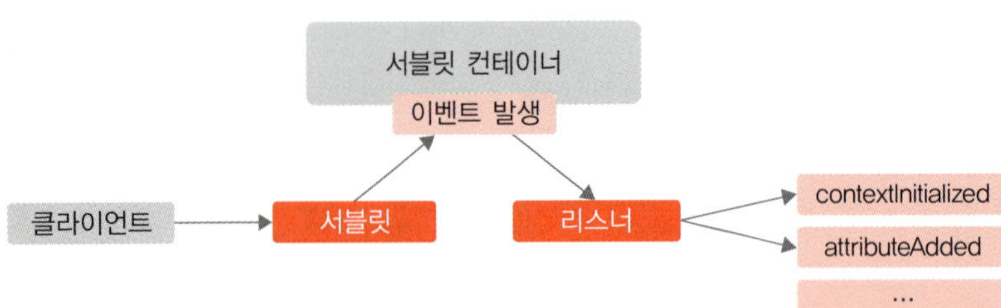

그림 11-1 리스너의 동작 구조

클라이언트의 요청에 따라 서블릿을 통해 Session, Request 객체가 생성되거나 속성의 변화가 발생하면 컨테이너에서 이벤트를 감지하고 해당 이벤트를 처리하는 리스너 클래스의 메서드를 호출하게 된다.

리스너의 경우 특정 서블릿이나 JSP에서 사용하기 위한 목적보다는 웹 애플리케이션 전체의 설계나 운영 관점에서 사용한다고 볼 수 있다. 리스너 활용의 대표적인 유형은 다음과 같다.

■ **초기화 매개변수와 연동**

톰캣이 시작될 때 'web.xml'의 ServletContext 초기화 매개변수를 읽어 그에 따라 특정 객체를 초기화한 후 서블릿이나 JSP에 제공한다.

■ **예제 프로그램 등을 배포할 때 샘플 데이터 제공**

프로그램을 실행할 때 DB가 필요한 경우 미리 DB와 연결을 만들어두거나 테이블을 생성하고 샘플 데이터를 로딩하는 등의 작업을 자동으로 수행해서 추가적인 작업 없이 프로그램을 실행할 수 있다.

■ **복잡한 환경 설정 제공**

프로그램 실행에 필요한 여러 정보(DB, 다른 서비스 연동 정보, 관리자 계정 정보 등 프로그램 외부에서 변하는 정보를 주입하는 형태)가 고정되어 있지 않고 운영하는 서버 상황에 따라 변경되어야 하는 경우, 이를 파일로부터 읽어와 JSP 및 서블릿 등에 제공한다.

■ **특정 이벤트에 동작하는 기능 구현**

웹 애플리케이션을 실행할 때 함께 동작해야 하는 외부 프로그램이나 서비스의 동작 유무를 확인하고 자동으로 실행할 수 있다.

2 리스너의 종류

일반적으로 웹 애플리케이션 단위인 서블릿 콘텍스트ServletContext와 세션의 변화에 따라 실행되는 리스너를 만들게 된다. 서블릿 콘텍스트와 세션은 5장의 페이지 전환과 정보 공유 부분에서 살펴본 것처럼 웹 애플리케이션 운영에서 중요한 객체다. 각각의 객체에 대해 생명 주기(생성, 소멸 등) 변화 및 정보 공유를 위해 사용하는 속성의 상태 변화를 감지하고 실행되는 형태다.

표 11-1 리스너의 종류

유형	설명	리스너 인터페이스
ServletContext 생명 주기 변화	대표적인 리스너 이벤트로, ServletContext의 생성과 소멸 시점에 동작한다. 보통 톰캣의 시작 및 종료 시점과 일치한다.	javax.servlet.ServletContext Listener
ServletContext 속성 변화	ServletContext의 속성이 추가되거나 변경되는 상황에 동작한다.	javax.servlet.ServletContext AttributeListener
Session 생명 주기 변화	Session의 생성과 소멸 등 변화에 따라 동작한다.	javax.servlet.http.HttpSession Listener
Session 속성 변화	Session의 속성이 추가되거나 변경되는 상황에 동작한다.	javax.servlet.http.HttpSession AttributeListener

- **ServletContextListener**: 앞서 설명한 것과 같이 톰캣의 시작, 종료와 같은 이벤트에 동작하는 리스너다.
- **ServletContextAttributeListener**: ServletContext 객체, 즉 application scope에 속성값이 추가, 변경되는 상황에 동작한다.
- **HttpSessionListener**: 세션의 생성과 소멸 이벤트에 따라 동작한다.
- **HttpSessionAttributeListener**: 각 세션별로 속성이 추가되거나 변경될 때 동작하는 리스너로, 이들을 이용하면 개별적인 정보 모니터링에 유용하다.

TIP 생명 주기 변화나 속성 변화에 따라 동작하는 리스너로 HttpServletRequest도 있으니 참고한다.

3 리스너 구현

리스너를 구현하기 위해서는 우선 [표 11-1]에서 설명한 리스너 인터페이스를 구현한 클래스를 만들어야 한다. 그리고 애너테이션을 이용해 리스너임을 명시한 다음, 오버라이딩된 메서드 중에서 필요한 부분의 코드를 작성하면 된다.

예를 들어 톰캣이 실행되거나 종료될 때 동작하는 리스너를 구현해보자. 우선 ServletContext Listener 인터페이스를 구현하는 클래스를 만든다. 클래스 생성은 일반 자바 클래스로 생성하고 implements와 애너테이션을 직접 추가하거나 이클립스에서 제공하는 [New] → [Listener] 메뉴를 통해 생성하는 것도 가능하다.

@WebListener 애너테이션으로 리스너 클래스임을 컨테이너에 전달하고, 인터페이스 구현으로 생성된 오버라이딩 메서드 중에서 필요한 메서드만 구현해서 사용하면 된다. 예를 들어 웹

애플리케이션 시작(톰캣 시작)에 동작하는 코드는 contextInitialized() 메서드에 작성한다. ServletContext에 대한 접근은 인자로 전달되는 ServletContextEvent 객체의 getServlet Context() 메서드로 가능하다.

```
@WebListener  // 리스너 클래스임을 컨테이너에 전달
public class ListenerExam implements ServletContextListener {
  // ServletContext 시작
  public void contextInitialized(ServletContextEvent sce)  {
    sce.getServletContext().log("ServletContext 시작됨!!");
  }
  ...
}
```

자바의 규격상 여러 인터페이스를 하나의 클래스로 구현하는 것이 가능하기 때문에 여러 이벤트 처리를 하나의 리스너 클래스로 처리할 수 있다는 점도 참고하자.

02 필터

1 필터란?

필터는 '서블릿 필터Servlet Filter'라고도 하며 리스너와 마찬가지로 웹 애플리케이션을 지원하기 위한 특수한 형태의 서블릿이다. 클라이언트 요청에 따라 서블릿이나 JSP가 실행되기 전에 response 혹은 request 객체의 조작이나 추가적인 처리를 할 수 있다.

필터는 기본적으로 특정 요청에만 동작하며, 여러 개의 필터가 정해진 순서에 따라 배치될 수 있는데 클라이언트 요청 처리 이전에 먼저 실행된다. 리스너와 마찬가지로 단순히 기능만 구현하는 웹 프로그램의 경우에는 필터를 꼭 만들지 않아도 된다. 하지만 애플리케이션 설계 관점에서 좀 더 유연하고 효과적인 애플리케이션 구현 및 운영이 필요하다면 필터에 대해 잘 알아둘 필요가 있다.

필터는 기존 코드의 변경 없이 애플리케이션에서 공통적으로 사용할 수 있는 기능 구현에 널리 사용된다. 대표적으로 활용되는 분야는 다음과 같다.

■ **인증**Authentication

특정 페이지에서 로그인 여부나 특정 권한을 확인해야 할 때 컨트롤러에서 처리하는 방법이 있지만 로그인과 권한 확인과 같이 공통된 기능을 개별 컨트롤러에서 중복해서 구현하는 것은 좋지 않은 방법이다. 이 경우 필터를 이용하면 애플리케이션 구조와 상관없이 기존 소스를 최대한 수정하지 않고 인증 기능을 수행하도록 할 수 있다.

■ **로깅/감사**Logging and Auditing

특정 페이지 또는 기능에 대해 사용 현황을 모니터링하고 로그로 관리할 필요가 있을 때 인증의 경우와 마찬가지로 필터를 통해 해당 요청을 수행하기 전 로깅 처리를 할 수 있다.

■ **국제화**Localization

다국어 처리는 프레임워크 등에서 제공하는 국제화 방법을 사용할 수도 있으며 필터를 이용할 경우 특정 페이지에 들어갈 메시지 등을 해당 언어로 변환해 전달할 수도 있다.

■ **한글 인코딩 처리**Encoding

지금까지 서블릿이나 JSP를 이용해 POST 방식으로 전달되는 파라미터의 한글 처리를 위해 request.setCharacterEncoding("utf-8")을 사용해왔다. 그런데 모든 컨트롤러 서블릿에 이 코드를 추가하면 너무 많은 중복이 발생하며 캐릭터셋 변경 시에도 문제가 되기 때문에 필터를 통해 한 번에 처리하는 방법을 활용할 수 있다.

이 외에도 필터를 활용하는 방법은 다양하므로 필요에 따라 적극적으로 활용하도록 한다.

2 필터의 구조와 동작 과정

필터의 구조를 보면 리스너와 유사하다. 필터는 톰캣 서버를 시작할 때 필터 구현 클래스의 애너테이션을 참조하여 javax.servlet.Filter 인터페이스를 구현한 클래스가 초기화된다. 또한 필터는 여러 개 존재할 수 있으며, 각각의 필터는 init() 메서드를 통해 초기화 작업을 수행한다.

init() 메서드는 필터 초기화 시 한번만 실행된다. 이후 사용자 요청에 따라 서블릿이나 JSP가 호출될 때 애너테이션으로 설정된 필터 매핑 정보를 참조해 특정 서블릿이나 JSP에 대해 서로 다른 필터를 적용할 수 있다. doFilter()는 해당 필터가 적용되었을 때 수행할 작업을 구현하는 메인 메서드가 된다. destroy()는 필터가 종료될 때 수행할 내용을 구현한다.

이제 필터의 동작 과정을 살펴보자.

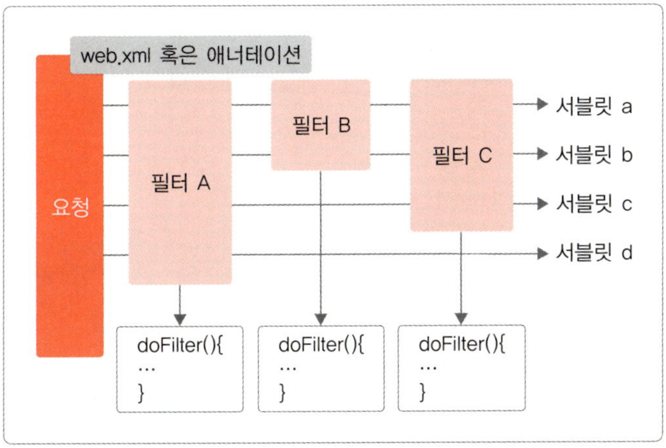

그림 11-2 필터의 동작 구조

[그림 11-2]에서 보는 것처럼 필터 A는 모든 서블릿에 적용되고, 필터 B는 서블릿 a, b에 적용되며, 필터 C는 서블릿 a, b, c에 적용된다. 결과적으로 서블릿 a, b는 필터 A, B, C를 차례로 적용받게 된다. 필터의 적용은 각 필터의 doFilter() 메서드의 내용이 수행되는 것으로, ServletRequest와 ServletResponse의 내용을 가로채 필요한 작업을 수행하고 다음 필터로 전달하거나, 요청한 서블릿으로 이동하는 구조다.

예를 들어 가정에서 사용하는 정수기의 필터가 여러 종류이고, 수돗물이 각각의 필터를 통해 여과되고 정수되어 마실 수 있는 것과 유사한 구조라고 생각하면 된다. 즉 정수기의 물이 필터에서는 ServletRequest와 ServletResponse인 것이다. 물론 두 객체를 활용하지 않고 다른 필요한 작업만 수행하는 필터도 있을 수 있다.

TIP [그림 11-2]와 같이 필터를 차례로 적용하기 위해서는 web.xml을 이용한 필터 등록이 필요하며 url 매핑 규칙을 잘 만들어 두어야 의도한 대로 동작한다.

3 필터 구현

리스너와 마찬가지로 이클립스에서 필터 생성 메뉴를 통해 손쉽게 생성하거나 javax.servlet.Filter 인터페이스를 구현하는 클래스를 직접 생성해도 된다.

또한 @WebFilter 애너테이션을 사용해 필터임을 알리고 서블릿과 유사하게 필터 요청을 위한 url 매핑 정보를 인자로 추가해주어야 한다.

자동 생성되는 오버라이딩 메서드는 필요한 부분만 구현하면 된다. 필터 자체의 생명 주기 메서드가 포함되어 있고, 실제로 필터가 동작할 때는 doFilter() 메서드가 호출된다.

```
@WebFilter("/EncodingFilter")  // 필터임을 알림
public class EncodingFilter implements Filter {
...
  public void doFilter(ServletRequest request, ServletResponse response, FilterChain chain) throws IOException, ServletException {
    ...
    chain.doFilter(request, response);
  }
}
```

- **doFilter()**: request, response, chain 등의 주어진 객체를 사용해 필요한 작업을 수행한 후에 필터를 실행하는 구조다. 만약 필터가 없을 경우 요청된 서블릿이나 jsp가 호출된다.

코드에서 보는 것처럼 request, response가 계속 전달되므로 원래 요청에 포함되지 않은 관련 작업을 수행하는 것이 가능하다. 물론 request, response와 관련 없이 별도의 데이터베이스나 로깅 작업, 다른 서비스와의 연동 등 필요한 작업이 있다면 구현하면 된다.

여러 개의 필터를 순서대로 적용하기

여러 개의 필터를 차례대로 적용하려면 애너테이션만으로는 불가능하다. 애너테이션에 의한 필터 실행은 특정 url 매핑 조건에 따라 이루어지는 것으로 실행 순서를 조정할 수 없기 때문이다.

만약 필터의 실행 순서를 지정하려면 'web.xml' 파일에 필터를 등록하는 과정을 거쳐야 한다. 이 경우 필터 서블릿의 @WebFilter에는 url 매핑 대신 filterName 속성이 들어가야 한다.

```
@WebFilter(filterName="filterOne")
public class FirstFilter implements Filter {
  ...
}
```

다음은 'web.xml'에 필터를 등록하는 코드의 예시다. 'web.xml'이 잘못될 경우 서버가 정상적으로 동작하지 않을 수 있으므로 주의하여 사용한다.

```
<filter-mapping>
  <filter-name>filterOne</filter-name>
  <url-pattern>/ch11/*</url-pattern>
</filter-mapping>
<filter-mapping>
  <filter-name>filterTwo</filter-name>
  <url-pattern>/ch11/*</url-pattern>
</filter-mapping>
```

03 실습 11-1 리스너 종합 실습

서블릿 콘텍스트와 세션의 생명 주기 변화와 속성의 변화를 모두 감지하는 리스너를 만들어 상황에 따라 어떻게 동작하는지 알아보기 위한 예제다.

1 리스너 클래스 생성

1 [jwbook] → [src/main/java]에서 마우스 오른쪽 버튼을 클릭하고 [New] → [Listener]를 선택한다.

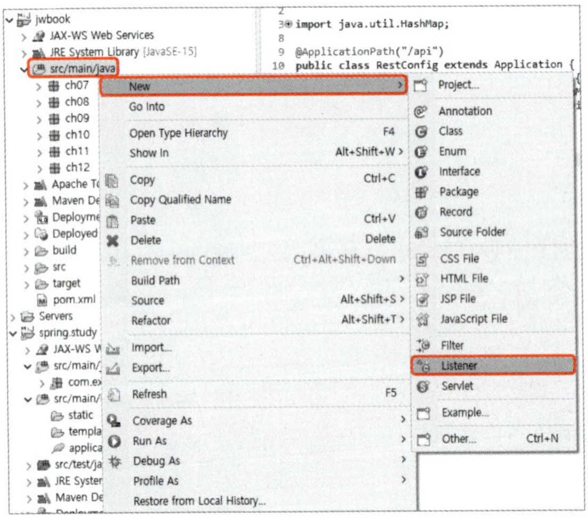

그림 11-3 리스너 생성

2 시작 화면의 자바 패키지와 클래스 이름에는 다음과 같이 작성하고 〈Next〉를 클릭한다.

- **Java Package**: ch11
- **Class Name**: ListenerExam

3 [Create Listener] 창에서는 구현하고자 하는 리스너의 종류를 선택할 수 있다. 필요한 이벤트의 유형을 선택하면 해당 인터페이스를 구현하도록 자동으로 코드를 생성하게 된다. Servlet

Context와 Session의 생명 주기, 속성 변화를 감지하도록 [그림 11-4]와 같이 선택하고 〈Finish〉를 클릭한다.

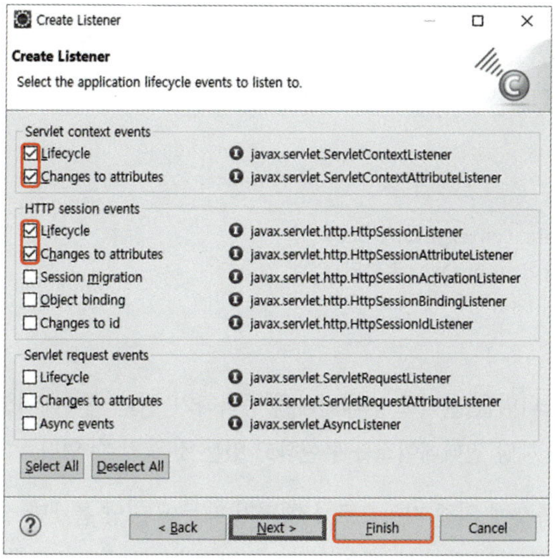

그림 11-4 리스너 유형 선택

2 ServletContext 이벤트 구현

먼저 ListenerExam 클래스에 기본적으로 생성된 메서드의 구조와 ServletContext 이벤트 구현 부분을 살펴보자.

ListenerExam.java

4 우선 ServletContext와 관련된 시작, 종료, 그리고 속성이 추가될 경우 로그 메시지를 출력하는 메서드만 살펴보면 다음과 같다.

TIP 다소 많은 메서드가 생성되어 있기 때문에 다음에 해당하는 메서드를 찾아서 확인해야 한다.

```
@WebListener
public class ListenerExam implements ServletContextListener, ServletContextAttribute
Listener, HttpSessionListener, HttpSessionAttributeListener {

  // 리스너 생성자
```

```
public ListenerExam() {
}

// ServletContext 시작
public void contextInitialized(ServletContextEvent sce) {
  sce.getServletContext().log("ServletContext 시작됨!!");
}

// ServletContext 종료
public void contextDestroyed(ServletContextEvent sce) {
  sce.getServletContext().log("ServletContext 종료됨!!");
}
```

- **@WebListener**: 현재 클래스가 리스너임을 알리고 컨테이너에 등록하기 위한 애너테이션이다. 앞에서 지정한 이벤트 유형에 따라 해당 인터페이스를 구현하고 있는 것을 알 수 있다.

리스너 자체는 별도 실행 과정이 없고, 톰캣에 의해 자동으로 실행되기 때문에 그냥 톰캣만 실행하면 된다. 콘텍스트 시작과 종료는 톰캣 시작/종료 시 콘솔의 로그 메시지로 확인이 가능하다.

5 이어서 속성 관련 메서드를 살펴보자. 여기서는 속성이 추가될 때 추가된 내용을 출력하는 코드를 추가했다. 속성 변경과 삭제 부분은 비워두었고 필요하다면 메서드에 원하는 기능을 구현해 넣으면 된다.

```
// ServletContext에 속성 추가
public void attributeAdded(ServletContextAttributeEvent scae) {
  scae.getServletContext().log("ServletContext 속성 추가: " + scae.getValue());
}

// ServletContext에 속성 변경
public void attributeReplaced(ServletContextAttributeEvent scae) {
...
}

// ServletContext에서 속성 삭제
public void attributeRemoved(ServletContextAttributeEvent scae) {
...
}
```

속성의 추가 여부를 확인하려면 서블릿이나 jsp에서 ServletContext.setAttribute() 메서드로 속성을 추가해야 한다. 이번 실습에서는 ListenerTestServlet 클래스를 만들어 테스트한다.

ListenerTestServlet.java

6 [ch11]에 ListenerTestServlet 서블릿 클래스를 생성한 후, init() 메서드에서 ServletContext 객체를 가지고 오는 부분을 추가하고 doGet()에서 ServletContext에 속성을 추가하도록 구현한다.

```
@WebServlet("/ListenerTestServlet")
public class ListenerTestServlet extends HttpServlet {
  private static final long serialVersionUID = 1L;

  ServletContext sc;

  public void init(ServletConfig config) throws ServletException {
    super.init(config);
    sc = getServletContext();
  }
  ...
   protected void doGet(HttpServletRequest request, HttpServletResponse response)
throws ServletException, IOException {
    sc.setAttribute("name", "홍길동");
  }
```

7 이제 ServletContext 리스너 동작을 확인해보자. 혹시 톰캣이 실행 중이라면 먼저 종료한다. ListenerTestServlet을 실행하면 톰캣이 시작되고 ServletContext의 시작과 서블릿 실행으로 인한 속성 추가 메시지를 확인할 수 있기 때문이다.

톰캣을 실행하면 웹 브라우저에는 빈 화면이 표시되고, 톰캣을 종료하면 콘솔 창에 종료 메시지가 출력되는 것을 확인할 수 있다.

```
<리스너 실행 여부 확인 로그>
3월 14, 2021 12:11:45 오후 org.apache.catalina.core.ApplicationContext log
정보: ServletContext 시작됨!!
3월 14, 2021 12:11:45 오후 org.apache.coyote.AbstractProtocol start
```

```
정보: 프로토콜 핸들러 ["http-nio-8080"]을(를) 시작합니다.
3월 14, 2021 12:11:45 오후 org.apache.catalina.startup.Catalina start
정보: 서버가 [480] 밀리초 내에 시작되었습니다.
3월 14, 2021 12:11:45 오후 org.apache.catalina.core.ApplicationContext log
정보: ServletContext 속성 추가: 홍길동
...
3월 14, 2021 12:15:45 오후 org.apache.catalina.core.ApplicationContext log
정보: ServletContext 종료됨!!
```

3 세션 이벤트 구현

이번에는 세션과 관련된 이벤트 리스너를 구현해본다. 세션은 클라이언트가 서버에 접속할 때 생성된다. 따라서 접속한 클라이언트 수만큼 생성되고, 일정 시간이 지나거나 브라우저를 종료할 경우 다시 생성된다.

8 앞에서 생성했던 ListenerExam 클래스에 생성된 메서드 중 세션 관련 메서드를 다음과 같이 작성한다. 이번 실습에서는 세션 생성과 속성 추가 이벤트 발생 시에 동작하는 코드만 구현했다. 세션의 경우 클라이언트마다 고유 아이디가 생성되므로 해당 아이디 값을 함께 출력시킨다.

```
public void sessionCreated(HttpSessionEvent se)  {
  se.getSession().getServletContext().log("Session 생성됨:" + se.getSession().getId());
}

public void sessionDestroyed(HttpSessionEvent se)  {
...
}

public void attributeAdded(HttpSessionBindingEvent se)  {
  se.getSession().getServletContext().log("Session 속성 추가: "+ se.getValue());
}

public void attributeRemoved(HttpSessionBindingEvent se)  {
...
}

public void attributeReplaced(HttpSessionBindingEvent se)  {
...
}
```

⑨ ListenerTestServlet의 doGet() 부분에 세션 속성 추가 부분을 다음과 같이 추가한다.

```
protected void doGet(HttpServletRequest request, HttpServletResponse response) throws
ServletException, IOException {
  sc.setAttribute("scName", "홍길동");
  HttpSession s = request.getSession();
  s.setAttribute("ssName", s.getId()+": 세션 속성 저장!!");
}
```

⑩ 테스트를 위해 톰캣을 종료한 다음 ListenerTestServlet을 다시 실행해보도록 한다. 브라우저를 완전히 종료하거나 크롬이 아닌 다른 브라우저를 통해 서블릿에 접속하게 되면 새로운 세션이 생성되고 속성이 저장되는 것을 알 수 있다.

```
<리스너 실행 여부 확인 로그>
3월 14, 2021 3:36:20 오후 org.apache.catalina.core.ApplicationContext log
정보: Session 생성됨:01BACA006997824342C48791E3CD0E8E
3월 14, 2021 3:36:20 오후 org.apache.catalina.core.ApplicationContext log
정보: Session 속성 추가: 01BACA006997824342C48791E3CD0E8E: 세션 속성 저장!!
3월 14, 2021 3:37:12 오후 org.apache.catalina.core.ApplicationContext log
정보: Session 생성됨:8F8DAD39CD1C3FC406CD531D9E5B35B2
3월 14, 2021 3:37:12 오후 org.apache.catalina.core.ApplicationContext log
정보: Session 속성 추가: 8F8DAD39CD1C3FC406CD531D9E5B35B2: 세션 속성 저장!!
```

04 실습 11-2 필터 실습: 한글 처리 필터 구현

이번 예제에서는 지금까지 서블릿에서 해오던 한글 인코딩 처리 부분을 필터로 구현해본다. 필터의 활용 분야는 매우 다양하며 잘 설계해서 구현할 경우 여러 환경에서 코드의 수정 없이 추가적인 기능을 부여하거나 제어하는 구조를 만들 수 있으니 실습을 통해 기본 동작 원리를 잘 배워두도록 한다.

코드 작성에 앞서 필터 동작 확인을 위해 [ch10]에서 구현한 NewsController 서블릿에서 service()의 request.setCharacterEncoding() 메서드([예제 10-3]의 23행)를 주석 처리하고 실행해서 뉴스를 하나 등록해본다.

```
protected void service(HttpServletRequest request, HttpServletResponse response)
throws ServletException, IOException {
  // request.setCharacterEncoding("utf-8");——이 행을 주석 처리
  String action = request.getParameter("action");
```

인코딩 설정이 되어 있지 않으니 당연히 한글이 깨질 것이다. 필터를 구현한 다음 서블릿 컨트롤러에서 별도의 한글 인코딩 설정 없이 필터에 의해 인코딩이 이루어지는 것을 확인하게 된다.

TIP 뉴스 불러오기가 실행되지 않는다면, h2 데이터베이스가 연결되어 있는지 확인한다.

1 필터 클래스 생성

1 'jwbook' 프로젝트 [src/main/java] 폴더에서 마우스 오른쪽 버튼을 클릭하고 [New] → [Filter]를 선택한다. 그리고 패키지와 클래스 이름에는 다음과 같이 입력하고 〈Next〉를 클릭한다.

- **Java Package**: ch11
- **Class Name**: EncodingFilter

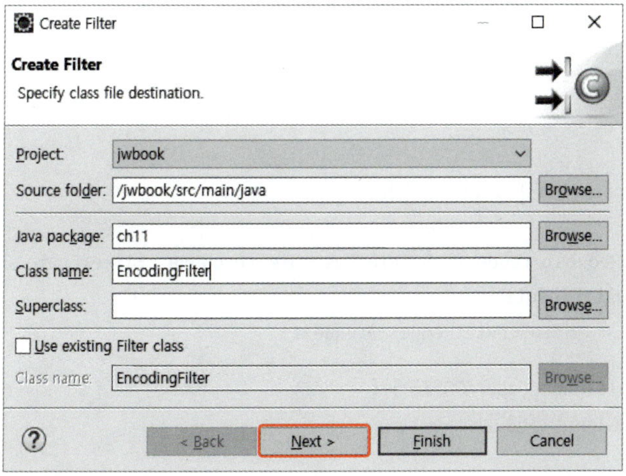

그림 11-5 필터 생성

❷ 이제 url 매핑 부분을 조정해야 한다. 기본적으로 필터 클래스 이름과 동일하게 되어 있는 이 부분을 어떤 서블릿 호출에 적용할지 패턴을 지정해야 한다.

예를 들어 *.do, *.jsp와 같이 확장자 기반으로 호출을 지정할 수 있으며, /ch11/XXX와 같이 경로 기반으로 설정할 수도 있다. 잘못 설정된 경우 필터가 정상적으로 동작하지 않거나 톰캣이 실행되지 않으니 주의한다. 이번 실습에서는 *.nhn 요청에 대해 동작하도록 url 매핑을 설정한다.

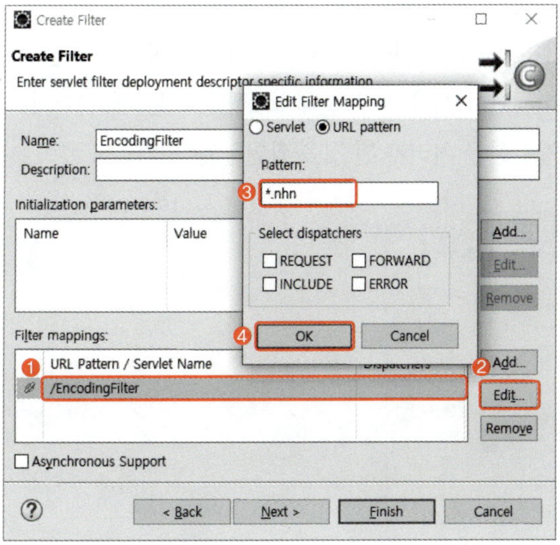

그림 11-6 url 매핑 설정

❸ 기본 생성된 코드는 생명 주기 메서드와 doFilter()다. 실제 필터가 동작하는 부분은 doFilter()에 작성하면 된다.

```
@WebFilter("*.nhn")
public class EncodingFilter implements Filter {
  ...
  public void doFilter(ServletRequest request, ServletResponse response, FilterChain
chain) throws IOException, ServletException {
    HttpServletRequest httpReq = (HttpServletRequest)request;

    if(httpReq.getMethod().equalsIgnoreCase("POST")) {
      request.setCharacterEncoding("utf-8");
    }
    chain.doFilter(request, response);
}
  ...
```

- 필터는 HttpServletRequest가 아닌 ServletRequest를 인자로 하므로 웹 관련 처리를 위해서는 먼저 형 변환을 해주어야 한다. 여기서는 HttpServletRequest의 getMethod()를 통해 "POST" 요청에 대해서만 utf-8로 변환을 수행하고 있다.

❷ 실행 및 결과 확인

❹ 코드 작성을 완료하면 톰캣을 종료하고 NewsController를 실행한 다음 새롭게 뉴스를 등록해본다. 앞에서 request.setCharacterEncoding()을 지우고 테스트한 뉴스는 제목이 깨져 있으며, 새롭게 등록한 3번 뉴스는 정상적으로 한글 처리가 된 것을 확인할 수 있다.

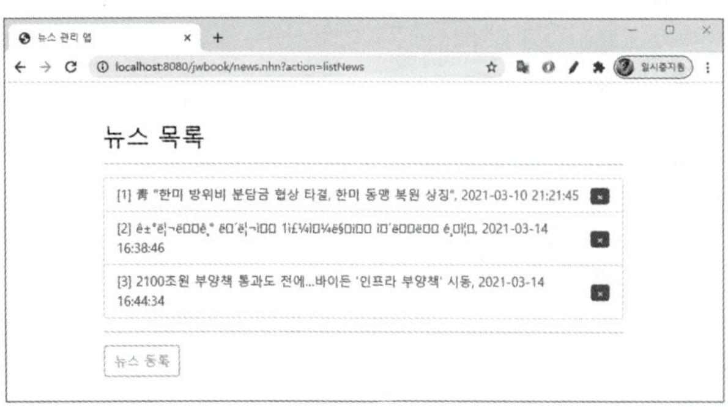

그림 11-7 한글 처리 필터의 실행 결과

요약

01 리스너란 컨테이너에서 발생하는 이벤트 발생 여부를 모니터링하다가 특정 이벤트가 발생하면 실행되는 특수한 형태의 서블릿으로 이벤트 리스너Event Listener라고도 한다.

02 리스너는 기본적으로 생명 주기 변화와 Scope Object에서 관리하는 속성의 변화를 모니터링하고 해당 이벤트가 발생하면 실행되는 구조다.

03 필터는 서블릿 필터Servlet Filter라고도 하며 리스너와 마찬가지로 웹 애플리케이션을 지원하기 위한 특수한 형태의 서블릿이다.

04 필터가 대표적으로 활용되는 분야는 다음과 같다.

- 인증Authentication
- 로깅/감사Logging and Auditing
- 국제화Localization
- 한글 인코딩 처리Encoding

05 필터의 동작 과정은 다음과 같다.

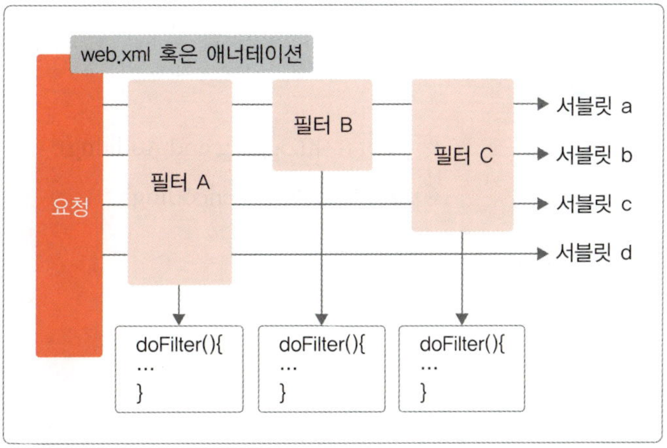

연습문제

01 **자바 웹 개발에서 컨테이너에서 발생하는 특정 이벤트 상황을 모니터링하다가 실행되는 특수한 형태의 서블릿을 무엇이라 하는가?**

① 리스너 ② 필터
③ 세션 ④ 쿠키

02 **리스너를 통해 감지할 수 있는 컨테이너 이벤트 유형이 아닌 것을 고르시오.**

① ServletContext 생명 주기 변화 ② ServletContext 속성 변화
③ Session 생명 주기 변화 ④ Filter 속성 변화

03 **리스너를 활용해 구현할 수 있는 프로그램 사례로 거리가 먼 것을 고르시오.**

① 톰캣이 시작되거나 종료될 때 생긴 로그를 지우는 데 사용한다.
② 시스템에 새로운 사용자가 로그인할 때 로그인 정보를 관리 목적의 데이터베이스에 기록하는 데 사용한다.
③ 톰캣이 시작될 때 설정 파일을 읽어 자동으로 데이터베이스 연결, 테이블 생성, 샘플 데이터 로딩 등의 작업을 수행하는 데 사용한다.
④ 웹 애플리케이션 시작 시 연결이 필요한 외부 서비스의 동작 유무를 사전에 확인하고, 문제가 있으면 준비된 대안을 따르는 코드를 수행하는 데 사용한다.

04 **필터의 활용 분야가 아닌 것을 고르시오.**

① 인증(Authentication) ② 로깅/감사(Logging and Auditing)
③ 세분화(Subdivision) ④ 한글 인코딩 처리(Encoding)

CHAPTER 12

REST API 개발

학습목표

- REST, RESTful의 개념을 이해하고 REST API를 익힌다.
- JAX-RS의 개념과 사용 과정을 이해한다.
- REST API를 통해 뉴스 서비스의 서버를 구현한다.

01 REST API 개요

1 REST API란?

REST 또는 RESTful이라는 용어는 2000년 로이 필딩Roy Fielding의 박사 학위 논문에서 처음 제안된 것으로, 네트워크상에서 클라이언트와 서버 사이의 통신을 구현하는 방법에 대한 아이디어다. 클라이언트가 서버로 요청을 보냈을 때 서버가 응답으로 보내주는 Resource(예 파일, 프로그램 호출 등)의 상태를 Representation이라 정의하고 하나의 Resource는 여러 형태의 Representation(예 json, xml, text, rss 등)으로 전달할 수 있다는 개념을 의미한다.

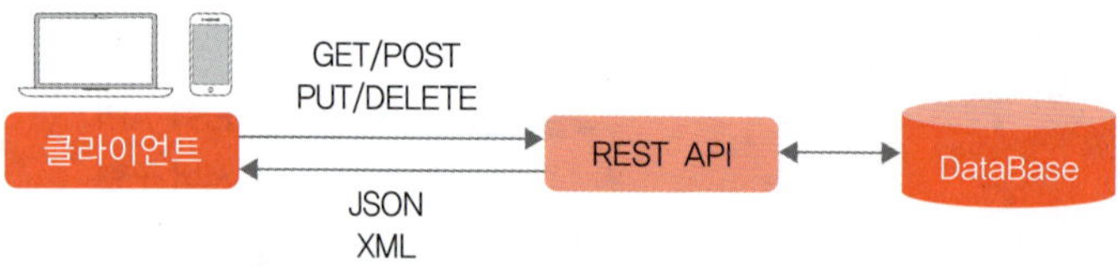

그림 12-1 REST API의 개념

REST API의 등장 배경

서로 다른 시스템에서 네트워크(인터넷)를 통해 데이터를 주고받기 위한 클라이언트-서버 프로그램 구조는 일반적으로 다음과 같은 문제점이 있다.

- 동시 다중 접속에 대한 안정성, 보안, 백업, 장애 대응, 이중화 등 여러 기술적 문제를 자체적으로 해결할 수 있는 역량과 고수준의 개발자와 서버 엔지니어가 필요하다.
- 클라이언트와의 통신을 위해 요청, 응답, 메시지 규격 등 프로토콜을 자체적으로 정의해야 한다.
- 전용 프로토콜 사용으로 서비스 간 호환이 어렵다.

이러한 전통적인 클라이언트-서버 방식의 문제는 사실 웹을 사용하는 것으로 상당 부분 해결이 가능하다.

- 웹은 오랜 기간 검증된 서버 소프트웨어를 통해 안정성, 보안, 백업 등의 모든 솔루션을 갖추고 있다.

- HTTP 프로토콜 사용으로 호환성 제공이 가능하다.
- 자바, 서블릿 등 다양한 서버 측 프로그래밍 기술을 그대로 사용할 수 있다.

이처럼 대부분의 문제가 웹을 사용하는 것으로 해결될 수 있다. 그러나 웹은 기본적으로 클라이언트 요청에 대한 응답으로 화면 중심의 HTML을 제공하는 시스템이기 때문에 단순히 데이터를 주고받고자 하는 서비스에는 적합하지 않다.

물론 웹을 데이터 서비스 구현에 활용하려고 하는 시도는 꾸준히 있었으며 소위 'XML 웹 서비스'라는 개념이 한동안 많이 사용되었다. 다만 구현을 위해 추가적인 레지스트리Registry와 UDDIUniversal Description, Discovery and Integration, SOAPSimple Object Access Protocol, WSDLWeb Service Description Language과 같은 규격을 사용해야 하기 때문에 접근성도 떨어지고 구현 과정도 다소 복잡한 문제가 있었다.

만일 스마트폰이 등장하지 않았다면 'XML 웹 서비스'로도 충분했겠지만 스마트폰의 폭발적인 성장은 많은 것을 바꿔놓게 된다. 비교적 느린 인터넷과 비싼 데이터 요금의 모바일 인터넷 환경에서는 전통적인 웹이나 XML 웹 서비스 형태는 적합하지 않았다.

이에 따라 확장성이 뛰어나고 경량의 데이터 구조라고 할 수 있는 JSON이 주목을 받기 시작했다. JSON은 JavaScript Object Notation의 약어로, 그 자체로 자바스크립트 객체 구조를 가지고 있어 웹 브라우저에서 바로 이해할 수 있고 처리 가능한 구조라는 특징이 있다. 이와 함께 RESTful 개념이 재조명되어 본격적으로 적용되기 시작해 지금의 프런트엔드 중심 개발을 이끌게 되었다.

REST는 현재 HTTP와 JSON을 함께 사용하여 Open API를 구현하는 형태로 많이 사용되고 있으며 대부분의 Open API는 REST 아키텍처를 기반으로 만들어져 있다. 일반적으로 REST 원칙을 따르는 시스템을 RESTful이라 하며 웹 기반으로 구현된 서비스이므로 RESTful 웹 서비스라고 이야기한다.

Open API는 인터넷을 통해 제공되는 데이터 서비스의 인터페이스로, 일반적인 프로그램에서의 API가 클래스 라이브러리 형태로 제공되는 것에 비해 웹을 사용하기 때문에 URI 구조를 가지고 있으며 응답 메시지로는 주로 JSON을 사용한다.

TIP REST, RESTful API라는 용어 자체는 정해진 규격이나 표준이 아닌 일종의 구현 원칙이라고 볼 수 있다. 관련 표준으로는 OAS(Open API Specification)가 있으며 이는 RESTful 웹 서비스를 약속된 규칙에 따라 JSON과 YAML 형식의 API 규격으로 표현하기 위한 표준 규격이다.

02 JAX-RS 개요

1 JAX-RS란?

REST 서비스를 제공하기 위해서는 여러 HTTP Method(GET, POST, PUT 등)를 지원하면서 다양한 URI 요청을 처리할 수 있는 서버 프로그램 구조가 필요하다. 단순히 서블릿만 이용해도 어느 정도 REST 형태의 서비스를 개발할 수 있지만 여러 URI 요청을 구조적으로 손쉽게 처리하려면 규격이 필요하다. 이에 따라 자바에서는 JAX-RS라고 하는 표준 규격을 만들었다.

JAX-RSJava API for RESTful Web Services는 REST 원칙을 사용하는 개발 메커니즘을 제공하는 자바 표준 API다. 즉 JAX-RS는 서비스 측 REST 애플리케이션 개발을 단순화하는 인터페이스 및 Java 애너테이션의 집합체라고 볼 수 있다.

스프링 프레임워크의 경우 RestController라고 하는 자체 규격을 제공하며 필요에 따라 JAX-RS를 사용할 수 있다. 시스템 자체가 스프링 기반이라고 한다면 JAX-RS를 사용하는 것보다는 스프링의 RestController가 좀 더 편리하다.

여기서 잠깐! 구현체가 필요한 JAX-RS

JDBC와 유사하게 JAX-RS 역시 표준 규격만 인터페이스 형태로 JDK에 포함되어 있고 실제 사용을 위해서는 구현체가 필요하다. 대표적으로 아파치 Jersey, JBoss RESTEasy 등이 있으나 오라클이 Java EE를 이클립스 재단으로 이관하면서 패키지명이나 명칭에 대한 부분이 변경되는 과정에서 관련 자료들이 혼재해 있는 상태다. Java EE 9 버전에서부터 JAX-RS는 Restful WS 3.0이라는 명칭을 사용하고 아파치 Jersey는 Eclipse Jersey로 명칭이 변경되었고 완전히 정착하기 전까지는 2.x 버전 사용을 권장한다. 또한 새로운 버전에서는 관련 패키지가 javax.ws.rs에서 org.glassfish.jersey로 변경되니 참고한다.

2 JAX-RS 사용 과정

JAX-RS를 사용하는 과정을 차례대로 살펴보자.

API 서비스 등록

먼저 제공하려고 하는 API 서비스에 대한 정보를 컨테이너에 전달해야 한다. @Application 애너테이션을 사용해 어떤 시작 url을 사용할지 지정해야 하며 해당 요청에 대한 구현 클래스의 패키지를 등록해주어야 한다.

서블릿이나 JSP의 경우에도 콘텍스트 루트라고 해서 시작 경로가 정해져 있다(예 /jwbook). 다음 코드는 모든 REST API 요청이 /api로 시작하도록 지정하고 있다.

```
@ApplicationPath("/api")
public class RestConfig extends Application {
  public Map<String, Object> getProperties() {
    Map<String, Object> properties = new HashMap<String, Object>();
    properties.put("jersey.config.server.provider.packages", "ch12");
    return properties;
  }
}
```

주의할 점은 RestConfig 클래스에서 속성으로 저장하는 패키지에 대해서만 REST API 클래스로 사용할 수 있다는 점이다. 패키지 이외에도 개별 클래스를 등록하는 방법도 있으니 자세한 사항은 관련 문서를 참고한다.

TIP 자세한 사항은 JAX-RS 공식 문서(https://eclipse-ee4j.github.io/jersey.github.io/documentation/latest/index.html)를 참고한다.

API 클래스 구현

API 클래스는 서블릿과 달리 별도의 클래스 상속 없이 일반 자바 클래스로 구현된다. 클래스 앞부분에 @Path 애너테이션으로 하위 URI 시작점을 지정하고(선택 사항) 각각의 요청에 대한 처리를 담당하는 메서드를 구현하면 된다.

REST API 클래스 구현에 필요한 구성요소는 다음과 같다.

- **메서드**: GET, POST, PUT, DELETE 등 어떤 HTTP 메서드 요청을 처리할 것인지 지정한다.
- **요청 경로**: 어떤 URI 요청에 동작할 것인지 지정한다.
- **응답 콘텐트 타입**: 어떤 콘텐트 타입(예 text, html, json, xml 등)으로 응답 메시지를 구성할 것인지 지정한다.

- **파라미터**: 클라이언트 요청 파라미터 및 경로 파라미터 값을 메서드에 전달한다.

REST API를 구성한다는 것은 어떤 HTTP 메서드로 요청되는 특정 URI에 동작할 메서드를 구현하고 요청 파라미터를 메서드에서 사용해 프로그램을 구현한 다음 처리 결과를 어떤 형태로 전달할지 정의한다고 이해하면 된다.

예를 들어 /api/addrbook/list 요청을 처리하는 API 클래스는 다음과 같이 구현할 수 있다.

```
@Path("/addrbook")
public class AddrBookApiService {

  Logger logger = Logger.getLogger("RestApiService");
  AddrBookDAO dao = new AddrBookH2DAO();

  @GET
  @Path("list")
  @Produces(MediaType.APPLICATION_JSON)
  public List<AddrBook> getList() {
    List<AddrBook> datas = dao.getAll();
    logger.info("API call: /list ");
    return datas;
  }
}
```

- **@Path("/addrbook")**: 클래스부에 선언된 애너테이션의 경우 현재 클래스에서 처리할 서브 경로를 지정한다. 즉 /api/addrbook 요청에 응답한다.
- **@GET**: GET 요청을 처리한다.
- **@Path("list")**: /api/addrbook/list 요청에 응답한다.
- **@Produces(MediaType.APPLICATION_JSON)**: 메서드 처리 후 생성되는 데이터 타입으로, 여기서는 JSON 형식을 리턴하게 된다는 의미다. 내부적으로 List 타입이 JSON으로 변경된다.

REST API 설계 원칙

REST API를 구현하는 과정은 비교적 단순하지만 프로그램 문법과 같이 정해진 규칙이 있는 것이 아니기 때문에 잘 설계하기 위해서는 많은 경험과 노력이 필요하다.

TIP Swagger(https://swagger.io)와 같은 도구를 사용하면 Open API 규격의 API를 손쉽게 설계하고 문서화할 수 있다.

일반적인 REST API 설계 원칙은 다음과 같다.

■ **동사 대신 명사 사용**

예를 들어 전체 상품 목록을 제공하는 API의 경우 getProductList, getAll, getProducts와 같은 동사 형태보다는 products와 같은 명사 형태가 적합하다.

```
/getProductList  →  /products
/getAllStudent   →  /students
```

■ **상태 변경 시 GET 메서드와 쿼리 파라미터 사용 금지**

수정, 삭제와 같이 데이터의 상태를 변경하는 경우 파라미터 형태가 아닌 HTTP 메서드와 경로 파라미터로 처리하는 것이 좋다.

```
GET  /api/products?action=delete&id=1021 → DELETE  /api/products/1021
```

■ **복수 명사 사용**

집합형 데이터를 다루는 API의 경우 단수형보다는 복수형을 사용하는 것이 좋다.

```
GET  /product     →  GET  /products
GET  /studentAll  →  GET  /students
```

■ **관계 형태 표현에 하위 리소스 사용**

예를 들어 컴퓨터공학과 학생들 중 홍길동 학생을 찾는 경우 다음과 같이 작성한다.

```
GET  /depts/CE/students/홍길동
```

■ **에러 정보 제공**

에러 발생 시 단순히 서버 에러 500만 표시하는 것이 아니라 여러 HTTP 상태 코드를 활용해야 하며, 별도의 에러 정보를 응답 메시지 구조에 포함할 수 있어야 한다.

```
{
  "errors": [
    {
      "userMessage": "요청 데이터를 찾을 수 없습니다!!",
      "internalMessage": "데이터베이스 검색 오류", "code": 211,
      "more info": "http://xxx.xxx.com/api/v1/errors/12345"
    }
  ]
}
```

03 REST 클라이언트

REST 클라이언트는 REST API를 사용하는 프로그램을 의미한다. REST API 자체가 HTTP를 사용하기 때문에 HTTP를 지원하는 모든 프로그램은 REST API 클라이언트가 될 수 있다. 예를 들어 웹 브라우저도 서버와 HTTP로 통신하기 때문에 웹 브라우저로 REST API를 호출하는 것이 가능하다. 물론 웹 브라우저 자체만으로는 GET 이외의 메서드 호출에는 어려움이 있지만 GET 요청을 처리하는 API는 기본적으로 웹 브라우저만으로 호출할 수 있다.

만일 스마트폰 앱을 개발하면서 서버로부터 데이터를 가져오기 위해 REST API를 사용한다면 스마트폰 앱도 REST 클라이언트가 되는 것이다.

REST 클라이언트 구현은 언어에 중립적이기 때문에 자바, 자바스크립트, 파이썬, C/C++ 등 거의 모든 언어를 사용할 수 있다. 다만 HTTP 프로토콜에 따라 통신할 수 있는 일종의 통신 프로그램을 구현해야 하고 수신되는 JSON 메시지를 프로그램에 적합한 객체로 변환하는 작업 등이 요구된다.

별도의 라이브러리 없이 구현하려면 자바에 기본적으로 포함된 URLConnection 클래스를 사용할 수 있으나 다소 코드가 많아지고 처리 과정이 복잡해진다.

```
URL url = new URL(strUrl);
HttpURLConnection con = (HttpURLConnection) url.openConnection();
con.setConnectTimeout(5000);
con.setReadTimeout(5000);
con.addRequestProperty("Accept", "text/html");

con.setRequestMethod("GET");

StringBuilder sb = new StringBuilder();
BufferedReader br = new BufferedReader(new InputStreamReader(con.getInputStream(),
"utf-8"));
String line;
while ((line = br.readLine()) != null) {
```

```
    sb.append(line).append("\n");
  }
  br.close();
  ...
```

아파치의 HttpClient 라이브러리를 사용해 구현하는 경우에는 비교적 간결하게 코드를 작성할 수 있다.

```
// HttpClient 객체 생성
HttpClient client = HttpClientBuilder.create().build();
// Get 요청을 위한 객체 생성
HttpGet getRequest = new HttpGet(requestURL);
// 헤더 정보 설정
getRequest.addHeader("Accept", "text/html");
// 요청 실행 및 응답 객체 생성
HttpResponse response = client.execute(getRequest);
// 응답 메시지 처리
String body = handler.handleResponse(response);
```

응답 메시지의 경우 단순히 문자열로 처리하거나 문자열을 자바 객체로 변환하거나 JSON 객체로 변환해 원하는 값만 추출하거나 다양한 형태로 활용할 수 있으며, 이 부분에 대해서만 별도 라이브러리를 사용하는 것도 가능하다.

TIP OKHttp, Unirest-Java, Retrofit, Spring RestTemplate 등 다양한 라이브러리가 있으니 참고한다.

04 실습 12-1 JAX-RS로 REST API 서버 구현

이번 실습에서는 자바 웹 프로젝트에서 JAX-RS 지원을 위한 라이브러리 설치 및 간단한 서비스를 구현해본다. GET, POST 방식의 두 가지 요청을 처리할 수 있는 서비스를 만들어보고 테스트하는 과정까지 알아본다.

1 JAX-RS 설치

1 'pom.xml'의 <dependencies>...</dependencies> 사이에 다음과 같이 필요한 라이브러리를 추가한다. 기본적인 라이브러리는 jersey-container-servlet이며, jersey-media-json-jackson은 자바 객체와 JSON 간의 변환을 자동으로 처리해주기 위한 라이브러리로 볼 수 있다. 세 라이브러리의 버전을 일치시켜준다.

```
<dependency>
  <groupId>org.glassfish.jersey.containers</groupId>
  <artifactId>jersey-container-servlet</artifactId>
  <version>2.33</version>
</dependency>
<dependency>
  <groupId>org.glassfish.jersey.inject</groupId>
  <artifactId>jersey-hk2</artifactId>
  <version>2.33</version>
</dependency>
<dependency>
  <groupId>org.glassfish.jersey.media</groupId>
  <artifactId>jersey-media-json-jackson</artifactId>
  <version>2.33</version>
</dependency>
```

2 파일을 저장하면 자동으로 라이브러리를 다운로드하는 과정이 진행된다. 이클립스 하단의 진행 창에서 확인할 수 있으며, 완료되면 Project Explorer의 [Maven Dependencies]에 관

련 라이브러리가 나타난다.

이때 우리가 포함한 라이브러리는 3개이지만 실제 다운로드된 라이브러리는 훨씬 더 많은데 자동으로 종속성을 체크해 다운로드한 것이니 신경 쓸 필요는 없다.

2 서비스 구현

먼저 설정 클래스부터 구현한다. JAX-RS 서비스가 톰캣의 jwbook 웹 애플리케이션에서 동작하기 때문에 JAX-RS 서버 모듈을 톰캣에 등록해주어야 한다.

3 [src/main/java]에 [ch12] 패키지를 생성한다. 그리고 [ch12] 패키지에 RestConfig 클래스를 생성하고 다음과 같이 작성한다.

```
package ch12;

import javax.ws.rs.ApplicationPath;
import javax.ws.rs.core.Application;

@ApplicationPath("/api")
public class RestConfig extends Application {
  public Map<String, Object> getProperties() {
    Map<String, Object> properties = new HashMap<String, Object>();
    properties.put("jersey.config.server.provider.packages", "ch12");
    return properties;
  }
}
```

- JAX-RS와 관련된 패키지는 꼭 javax.ws.rs.*를 사용해야 한다.
- **@ApplicationPath**: REST API 서비스 진입점을 의미한다.
- **properties.put("jersey.config.server.provider.packages", "ch12")**: [ch12] 패키지의 클래스에서 REST API 서비스를 찾는다는 설정으로 속성 이름인 "jersey.config.server.provider.packages"를 정확하게 작성해야 하는 점에 주의한다.

4 다음으로 서비스 클래스를 생성한다. 여기서는 [ch12] 패키지의 클래스만 REST API로 동작하도록 했기 때문에 다른 패키지를 사용하면 안 된다.

클래스 이름은 RestApiExample로 생성한다.

```
@Path("/test")
public class RestApiExample {
  @GET
  @Produces(MediaType.TEXT_PLAIN)
  public String sayHello() {
    return "Hello API Service";
  }

  @POST
  public String sayHello(@QueryParam("msg") String msg) {
    return msg+" API Service";
  }
}
```

RestConfig 클래스에서 기본 진입점을 "/api"로 했기 때문에 @Path로 추가한 ("/test")를 포함하게 되면 전체 요청 경로는 /jwbook/api/test가 된다. 여기서는 동일 요청에 대해 GET, POST 요청을 구분해서 동작한다.

POST의 경우 쿼리 파라미터, 즉 HTML 폼이나 HTTP Body를 통해 전달되는 name=value 형태의 파라미터를 읽어와 사용하고 있으며 이 외에도 /jwbook/api/test/hello와 같이 경로 형식의 파라미터도 처리할 수 있다.

3 실행 및 결과 확인

REST API의 경우 이클립스에서 바로 확인할 방법은 없고 톰캣을 실행한 다음 규격에 따른 URL(localhost:8080/jwbook/api/test)을 요청해야 한다. GET 방식의 경우 웹 브라우저에서도 바로 확인이 가능하지만 POST 방식은 별도의 form을 만들거나 REST API 테스트 도구를 사용해야 한다. 테스트 도구를 사용하는 것은 [실습 12-2]에서 살펴보도록 하고 여기서는 웹 브라우저를 이용해 GET 방식만 테스트해본다.

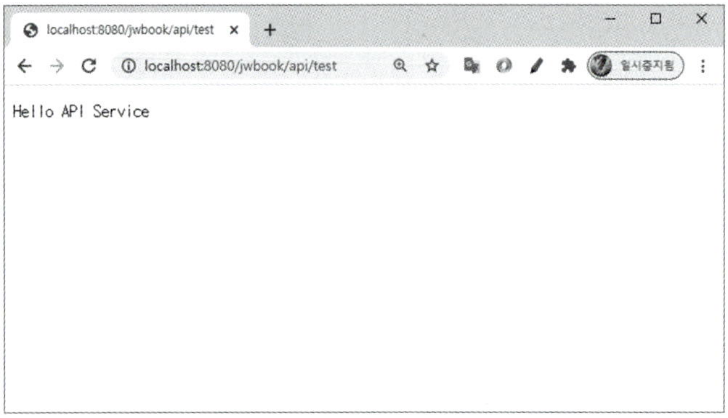

그림 12-2 웹 브라우저를 이용한 GET 테스트

TIP 톰캣을 실행했을 때 오류가 뜨더라도 당황하지 말고 해당 url을 치면 결과 화면이 뜬다.

05 실습 12-2 Postman으로 REST API 테스트

REST API를 개발하거나 API를 이용해 클라이언트를 만들기 위해서는 API 사용법이나 규격을 테스트할 수 있는 도구가 필요하다. CLI 방식으로 가장 많이 사용하는 도구로는 curl이 있으며, GUI 환경에서는 Postman이 널리 사용된다. 이 외에도 개발도구에 포함된 플러그인, 크롬 확장 프로그램, 웹 등의 다양한 구현 형태가 있다.

이번 실습에서는 Postman 사용법을 배워본다.

1 Postman 설치 및 워크스페이스 생성

먼저 Postman을 설치해야 한다. 윈도우, 맥, 리눅스를 모두 지원하며 별도의 프로그램 설치 없이 웹에서도 사용이 가능하다. 하지만 설정 및 작업 공간 동기화를 위해 계정을 생성하고 프로그램을 다운로드해 설치한다.

1 Postman 프로그램을 다운로드하기 위해 Postman 홈페이지(https://www.postman.com/downloads/)에 접속하여 〈Download the App〉을 클릭한다.

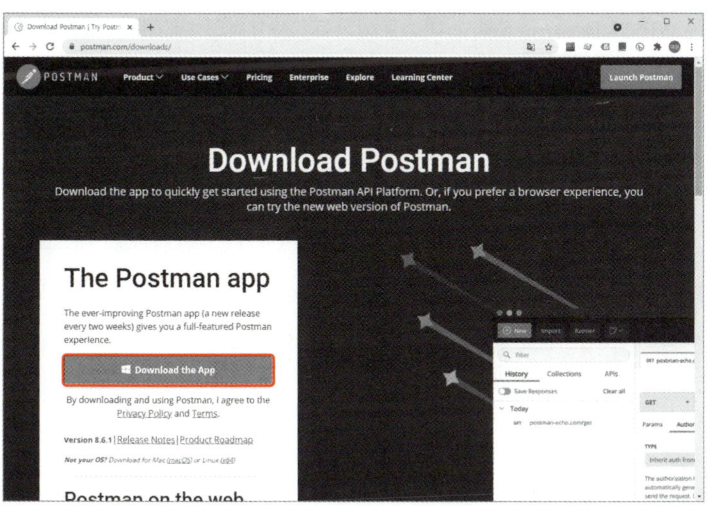

그림 12-3 Postman 홈페이지

❷ 프로그램 설치를 완료하고, 로그인을 하면 Postman의 메인 화면으로 이동하게 된다. [Workspaces]→[New Workspace] 메뉴를 선택해 작업 공간을 먼저 만든다. 〈Visibility〉 설정은 'Personal'로 변경해야 한다.

- **Name**: jwbook
- **Visibility**: Personal

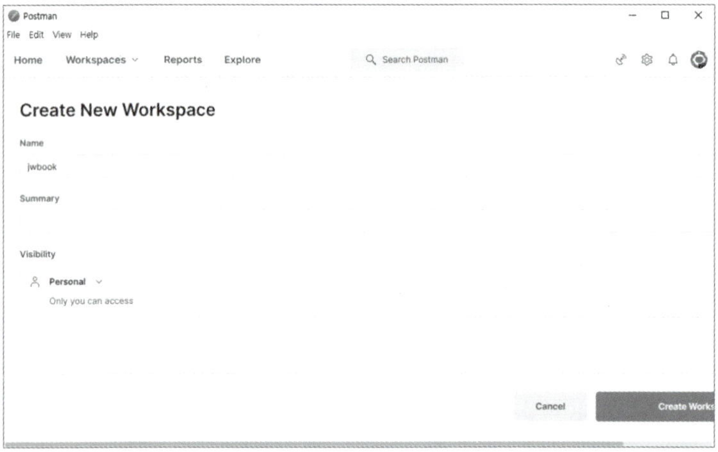

그림 12-4 Postman Workspace 생성

❷ 테스트

우선 [실습 12-1]에서 만든 API를 Postman에서 테스트해본다. 정상적인 테스트를 위해서는 이클립스에서 톰캣이 실행되어 있는 상태여야 한다.

▶ GET 방식 테스트

❸ Postman 워크스페이스 화면 오른쪽 상단 [+]를 이용해 테스트할 항목을 생성한다. 먼저 GET 방식으로 테스트를 진행하기 위해 [그림 12-5]와 같이 GET을 선택하고 테스트할 URL(localhost:8080/jwbook/api/test)을 입력한 다음 〈Send〉 버튼을 클릭한다. 테스트에 성공할 경우 하단의 'Response Body' 부분에 API로부터 전달된 값이 출력된다.

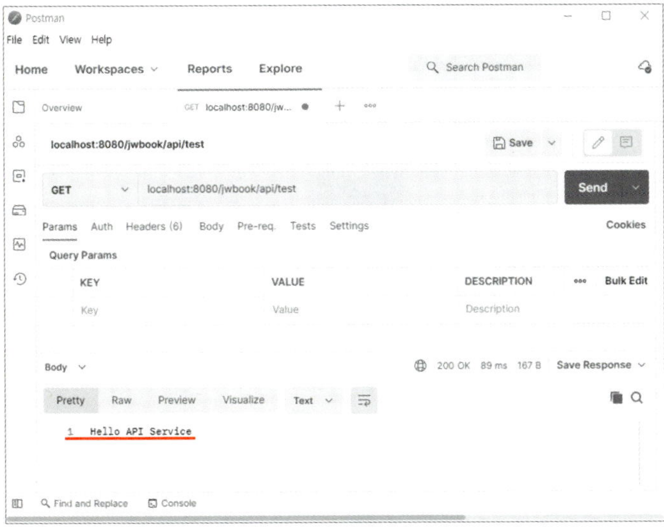

그림 12-5 GET 테스트

▶ POST 방식 테스트

4 다음은 POST 방식을 테스트해본다. GET을 POST로 변경하고, API 설계에 따라 msg라는 파라미터 값을 전달하기 위해 Query Params 항목을 다음과 같이 설정한다. 설정을 완료하면 〈Send〉 버튼을 클릭한다. 파라미터 값을 입력하면 자동으로 URL 부분에 포함되어 나타난다.

- **Key**: msg
- **Value**: Java Web

Response Body 부분에 msg로 전달한 값이 포함된 결괏값이 출력되면 테스트가 정상적으로 완료된 것이다.

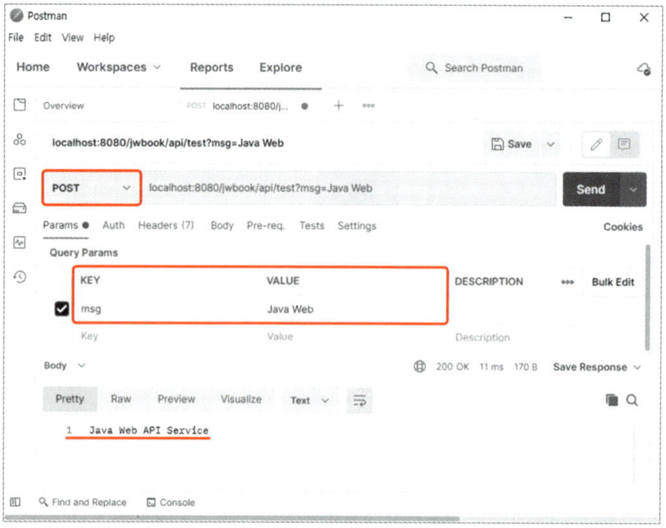

그림 12-6 POST 테스트

여기서 잠깐! Postman의 추가 기능

Postman 프로그램은 많은 기능을 가지고 있고 자동으로 여러 클라이언트 라이브러리(혹은 프로그램)를 사용한 코드를 만들어주기도 한다. 다음은 Postman에서 생성한 Unirest-Java 코드다.

```
Unirest.setTimeouts(0, 0);
HttpResponse<String> response =
   Unirest.post("localhost:8080/jwbook/api/test?msg=Java%20Web").asString();
```

06 실습 12-3 뉴스 REST API 서버 구현

10장에서 만들었던 뉴스 서비스에 REST API를 추가하여 본격적으로 REST API 서버를 구현해보자. 예를 들어 웹 기반의 뉴스 서비스를 스마트폰 앱으로도 제공해야 하는 경우 기존 서비스에 REST API 부분만 추가하면 스마트폰과 웹 모두 지원되는 서비스 구현이 가능해진다.

1 API 설계

웹을 통해 제공되는 뉴스 등록, 삭제, 목록, 상세 보기 기능을 모두 API로도 구현하며 세부 API 사양은 다음과 같다. 기본 경로는 /jwbook/api가 된다.

표 12-1 세부 API 사양

기능	Method	URI	설명
뉴스 등록	POST	/news	뉴스 등록을 위한 데이터를 JSON 형태로 HTTP Body로 전달
뉴스 삭제	DELETE	/news/aid	뉴스 삭제를 위한 aid를 경로 파라미터로 전달
뉴스 목록	GET	/news	전체 뉴스 목록을 JSON 형태로 응답
뉴스 상세 보기	GET	/news/aid	특정 뉴스의 aid를 경로 파라미터로 전달

각각의 API는 REST API 설계 가이드에 따라 요청 파라미터가 아닌 경로 파라미터를 사용했고, 요청에 따라 메서드를 구분해 최대한 간결하게 구성했다. 등록, 삭제와 같이 서버에서 처리된 결과는 따로 HTTP 서버 오류나 JSON 규격의 메시지로 구성하지 않았고 결과에 대한 성공/실패 여부만 문자열로 리턴하도록 구성한다.

2 API 구현

기본 클래스 구조를 생성하고 먼저 뉴스 등록 부분부터 구현해보자.

▶ 클래스 생성 및 뉴스 등록

1 [src/main/java]의 패키지 [ch12]에 NewsApiService 클래스를 생성하여 구현한다. API 시작 경로는 "/news"이며 생성자에서 뉴스 데이터베이스 연동을 위한 NewsDAO 객체를 초

기화한다. 10장에서 만든 NewsDAO를 사용하는 것이기 때문에 패키지 [ch10]을 import해야 한다.

```
import ch10.News;
import ch10.NewsDAO;
...import 문 생략...

@Path("/news")
public class NewsApiService {
  NewsDAO dao;

  public NewsApiService() {
    dao = new NewsDAO();
  }

  // 뉴스 등록
  @POST
  @Consumes(MediaType.APPLICATION_JSON)
  public String addNews(News news) {
    try {
      dao.addNews(news);
    } catch (Exception e) {
        e.printStackTrace();
        return "News API: 뉴스 등록 실패!!";
    }
      return "News API: 뉴스 등록됨!!";
    }

}
```

- **@POST**: POST 방식 요청 처리
- **@Consumes(MediaType.APPLICATION_JSON)**: 클라이언트 요청에 포함된 미디어 타입의 유형을 지정한다. 여기서는 JSON 규격을 사용하겠다는 의미다.
- addNews() 메서드의 인자로는 News 타입이 요구되는데 @Consumes 설정에 따라 HTTP Body에 포함된 JSON 문자열이 자동으로 News로 변환된다. 이를 위해 JSON 문자열의 키와 News 객체의 멤버 변수명이 동일해야 한다.

결국 api 요청을 받아들이는 부분만 제외하면 대부분은 dao의 해당 메서드를 호출해주는 것으로 구현이 끝나게 된다. 여기서도 실제 코드는 dao.addNews() 하나이며 나머지 부분은 예외처리와 관련된 부분이다. 다른 메서드도 거의 비슷한 코드 구조를 가진다.

▶ **뉴스 삭제**

뉴스 삭제를 위해서는 삭제할 뉴스의 aid가 전달되어야 하는데 여기서는 경로 파라미터를 이용해 삭제할 아이디 값을 전달한다. 예를 들어 21번 기사를 삭제할 경우 요청 URL은 다음과 같다.

```
DELETE /jwbook/api/news/21
```

❷ 요청 메서드는 DELETE로, 만일 GET으로 삭제를 요청한다면 동작하지 않으므로 주의한다. 경로 파라미터는 @Path로 지정하고, 인자에 @PathParam 애너테이션을 사용해 데이터가 전달되도록 한다. 뉴스 등록 코드 부분 다음에 아래 코드를 입력한다.

```
// 뉴스 삭제
@DELETE
@Path("{aid}")
public String delNews(@PathParam("aid") int aid) {
  try {
    dao.delNews(aid);
  } catch (SQLException e) {
      e.printStackTrace();
      return "News API: 뉴스 삭제 실패!! - "+ aid;
  }
    return "News API: 뉴스 삭제됨!! - "+ aid;
  }
```

- 삭제의 경우 dao 처리 과정에 문제가 발생할 수도 있기 때문에 문제 발생 시 에러 메시지를 리턴하도록 처리한다.

▶ **뉴스 목록 조회**

❸ 전체 뉴스 목록 조회는 JSON 배열 형태로 전달되어야 하는데 List 타입을 리턴하면 자동으로 변환되기 때문에 별도의 작업이 필요 없다. 뉴스 삭제 부분 다음에 이어서 작성한다.

```java
// 뉴스 목록
@GET
@Produces(MediaType.APPLICATION_JSON)
public List<News> getNewsList() {
  List<News> newsList = null;

  try {
    newsList = dao.getAll();
  } catch (Exception e) {
      e.printStackTrace();
  }

    return newsList;
  }
```

- **@Produces**: 응답 콘텐츠의 타입으로 앞에서 요청 처리에 사용된 @Consumes와 같은 개념으로 볼 수 있다. @Produces에서 지정한 타입에 따라 리턴 객체를 처리하는 방법이 달라진다.

▶ **뉴스 상세 정보 조회**

4 목록에서 특정 뉴스를 선택했을 때 상세 정보를 제공하기 위한 요청은 GET 방식을 사용하고 삭제와 동일하게 경로 파라미터를 사용해 aid를 전달한다.

```java
// 뉴스 상세 정보
@GET
@Path("{aid}")
@Produces(MediaType.APPLICATION_JSON)
public News getNews(@PathParam("aid") int aid) {
  News news = null;

  try {
    news = dao.getNews(aid);
  } catch (SQLException e) {
      e.printStackTrace();
  }
    return news;
  }
```

- 리턴 타입은 News이며 @Produces를 통해 JSON으로 전달하게 된다.

3 실행 및 결과 확인

5 뉴스 서비스와 연동하기 때문에 먼저 H2 데이터베이스가 실행되어 있어야 한다. 그리고 톰캣을 실행하고 Postman에서 API를 호출해 결과를 확인하면 된다. GET 방식의 경우 브라우저만으로도 간단하게 테스트할 수 있다.

TIP Postman에서 Collection을 먼저 만들고 요청을 생성한 다음 메서드와 URL, 파라미터 등을 입력하고 테스트하고 저장해두면 이후 반복적인 테스트를 쉽게 할 수 있다.

▶ 뉴스 목록 조회

6 먼저 기존에 등록된 뉴스 정보를 조회해본다. 다음과 같이 뉴스 목록을 만들어 테스트한다. 실행하면 응답 Body 부분에 JSON 배열로 된 뉴스 데이터를 확인할 수 있다. url 부분에 localhost:8080/jwbook/api/news를 입력하여 결과를 확인해보자.

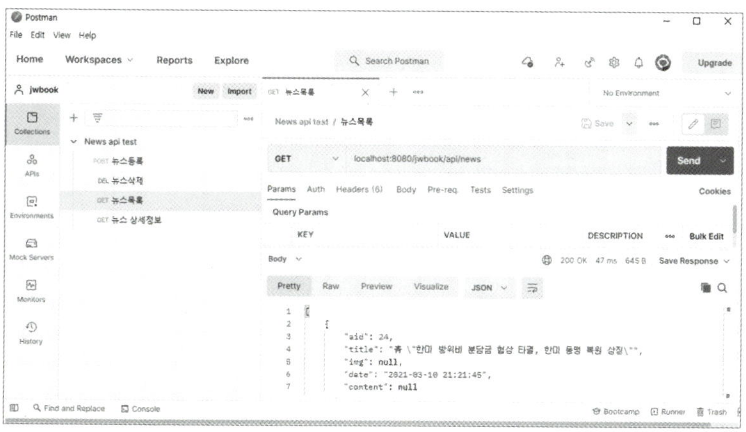

그림 12-7 뉴스 목록 테스트

▶ 뉴스 등록과 상세 정보 조회

7 다음으로 뉴스를 등록해본다. API 규격에 따라 POST 방식으로 설정한다. 그리고 [Body] 메뉴에서 'raw'와 'JSON'을 선택한다. 아래 내용에는 다음과 같이 추가할 뉴스 기사 내용이 들어가야 한다. 이때 aid 값은 DB에서 자동으로 처리되므로 aid 필드가 포함되지 않도록 한다.

JSON 규격에 따라 키와 값 모두 " "로 감싸야 하고 각 필드 끝에는 ','가 들어가야 한다. 이때 마지막 데이터에는 ','가 들어가면 안 된다.

또한 이미지의 경우 앞에서 웹으로 실습할 때와 달리 직접 업로드를 하는 방식이 아니라 이미지의 URL을 사용한다. 등록할 기사와 관련된 사진의 URL을 복사하여 붙여넣는다.

```
{
  "title": "5인 이상 금지 등 2주간 연장…신규 확진자 494명",
  "img": "https://imgnews.pstatic.net/image/056/2021/03/27/0011014592_004_2021032
7061918078.png?type=w647",
  "date": "2021-03-27 12:44:34",
  "content": "어제 0시 기준으로 코로나19 신규 확진자는 494명으로 집계됐습니다. 국내 발
생 471명, 해외 유입 23명입니다. 지역별로는 서울 121명, 경기 187명, 경남 37명, 인천 28명
입니다."
}
```

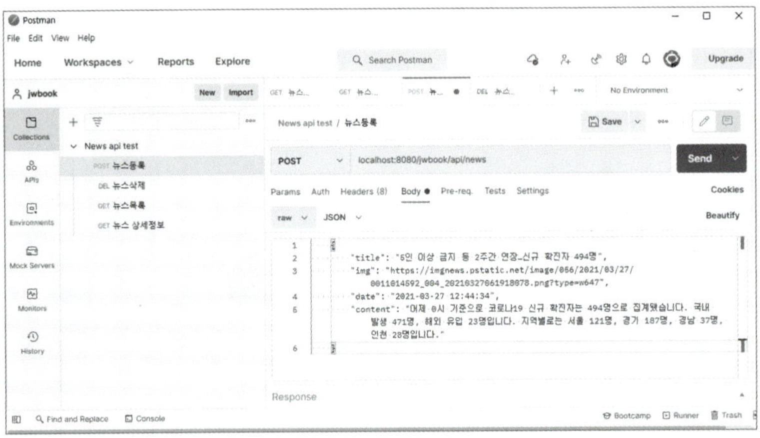

그림 12-8 뉴스 등록 테스트

등록이 성공하면 뉴스가 등록되었다는 메시지를 확인할 수 있다. 등록된 뉴스는 전체 목록 보기를 통해 확인이 가능하다.

뉴스 등록까지 테스트되었으면 이제 뉴스 상세 정보를 요청해본다. GET 방식으로 경로 파라미터로 aid 값을 넣어준다. 즉 url 부분에 localhost:8080/jwbook/api/news/aid 값을 입력하여 결과를 확인해보자.

TIP 개별 뉴스가 조회되지 않는다면 NewsApiService에 javax.websocket.sesrver.PathParam이 import되지 않았는지 확인한다.

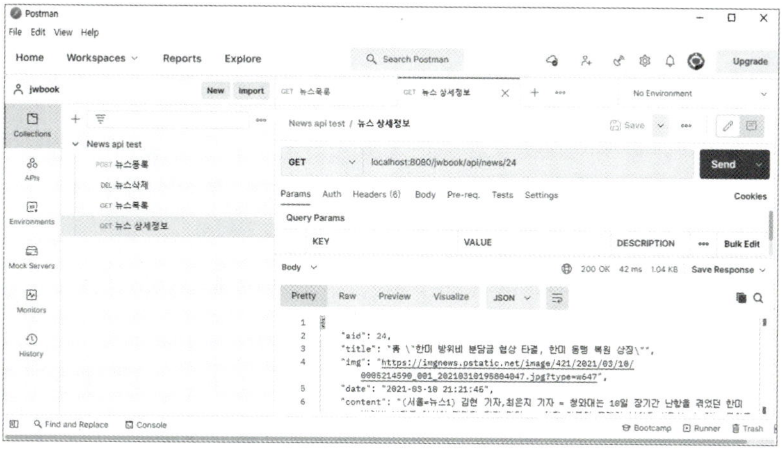

그림 12-9 뉴스 상세 정보 테스트

▶ 뉴스 삭제

마지막으로 뉴스를 삭제해본다. 메서드를 DELETE로 하고 상세 정보 요청과 마찬가지로 경로 파라미터로 aid 값을 지정하면 된다.

TIP 뉴스가 삭제되지 않는다면 NewsApiService에 javax.websocket.sesrver.PathParam이 import되지 않았는지 확인한다.

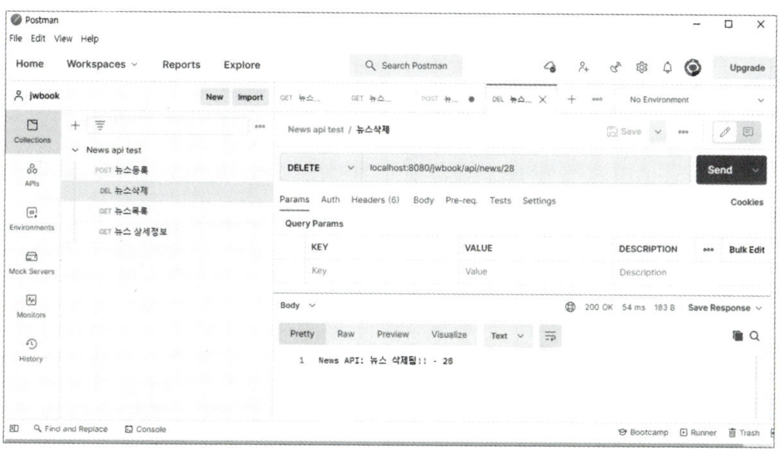

그림 12-10 뉴스 삭제 테스트

요약

01 REST 또는 RESTful이라는 용어는 2000년 로이 필딩의 박사 학위 논문에서 처음 제안된 방법으로, 네트워크상에서 클라이언트와 서버 사이의 통신을 구현하는 방법에 대한 아이디어다.

02 REST는 현재 HTTP와 JSON을 함께 사용하여 OPEN API를 구현하는 형태로 많이 사용되고 있다.

03 REST 서비스를 제공하기 위해서는 여러 HTTP Method(GET, POST, PUT 등)를 지원하면서 다양한 URI 요청을 처리할 수 있는 서버 프로그램 구조가 필요하다. 이에 따라 자바에서는 JAX-RS라고 하는 표준 규격을 만들었다.

04 REST API의 설계 원칙은 다음과 같다.

- 동사 대신 명사 사용
- 상태 변경 시 GET 메서드와 쿼리 파라미터 사용 금지
- 복수 명사 사용
- 관계 형태 표현에 하위 리소스 사용
- 에러 정보 제공

05 REST 클라이언트는 REST API를 사용하는 프로그램을 의미한다. REST API 자체가 HTTP를 사용하기 때문에 HTTP를 지원하는 모든 프로그램은 REST API 클라이언트가 될 수 있다.

연습문제

01 **다음 지문이 설명하는 것은 무엇인가?**

> 네트워크상에서 클라이언트와 서버 사이의 통신을 구현하는 방법에 대한 아이디어다. 클라이언트가 서버로 요청을 보냈을 때 서버가 이에 대한 응답으로 보내주는 Resource의 상태를 Representation이라 정의하고, 하나의 Resource는 여러 형태의 Representation으로 전달할 수 있다는 개념을 의미한다.

① REST API　　② Open Resource

③ JAX-RS　　④ GET Method

02 **서버(백엔드) 관점에서 보았을 때 REST API의 장점이 아닌 것을 고르시오.**

① 전통적인 클라이언트-서버 방식의 문제는 사실 웹을 사용하는 것으로 상당 부분 해결이 가능하다.

② 웹은 오랜 기간 검증된 서버 소프트웨어를 통해 안정성, 보안, 백업 등의 모든 솔루션을 갖추고 있다.

③ HTTP 프로토콜 사용으로 호환성 제공이 가능하다.

④ 자바, 서블릿 등 다양한 서버 측 프로그래밍 기술을 그대로 사용할 수 없기 때문에 보안에 좋다.

03 **REST API 설계 원칙 다섯 가지에 대한 설명으로 틀린 것을 고르시오.**

① 명사형 대신 동사형이 적합하다.

② 상태 변경 시 GET 메서드와 쿼리 파라미터 사용을 금지한다.

③ 복수 명사를 사용한다.

④ 관계 형태 표현에 하위 리소스를 사용한다.

04 **REST API 클라이언트 구현 시 OKHttp, Unirest-Java, Retrofit, Spring RestTemplate 등의 라이브러리를 사용하면 좋은 이유를 간략히 서술하시오.**

CHAPTER 13

스프링 프레임워크 개요

학습목표

- 스프링 프레임워크와 스프링 부트의 개념을 이해한다.
- 스프링 프레임워크의 주요 특징인 IoC, DI, AOP를 이해한다.
- WebMVC, RestController 모듈을 실습하며 개념을 익힌다.
- 스프링 빈과 오토와이어링의 개념을 익히고 실습한다.

01 스프링 프레임워크와 스프링 부트

1 스프링 프레임워크란?

스프링 프레임워크Spring Framework는 자바 기반의 오픈소스 프레임워크로 Java EE에서 요구하는 수준의 복잡한 기능을 Java EE를 사용하지 않고 구현하기 위해 시작되었다.

2002년 로드 존슨Rod Johnson의 저서 《Expert One–on–One J2EE Design and Development》에서 제시한 코드와 아이디어를 발전시켜 2004년 처음 발표된 이후 현재 가장 대표적인 자바 오픈소스 프레임워크가 되었다.

스프링 프레임워크는 높은 수준의 스프링 기반 애플리케이션을 손쉽게 만들어주는 스프링(spring.io) 프로젝트 중 하나로, 20개 이상의 서로 다른 모듈로 구성된다. 프로젝트 규모와 필요 기능에 따라 스프링 프레임워크를 기본으로 여러 모듈을 조합한 형태로 사용하게 된다.

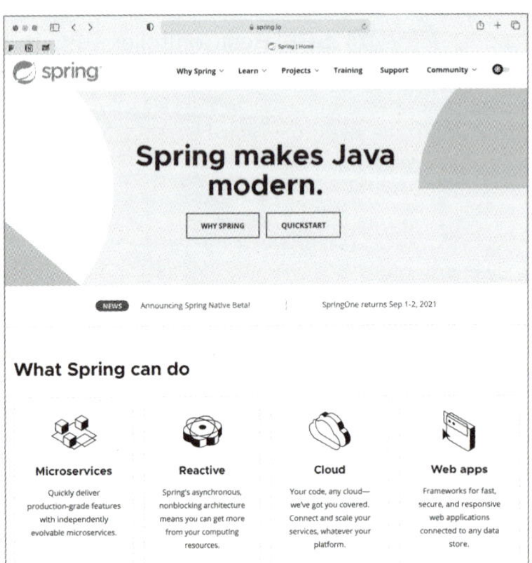

그림 13-1 스프링 홈페이지

스프링 프레임워크의 주요 특징

스프링 프레임워크가 갖는 주요 특징은 다음과 같다.

- **경량 컨테이너**: 객체 생성, 소멸과 같은 생명 주기를 관리하며 스프링 컨테이너로부터 필요한 객체를 얻어올 수 있다.
- **제어의 역행 지원**: 메서드나 객체의 호출 제어권이 사용자가 아니라 프레임워크에 있어서 필요에 따라 스프링에서 사용자의 코드를 호출한다.
- **의존성 주입 지원**: 각각의 계층이나 서비스 간에 의존성이 존재할 경우 프레임워크가 서로 연결해준다.
- **관점 지향 프로그래밍 지원**: 트랜잭션이나 로깅, 보안과 같이 여러 모듈에서 공통적으로 사용하는 기능의 경우 해당 기능을 분리하여 관리할 수 있다.

이러한 주요 개념에 대해서는 다음 절에서 좀 더 자세히 살펴본다.

스프링의 주요 프로젝트

스프링은 여러 서브 프로젝트로 구성되어 있으며, 각각의 프로젝트는 또 여러 모듈로 구성되어 있다. 따라서 실제 개발에서는 세부 프로젝트의 모듈을 조합해 개발하게 된다. 대표적인 스프링 프로젝트는 다음과 같다.

- **스프링 부트**: 보다 간편하게 스프링 프로젝트를 시작할 수 있도록 해준다. 특히 마이크로서비스 개발 및 웹 애플리케이션 개발에 적합하다.
- **스프링 데이터**: 데이터베이스 연동을 위한 보다 편리한 개발을 지원한다. 전통적인 JDBC에서부터 JPA Java Persistence API까지 모두 지원하며, Redis, MongoDB와 같은 NoSQL을 위한 전용 모듈도 제공한다. 또한 Spring Data Rest는 데이터베이스와 연동되는 REST API 개발의 대부분을 자동화해준다.
- **스프링 배치**: 대량의 데이터를 일괄 처리하기 위한 솔루션으로 대형 시스템에서 주로 사용한다. 편리한 설정과 데이터 작업 시 발생하는 문제에 대한 대응 및 관리 기능이 뛰어나다.
- **스프링 시큐리티**: 보안과 관련된 여러 기능을 통합 제공한다. 모든 웹 애플리케이션이나 서비스 개발에 필요한 사용자 인증과 권한 부여를 위한 기본 인프라를 제공하며 OAuth2를 통한 인증도 지원한다.

- **스프링 HATEOAS**: REST API에 대해 하이퍼 미디어 기반으로 서비스 정보를 제공하는 기능이다. API 구조 파악이나 테스트에 유용하다.

스프링 5.x 개선 사항 및 주요 버전

최신 버전의 스프링 5.x는 4.x에서 다음과 같은 주요 변화를 이루었다.

- 자바 11, 12 지원
- 리액티브 프로그래밍 지원
- 함수형 웹 프레임워크
- 코틀린 언어 지원
- 서블릿 3.1, JMS 2.0, JPA2.1, JAX-RS 2.0 등 API 버전 지원 개선
- 하이버네이트5, Jackson 2.6, Junit5 등 지원
- 아파치 톰캣, 제티, 네티, 언더토우 등 서버 지원

여기서 잠깐! 스프링 프레임워크의 버전

현재 스프링 프레임워크는 5.x 버전이다. 일반적으로 대규모 시스템은 한번 개발하면 오랫동안 유지되며, 급격한 변경보다는 점진적으로 보완하는 형태로 시스템을 유지보수한다. 따라서 현재 구현된 많은 스프링 프레임워크 기반 시스템은 아직까지도 4.x 기반을 유지하는 경우가 많다.

2 스프링 부트란?

스프링 부트는 스프링 프레임워크 기반의 프로젝트를 빠르고 간편하게 시작할 수 있게 해준다. 스프링 프레임워크는 방대한 구성요소를 가지고 있으며 프로젝트를 시작하기 위해 여러 설정과 필요한 구성요소를 개발자가 직접 정의해주어야 하기 때문에 시작 단계에서부터 많은 어려움을 겪을 수 있다.

스프링 부트는 스프링에 대한 전문적인 지식이 없어도 특정 목적의 개발환경과 프로젝트 구조를 자동으로 생성하고 바로 사용할 수 있도록 도와준다. 또한 톰캣, 제티와 같은 WAS도 내장하고 있으며, 별도의 웹 서버 설치나 실행 없이 스프링 부트 애플리케이션을 실행하는 것으로 웹 애플리케이션의 구동이 가능하다.

특히 최근 유행하고 있는 MSA 기반의 서비스 개발에 유용하며 스프링 프레임워크를 처음 접하는 개발자에게도 권장된다.

스프링 부트 2.0에서부터 기존 구조에서 많은 개선이 있었는데, 가장 큰 차이점으로 리액티브 스택Reactive Stack과 서블릿 스택Servlet Stack을 구분하고 있다는 점을 꼽을 수 있다.

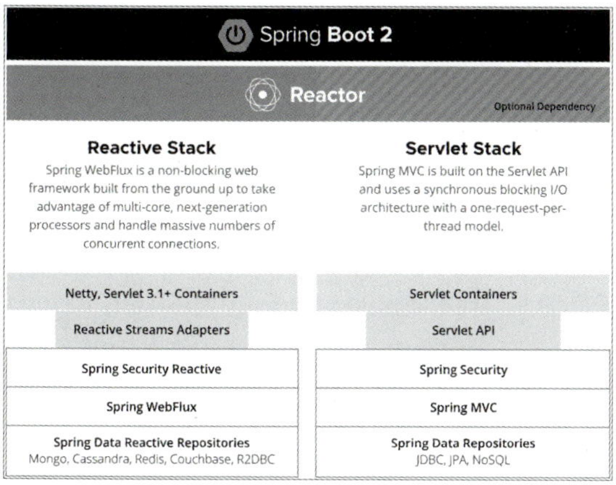

그림 13-2 스프링 부트 구조(출처: spring.io)

리액티브 스택

새로운 비동기 논블로킹 I/O 구조를 사용하며 멀티코어 시스템의 장점을 살리고 대규모 사용자 접속을 처리하는 데 유용한 구조로 설계되어 있다. 또한 네티, 언더토우 및 서블릿 3.1 이상의 컨테이너를 사용하며 Spring WebFlux라고 하는 새로운 프레임워크를 사용해 개발된다. 물론 아파치 톰캣 8.5 이상도 사용할 수 있다. 기본적으로 NoSQL 데이터베이스와의 연동을 지원한다.

서블릿 스택

기존과 같이 서블릿 API에 기반한 동기 방식의 블로킹 I/O 구조를 사용하며 하나의 요청은 하나의 스레드로 처리된다. 아파치 톰캣과 같은 서블릿 컨테이너를 사용하며, 전통적인 Spring MVC 기반의 서버 프로그램 개발과 JPA, JDBC, NoSQL 데이터베이스 지원을 포함한다.

기존 스프링 부트와 동일한 방식의 개발 모델과 API 구조로 이해하면 된다.

여기서 잠깐! 언제 리액티브 스택을 사용할까?

최신의 스프링 프레임워크 사양이라고 해서 무조건 사용해야 하는 것은 아니다. 프로젝트 성격에 따라 모델을 선택해 사용하는데, 일반적으로 리액티브 스택은 다음과 같은 구현에 적합하다.

- 비동기-논블로킹 리액티브 개발
- 효율적으로 동작하는 고성능 웹 애플리케이션
- 서비스 간 호출이 많은 마이크로 서비스 아키텍처MSA 구현

리액티브 프로그래밍

리액티브 프로그래밍이란 변화에 반응하는 프로그램 모델을 말하며 기본적으로 비동기 I/O 기반으로 데이터 흐름과 변화 전파에 중점을 둔 프로그래밍 패러다임을 말한다. React, RxJava와 같이 최근 유행하고 있는 각종 프레임워크와 라이브러리의 기본 철학으로, 기존의 프로그램이 작성된 순서에 따라 진행되는 것에 비해 리액티브 프로그래밍은 데이터의 흐름을 먼저 정의하고 데이터가 변경되었을 때 연관된 함수나 수식이 업데이트되는 방식으로 이해할 수 있다.

그렇다면 왜 최근에 리액티브 프로그래밍이 주목을 받는 것일까? 그 이유는 바로 리액티브 프로그래밍 기법을 통해 개발의 효율을 높여주며, 적은 스레드 개수로 더 많은 부하를 처리할 수 있게 해주기 때문이다.

02 IoC, DI, AOP

IoC, DI, AOP는 스프링 프레임워크의 특징이며, 스프링 프레임워크의 구조를 이해하기 위해 반드시 알아야 하는 중요 개념이라고 할 수 있다. IoC부터 살펴보자.

1 IoC란?

IoCInversion of Control란 우리말로 '제어의 역행'이라고 한다. 기존의 프로그램은 main()처럼 프로그램이 시작되는 곳에서 필요한 객체를 생성하고, 생성된 객체의 메서드를 호출하는 흐름을 가진다. 이와 달리 IoC는 작업을 수행하는 쪽에서 객체를 생성하는 일반적인 개념을 뒤집은 것으로, 프로그램 제어를 자신이 아닌 다른 곳에 위임하는 것을 말한다. 즉 컨테이너에 객체 생성과 공급을 위임하는 형태다.

IoC는 다음과 같은 특징이 있다.

- IoC에서는 객체가 자신이 사용할 객체를 생성하거나 선택하지 않는다.
- 객체는 자신이 어떻게 생성되고 어떻게 사용되는지 알 수 없다.
- 모든 객체는 제어 권한을 위임받은 특별한 객체(컨테이너)에 의해 만들어지고 사용된다.

스프링의 경우 스프링 컨테이너에서 객체를 생성하고 공급하는 역할을 담당한다. 또한 스프링 빈Spring Bean은 스프링 컨테이너에 의해 관리되는 스프링 객체를 말하는 것으로, 기본적으로 XML 기반의 설정 파일을 통해 객체와 관계를 정의하지만 지금은 주로 애너테이션을 통해 관련 설정을 한다.

2 DI란?

IoC를 시스템적으로 구현하는 방법으로 DIDependency Injection와 DLDependency Lookup이 있다. DI는 우리말로 의존성 주입이라 불리며, 클래스 간의 의존관계를 Bean 설정에 기반해 컨테이너가 자동으로 연결해주는 방식이다. 반면 DL은 저장소에 저장되어 있는 Bean에 접근하기 위해 개발자가 컨테이너에서 제공하는 API를 이용해 Bean을 찾는 방식이다.

따라서 DL은 컨테이너에 대한 의존성이 커지고 불필요한 코드 사용이 증가하므로 DI 방식이 좋다고 할 수 있다. 스프링 프레임워크에서는 기본적으로 DI 방식을 사용한다.

3 AOP란?

AOPAspect-Oriented Programming는 관점 지향 프로그래밍이라고도 하며 스프링 프레임워크의 핵심 요소 중 하나다. 제대로 내용을 이해하고 활용하려면 꽤나 많은 학습이 필요하며 생소한 용어도 다수 등장한다. 따라서 AOP 자체를 학습하는 데 많은 시간을 소요하기보다는 핵심 개념을 정리하고 스프링 프레임워크 등을 활용해 실제 구현에 하나씩 적용해가면서 이해도를 높이는 것이 좋다.

관점 지향 프로그래밍이란 횡단 관심사Cross-cutting concern의 분리를 허용함으로써 모듈성을 증가시키는 것이 목적이다. 따라서 코드 자체를 수정하지 않는 대신 기존 코드에 추가 동작인 어드바이스Advise를 정의하여 추가된 기능이 실행된다. 어느 코드가 포인트컷Pointcut(예를 들어 특정 이름으로 시작하는 메서드)을 통해 수정되는지를 별도로 지정하는 구조를 가지고 있다.

TIP 횡단 관심사란 여러 프로그램에 흩어져서 존재하는 공통 기능으로 이해할 수 있다. 꼭 필요한 기능인데 해당 기능을 사용하기 위해 동일하거나 비슷한 코드가 기계적으로 특정 위치에 들어가는 것이 해당한다. 대표적으로 인증과 로깅이 있다.

그렇다면 AOP는 실제 프로그램을 개발할 때 어떤 부분에 적용될까? 예를 들어 뉴스와 게시판 기능을 제공하는 서비스가 있다고 할 때 다음과 같이 적용할 수 있다.

1. 뉴스와 게시판은 독립된 기능(모듈)이다.
2. 두 모듈은 모두 사용자 인증을 통해 로그인 여부를 체크해야 한다.
3. 어떤 뉴스 기사가 클릭되었는지 어떤 게시글이 클릭되었는지 로그를 기록해야 한다.
4. 이때 모듈은 달라도 두 모듈은 사용자 인증과 로그를 처리하기 위한 코드가 구현되어야 한다.
5. 이러한 구현의 추가는 코드에서 핵심 기능과 뒤섞이고 단순한 중복 코드를 생산한다.
6. AOP는 핵심 기능과 횡단 관심사를 분리하고 코드를 일일이 구현하는 대신 어드바이스로 정의하고 코드의 특정 위치에 실행하기 위한 포인트컷을 정의한다.

AOP는 인증, 로깅, 트랜잭션 등 전체 시스템에 공통적으로 필요한 기능에 적용된다.

여기서 잠깐! 프로그램의 다양한 구현 방법

게임 프로그램에서 아이템 객체를 생성하고 사용하는 간단한 코드를 구현하는 다양한 방법을 살펴보자. DI 구현 외에 다양한 구현 방법을 살펴보며, 여기서는 대략적인 개념만 이해하면 된다.

■ Java로 하는 일반적인 구현

먼저 일반 자바 프로그램 개발 방식으로 구현하는 경우다. ShotGun 클래스가 있고 Game 클래스에서는 ShotGun 클래스의 인스턴스를 만들고 fire 메서드 호출로 총을 발사하는 매우 일반적인 구조다.

```
class ShotGun {
  void fire() { ... }
}

class Game {
  public gameRun() {
    ShotGun sg = new ShotGun();
    sg.fire();
  }
}
```

- 게임에 필요한 무기 중 샷건ShotGun 클래스를 생성한다.
- 게임 프로그램에서 필요할 때 샷건 인스턴스를 생성해 총을 발사한다.

프로그램 코드는 별다른 설명이 필요 없을 정도로 간단하고 아무런 문제가 없어 보이는데, 여기서 주의해야 할 부분은 바로 ShotGun sg = new ShotGun(); 행이다. 프로그램에서 직접 객체를 생성하기 때문에 클래스 간 종속성이 발생하는 문제가 있기 때문이다.

■ 팩토리 패턴 구현

디자인 패턴 중 팩토리 패턴을 사용하는 방법이다. 좀 더 정밀하게 한다면 추상 클래스 형태로 정의해야 하지만 여기서는 간단한 구조를 위해 그냥 객체 생성을 위임하는 정도로 간단하게 패턴을 적용했다. ShotGun에도 속성이 다른 여러 객체가 존재할 수 있는데 객체 생성을 프로그램에서 하지 않고 팩토리 클래스를 통해 필요한 인스턴스를 얻어오는 구조다. 프로그램에서는 어떤 ShotGun의 인스턴스가 전달될지 알 필요가 없다. 즉 변화가 필요한 경우 게임 프로그램 자체는 수정하지 않고 Factory 객체의 변화를 관리하는 방식이다.

```
class Game {
  public gameRun() {
    ShotGun sg = Factory.getInstance();
    sg.fire();
  }
}
```

- Factory 클래스는 ShotGun 클래스의 인스턴스를 제공한다.
- 인스턴스는 싱글턴Singleton일 수도 있고 객체 풀 혹은 여러 방법으로 생성된 객체 중 하나일 수 있다.
- 객체 생성에 대한 부분이 캡슐화되지만 팩토리에 의존성이 생기고 필요에 따라 특정 객체를 요구하는 등에 대해서는 별도 구현이 필요하다.

■ **DI 구현**

순수 자바 코드로 DI 형태를 구현하는 방법이다. 게임 프로그램에 필요한 ShotGun 객체가 외부에서 공급되는 형태로 setter 메서드를 통해 필요한 객체가 외부에서 초기화되는 방식이다. setter 의존성 주입이라고도 하며 스프링에서도 사용하는 개념 중 하나다.

```
class Game {
  private ShotGun sg;
  public void setShotGun(ShotGun sg) {
    this.sg = sg;
  }

  public gameRun() {
    sg.fire();
  }
}
```

- Game 클래스 외부에서 setGhotGun() 메서드를 호출하고, 필요한 ShotGun 인스턴스를 공급한다.
- Game 클래스에서는 필요시 제공된 인스턴스를 사용하기만 하면 된다.
- 외부에서 ShotGun 객체를 제공하는 메커니즘은 별도로 구현되어야 한다.

■ **스프링 프레임워크 구현**

스프링 프레임워크를 사용하는 코드다. 앞의 DI 적용과 유사한 구조이지만 Annotation을 사용해 객체 생성과 주입을 처리한다. ShotGun 객체를 제공하는 메커니즘은 스프링 컨테이너가 제공한다. 여기서는 필드 의존성 주입을 사용하였지만 setter 혹은 생성자 주입 방식도 사용할 수 있다.

```
@Component
class ShotGun{
  void fire() { ... }
}

class Game {
  @Autowired
```

```
  private ShotGun sg;

  public gameRun() {
    sg.fire();
  }
}
```

- ShotGun 클래스에 @Component 애너테이션을 붙여 스프링 컨테이너가 해당 클래스의 인스턴스를 생성할 수 있도록 한다.
- @Autowired는 생성된 해당 클래스 타입 객체의 인스턴스를 연결한다.

03 WebMVC와 RestController 모듈

스프링 프레임워크의 대표적인 적용 분야인 웹 개발에 사용할 수 있는 두 가지 모듈로는 WebMVC와 RestController가 있다. WebMVC는 서블릿과 같이 MVC 패턴 기반의 웹 애플리케이션을 구현할 때 사용하는 모듈이며, RestController는 REST API 구현에 사용된다.

스프링 프레임워크 기반 개발의 가장 기본이 되는 부분이며 스프링을 처음 배울 때에도 가장 쉽게 배울 수 있는 부분이다.

1 WebMVC란?

스프링 WebMVC는 8장에서 배웠던 MVC 기반 웹 애플리케이션 개발과 구조적으로 거의 동일하다. 특히 컨트롤러 부분을 제외하면 모델과 뷰는 기존의 코드를 그대로 사용할 수 있을 만큼 유연한 구조를 가지고 있다.

■ 컨트롤러

8장과 10장에서는 컨트롤러 구조를 직접 구현했으나 스프링을 사용하게 되면 직접 구현할 필요 없이 특정 요청에 대한 처리 메서드만 작성하면 된다. 따라서 불필요한 중복 구현을 하지 않아도 되고, 개발자가 보다 나은 컨트롤러 구조를 만들기 위해 고민할 필요가 없다.

■ 모델

모델 부분은 기존 코드를 그대로 사용할 수 있으며, 스프링의 JDBCTemplate을 사용해 코드를 간결하게 개선할 수도 있다. Spring Data JPA를 적용할 경우 데이터베이스와 관련된 코드의 많은 부분을 스프링에 넘길 수 있어 보다 간편하게 데이터베이스 관련 작업도 처리할 수 있다.

TIP 물론 JPA를 도입하는 것은 단순한 문제는 아니며 JPA 자체에 대한 충분한 이해를 전제로 한다.

■ 뷰

뷰의 경우 JSP를 그대로 사용할 수 있다. EL과 JSTL 기반이라면 구조적으로도 나쁘지 않기 때문에 많은 경우 JSP를 뷰로 사용하고 있다. 다만 JSP의 커스텀 태그나 이를 이용한 JSTL, JSP

액션 태그 사용으로 인해 웹 페이지 자체의 독립적 개발이나 테스트 등이 어려워지는 문제가 존재한다. 또한 최근에는 서버 사이드 렌더링이 아닌 클라이언트 렌더링 중심의 프런트엔드 기반 개발도 확대되고 있으며, REST 기반 개발이 보편화되면서 JSP의 사용이 예전만큼 필수적인 요소가 되지 못하고 있다.

스프링 프레임워크의 경우 자바 기반 프레임워크이지만 JSP에 대한 종속은 없으며 타임리프 Thymeleaf, JSP, 프리마커FreeMarker 등 다양한 템플릿 엔진과의 연동을 지원하고 있다. JSP 사용은 별도의 설정이 필요하지만 타임리프의 경우 'pom.xml'에 추가만 하면 바로 사용할 수 있다.

여기서 잠깐! JSP와 타임리프 선택

어떤 뷰 템플릿 엔진을 사용할지는 개발 정책에 따라 결정될 사항이다. 그럼에도 스프링 부트 기반의 프로젝트를 진행한다면 JSP 사용은 신중하게 고려해야 한다. 스프링 부트의 장점은 jar 패키지를 이용해 서버와 웹 애플리케이션을 한 번에 실행할 수 있다는 것인데, jar 패키지를 사용하면 스프링 부트에서 JSP를 사용할 수 없기 때문이다. 따라서 JSP를 사용하려면 war 패키지를 사용해야 한다. 스프링 부트의 장점을 최대한 살리기 위해서는 jar 패키지가 적합하며, 커스텀 태그 기반보다는 HTML 속성 기반으로 동작하는 타임리프가 스프링 개발에 더 효율적이므로 참고한다.

컨트롤러 구현하기

클래스 생성 후 선언부 위에 다음과 같이 애너테이션을 추가한다.

```
@Controller
@RequestMapping("/web")
public class DemoWebController {
}
```

- **@Controller**: MVC 컨트롤러로 동작할 클래스를 의미한다.
- **@RequestMapping()**: 서블릿의 @WebServlet의 request mapping 속성과 같다.

이후 요청 메서드와 URL에 따라 동작할 메서드를 구현하면 된다. 예를 들어 GET/web/hello 요청에 동작하는 메서드는 다음과 같다.

```
@GetMapping("/hello")
public String hello(Model model) {
  model.addAttribute("msg", "Hello World");
  return "hello";
}
```

- hello() 메서드의 인자인 Model 객체는 뷰에 전달되는 객체로 컨트롤러에서 뷰로 전달할 값이 있다면 model.addAttribute()로 전달한다. JSP에서 request.setAttribute()와 같은 개념이다.
- return 타입은 String이고, 값은 단순한 문자열이 아니라 뷰의 이름이 들어간다. 즉 JSP, 타임리프 파일의 이름을 확장자 없이 이름만 사용한다.
- 여기서는 hello.jsp(혹은 html)를 호출하게 되고 실제 파일의 위치는 스프링 설정에 따른다([실습 13-1]에서 다룸).

기본적으로 JAX-RS와 유사한 구조로 볼 수 있으며, 서블릿과 달리 하나의 컨트롤러 클래스에서 여러 메서드와 요청을 다양하게 처리할 수 있다는 차이가 있다.

모델 구현하기

모델 영역은 기존 코드를 완전히 재사용할 수 있다. 컨트롤러의 요청 처리 메서드에서 DAO 객체를 불러와 필요한 메서드를 호출한다. DAO 자체도 기존의 JDBC 코드 구조를 사용할 수 있으며, 스프링의 JDBCTemplate 또는 JPA를 사용하여 개선할 수도 있다. DO(Entity) 클래스의 경우 거의 재사용이 가능하며, JPA를 도입할 경우 몇몇 애너테이션을 추가로 사용해야 한다.

다음은 컨트롤러에서 dao를 사용하는 예다.

```
@Autowired
ProductDAO dao;

@GetMapping("/productlist")
public String getProducts(Model model) {
        model.addAttribute("products", dao.getDatas());
        return "product_list";
}

@PostMapping("/productadd")
public String addProduct(Product p) {
```

```
        dao.addProduct(p);
        return "redirect:/web/productlist";
}
```

- @Autowired로 스프링 컨테이너로부터 ProductDAO 객체를 전달받아 요청 메서드에서 사용하게 된다. getProducts()에서는 dao.getDatas() 메서드로 데이터를 받아 model 객체에 넣은 후 뷰 페이지를 리턴한다.
- addProduct()에서는 인자로 받은 Product 객체를 dao.addProduct()로 저장한 뒤 목록 페이지로 이동하고 있다.

DAO 자체는 기존 코드를 그대로 사용해도 되지만 스프링 JDBCTemplate을 사용하는 경우 다음과 같이 코드가 간략화될 수 있다.

```
public void addProduct(Product p) {
  String SQL = "insert into product(name, price) values(?,?)";
  jdbcTemplateObject.update(SQL, p.name, p.price);
}
```

뷰 구현하기

뷰의 경우 JSP를 사용한다면 기존과 동일하게 EL, JSTL로 구성된 페이지를 만들면 된다. 만일 타임리프를 사용한다면 다음과 같이 작성할 수 있다.

```
<!DOCTYPE html>
<html>
<head>
  <meta charset="UTF-8">
  <title>Insert title here</title>
</head>
<body>
  <h2>Hello Spring Boot Project</h2>
  <hr>
  MSG : <span data-th-text="${msg}">hello</span>
</body>
</html>
```

JSP와 달리 page 지시어와 JSTL과 같은 태그 라이브러리 요소가 없는 것을 볼 수 있다. EL은 동일하게 사용할 수 있으며 태그 사이에 JSTL 대신 data-th-xxx 형식으로 로직이나 반복 처리 등을 구현할 수 있다.

서버를 거쳐야만 완전하게 화면이 보이는 부분은 JSP와 다르지 않지만 기본 구조 자체가 표준 HTML 형식이므로 화면 디자인 과정에서 별도의 서버 실행 없이 페이지를 디자인할 수 있다는 장점이 있다.

2 RestController란?

스프링에서 REST API 구현을 위해 사용하는 모듈이다. 스프링에서는 JAX-RS를 사용할 수도 있고, 스프링의 RestController를 사용할 수도 있는데 RestController가 좀 더 편하고 간결하다. 기본적인 REST API 개발 구조나 원리는 동일하며 사용하는 애너테이션 등에서만 차이가 있다.

RestController는 메서드에 따른 요청을 구분하고, 요청 또는 경로 파라미터에 따라 파라미터를 제공받을 수 있다. 또한 JSON 규격으로 전달되는 데이터를 자바 객체로 매핑할 수도 있으며 리턴 타입으로 사용하면 자동으로 JSON으로 변환되는 점도 JAX-RS와 동일하다.

```
@RestController
@RequestMapping("/api")
public class DemoRestController {

  @GetMapping("/hello")
  public String hello(@RequestParam(value="msg", required=false) String msg) {
    return msg;
  }

  @GetMapping("/hello/{msg}")
  public String hello2(@PathVariable String msg) {
    return msg;
  }
}
```

- @RestController로 REST API를 위한 컨트롤러 클래스라는 것을 스프링 컨테이너에 전달한다.
- @RequestMapping은 API 호출의 시작점이다.
- hello() 메서드는 /api/hello?msg=Welcome 형식으로 요청이 이루어지고, hello2() 메서드는 /api/hello/Welcome 형식의 요청에 동작한다.

04 스프링 빈 선언과 오토와이어링

스프링 빈Spring Bean은 스프링 컨테이너에 의해 관리되는 자바 객체로 빈 등록은 설정 xml, 애너테이션, 설정 클래스를 이용해 등록할 수 있다. 그리고 이렇게 등록한 스프링 빈은 오토와이어링을 통해 공급된다. 이 두 가지 개념은 스프링 프레임워크로 개발하기 위해서는 꼭 알아야 한다.

1 스프링 빈

스프링 부트의 경우 애너테이션을 통한 빈 등록을 기본으로 한다. @Component, @Service, @Controller, @Repository, @Bean 등으로 필요한 Bean을 등록하고, 필요한 위치에서 @Autowired를 통해 주입받아 사용하는 것이 일반적이다.

[그림 13-3]과 같이 @Service, @Controller, @Repository는 모두 @Component를 상속받으며 해당 애너테이션으로 등록된 클래스는 스프링 컨테이너에 의해 자동으로 생성되어 스프링 Bean으로 등록된다.

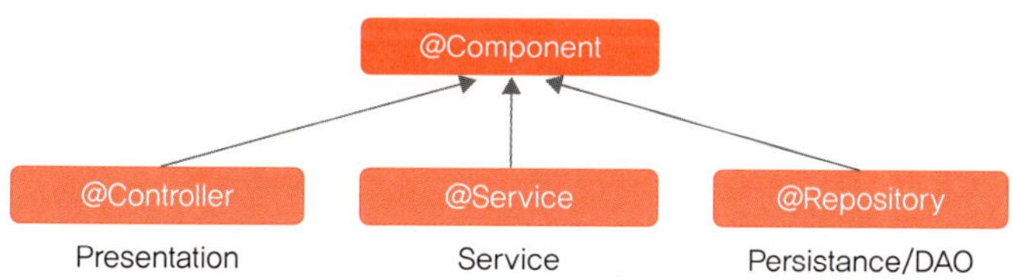

그림 13-3 @Component 관계

- **@Bean**: 개발자가 컨트롤할 수 없는 외부 라이브러리를 Bean으로 등록할 때 사용한다(설정 클래스에서 사용).
- **@Component**: 개발자가 직접 만든 클래스를 Bean으로 등록할 때 사용한다(선언된 Class를 Bean으로 등록).
- **@Controller, @Service, @Repository**: @Component와 기본적으로 동일하며 역할에 따라 다른 이름을 사용한 것이다.

빈 등록

가장 기본 애너테이션인 @Component를 사용하는 경우를 보자. 게임에서 사용될 무기 클래스를 대표할 수 있는 타입으로 Weapon 인터페이스를 정의한다.

```
package com.example.demo;

public interface Weapon {
  void fire();
}
```

그리고 Weapon 인터페이스를 구현하는 ShotGun 클래스를 스프링 빈으로 등록하기 위하여 @Component 애너테이션을 사용한다.

```
@Component
public class ShotGun implements Weapon {
  private String model = "Basic ShotGun";

  public String getModel() {
    return model;
  }

  public void setModel(String model) {
    this.model = model;
  }

  @Override
  public void fire() {
    System.out.println(model+" fire!!");
  }
}
```

설정 클래스를 사용하는 경우 다음과 같이 별도의 클래스를 만들고 @Configuration으로 설정 클래스임을 알리고 @Bean 애너테이션을 Weapon 객체를 등록하는 메서드에 붙여주면 된다. 이때 해당 메서드의 리턴이 빈으로 등록된다.

```
@Configuration
public class BasicConfiguration {
  @Bean
  public Weapon superShotGun() {
    ShotGun sg = new ShotGun();
    sg.setModel("Super ShotGun");
    return sg;
  }
}
```

2 오토와이어링

빈이 등록되었다면 컨트롤러, DAO 등의 구현 클래스에서 해당 객체가 필요할 때 @Autowired 애너테이션을 통해 객체를 참조할 수 있다. 이때 필요한 객체를 오토와이어링하는 방법은 필드, 생성자, setter 주입 세 가지 유형이 있다.

필드 주입

필드 주입Field Injection은 제일 간편하게 사용할 수 있는 형태다. 말 그대로 클래스의 필드에 @Autowired를 사용하는 방식이다.

```
class Game {
  @Autowired
  private Weapon w;

  public gameRun() {
    w.fire();
  }
}
```

간단하고 편리하기는 하지만 순환 의존성 문제가 발생할 수 있으며, final로 지정할 수 없어 불변 객체를 만들 수 없다는 문제점이 있다. 이 외에도 무분별한 사용으로 인해 의존관계가 잘 보이지 않고 복잡해질 수 있어 사용에 주의해야 한다.

생성자 주입

생성자 주입Constructor Injection은 객체가 생성될 때 호출되는 생성자에 참조할 클래스를 인자로 받아 필드에 매핑하는 방식이다. 생성자가 하나인 경우 @Autowired를 사용하지 않아도 된다. 다만 생성자에 참조할 객체가 늘어나게 되면 코드 개선(리팩토링)을 고려할 수 있다.

```
class Game {
    private final Weapon w;

    @Autowired
    public Game(Weapon w) {
        this.w = w;
    }

    public gameRun() {
        w.fire();
    }
}
```

필드 주입 방식보다 생성자 주입이 생성자로 집중되기 때문에 관리가 편하고 코드 분석과 테스트에도 유리하며 참조 객체를 final로 받아 사용할 수 있어 보다 안전하다. 일반적으로 권장되는 방식이다.

Setter 주입

Setter 주입Setter Injection은 setter 메서드를 통해 빈을 주입하는 방식이다. 가급적 메서드 이름은 set 타입 이름 규칙을 따르는 것이 좋다. 보통 생성자에 과도하게 의존성 주입이 되는 것을 보완하기 위해 사용하거나 의존성이 선택적인 경우에 권장된다. 필드 주입과 마찬가지로 final을 사용할 수 없다.

```
class Game {
  private Weapon w;

  @Autowired
  public setWeapon(Weapon w) {
    this.w = w;
  }
```

```
  public gameRun() {
    w.fire();
  }
}
```

이것으로 스프링 프레임워크의 핵심 개념과 웹 개발에 필요한 주요 모듈에 대해 알아보았다. 스프링 프레임워크는 그 자체로 어느 정도의 경험과 많은 학습이 요구되므로 꾸준히 학습해나가길 권장한다.

이어지는 실습을 통해 스프링 프레임워크 개발환경 설정과 MVC, RestController를 구현해보자.

05 실습 13-1 스프링 개발환경 설정

스프링 프레임워크를 개발에 적용하기 위해서는 단순히 라이브러리 참조 이외에 개발도구의 지원이 필요하다. 이제껏 사용해온 이클립스 역시 가능한데 Spring Tools를 플러그인 형태로 설치해도 되고, 스프링 홈페이지에서 제공되는 별도 패키지를 받아 사용해도 된다. 최근 많이 사용하고 있는 개발도구인 IntelliJ는 자체적으로 스프링 관련 기능을 플러그인 형태로 제공한다.

이번 실습에서는 기존에 사용하던 이클립스에 Spring Tools 플러그인을 설치해 사용하도록 한다. Spring Tools를 별도로 다운받는 경우 jsp 편집기 등의 몇몇 기능을 추가로 설치해야 하므로 가급적 이클립스에서 Spring Tools를 설치하도록 한다.

1 Spring Tools 설치

1 이클립스의 상단 메뉴에서 [Help]→ [Eclipse Marketplace]를 선택한다. 화면의 [Search] 탭에서 'spring'을 검색하고 맨 위에 있는 Spring Tools 4의 〈Install〉 버튼을 클릭하여 설치를 진행한다.

그림 13-4 Spring Tools 4 선택

❷ 설치를 위해 구성요소를 선택하는 화면에서는 'required'로 표시된 3개 항목과 맨 아래에 있는 'Spring IDE Boot Microservices Dash'를 추가로 선택한 다음 〈Confirm〉을 클릭한다.

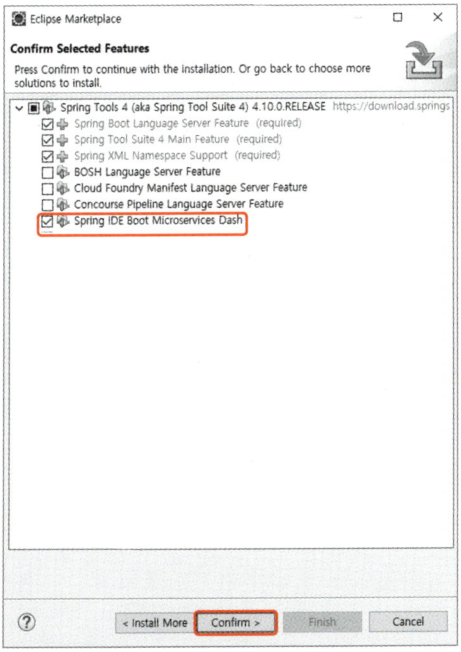

그림 13-5 Spring Tools 설치 옵션 선택

❸ 라이선스 동의 화면에서 〈동의〉를 클릭하고 〈Finish〉를 클릭하면, 창이 꺼지고 설치가 진행된다. 설치가 완료되고 '이클립스를 재시작한다'는 메시지가 나오면 〈Restart Now〉를 클릭하여 재시작한다.

기존 워크스페이스를 사용해도 되고 새로운 워크스페이스를 지정해도 상관없다. 그 외 기본 사용법이나 설정은 단순히 이클립스에 기능만 추가된 것이라 몇몇 뷰와 메뉴가 추가되는 것 이외에 다른 부분은 없다.

2 스프링 프로젝트 생성

스프링 프로젝트를 생성하기 위해서는 일반 자바 혹은 gradle을 통해 시작할 수 있는데, 스프링 부트를 기반으로 개발하는 경우 Spring Initializr(https://start.spring.io/)를 통해 생성하는 것이 가장 간편하다. Spring Tools를 이용하면 별도의 사이트 접속 없이 개발도구 내에서 Spring Initializr를 통한 프로젝트 생성이 가능하다.

4 스프링 프로젝트를 생성하기 위해 [File]→[New]→[Spring Starter Project] 메뉴를 선택한다.

TIP 만약 메뉴가 보이지 않는다면 [File]→[New]→[Other]를 선택하여 [Spring Boot]에서 [Spring Starter Project]를 찾는다.

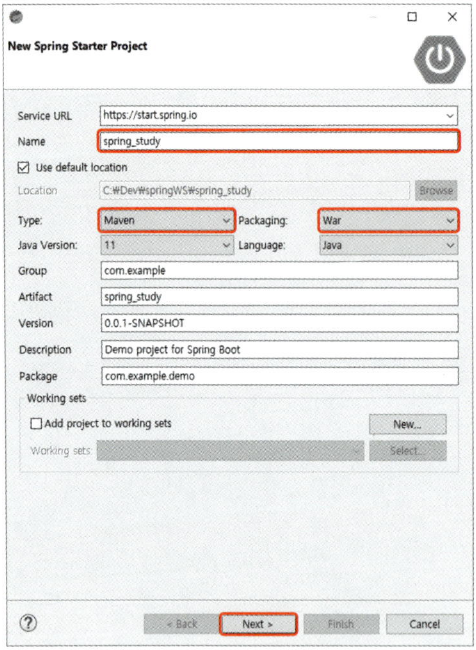

그림 13-6 Spring Starter Project

- **Name**: 프로젝트 이름으로 'spring_study'를 입력한다.
- **Type**: Maven, Gradle 중 선택할 수 있다. 여기서는 Maven을 선택한다.
- **Packaging**: Jar, War 중 선택할 수 있다. JSP를 사용하는 경우 War를 선택한다.

그 외 나머지 정보는 기본값을 사용하도록 한다. 설정을 완료했다면 〈Next〉를 클릭하여 다음 화면으로 넘어간다.

5 프로젝트에 사용할 스프링 모듈을 선택하는 화면이다. 여기서는 'Spring Boot DevTools'와 'Spring Web'을 선택한다. 그 외에도 필요한 모듈은 검색해서 추가할 수 있다. 'Spring Boot Version'은 SnapShot 또는 M이 붙어 있지 않은 안정 버전 중 최신을 선택하도록 한다. 모두 추가했다면 〈Finish〉 버튼을 클릭한다.

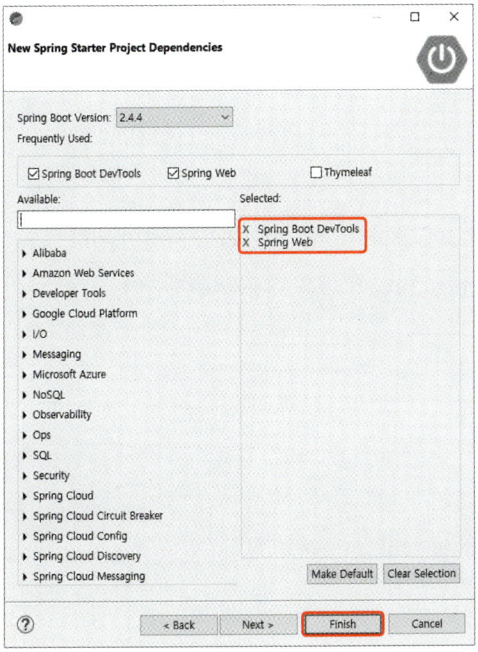

그림 13-7 Spring 모듈 선택

❻ 이제 maven 설정 파일이 생성되고 프로젝트 구조 및 필요한 구성요소가 자동으로 다운로드된다. 다소 시간이 소요될 수 있으니 모든 작업이 완료될 때까지 잠시 기다린다.

❸ JSP 사용 설정

스프링 부트는 기본적으로 타임리프를 뷰 템플릿 엔진으로 사용하기 때문에 JSP 사용을 위해서는 추가적인 작업이 필요하다.

❼ jsp 파일 처리와 jstl 사용을 위한 라이브러리를 pom.xml에 추가한다. <dependencies> ...</dependencies> 사이에 들어가야 한다. 기본적으로 등록되어 있는 마지막 <dependency> 다음에 넣어준다.

```
<dependency>
  <groupId>org.apache.tomcat.embed</groupId>
  <artifactId>tomcat-embed-jasper</artifactId>
  <scope>provided</scope>
</dependency>
```

```
<dependency>
  <groupId>javax.servlet</groupId>
  <artifactId>jstl</artifactId>
</dependency>
```

8 다음으로 JSP 파일의 위치를 스프링 프레임워크에 알려줄 설정 파일만 추가하면 된다. [src/main/resources] 폴더의 'application.properties' 파일에 다음 내용을 추가한다.

```
spring.mvc.view.prefix=/WEB-INF/views/
spring.mvc.view.suffix=.jsp
```

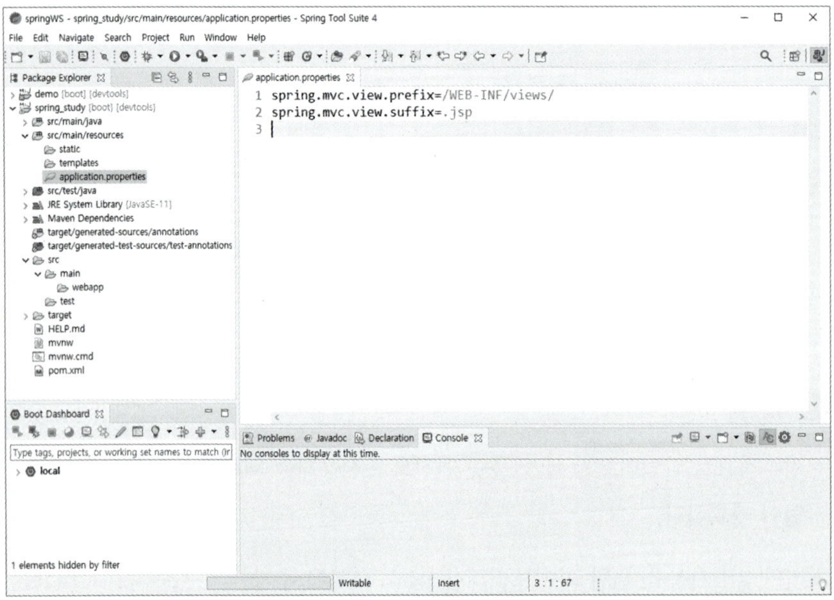

그림 13-8 application.properties 수정

9 이제 [그림 13-9]를 참고해 [src]→[main] 폴더 아래에 [webapp] 폴더를 만들고, 그 아래에 [WEB-INF] 폴더를 생성한 다음 [views] 폴더까지 추가로 생성한다.

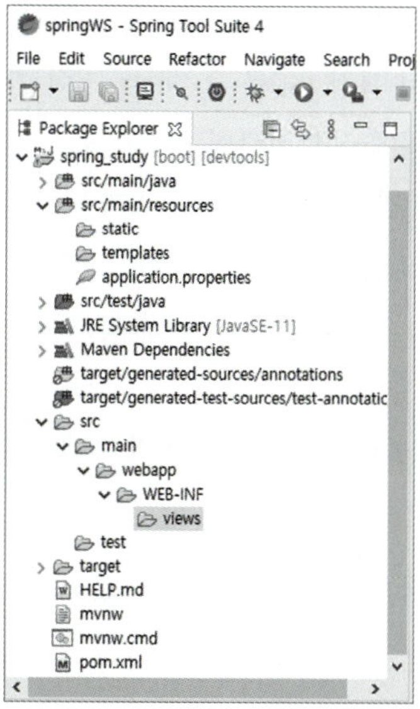

그림 13-9 jsp 저장을 위한 폴더 생성

4 JSP 테스트

⑩ 설정을 마쳤으면 간단하게 'hello.jsp' 파일을 만들어 정상적으로 실행되는지 확인한다. 모든 JSP 파일은 앞에서 만든 [WEB-INF]→[views] 폴더 아래에 있어야 한다는 점에 주의한다.

예제 13-1 hello.jsp

```
<%@ page language="java" contentType="text/html; charset=UTF-8"
  pageEncoding="UTF-8"%>
<!DOCTYPE html>
<html>
<head>
<meta charset="UTF-8">
<title>Hello World</title>
</head>
<body>
  <h2>Hello World</h2>
  <hr>
  현재 날짜와 시간은 <%=java.time.LocalDateTime.now()%>입니다.

</body>
</html>
```

여기서 한 가지 문제가 있다. 스프링 부트를 사용할 경우 jsp 파일의 직접 호출이 불가능하다는 점이다. 예를 들어 /news/newsList.jsp와 같이 브라우저에서 특정 JSP를 요청하는 것이 안 된다는 뜻이다. 일반적으로 뷰는 데이터를 포함할 수 없기 때문에 직접 호출이 의미가 없고 컨트롤러를 경유하는 것이 맞다. 하지만 단순히 화면 디자인을 점검하기 위해 컨트롤러까지 구현해야 테스트가 가능한 부분은 다소 불편한 부분이라고 할 수 있다.

TIP 타임리프를 사용할 경우 별도의 서버 실행 없이 타임리프 html 파일을 바로 브라우저로 열어 디자인을 확인하거나 서버를 경유해서도 실행이 가능하다.

11 테스트를 위해 컨트롤러를 만들어본다. 여기서 만드는 컨트롤러는 [실습 13-2]의 예제에서도 사용하게 된다.

- **Java Package**: com.example.demo([src/main/java] 폴더 아래에 이미 생성되어 있다.)
- **Class name**: TestWebController

예제 13-2 TestWebController.java

```
1  package com.example.demo;
2
3  import org.springframework.stereotype.Controller;
4  import org.springframework.web.bind.annotation.GetMapping;
5  import org.springframework.web.bind.annotation.RequestMapping;
6
7  @Controller
8  @RequestMapping("/test")
9  public class TestWebController {
10
11   @GetMapping("/hello")
12   public String hello() {
13     return "hello";
14   }
15
16 }
```

8 호출 경로의 시작은 /test이다.

11~13 hello 요청에 대해 'hello.jsp'가 실행된다.

⑫ 프로젝트가 생성될 때 자동으로 생성된 Application 클래스를 실행하면 자동으로 톰캣이 실행되면서 스프링 프레임워크가 동작하게 된다. 따라서 Application 클래스를 선택하고 마우스 오른쪽 버튼을 눌러 [Run As]→[Spring Boot App]을 실행한다. 기존의 jsp와 같이 jsp 파일을 [Run]→[Run on Server]로 실행하면 안 되므로 주의해야 한다.

TIP Application 클래스는 [src]→[main]→[java]→[com]→[example]→[demo] 폴더에 있다.

⑬ 이클립스 콘솔에서 스프링 부트 실행을 확인한 후, 크롬 웹 브라우저를 별도로 실행하여 http://localhost:8080/test/hello를 호출한다.

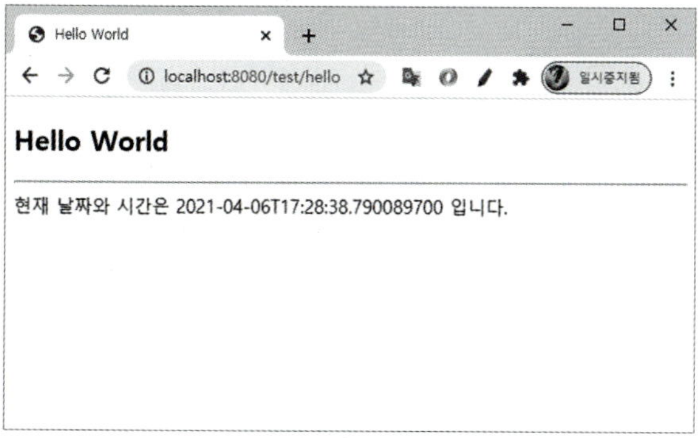

그림 13-10 /test/hello 실행 결과

06 실습 13-2 스프링 MVC 컨트롤러 구현

이제 본격적으로 스프링 MVC 컨트롤러 구현을 살펴본다. 실제 프로젝트를 수행할 때 발생할 수 있는 몇몇 유형의 요청과 응답 처리를 실습을 통해 살펴본다. 실습 코드에 포함된 내용은 다음과 같다.

- 요청 파라미터 처리
- 데이터를 포함한 뷰 포워딩

1 요청 파라미터 처리하기

[실습 13-1]을 통해 간단한 GET 요청을 구현해보았다. GET, POST는 각각 @GetMapping, @PostMapping 애너테이션을 사용한다. 서블릿에서도 설명했듯이 GET, POST는 클라이언트가 서버로 요청하는 과정에서만 의미가 있고 일단 서버가 요청을 받아들인 다음에는 처리 방식이 동일하다고 했다. 따라서 이번 실습에서는 GET 방식을 사용해 요청 파라미터를 처리하는 부분을 살펴본다.

1 [예제 13-2]에서 만들었던 TestWebController.java 클래스를 다음과 같이 수정한다. [예제 13-2]의 15행에 hello2 메서드만 추가하면 된다.

```
@GetMapping("/hello2")
@ResponseBody
public String hello2(@RequestParam(value="msg", required=false) String msg) {
  return msg;
}
```

- **@ResponseBody**: 별도의 뷰가 아닌 리턴값을 직접 HTTP 응답 보디에 출력한다는 의미다. 여기서는 /hello2 요청 시 파라미터로 전달받은 값이 브라우저에 출력되도록 한다.

- **hello2()**: msg라는 이름으로 전달된 요청 파라미터 값을 String msg 변수에 전달한다. 여러 인자를 처리하는 것도 가능하며 폼 데이터와 같이 여러 데이터가 전달되는 경우 개별 인자로 받는 것보다 데이터 클래스 타입(예 Member, Product)으로 전달받는 것이 좋다. 이 경우에는 @ModelAtribute 애너테이션을 사용하면 된다. 이 부분은 14장의 프로젝트에서 다룬다.

❷ 스프링 프로젝트를 생성할 때 devtools를 포함했기 때문에 변경 사항이 있으면 스프링 부트가 자동으로 갱신되므로 별도의 재시작 없이 브라우저를 통해 테스트만 진행하면 된다. http://localhost:8080/test/hello2?msg=안녕하세요?와 같이 요청해보자.

그림 13-11 /test/hello2 실행 결과

❷ 데이터를 포함한 뷰 포워딩

❸ 이번에는 데이터를 포함해 뷰로 포워딩해보자. 데이터를 포함하기 위해서는 인자에 Model 객체를 추가해야 한다. 전달할 데이터를 인자로 받은 Model 객체에 넣고 뷰를 리턴하면 된다. 다음 코드를 이어서 작성한다.

```
@GetMapping("/hello3/{msg}")
public String hello3(@PathVariable String msg, Model m) {
  m.addAttribute("msg", msg);
  return "hello";
}
```

❹ 'hello.jsp'에는 날짜와 시간을 출력하는 부분 아래쪽인 [예제 13-1]의 13행에 EL을 이용해 전달받은 값을 출력하도록 코드를 추가한다.

```
<body>
  <h2>Hello World</h2>
  <hr>
```

```
    현재 날짜와 시간은 <%=java.time.LocalDateTime.now()%> 입니다.
    <hr>
    메시지: ${msg}
  </body>
```

5 이번에는 경로 파라미터를 사용했기 때문에 테스트는 http://localhost:8080/test/hello3/안녕하세요?와 같이 요청해야 한다.

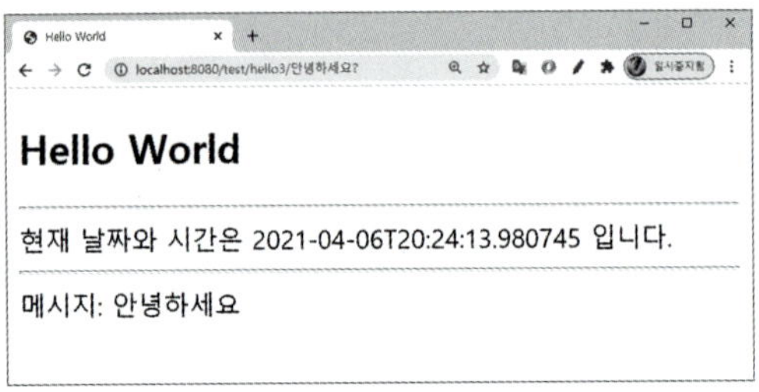

그림 13-12 /test/hello3 실행 결과

6 'TestWebController.java'의 전체 코드는 다음과 같다.

예제 13-3 TestWebController.java

```java
package com.example.demo;
// import 문 생략

@Controller
@RequestMapping("/test")
public class TestWebController {

  @GetMapping("/hello")
  public String hello() {
    return "hello";
  }
  @GetMapping("/hello2")
  @ResponseBody
  public String hello2(@RequestParam(value="msg", required=false) String msg) {
    return msg;
  }

```

```
  @GetMapping("/hello3/{msg}")
  public String hello3(@PathVariable String msg, Model m) {
    m.addAttribute("msg", msg);
    return "hello";
  }
}
```

이것으로 거의 모든 유형의 웹 요청을 스프링 MVC에서 처리하는 것을 살펴보았다. 다루지 않은 부분에 대해서는 14장의 프로젝트에서 알아본다.

07 실습 13-3 스프링 RestController 구현

스프링 RestController는 12장에서 배운 JAX-RS와 거의 동일하다. [실습 13-1]의 hello 예제를 RestController 버전으로 구현하는 과정을 통해 스프링에서 REST API를 구현하기 위한 기본적인 코드 구성을 살펴본다.

1 먼저 TestRestController라는 이름으로 클래스를 생성하고 애너테이션을 추가한다.

- **Java Package**: com.example.demo
- **Class name**: TestRestController

예제 13-4 TestRestController.java

```java
package com.example.demo;
// import 문 생략

@RestController
@RequestMapping("/api")
public class TestRestController {

  @GetMapping("/hello")
  public String hello(@RequestParam(value="msg", required=false) String msg) {
    return msg;
  }

  @GetMapping("/hello2")
  public HashMap<String,String> hello3() {
    HashMap<String,String> map = new HashMap<>(){{
      put("이름","홍길동");
      put("나이","30");
      put("국적","서울");
    }};
    return map;
  }
}
```

4 @RestController 애너테이션은 현재 클래스가 REST API 컨트롤러임을 알린다.

8 /hello는 [실습 13-1] MVC 예제와 동일하다.

13, 20 /hello2 요청의 경우 맵 형식의 데이터를 리턴하게 되어 있는데, 스프링 RestController는 리턴 타입이 자바 객체인 경우 이를 JSON으로 자동으로 변환한다. 만약 xml 등의 다른 타입으로 리턴하고 싶다면 @GetMapping 애너테이션에 produces라는 속성을 추가해 MIME 타입을 지정하면 된다.

2 브라우저에 http://localhost:8080/api/hello?msg=메시지내용과 http://localhost:8080/api/hello2 주소를 각각 요청해서 결과를 확인한다. /hello2 요청의 경우 다음과 같이 JSON 형태로 리턴된 것을 알 수 있다.

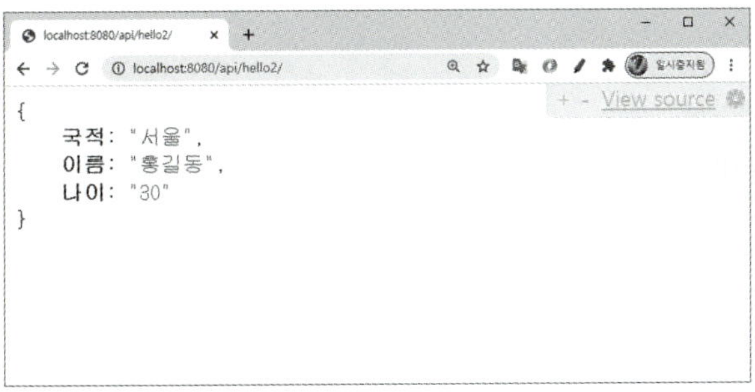

그림 13-13 /api/hello2 실행 결과

기본 브라우저에서는 JSON 메시지를 행 구분 없이 출력하기 때문에 보기 좋지 않다. 그림에서는 크롬 브라우저에 JSON View 확장 프로그램을 설치해서 JSON이 깔끔하게 출력된 것이다. 유사한 확장 프로그램이 많으니 취향에 맞게 설치해서 사용하거나 아니면 앞에서 배웠던 Postman을 이용해 테스트하는 것도 좋은 방법이다.

요약

01 스프링 프레임워크Spring Framework는 자바 기반의 오픈소스 프레임워크로 Java EE에서 요구하는 수준의 복잡한 기능을 Java EE를 사용하지 않고 구현하기 위해 시작되었다.

02 스프링 프레임워크의 주요 특징은 다음과 같다.

- 경량 컨테이너
- 제어의 역행 지원
- 의존성 주입 지원
- 관점 지향 프로그래밍 지원

03 스프링은 여러 서브 프로젝트로 구성되어 있는데, 대표적인 스프링 프로젝트는 다음과 같다.

- 스프링 부트
- 스프링 데이터
- 스프링 배치
- 스프링 시큐리티
- 스프링 HATEOAS

04 스프링 부트는 스프링 프레임워크 기반의 프로젝트를 빠르고 간편하게 시작할 수 있게 해준다. 스프링 부트는 스프링에 대한 전문 지식이 없어도 특정 목적의 개발환경과 프로젝트 구조를 자동으로 생성하고 바로 사용할 수 있도록 도와준다.

05 IoC는 작업을 수행하는 쪽에서 객체를 생성하는 일반적인 개념을 뒤집은 것으로, 프로그램의 제어를 자신이 아닌 다른 곳에 위임하는 것을 말한다.

06 IoC를 시스템적으로 구현하는 방법으로 DIDependency Injection와 DLDependency Lookup이 있다. DI는 우리말로 의존성 주입이라 불리며, 클래스 간의 의존관계를 Bean 설정에 기반해 컨테이너가 자동으로 연결해주는 방식이다.

07 AOPAspect-Oriented Programming는 관점 지향 프로그래밍이라고도 하며 스프링 프레임워크의 핵심 요소 중 하나다.

08 스프링 프레임워크의 대표적인 적용 분야인 웹 개발에 사용할 수 있는 두 가지 모듈로 WebMVC와 RestController가 있다. WebMVC는 서블릿과 같이 MVC 패턴 기반의 웹 애플리케이션을 구현할 때 사용하는 모듈이며, RestController는 REST API 구현에 사용된다.

09 스프링 빈은 스프링 컨테이너에 의해 관리되는 자바 객체로 빈 등록은 설정 xml, 애너테이션, 설정 클래스를 이용해 할 수 있다. 그리고 이렇게 등록한 스프링 빈은 오토와이어링을 통해 공급된다.

10 필요한 객체를 오토와이어링하는 방법은 다음의 세 가지 유형이 있다.

- 필드 주입Field Injection
- 생성자 주입Constructor Injection
- Setter 주입Setter Injection

연습문제

01 IoC에 대한 설명으로 틀린 것을 고르시오.

① IoC란 우리말로 제어의 역행이라고 한다.

② 기존의 프로그램은 main()처럼 프로그램이 시작되는 곳에서 필요한 객체를 생성하고, 생성된 객체의 메서드를 호출하는 흐름을 가진다.

③ IoC는 컨트롤러에서 객체를 생성하는 방식을 말한다.

④ IoC를 시스템적으로 구현하는 방법으로 DI와 DL이 있다.

02 AOP에서 말하는 횡단 관심사에 대한 설명으로 틀린 것을 고르시오.

① 여러 프로그램에 흩어져서 존재하는 공통 기능으로 이해할 수 있다.

② 꼭 필요한 기능인데 해당 기능을 사용하기 위해 동일하거나 비슷한 코드가 기계적으로 특정 위치에 들어가는 것이 해당한다.

③ 대표적으로 인증과 로깅이 있다.

④ 대표적으로 세션과 쿠키가 있다.

03 스프링 빈에 대한 설명으로 옳은 것을 고르시오.

① 스프링 컨테이너에 의해 관리되는 자바 객체로 빈 등록은 설정 xml, 애너테이션, 설정 클래스를 이용해 할 수 있다.

② 서블릿과 같이 MVC 패턴 기반의 웹 애플리케이션을 구현할 때 사용하는 모듈이다.

③ 관점 지향 프로그래밍이라고도 하며 스프링 프레임워크의 핵심 요소 중 하나다.

④ 스프링 프레임워크 기반의 프로젝트를 빠르고 간편하게 시작할 수 있게 해준다.

04 오토와이어링을 통해 스프링 빈을 주입하는 방법 중 필드 주입의 문제점이 아닌것은 무엇인가?

① 필드 주입은 간단하고 편리하기는 하지만 순환 의존성 문제가 발생할 수 있다.

② final로 지정할 수 없어 불변 객체를 만들 수 없다.

③ 무분별한 사용으로 인해 의존관계가 잘 보이지 않고 복잡해질 수 있다.

④ 서버 과부하로 인해 프로그램이 중단될 수 있다.

05 다음은 스프링 부트에서 스프링 빈을 등록하는 두 가지 방법이다. 빈칸에 들어갈 단어를 채우시오.

> **방법1**: @Component 혹은 @Component 하위 객체인 (   ), @Service, @Repository 등의 애너테이션을 사용해 (   )을 등록하는 방법
>
> **방법2**: (   ) 애너테이션을 사용한 설정 클래스에서 @Bean 애너테이션으로 직접 (   )를 등록하는 방법

06 스프링 부트에서 JSP를 사용할 때 발생할 수 있는 문제점을 간략하게 서술하시오.

CHAPTER 14

프로젝트 스프링 기반 뉴스 기사 관리 웹 서비스

이번 장에서는 10장에서 만들었던 뉴스 기사 관리 서비스를 단계별로 구현해본다. 스프링 컨트롤러 구조 설계에서부터 REST API 컨트롤러까지 스프링 부트 프로젝트로 구현하게 된다.

01 프로젝트 개요 및 설정

1 프로젝트 개요

기본적인 화면과 기능은 10장에서 만든 프로젝트 결과물과 동일하다. REST API의 경우에도 12장에서 구현한 기능을 그대로 스프링 버전으로 개발하게 된다.

이번 프로젝트의 구현 범위는 다음과 같다.

- 뉴스 서비스 스프링 WebMVC 컨트롤러 구현
- 뉴스 서비스 API RestController 구현

모델과 뷰 영역은 기존에 만든 것을 그대로 활용한다. 다만 클래스 이름은 동일하게 사용하고 대신 패키지를 따로 만들어 관리한다.

2 개발환경 설정

기존 소스 복사

13장에서 만들었던 'spring_study' 프로젝트를 그대로 사용한다. 'spring_study' 프로젝트에 [com.example.news] 패키지를 만든 다음 10장의 [ch10] 패키지의 'News.java', 'News DAO.java'를 복사해온다.

파일을 복사하면 패키지가 달라져 에러가 표시되는데 패키지명을 [ch10]에서 [com.example.news]로 변경해주면 된다.

다음으로 jsp 파일도 복사한다. [src]→[main]→[webapp]→[ch10] 폴더의 'newsList.jsp', 'newsView.jsp' 파일을 'spring_study' 프로젝트의 [src]→[main]→[webapp]→[WEB-INF]→[views]→[news] 폴더로 복사한다([news] 폴더는 생성해야 한다).

클래스 생성 및 스프링 부트 실행 클래스 복사

스프링 버전의 컨트롤러 구현을 위해 [com.example.news] 패키지에 'NewsWebController.

java', 'NewsApiController.java' 클래스 파일을 생성해둔다(코드는 뒤에서 작성한다).

그리고 뉴스 서비스 실행을 위해 [com.example.demo] 패키지에 있는 'SpringStudy Application.java' 파일을 [com.example.news] 패키지로 복사한 다음 이름을 'Spring NewsApplication.java'로 변경한다.

스프링 부트의 경우 @SpringBootApplication 애너테이션이 들어간 main()이 있는 클래스를 통해 서비스를 구동하게 된다. 따라서 스프링 빈 자동 검색을 위해서는 모든 클래스가 Application 클래스의 하위 패키지에 있어야 한다. 따라서 패키지의 상위에 Application을 두고 서브 패키지를 만들어 사용해야 한다. 여기서는 단순한 구조이기 때문에 그냥 파일을 복사해서 사용할 것이다. 코드 수정이나 추가는 필요 없다.

이렇게 해서 기본적인 프로젝트 파일 구조 준비를 마쳤다. 최종 파일 구조는 [그림 14-1]과 같다.

그림 14-1 프로젝트의 최종 파일 구조

3 설정 파일 수정

다음으로 H2 데이터베이스 사용을 위해 'pom.xml'에 의존성을 추가한다.

```
<dependency>
    <groupId>com.h2database</groupId>
    <artifactId>h2</artifactId>
    <scope>runtime</scope>
</dependency>
```

파일 저장 후 'pom.xml'을 선택하고 마우스 오른쪽 버튼을 클릭하여 〈Maven〉→〈Updata Project〉를 실행한다.

그다음으로 뉴스 이미지 파일을 저장하기 위한 저장 경로를 [src/main/resources] 폴더의 'application.properties' 파일 마지막 줄에 추가해준다.

```
news.imgdir=C:/Dev/MyWorkspace/spring_study/src/main/resources/static/img/
```

└─ 현재 이클립스의 워크스페이스 경로를 작성

실제 파일을 저장할 위치로 스프링 프로젝트 경로 /src/main/resources/static/img/가 되도록 설정하고 [img] 폴더가 해당 경로에 생성되어 있어야 한다.

02 스프링 뉴스 웹 구현

스프링 버전으로 기존 뉴스 웹 서비스를 수정하기 위해서는 컨트롤러를 새로 만들어야 하지만, 뷰와 모델 부분은 약간의 수정만 필요하다. 컨트롤러의 세부 코드는 기존 컨트롤러에서 만들었던 메서드 대다수를 재활용하게 된다.

1 모델 코드 수정

먼저 간단한 모델 부분부터 살펴본다. 'News.java'는 수정할 부분이 없고, NewsDAO는 다음과 같이 스프링 빈으로 등록하기 위한 @Component 애너테이션만 추가해주면 된다. 그 외 부분은 그대로 사용한다.

```
@Component
public class NewsDAO {
  final String JDBC_DRIVER = "org.h2.Driver";
  final String JDBC_URL = "jdbc:h2:tcp://localhost/~/jwbookdb";

  ...
}
```

2 NewsWebController 컨트롤러 작성

이제 NewsWebController 컨트롤러 클래스를 살펴보자. NewsWebController의 경우 각각의 요청(등록, 목록 보기, 상세 보기, 삭제)에 동작하는 메서드는 복사해서 사용하고 일부 코드를 스프링 환경에 맞게 수정해야 한다.

WebMVC 컨트롤러와 요청 경로를 지정하기 위한 애너테이션을 추가하고 컨트롤러에서 사용할 NewsDAO 빈을 주입하기 위해 필드 선언과 로깅을 위한 Logger 객체 선언부를 추가한다. 여기서는 생성자 주입을 사용해 NewsDAO를 참조한다.

파일을 저장하기 위한 경로를 저장할 변수는 프로퍼티 파일로부터 @Value 애너테이션을 통해 가져온다.

```
package com.example.news;

import org.slf4j.Logger;              ┐
import org.slf4j.LoggerFactory;       ┘─logger를 사용하기 위해서 import해야함

@Controller
@RequestMapping("/news")
public class NewsWebController {
  final NewsDAO dao;
  private final Logger logger = LoggerFactory.getLogger(this.getClass());

  // 프로퍼티 파일로부터 저장 경로 참조
  @Value("${news.imgdir}")
  String fdir;

  @Autowired
  public NewsWebController(NewsDAO dao) {
    this.dao =  dao;
  }
}
```

NewsWebController 클래스는 자동으로 스프링 부트에 의해 컨트롤러로 등록되며 /news로 시작하는 URL 요청에 의해 동작하게 된다. NewsDAO는 NewsWebController 인스턴스 생성 시 함께 참조 가능한 상태가 된다.

컨트롤러에서 변경되는 부분

기존 서블릿 기반의 컨트롤러와 달리 action 파라미터에 따라 메서드가 실행되도록 하는 코드는 필요 없고 각각의 요청에 실행될 메서드에 애너테이션만 추가하면 된다. 기존 메서드는 모두 재사용하며 애너테이션 추가 외 몇몇 공통적으로 달라지는 부분이 있으니 이 부분만 찾아서 동일하게 수정해주면 된다.

어떤 부분이 달라지는지 먼저 정리하고 각각의 메서드 구현 코드를 살펴본다.

■ HttpServletRequest

기존의 메서드는 전달된 데이터의 참조와 뷰에 데이터를 전달하기 위한 용도로 HttpServlet Request 객체를 인자로 하고 있다. 스프링에서는 필요 없는 부분이므로 이 부분은 모두 제거한다.

■ BeanUtils

HTML 폼 데이터 매핑을 위해 사용한 apache commons BeanUtils 라이브러리 관련 부분도 필요 없다.

■ ctx.log()

서블릿 콘텍스트를 참조해 로그 메시지를 남기기 위한 부분은 앞에서 초기화한 Logger 클래스를 사용하는 것으로 대체해야 한다.

```
// 기존
ctx.log("뉴스 추가 과정에서 문제 발생!!");
```

```
// 변경
logger.info("뉴스 추가 과정에서 문제 발생!!");
```

■ aid 참조

상세 보기와 삭제의 경우에는 요청 파라미터로 aid 값을 받아 dao 연동에 사용했다. 여기서는 request 인자를 제거했기 때문에 이 부분은 설계에 따라 요청 파라미터 혹은 경로 파라미터 방식을 사용할 수 있다.

```
// 기존의 아래 코드를 제거
int aid = Integer.parseInt(request.getParameter("aid"));
```

■ 뷰 연동

컨트롤러에서 뷰에 데이터를 전달하기 위해서 request.setAttribute()를 사용했으나 이 부분은 스프링에서 제공하는 Model 인자를 사용하는 것으로 변경되어야 한다.

```
// 기존
public String listNews(HttpServletRequest request) {
  ...
  list = dao.getAll();
  request.setAttribute("newslist", list);
  ...
}
```

```
// 변경
public String listNews(Model m) {
  ...
  list = dao.getAll();
  m.addAttribute("newslist", list);
  ...
}
```

뷰를 리턴할 때 문자열로 하는 부분은 동일하다. 특히 리디렉션으로 이동해야 하는 경우 기존 컨트롤러를 스프링 프레임워크와 동일한 방식으로 처리하도록 구현해두었기 때문에 기본적으로는 같은 코드를 사용한다. 다만 프로젝트 변경으로 경로가 바뀐 부분을 반영해주어야 하고 뷰 파일명에서 .jsp를 제거해주어야 한다.

```
// 기존
return "ch10/newsList.jsp";
return "redirect:/news.nhn?action=listNews";
```

```
// 변경
return "news/newsList";
return "redirect:/news/list";
```

이제 각각의 요청 처리 메서드를 하나씩 살펴보자.

3 컨트롤러 요청 처리 메서드 구현

앞에서 살펴본 변경될 부분을 요청 처리 메서드로 하나씩 구현해본다.

뉴스 추가

뉴스 추가는 @PostMapping 애너테이션을 통해 POST/news/add 요청에 동작하도록 변경한다. HTML 폼으로부터 전달되는 데이터는 @ModelAttribute 애너테이션을 이용하면 자동으로 매핑되고, Model 인자는 필요한 경우 추가로 넣어주면 된다. 즉 Model 인자는 꼭 넣어야 하는 것이 아니라 필요한 경우에만 넣어서 사용하면 된다.

파일 첨부를 위해 인자에 MultiPartFile 타입을 추가해야 하며 @Requestparam으로 HTML 〈form〉의 파일 파라미터 이름을 지정해준다.

dao를 통해 저장하는 부분이나 예외 발생 시 에러 메시지를 전달하는 부분 등은 모두 동일한 코드를 사용한다. 저장한 다음에는 목록으로 이동해야 하기 때문에 리디렉션 방식으로 이동될 수 있도록 리턴한다. .jsp 확장자를 붙이지 않도록 주의한다.

```
@PostMapping("/add")
public String addNews(@ModelAttribute News news, Model m, @RequestParam("file")
MultipartFile file) {
  try {
    // 저장 파일 객체 생성
    File dest = new File(fdir+"/"+file.getOriginalFilename());

    // 파일 저장
    file.transferTo(dest);

    // News 객체에 파일 이름 저장
    news.setImg(dest.getName());
    dao.addNews(news);
  } catch (Exception e) {
      e.printStackTrace();
      logger.info("뉴스 추가 과정에서 문제 발생!!");
      m.addAttribute("error", "뉴스가 정상적으로 등록되지 않았습니다!!");
  }
  return "redirect:/news/list";
}
```

- 파일을 저장히기 위해 File 객체를 먼저 생성한다. 이때 전달받은 MultipartFile 객체의 get OriginalFilename() 메서드를 통해 파일 이름을 가져와 저장 디렉터리와 결합해 사용한다. 파일 저장은 transterTo() 메서드를 사용한다.

- @ModelAttribute로 전달된 news 객체에서 이미지 파일 필드는 img로 지정되어 있는데 HTML 〈form〉의 첨부 파일은 file이라는 이름으로 전달되기 때문에 인자로 전달된 news에는 이미지 경로가 비어 있는 상태다. 따라서 저장된 파일의 이름(경로가 포함됨)을 가져와 news에 저장하고 dao.addNews()를 호출해야 하니 주의한다.

뉴스 삭제

삭제의 경우에는 GET 요청을 처리하며 경로 파라미터 방식으로 aid 값을 받아 처리한다. @PathVariable 애너테이션을 사용해 인자로 aid를 지정하면 자동으로 값이 전달된다. /news/delete/31과 같은 요청에 동작한다.

```
@GetMapping("/delete/{aid}")
public String deleteNews(@PathVariable int aid, Model m) {
  try {
    dao.delNews(aid);
  } catch (SQLException e) {
      e.printStackTrace();
      logger.warn("뉴스 삭제 과정에서 문제 발생!!");
      m.addAttribute("error", "뉴스가 정상적으로 삭제되지 않았습니다!!");
  }
  return "redirect:/news/list";
}
```

뉴스 목록 보기

뉴스 목록 보기는 GET 요청을 처리하며 Model을 통해 데이터를 전달하는 부분 이외에는 거의 달라지는 부분이 없다.

```
@GetMapping("/list")
public String listNews(Model m) {
  List<News> list;
  try {
    list = dao.getAll();
    m.addAttribute("newslist", list);
  } catch (Exception e) {
```

```
        e.printStackTrace();
        logger.warn("뉴스 목록 생성 과정에서 문제 발생!!");
        m.addAttribute("error", "뉴스 목록이 정상적으로 처리되지 않았습니다!!");
    }
    return "news/newsList";
}
```

뉴스 상세 보기

뉴스 상세 보기 역시 GET 요청에 따라 동작하며 경로 파라미터 방식으로 aid 값을 받아오도록 구현했다. /news/31과 같은 요청에 동작한다.

```
@GetMapping("/{aid}")
public String getNews(@PathVariable int aid, Model m) {
  try {
    News n = dao.getNews(aid);
    m.addAttribute("news", n);
  } catch (SQLException e) {
      e.printStackTrace();
      logger.warn("뉴스를 가져오는 과정에서 문제 발생!!");
      m.addAttribute("error", "뉴스를 정상적으로 가져오지 못했습니다!!");
  }

  return "news/newsView";
}
```

NewsWebController의 전체 코드

이제까지 구현한 NewsWebController의 전체 코드다.

예제 14-1 NewsWebController.java

```
@Controller
@RequestMapping("/news")
public class NewsWebController {
  final NewsDAO dao;
```

```java
  private final Logger logger = LoggerFactory.getLogger(this.getClass());

  // 프로퍼티 파일로부터 저장 경로 참조
  @Value("${news.imgdir}")
  String fdir;

  @Autowired
  public NewsWebController(NewsDAO dao) {
    this.dao =  dao;
  }

  @PostMapping("/add")
  public String addNews(@ModelAttribute News news, Model m,
@RequestParam("file") MultipartFile file) {
    try {
      // 저장 파일 객체 생성
      File dest = new File(fdir+"/"+file.getOriginalFilename());

      // 파일 저장
      file.transferTo(dest);

      // News 객체에 파일 이름 저장
      news.setImg(dest.getName());
      dao.addNews(news);
    } catch (Exception e) {
        e.printStackTrace();
        logger.info("뉴스 추가 과정에서 문제 발생!!");
        m.addAttribute("error", "뉴스가 정상적으로 등록되지 않았습니다!!");
    }
    return "redirect:/news/list";
  }

  @GetMapping("/delete/{aid}")
  public String deleteNews(@PathVariable int aid, Model m) {
    try {
      dao.delNews(aid);
    } catch (SQLException e) {
        e.printStackTrace();
        logger.warn("뉴스 삭제 과정에서 문제 발생!!");
        m.addAttribute("error", "뉴스가 정상적으로 삭제되지 않았습니다!!");
```

```
    }
    return "redirect:/news/list";
  }

  @GetMapping("/list")
  public String listNews(Model m) {
    List<News> list;
    try {
      list = dao.getAll();
      m.addAttribute("newslist", list);
    } catch (Exception e) {
        e.printStackTrace();
        logger.warn("뉴스 목록 생성 과정에서 문제 발생!!");
        m.addAttribute("error", "뉴스 목록이 정상적으로 처리되지 않았습니다!!");
    }
    return "news/newsList";
  }

  @GetMapping("/{aid}")
  public String getNews(@PathVariable int aid, Model m) {
    try {
      News n = dao.getNews(aid);
      m.addAttribute("news", n);
    } catch (SQLException e) {
        e.printStackTrace();
        logger.warn("뉴스를 가져오는 과정에서 문제 발생!!");
        m.addAttribute("error", "뉴스를 정상적으로 가져오지 못했습니다!!");
    }
    return "news/newsView";
  }
}
```

4 뷰 구현

뷰 부분은 특별히 구조적으로 바뀌는 것은 없으며 프로젝트 변경으로 발생한 호출 경로 등만 수정하면 된다.

newsList.jsp

목록 페이지는 뉴스 목록 보기, 삭제, 등록 기능을 겸하고 있다. 따라서 수정되거나 확인해야 하는 요청 url 부분은 다음과 같다.

■ **form action 속성**

컨트롤러 코드를 따라 [예제 10-4]의 41행을 다음과 같이 수정해준다.

```
<form method="post" action="/news/add">
```

■ **상세 보기, 삭제 링크**

상세 보기, 삭제 링크의 경우도 컨트롤러에서 작성한 url 매핑을 확인하고 그에 맞게 수정해야 한다. 따라서 상세 보기의 경우 /news/${news.aid}, 삭제의 경우 /news/delete/${news.aid}와 같이 링크의 href 속성을 수정해주어야 한다.

```
<li class="list-group-item list-group-item-action d-flex
    justify-content-between  align-items-center">
<a href="/news/${news.aid}" class="text-decoration-none">[${status.count}]
    ${news.title}, ${news.date}</a>          [예제 10-4]의 21행
<a href="/news/delete/${news.aid}"><span class="badge bg-secondary">&times;
</span></a>                                  [예제 10-4]의 23행
</li>
```

newsView.jsp

뉴스 상세 보기 화면은 특별히 수정할 부분이 없다.

5 실행 및 테스트

먼저 H2 데이터베이스가 실행되어 있는지 확인하고 실행되어 있지 않으면 실행하도록 한다.

스프링 부트는 복사해서 만들어둔 'SpringNewsApplication.java'를 선택하고 [Run As]→[Spring Boot App]으로 실행하면 된다. 실행 과정에서 에러가 없는지 확인하고 에러 상태에 따라 서버가 동작하지 않을 수 있기 때문에 정상 실행 여부를 꼭 확인하도록 한다.

웹 브라우저에서 다음과 같이 입력하면 뉴스 목록이 보일 것이다. 10장에서 등록한 데이터가 그대로 나타날 것이고 없으면 새로 등록하면 된다.

```
http://localhost:8080/news/list
```

10장에서 했던 것과 동일하게 등록, 수정, 삭제, 상세 보기를 모두 수행해본다.

03 스프링 뉴스 API 구현

12장에서 만든 뉴스 API는 JAX-RS를 사용했고 여기서는 스프링의 RestController를 사용하게 된다. REST API는 이미 애너테이션을 이용해 구현한 것이므로 애너테이션만 스프링 버전으로 변경하면 기존 코드는 거의 수정할 부분이 없다. 앞에서 생성해둔 NewsApiController.java에 기존 코드 내용을 복사해 애너테이션 부분만 변경하면 된다.

1 NewsApiController 코드 작성

클래스 선언부

@RestController로 선언하고 웹에서와 마찬가지로 생성자 주입 방식으로 NewsDAO를 참조한다.

```
@RestController
@RequestMapping("/api/news")
public class NewsApiController {
  final NewsDAO dao;

  @Autowired
  public NewsApiController(NewsDAO dao) {
    this.dao = dao;
  }
  ...
}
```

- API 요청은 /api/news로 시작한다.

addNews() 메서드

뉴스 추가를 위한 addNews() 메서드는 POST 요청에 동작해야 하며 Request Body로 전달되는 JSON 데이터를 News 객체로 매핑해야 한다. 기존보다 간단하게 @RequestBody 애너테이션을 사용하면 된다.

```
@PostMapping
public String addNews(@RequestBody News news) {
  try {
    dao.addNews(news);
  } catch (Exception e) {
      e.printStackTrace();
      return "News API: 뉴스 등록 실패!!";
  }
  return "News API: 뉴스 등록됨!!";
}
```

REST API를 통해 등록되는 뉴스의 경우 파일은 별도로 전송을 진행해야 한다. 이 책에서 구현한 버전은 Request Body에 json으로 데이터를 전달하기 때문에 multipart-form-data 형식으로 데이터와 파일을 함께 전송하지 못하니 참고한다. 여기서는 별도 파일 전송은 생략하기 때문에 api로 등록하는 뉴스의 경우 url로 참조 가능한 이미지를 사용하도록 한다.

delNews() 메서드

뉴스 삭제를 위한 delNews() 메서드는 DELETE 요청에 동작해야 하며, 경로 파라미터로 aid 값을 받아 사용한다. 웹에서와 마찬가지로 @PathVariable 애너테이션을 사용한다.

```
// 뉴스 삭제
@DeleteMapping("{aid}")
public String delNews(@PathVariable("aid") int aid) {
  try {
    dao.delNews(aid);
  } catch (SQLException e) {
      e.printStackTrace();
      return "News API: 뉴스 삭제 실패!! - "+ aid;
  }
  return "News API: 뉴스 삭제됨!! - "+ aid;
}
```

getNewsList() 메서드

뉴스 목록을 제공하기 위한 getNewsList() 메서드는 GET 요청에 동작한다. 별도의 설정 없이 List〈News〉 타입을 리턴하면 기본적으로 JSON으로 전달되게 된다.

```
// 뉴스 목록
@GetMapping
public List<News> getNewsList() {
  List<News> newsList = null;

  try {
    newsList = dao.getAll();
  } catch (Exception e) {
      e.printStackTrace();
  }
  return newsList;
}
```

getNews() 메서드

뉴스 상세 정보 제공을 위한 getNews() 메서드는 GET 요청에 동작한다. aid 참조는 delNews()와 동일하다.

```
// 뉴스 상세 정보
@GetMapping("{aid}")
public News getNews(@PathVariable("aid") int aid) {
  News news = null;

  try {
    news = dao.getNews(aid);
  } catch (SQLException e) {
      e.printStackTrace();
  }
  return news;
}
```

NewsApiController의 전체 코드

이제까지 구현한 NewsApiController의 전체 코드다.

예제 14-2 NewsApiController.java

```
package com.example.news;

@RestController
@RequestMapping("/api/news")
public class NewsApiController {
  final NewsDAO dao;

  @Autowired
  public NewsApiController(NewsDAO dao) {
    this.dao = dao;
  }

  // 뉴스 등록
  @PostMapping
  public String addNews(@RequestBody News news) {
    try {
      dao.addNews(news);
    } catch (Exception e) {
        e.printStackTrace();
        return "News API: 뉴스 등록 실패!!";
    }
    return "News API: 뉴스 등록됨!!";
  }

  // 뉴스 삭제
  @DeleteMapping("{aid}")
  public String delNews(@PathVariable("aid") int aid) {
    try {
      dao.delNews(aid);
    } catch (SQLException e) {
        e.printStackTrace();
        return "News API: 뉴스 삭제 실패!! - "+ aid;
    }
    return "News API: 뉴스 삭제됨!! - "+ aid;
  }

  // 뉴스 목록
```

```java
@GetMapping
public List<News> getNewsList() {
  List<News> newsList = null;

  try {
    newsList = dao.getAll();
  } catch (Exception e) {
      e.printStackTrace();
  }
  return newsList;
}

// 뉴스 상세 정보
@GetMapping("{aid}")
public News getNews(@PathVariable("aid") int aid) {
  News news = null;

  try {
    news = dao.getNews(aid);
  } catch (SQLException e) {
      e.printStackTrace();
  }
  return news;
}
}
```

이것으로 스프링 버전의 News API 서비스 구현을 마쳤다. REST API 구현의 경우 컨테이너와 애너테이션 기반으로 만들어졌기 때문에 스프링으로 변환하는 과정을 쉽게 느꼈을 수 있다. 제대로 된 설계 관점에서 개발 경험이 쌓이면 다른 플랫폼이나 개발 언어를 배우거나 적용하는 데에도 많은 도움이 되니 항상 좋은 코드를 설계하고 작성하는 습관을 들이는 것이 좋다.

2 실행 및 테스트

실행 및 테스트는 12장에서 사용해보았던 Postman으로 진행할 수 있다. 12장을 참조해 동일하게 테스트를 진행해본다. 다만 뉴스 등록을 테스트할 때 헤더 부분에 Content-Type을 application/json으로 추가해주어야 한다. JAX-RS에서는 요청 헤더가 없어도 처리하는 데 문제가 없었지만 원래 정확한 Content-Type을 넣어주는 것이 좋으니 참조하도록 한다.

찾아보기